WORLD CUP

RUSSIA
2018

WORLD CUP RUSSIA 2018 HANDY GUIDE

Russia Saudi Arabia Egypt Uruguay Portugal Spain Morocco Ir Iran
France Australia Peru Denmark Argentina Iceland Croatia Nigeria
Brazil Switzerland Costa Rica Serbia Germany Mexico Sweden Korea Republic
Belgium Panama Tunisia England Poland Senegal Colombia Japan

ロシアワールドカップ 観戦ガイド 直前版

TAC出版
TAC PUBLISHING Group

C O N T E N T S

ロシアワールドカップ観戦ガイド 直前版
WORLD CUP RUSSIA 2018 HANDY GUIDE

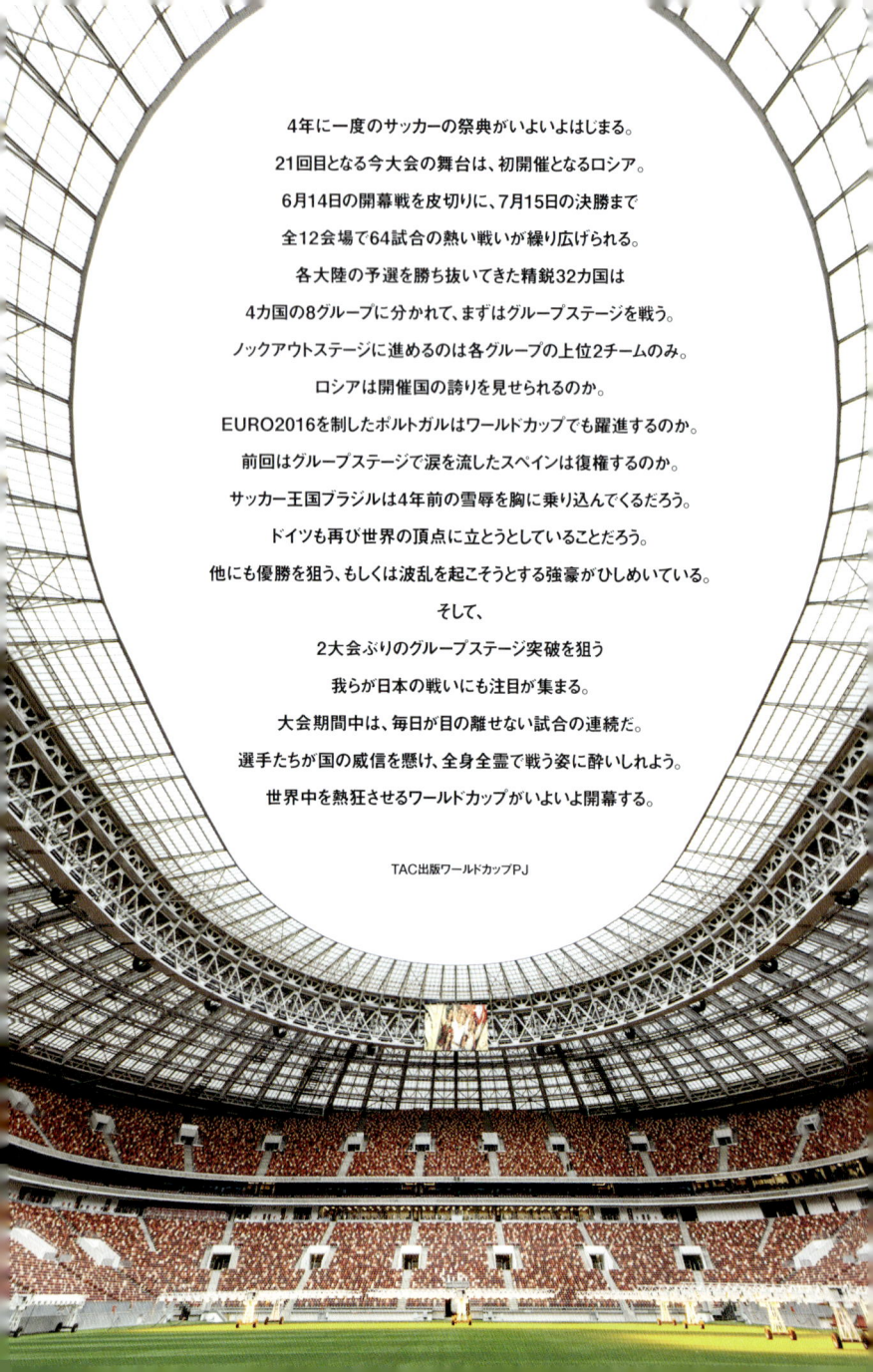

4年に一度のサッカーの祭典がいよいよはじまる。

21回目となる今大会の舞台は、初開催となるロシア。

6月14日の開幕戦を皮切りに、7月15日の決勝まで

全12会場で64試合の熱い戦いが繰り広げられる。

各大陸の予選を勝ち抜いてきた精鋭32カ国は

4カ国の8グループに分かれて、まずはグループステージを戦う。

ノックアウトステージに進めるのは各グループの上位2チームのみ。

ロシアは開催国の誇りを見せられるのか。

EURO2016を制したポルトガルはワールドカップでも躍進するのか。

前回はグループステージで涙を流したスペインは復権するのか。

サッカー王国ブラジルは4年前の雪辱を胸に乗り込んでくるだろう。

ドイツも再び世界の頂点に立とうとしていることだろう。

他にも優勝を狙う、もしくは波乱を起こそうとする強豪がひしめいている。

そして、

2大会ぶりのグループステージ突破を狙う

我らが日本の戦いにも注目が集まる。

大会期間中は、毎日が目の離せない試合の連続だ。

選手たちが国の威信を懸け、全身全霊で戦う姿に酔いしれよう。

世界中を熱狂させるワールドカップがいよいよ開幕する。

TAC出版ワールドカップPJ

WORLD CUP RUSSIA 2018

第1章

注目選手&ワールドカップ展望

KEY PLAYER STORY & WORLD CUP RUSSIA 2018 PREVIEW

6月14日からロシアを舞台に約1カ月間繰り広げられる今回のワールドカップは
前回王者ドイツを筆頭に、ブラジル、スペイン、アルゼンチン、
さらにはポルトガルやベルギーなども優勝候補に挙げられている。
その彼らはチームとしての完成度もさることながら、
ピッチで強烈な輝きを放つスタープレーヤーがいる。
今大会に挑む主役候補たちのストーリーを知ることで
約1カ月間の激戦を、より深く、より濃く楽しむことができる。

33歳、英雄が辿り着いた境地

クリスティアーノ・ロナウド（ポルトガル代表／FW）

2年前のEUROで欧州王座を戴冠したポルトガルの、誰もが認めるキャプテンだ。
全盛期に比べれば、スピードも運動量も、少しずつ落ちてきたかもしれない。
それでも、今のC・ロナウドは、アスリート能力とはまた違う武器を手にしている。
それは仲間の力を引き出すリーダーシップと、勝負どころを見極める一撃必中の目だ。

文＝寺沢　薫　Text by Kaoru Terasawa

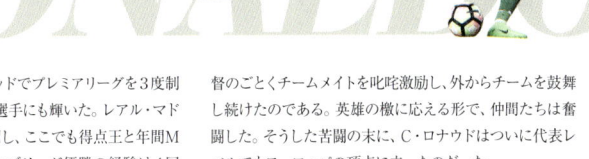

マンチェスター・ユナイテッドでプレミアリーグを3度制覇し、得点王にも年間最優秀選手にも輝いた。レアル・マドリードでもラ・リーガを2度制し、ここでも得点王と年間MVPを獲得した。チャンピオンズリーグ優勝の経験は4回ある。2015-16と2016-17シーズンには前人未到の連覇にも貢献し、CL得点王に輝いた回数も実に6度を数える。サッカー界の頂点を意味する「黄金の球」、すなわちバロンドールのトロフィーも、リオネル・メッシと並んで歴代最多の5つを保持している。クラブレベルでは、まさに完全無欠のキャリアを誇ると言っていい。

加えて、2年前のEURO2016である。ポルトガル代表の大黒柱としてチームを牽引した勇ましい姿は、今も記憶に新しい。思えば、グループステージは大苦戦を強いられた。敗退の可能性もあった第3節ハンガリー戦。ここでチームを救ったのが、頼れるキャプテンの大仕事だった。点の取り合いになったシーソーゲームで、C・ロナウドは見事なバックヒールと強烈なヘディングで2得点をマーク。とりわけ62分に決めた最後のゴールがモノを言い、ポルトガルは6グループ中「3位の上位4チーム」に滑りこみ、決勝ラウンド進出を決めたのだ。アシストも含め全得点に絡む大活躍で"負ければ敗退"の危機を救ったエースのプレーは、敵将をして「制御不可能」と言わしめるものだった。

頼もしい主将の姿が、ポルトガルに火を点けた。その後はクロアチアを延長戦の末に、ポーランドをPK戦の末に下すと、続く準決勝では再びC・ロナウドが値千金の決勝点を挙げ、台風の目だったウェールズを打ち破った。そして、大会3度目の延長戦の末に開催国フランスを1－0で下したファイナルでは、「ゴール」とはまた違った意味で、彼の英雄たるゆえんを感じさせた。この試合、C・ロナウドは負傷により、わずか25分で途中交代を強いられた。しかし、ピッチを後にしてからも彼はベンチの先頭に立ち、まるで監督のごとくチームメイトを叱咤激励し、外からチームを鼓舞し続けたのである。英雄の檄に応える形で、仲間たちは奮闘した。そうした苦闘の末に、C・ロナウドはついに代表レベルでもヨーロッパの頂点に立ったのだった。

ドラマティックなストーリーが紡がれたEUROに続いて、クリスティアーノ・ロナウドが自宅のキャビネットに飾りたい最後のタイトルが、ワールドカップである。バロンドール、チャンピオンズリーグ、EURO、そしてワールドカップの4つをすべて手に入れたフットボーラーは、過去にゲルト・ミュラー、フランツ・ベッケンバウアーと、ジネディーヌ・ジダンだけだ。栄光の4人目にして、ポルトガル人選手では故エウゼビオやルイス・フィーゴといった先達でさえ成しえなかった偉業を、生粋の勝者が欲しがらないはずはない。キャリア最後の栄光を目指すロシアでの戦いは、まさしく彼のサッカー人生の集大成となるはずだ。

長らくサッカー界をリードしてきた英雄も、気づけば33歳になった。全盛期よりもスピードや運動量は目に見えて落ち、ドリブルのキレも見られない。ほんの少しずつではあるが調子のムラも散見するようになり、衰えを指摘する声が挙がり始めている。おそらく、ワールドカップでメインキャストを演じられるのは今大会が最後になるだろう。

それでも、先のEUROはもちろん、近年のチャンピオンズリーグでも"決勝トーナメント男"として大一番でゴールネットを揺らし続けているように、ここぞの場面で披露する決定力や勝負強さに関しては、いまだこの千両役者の右に出る者はいない。

一撃必中のワンタッチゴーラーという新たなスタイル。そしてチームメイトの力を引き出すリーダーシップ。これこそ、究極のアスリートとして個の追求に励んできた男が、キャリアと年齢を重ねて"フットボーラー"として辿り着いた境地なのだと言えるだろう。

天才が抱えるトラウマと意地

リオネル・メッシ（アルゼンチン代表／FW）

**不世出の天才であるメッシだが、ワールドカップとはなぜか相性が悪い。
10代の新鋭だった2006年、新エースとして臨んだ2010年、そして、
絶対的なリーダーとして挑んだ2014年と、過去3大会はいずれも不完全燃焼。
傷を抱えた天才は、4度目の挑戦で根深いトラウマと決別できるのだろうか。**

文=寺沢 薫　Text by Kaoru Terasawa

バルセロナですべてを勝ち取ってきたリオネル・メッシは、昨年6月に三十路を迎えてもなお、世界最高のフットボーラーの座に君臨し続けている。ところが、なぜかワールドカップだけには、この天才に微笑まない。

メッシとワールドカップ。初邂逅は2006年だった。当時18歳でメンバー入りを果たすと、2戦目のセルビア・モンテネグロ戦に途中出場し、ワールドカップにおけるアルゼンチン代表の最年少デビュー記録、アシスト記録、ゴール記録を一気に塗り替えた。だが、チームは準々決勝ドイツ戦でPK戦の末に敗退。メッシはその試合でピッチに立てず、終戦の瞬間をベンチで見て唇を噛んでいた。

その悔しさを晴らすべく臨んだのが、2度目の2010年。22歳になり、ディエゴ・マラドーナと比較されるスターとなったメッシは、10番を背負っていた。だが、前回と同じ準々決勝でドイツと当たり、アルゼンチンは0-4で大敗。この試合を含め全5試合にフル出場したメッシは、大会を通じて30本のシュートを放った。だが、そのすべてがことごとくゴールに嫌われ、まさかの無得点に終わった。

そして、2014年。チームは"マラドーナ・シフト"で優勝した86年大会に倣い、26歳になった10番の力を最大限に引き出す"メッシ・システム"を導入した。捲土重来を期して乗り込んだブラジルの地で、メッシはとうとう期待に応える。グループステージ3試合連続で計4ゴールを挙げ、全試合でマン・オブ・ザ・マッチに輝く大活躍。「彼は人間じゃない。もし人間なら、あんな魔法の瞬間を迎えることはできない」。終了間際に決勝点を奪われて敗れたイランのカルロス・ケイロス監督は、そう言ってメッシを讃えた。

ところが、決勝ラウンドに入るとまたもワールドカップの魔物が顔を出し、メッシの左足はゴールから遠ざかっていた。それでも、大会前には不安視されていた守備陣が魂のこもったプレーで健闘し、中盤の面々が懸命に汗をかい

たアルゼンチンは決勝戦まで勝ち進んだ。だが、周囲の"歯車"たちが奮闘すればするほど、皮肉にも反比例の弧を描くように、エースの輝きは薄れていってしまった。

またしても因縁のドイツと対戦したファイナルでも、メッシの左足が火を噴くことはなかった。それでも優勝できればすべてがハッピーエンドだったのだろうが、延長までもつれこんだ死闘はマリオ・ゲッツェが113分に決めた一撃で決着し、大会はドイツの優勝で幕を閉じた。

メッシは、大会MVPにあたるゴールデンボールに選ばれた。しかし笑顔はなく、試合後は力なく「個人賞なんてどうでもいい」と呟くだけだった。あと一歩のところで、母国に栄冠をもたらさなかった――。その一点だけで、3度目のワールドカップもまた、彼にとって悪夢となったのだ。

30歳で迎える4度目のワールドカップで、彼は一連の根深いトラウマを、果たして断ち切ることができるのだろうか。今大会は南米予選でも思わぬ苦戦を強いられ、残り1試合の時点でアルゼンチンは本大会出場圏外の6位と、敗退の危機に立たされた。最終節エクアドル戦も標高2800メートルの敵地キトでまさかの先制を許し、正真正銘の崖っぷちまで追い詰められた。しかし、「アルゼンチンがワールドカップに行けないなんて狂っている」と試合後に語ったエースは、この土壇場で大仕事をやってのける。圧巻のハットトリックで、アルゼンチンに逆転勝利とロシア行きの切符をもたらしたのである。

「ワールドカップに愛されなかった英雄」として、このままキャリアを終えるわけにはいかない。劇的なハットトリックは、代表では傷だらけの天才が見せた意地だった。苦難の末に出場権をつかみとった4度目のワールドカップは、メッシにとって、自身にかけられた"呪い"と決別するための、一世一代の大勝負。見据えるのはただひとつ。自らのゴールで、母国を頂点に導くことだけだ。

チャンピオンズリーグで優勝したときも、リオデジャネイロ・オリンピックで金メダルを獲得したときも、ネイマールは「100% JESUS」と書かれたハチマキを巻いて勝利を祝った。ピッチの上で宗教的なメッセージを掲げることの是非はともかく、敬虔なクリスチャンである彼は、そうやって神に対する心からの感謝と忠誠心を示すのだ。

過去に発刊された自叙伝によれば、子どもの頃にネイマール一家は交通事故に巻き込まれたことがあったという。大きな事故だったにもかかわらず、家族全員の命が助かったことで、ネイマールの父親は神の存在を確信したそうだ。そんな父の教えを受けて育ったからこそ、ネイマールの強い信仰心は決して失われることがない。

ところが、サッカーの神様はときに残酷だ。英雄にありがちな宿命と言ってしまえばそうなのかもしれないが、神はネイマールにどれだけの試練を与えれば気が済むのだろうか。去る2月、所属するパリ・サンジェルマンで宿敵マルセイユとの大一番に臨んだネイマールは、着地に失敗した際に右足首をひねり、担架で運び出されてしまった。「手術でシーズン絶望か」「ワールドカップに間に合うのか」。数日後には、そんなニュースが飛び込んできた。

思えば、母国開催で優勝を狙っていた4年前も、ネイマールはケガに泣かされている。栄光の10番を背負ってセレソンを引っ張り、グループステージで4ゴールを挙げる活躍を見せた「王国の至宝」は、そのままファイナルまで突き進むはずだった。しかし、準々決勝コロンビア戦で悲劇は起こる。後方から相手DFのチャージを受け、脊椎骨折という重傷を負ってしまったのだ。チームは準決勝にこそ進むことができたが、支払った代償はあまりに大きかった。エースを欠いて羽根を失ったカナリアは、周知の通り、続く準決勝でドイツ相手に1-7という歴史的大敗を喫して無残にも墜ちていった。

今回は大会前のケガであり、幸い3月に行われた手術も成功したようだ。全治6週間という診断を受け、現在は愛する母国でリハビリに励んでいるところである。おそらく、ワールドカップまでにケガは治るだろう。ただ、ロシアの地でパーフェクトフィットした姿を見せられるのか、それは誰にもわからない。もしかしたら、本調子を取り戻せないまま本番を迎える可能性だってある。この試練を、セレソンの10番は果たして乗り越えることができるのか。

ただし、少なくともネイマール自身は、今度こそサッカーの神様が自分に微笑んでくれるはずだと信じている。パリ・サンジェルマンを欧州王座に導くというミッションも背負っていた彼だが、無理をせず、潔く手術に踏み切ったのは、間違いなく6月を見据えてのこと。ケガの影響を抱えたままシーズンを戦い抜いてからワールドカップに臨むリスクよりも、手術と休養で身体を完璧な状態にチューニングする方が吉だと判断したからだ。

そもそも昨年の夏、ネイマールが歴代最高額の移籍金でバルセロナからパリ・サンジェルマンへと移ることを決断したのも、リオネル・メッシの影から抜け出して「真の世界一」になるため、近年はクリスティアーノ・ロナウドとメッシの独壇場であるバロンドールを奪い取るためだった。根っからのサッカー小僧である彼の行動原理は、常に「世界最高のフットボーラーになること」だ。だから、彼は周囲がゴシップやスキャンダルでどんなに騒がしかろうと、一点の曇りもなくプレーに集中し、持ち前のテクニックを発揮し、チームを勝利に導くことだけを考えている。

そんなネイマールにとって、2018年は胸に秘めたる野望を叶える一世一代のチャンスとなる年だ。ワールドカップの舞台で大暴れして、ブラジルを優勝に導く。それこそバロンドール獲得、すなわち「世界一のプレーヤー」の称号を手に入れる、最短にして唯一のルートである。

KEY PLAYER STORY 3

「世界一の選手」になるために

ネイマール（ブラジル代表／FW）

4年前、愛する母国でトロフィーを掲げるはずだったネイマールは、
"不慮の事故"によってその機会を奪われてしまい、失意のままW杯を終えた。
それからずっと、もう一度同じ舞台に立って、今度こそ世界一になることを夢見てきた。
そんな「王国の至宝」に、サッカーの神様は、またしても試練を与えるのだった……。

文＝寺沢　薫　Text by Kaoru Terasawa

現在のドイツ代表は、新たな才能が次々と溢れ出して止まらない魔法の泉のようなチームだ。10戦全勝だったロシア・ワールドカップ予選でも、ヨシュア・キミッヒ、レオン・ゴレツカ、ティモ・ヴェルナーといった若手が頼もしい活躍を見せ、はたまたザンドロ・ヴァーグナーやラース・シュティンドルのような遅咲きも含め、多くの新戦力が台頭した。彼らの助力もあり、EUROでは準決勝敗退に泣いた2016年から一転、2017年はワールドカップ予選、コンフェデレーションズカップ、フレンドリーマッチで通算11勝4分0敗と、圧倒的な強さを見せつけた。2014年のワールドカップでドイツを世界王者に導いたヨアヒム・レーヴ監督は、その座にあぐらをかくことなく、変化を恐れず、貪欲にチームをブラッシュアップしてきたのだ。

そんなチームにあって、29歳のメスト・エジルは古参にあたる。主力の中でも珍しくなってきた8年前の南アフリカ大会を知るメンバーであり、4年前のブラジル大会では優勝に大きな貢献を果たした。すっかり代表では重鎮の1人。だから、昨年のコンフェデ杯や今予選の数試合では、若手にチャンスを与えるために招集外で"休養"を与えられた。これはレーヴ監督の信頼が揺らいだなどというわけではなく、"見なくてもわかる"ほど、エジルは代表においてアンタッチャブルな存在なのだ。

世界王者ドイツの強みは多々ある。選手層の厚さはもちろん、ブンデスリーガ発でいまや世界のトレンドとなった連動性の高いプレッシング戦術、3バックにも4バックにもフレキシブルに適応しながら戦術を遂行できる個々のインテリジェンスの高さなど、挙げていけばキリがない。ただ、伝統的に質実剛健がカラーで、総じて組織力が売りのチームであることは間違いない。そしてエジルは、その中で数少ない、創造性をもたらせる人材なのだ。

勝負の一手となるパスや冴え渡るアシスト、意外性のあるアイデアプレーで攻撃に色を加えるのが、エジルの仕事である。低い位置まで降りてきてビルドアップにも貢献できる名うてのパサーだが、チームとしては、エジルをどれほど攻撃的なアクションに専念させられるかどうかが、勝敗を握るカギとなる。フリーランニングのセンスとスピードに優れたヴェルナー、周囲との連携力が高いシュティンドル、高さに自信を持つマリオ・ゴメスに、飛び出しセンス抜群のトーマス・ミュラーなど、豊富な駒が揃ったFW陣を生かすも殺すも、エジルのチャンスメイク次第なのである。

ただし、エジルには唯一にして最大の弱点がある。それは「気まぐれ」なファンタジスタである、という点だ。所属するアーセナルで散見される様子として、試合展開によってはまったくもって"消えてしまう"ことが少なくない。だからエジルはしばしばブーイングの対象になってしまう。ノっているときは正真正銘のワールドクラスで、パスやドリブルはもちろん、不得手とされる中盤での守備にも奔走する。だが、思うようにボールが回ってこなかったり、攻め手が見出せなかったりという状況だと存在感が希薄になり、観るものには生来のエレガントさが「怠惰」と取られ、一転して批判の的になってしまうのだ。

エジルの能力を、100%引き出すことができるかどうか。ドイツがワールドカップ連覇を狙う上で、この点は大きなテーマになるだろう。トルコにルーツのある両親の下、ドイツの工業都市ゲルゼンキルヒェンで生まれ育ち、自身が「金網に囲まれたサルの檻」と呼んだコンクリートのミニコートでストリートサッカーに興じて磨いた"魔法の左足"のスキルと創造力がいかんなく発揮されれば、たとえ舞台が世界最高峰のピッチでも、エジルがゴールを生み出すのはそう難しくない。そして代表監督就任以降、かれこれ12年にわたってエジルを見てきたレーヴ監督は、気まぐれな天才を気持ちよくプレーさせる操舵術に、誰よりも長けた男だ。

KEY PLAYER STORY 4

気まぐれな天才、ここにあり

Mesut ÖZIL

メスト・エジル（ドイツ代表／MF）

鉄の結束、規律正しい組織や巧みな戦術が最大の売りであるドイツ代表。
4年前のワールドカップでトロフィーを掲げたチームである彼らには、
誰よりも異質で、誰よりも重要で、誰よりも気まぐれな10番がいる。
優雅なパスで攻撃に違いをもたらす男、エジルこそが連覇のキーマンだ。

文＝寺沢　薫　Text by Kaoru Terasawa

エデンに不可能なんてない

エデン・アザール（ベルギー代表／MF）

C・ロナウドとメッシの域に到達できるポテンシャルを持った男――。
そう言われて久しいアザールだが、ベルギー代表では未だ結果を出せていない。
天性のドリブルスキルやスピードは、誰もが認めるところである。
求められるのは、何が何でも自分がチームを"勝たせる"という執念だ。

文=寺沢　薫　Text by Kaoru Terasawa

クリスティアーノ・ロナウドとリオネル・メッシの「2大巨頭」、もしくは同等レベルの挑戦者としてネイマールを加えた「2＋1強」時代となって久しい現代フットボール界だが、今すぐここに割って入れる可能性を秘めたスターがいるとすれば、それはエデン・アザールだろう。

「メッシやロナウドと比較されるのは、光栄だし気分がいい。でも、僕はあの2人とはまるっきり違う。彼らは世界最高だ。だから、あのレベルに辿り着くために、日々ベストを尽くしているよ」

記者からこの話題を振られると、アザールは照れくさそうにそう答える。バロンドールについて水を向けても、「この10年間は常にロナウドとメッシ。彼らが引退したら、そのときは僕らにもチャンスが回ってくるんじゃないかな」と控えめに言うばかりだ。

実際に、普段の彼は謙虚で無垢な青年である。元サッカー選手の父親からは常々「もう少し傲慢に、自己中心的になってもいい」と忠告されているという。ピッチに立てばそのプレーは自信に溢れており、強気の仕掛けが、果敢なドリブル突破、どんなに削られても立ち上がる不屈の闘志と、随所に鼻っ柱の強さは感じさせる。心の底では、C・ロナウドやメッシに追いつき追い越せの野心が燃えたぎっているに違いない。だが、それが前面に出ることはあまりない。

元ベルギー代表監督のマルク・ヴィルモッツは、アザールを指して「ジネディーヌ・ジダンに不可能はないと感じた。エデンを見ていても、同じ気持ちになる」と言ったことがある。彼が幼少期から、憧れてやまなかった選手こそ他ならぬジダンだった。ピッチ中央にどっしりと構えてテクニックを披露したフランスの英雄とは、プレースタイルこそ違う。アザールはとにかく速い。単に俊足という意味ではなく、ボールを持った際のターン、切り返し、足さばき、ストップ＆ゴーが速いのだ。全速力の中でもブレない技術の高さとバラ

ンス感覚、俊敏性は、メッシと比べても決して引けをとらない。それに、アザールはジダンやメッシ、C・ロナウドといった名手たちと同じような"ショーマンシップ"を持っている。観客が見惚れてしまうほどの超絶技巧と瞬時のひらめき。そう言い換えられるこの才能は、一朝一夕で誰もが身につけられるものではない。

ただ、前述の通り控えめな彼は、フランスのリールでプレーしていた若手の頃から、"魅せる"プレーで一定の自己満足を得るきらいがあった。もちろん勝利を目指してプレーはしているのだが、「俺が絶対にチームを勝たせる」というリーダーシップはあまり表には出さないタイプなのだ。

アザールに足りないのは、ちょっとした「エゴ」と、ビッグタイトルだ。フランスとイングランドでリーグ優勝と個人賞獲得を果たしているアザールだが、代表では結果を出せていない。彼を筆頭に「黄金世代」と言われる現ベルギー代表は、4年前のワールドカップ、そして2年前のEUROで優勝候補に推されながら、いずれも8強で力尽きた。この両大会で10番を背負い、リーダーと期待されたアザールは、ワールドカップで無得点、EUROでも4−0で勝った16強のハンガリー戦で決めた1得点のみと、チームの勝利に直結する決定的な仕事はほとんどできなかった。

所属するチェルシーではしばしば見られる圧巻のビッグゴールを、ワールドカップのような大舞台でも披露すること。黄金世代が並ぶ中でも「アザールのチームだった」と語り継がれるようなインパクトを残すこと。これが世界一のフットボーラーへの道だ。選手として、最も脂が乗った27歳で迎えるワールドカップである。少しくらい傲慢でもいい。強気なドリブルキングには、ちょっとワガママにプレーして、人一倍ゴールにこだわるくらいがよく似合う。その名の通り「hazard＝危険」な男。チームを"勝たせる"尖ったリーダーとしての姿を、ロシアで見たい。

モスクワで見る
エンディングの行方。

ドイツが24年ぶり4回目の優勝で幕を閉じた前回のW杯──。
栄光の瞬間よりも、惨敗に涙する開催国ブラジルの姿が印象的だった。
あれから4年の月日を経て、それぞれサッカーを進化させてきた。
ドイツが再び時代を築くのか、ブラジルが威信を回復するのか。
それとも主役となるべき選手がトロフィーを掲げるのか。
ロシアの地で展開される物語を展望する。

文＝原田大輔　Text by Daisuke Harada

ドイツの優勝より衝撃だったブラジルの惨敗
4年を経て、サッカーはスピーディーに変化

衝撃だった——。24年ぶり4回目の優勝を達成したドイツが、マラカナンで高々とトロフィーを掲げて歓喜している場面よりも、ミネイロンで打ちひしがれているセレソン（ブラジル代表）の姿であり、喪に服すかのように静寂したスタジアムの光景が焼き付いている。

それほどまでに、準決勝でブラジルがドイツに1-7で敗れた一戦はセンセーショナルだった。その惨敗に、現地の新聞では「史上最大の恥」「歴史的屈辱」との見出しが躍った。W杯最多となる5回の優勝を誇るブラジルは、開催国ということもあって6回目の優勝がノルマに近いものだっただけに、スペインのグループステージ敗退も、ルイス・スアレスの噛みつき事件もすべてが薄れてしまった。それほどブラジルがドイツに大敗した出来事はインパクトがあった。

ただ、雪辱に燃えるブラジルは、あれから4年の歳月を重ね、着実に生まれ変わっている。ネイマールを筆頭に、スター選手の個性に頼りがちだったチームは、チッチ監督の手腕により、欧州の列強と変わらぬ組織力を身につけてきた。4-1-4-1システムをベースに、いわゆるアンカーと言われるポジションにカゼミーロを配置したブラジルは、2列目にもテクニシャンではなく、パウリーニョやレナト・アウグストといったパワーのある選手を起用。これによりハイプレスが可能になり、高い位置でボールを奪うと、素早く相手ゴールに迫るサッカーを構築した。結果、南米予選では堂々の1位突破。1試合平均2.28得点を誇った攻撃力もさ

ることながら、1試合平均0.61失点という高い守備力も際立った。相手ゴール前では、最終的に個の能力がものをいうが、やや大袈裟に表現するならば、"守れるブラジル"とでも言えばいいだろうか。もしかしたら、期待しているファンタジーやサンバのような軽快な攻撃はそれほど見られないかもしれない。ただ、今大会に臨むブラジルは、それだけチームとして洗練され、完成されているということでもある。

なぜ、前回優勝したドイツではなく、わざわざ3位にもなれなかったブラジルについて冒頭で記したのか。そこに2018年ロシアワールドカップのポイントが隠されている。戦術の進化と対策の繰り返しにより、W杯がその後のトレンドをつくっていく時代は、とうの昔に終わりを迎えたが、それでも世界の趨勢を見ることはできるからだ。

さらにチームを進化させてきたドイツ
盤石の戦いぶりに隙は見当たらない

それがブラジルにも顕著なように、高い位置でボールを奪い、瞬く間にゴールへと迫るハイスピードな守備と攻撃だ。その代表格と言えば、やはり前回優勝したドイツであろう。EURO2016こそ準決勝でフランスに敗れたドイツだが、欧州予選では無傷の10連勝で突破してきた。W杯の前哨戦となるコンフェデレーションズカップでは、若手を主体としたチーム構成で、チリを1-0で破ると優勝を成し遂げている。

前線からの連動したプレスは、より精度が上がり、成熟度を増してシステマチックになっている。高い位置でボールを奪い切る力は当然ながら、そこを突破されても中盤の底やサイドと、第

二、第三の網を確実に張り巡らせている。システムにしても4-2-3-1をベースにしながら、コンフェデレーションズカップでは3-5-2を用いるなど、指揮官は飽くなき探求心を抱いている。何よりボールを奪ってから、ゴールへと迫るスピードは圧巻だ。

また、それを体現するだけの選手層を誇っているのもドイツの強みである。中心を担うメスト・エジルやトニ・クロース、トーマス・ミュラーといった前回大会で優勝を経験した選手たちも健在ながら、ティモ・ヴェルナーやヨシュア・キミッヒと、次々に若い才能も台頭している。気がつけば、高水準なチームがふたつは作れそうなほどの勢いである。

それでもヨアヒム・レーヴ監督は、前回王者として臨むW杯に、「かなり難しい大会になる」と警戒心を強めている。言葉の背景には、待ち受けるすべての対戦相手が、ドイツをリスペクトし、かつ対策を講じてくることが容易に想像できるからだろう。だが、それでも間違いなくドイツが今大会も優勝候補だ。その事実に、異論の余地はないだろう。

そして、苦汁を嘗めさせられたドイツに、まるで迎合するかのように、ブラジルも高い位置でのボール奪取とスピーディーな攻撃を展開するチームを作り上げてきた。そのさまは、サッカー王国の誇りを捨ててでも今大会に懸ける意地のようにも映る。

欧州と南米を代表するふたつの雄に、共通点があるところが、まさに今大会の見どころとも言えるだろう。もはやW杯で優勝するには、ポゼッションに偏っていても難しく、カウンター一辺倒だけでも道のりは険しい。前述したブラジルにしても、ドイツにしても、当然ながらボールを支配できる。相対するように思えるポゼッションとカウンターのオイシイとこ取りをしたようなチームこそが、大会では躍進してくるはずだ。

個が輝き組織としても魅力あるベルギーやフランス
ポゼッションサッカーを進化させてきたスペイン

その傾向で見れば、ベルギーやフランスにも躍進への機運が高まっている。特にベルギーはかつてないほどの黄金時代を迎

えている。中盤の底には、ムサ・デンベレとアクセル・ヴィツェルというハードワーカーがいて、彼らが巧みにボールを回収する。奪ってからは、2列目のエデン・アザールやケヴィン・デ・ブライネというテクニシャンが仕掛けIレさえすれバІ、キープすることもできる。両翼にはヤニック・フェレイラ・カラスコとトマ・ムニエというアタッカーを擁しており、彼らのお膳立てをフィニッシュできるロメル・ルカクという大型FWが前線にはどっしりと構えている。足りないのは経験だけと言わんばかりの選手層である。

フランスも同様だ。中盤の底にはエヌゴロ・カンテというハードワーカーがいて、コンビを組むポール・ポグバは縦への推進力を擁している。両サイドのトマ・ルマールとキリアン・エムバペはスピードがあり、前述してきた高い位置でボールを奪って素早くゴール前に到達する攻撃を可能にしている。また、トップ下には、アントワーヌ・グリーズマンというカウンターでより真価を発揮するセカンドトップがいることも魅力のひとつだろう。前線では先発候補のオリビエ・ジルーに加えて、中盤にはブレーズ・マテュイディ、さらにはナビル・フェキルと選択肢やバリエーションは豊富。名前だけを見れば、十分に優勝できるだけの戦力は有している。

ただ、フランスの場合は、恒例にも思える組織としてのチームワークの欠如が懸念材料になりそうだ。能力の高い個を、組織としてひとつの目標に向かってまとめられるか。自ら1998年フランスW杯で優勝を経験し、その重要性を知るディディエ・デシャン監督のお手並み拝見といったところだろうか。

現代サッカーの流れを取り入れつつも、チームの特徴であり、チームの象徴を活かそうとしているのが、スペイン、アルゼンチン、ポルトガルの3チームと言えるだろう。

スペインは、バルセロナに代表されるようなポゼッションサッカーを軸にしつつ、サイドからの素早い攻撃にも力を注いできた。セルヒオ・ブスケッという絶対的なアンカーと、コケというハードワーカーがいることで、ボールの追い込み方であり、奪う位置が明確となった。加えて自慢のパスワークが封じられてもダビド・

シルバやイスコがシンプルに切り込んで打開するなど、明らかな進化を見せている。その中に、アンドレス・イニエスタという稀代のテクニシャンがいることも大きい。一本のパスで状況を変えられる選手がいることで、引いて守備を固められた時間帯でも、状況を打開するすべを持っているのだから……。ただし、スペインに関して言えば、サウール・ニゲスやマルコ・アセンシオと、能力の高い2列目の選手がいる一方で、フィニッシュ役を担うセンターフォワードに絶対的な選手がいないことが弱みと言えなくもない。ブラジルならばガブリエウ・ジェズス、ドイツならばヴェルナー、フランスならばジルーと、前線で身体を張れる選手がいることで、その攻撃はより迫力を増す。ウルグアイが脅威なのも、エディンソン・カバーニとスアレスという世界届指のストライカーをふたりも擁しているからでもある。

今大会も主役候補のメッシとC・ロナウド
物語のエンディングはハッピーエンドとなるのか

一方のアルゼンチンは、前線に優秀なタレントを複数抱えていることが、組織として見たときに欠点にもなる。言わずとしれたリオネル・メッシは、今大会でも主役候補のひとりだが、前回、決勝まで勝ち進みながらタイトルに手が届かなかったのは、そこに起因している。セルヒオ・アグエロにしろ、アンヘル・ディ・マリアにしろ、それぞれが個で突破できてしまう選手たちが集まってしまっている。それにより後方の守備陣に掛かる負担は甚大。明らかに実力差のある相手には、攻撃で圧倒すれば綻ぶことはないが、決勝トーナメント以降で対戦する強敵を前にすれば、逆に隙にもなる。

それはクリスティアーノ・ロナウドを擁するポルトガルにも言えること。ただし、ポルトガルは、これまで名前を挙げてきた強豪とは異なり、チームして堅守速攻のスタイルが確立されている。それがEURO2016でひとつの結果をもたらした要因でもある。C・ロナウドを抑えられることは想定済み。EURO2016に続くダブルを達成するには、アンドレ・シウバやベルナルド・シウ

バが躍動できるかにある。

今大会の優勝候補と目されるドイツ、ブラジル、フランス、ベルギー、スペイン、アルゼンチンからは、グループステージにおいては守備的な戦いを挑まれる機会も多いだろう。逆にグループステージで強豪に挑むチームは、それぞれ堅守速攻に活路を見出そうとするだろう。直前で監督交代に踏み切った日本はどのように戦うのか……。また、強豪にとって懸念されるのは、主力のコンディションにある。C・ロナウドにしても、メッシにしても所属クラブでハードな日程を消化した上での参加となる。明らかにコンディションが整っていないグループステージで、100%の状態で臨んでくる相手を順当に打ち負かすことができるか。そこにW杯の魔物が棲んでいる。

ベスト16が出揃うノックアウトステージからは、一気に試合のスピード感と迫力は増すことだろう。攻守の切り替えが速く、遅攻と速攻を使い分けるチームの対決は、戦術や戦略、長所の出し合い、消し合いと、すべてにおいての攻防とマッチアップが見どころとなる。一進一退の緊迫した試合になるからこそ、最後はストライカーの存在が大きくなる。戦術が徹底され、いかに戦略が練られても、勝負を決めるのは最終的に個の力である。だからこそ、貴重な1点をもぎるエースの存在が、よりクローズアップされる。また、エースの定義が、センターフォワードだけに当てはまる言葉ではなくなってきているのも、現代サッカーを象徴しているのかもしれない。

ロシアで開催される大会とあって、欧州勢が優位に見えるが、前評判の高い前回王者ドイツが再び時代を築くのか。それともスペインやフランスが巻き返すのか。EURO2016を制して自信をつけたポルトガルや、おそらくピークとして臨む最後の大会となるC・ロナウドやメッシのサクセスストーリーが完結するのかも興味深い。加えて、4年前にプライドをズタズタに切り裂かれたブラジルが、サッカー王国としての威信を取り戻すのか。それぞれの国、それぞれのチームにある流れであり、背景を知ることで、よりW杯は魅力的な大会となる。

WORLD CUP RUSSIA 2018 MATCH SCHEDULE

ロシアの地に世界最強の座を争う32カ国が集結する。
グループステージからファイナルまで、全64試合すべてが黄金カードだ。

グループ

GROUP		
A	RUSSIA ロシア / SAUDI ARABIA サウジアラビア	EGYPT エジプト / URUGUAY ウルグアイ
B	PORTUGAL ポルトガル / SPAIN スペイン	MOROCCO モロッコ / IR IRAN イラン
C	FRANCE フランス / AUSTRALIA オーストラリア	PERU ペルー / DENMARK デンマーク
D	ARGENTINA アルゼンチン / ICELAND アイスランド	CROATIA クロアチア / NIGERIA ナイジェリア
E	BRAZIL ブラジル / SWITZERLAND スイス	COSTA RICA コスタリカ / SERBIA セルビア
F	GERMANY ドイツ / MEXICO メキシコ	SWEDEN スウェーデン / KOREA Rep. 韓国
G	BELGIUM ベルギー / PANAMA パナマ	TUNISIA チュニジア / ENGLAND イングランド
H	POLAND ポーランド / SENEGAL セネガル	COLOMBIA コロンビア / JAPAN 日本

グループステージ日程 ※時間は現地時間。（　）は日本時間。

1st Match　6/14～6/19

STAGE／開催都市（スタジアム名）	6月14日（木）	6月15日（金）	6月16日（土）	6月17日（日）	6月18日（月）
Ekaterinburg エカテリンブルク（エカテリンブルク・アレーナ）		エジプト×ウルグアイ 17:00(21:00)			
Kaliningrad カリーニングラード（カリーニングラード・スタジアム）			クロアチア×ナイジェリア 21:00(28:00)		
Kazan カザン（カザン・アレーナ）			フランス×オーストラリア 13:00(19:00)		
Moscow モスクワ（ルジニキ・スタジアム）	ロシア×サウジアラビア 18:00(24:00)			ドイツ×メキシコ 18:00(24:00)	
Moscow モスクワ（スパルタク・スタジアム）			アルゼンチン×アイスランド 16:00(22:00)		
Nizhny Novgorod ニジニ・ノヴゴロド（ニジニ・ノヴゴロド・スタジアム）					スウェーデン×韓国 15:00(21:00)
Rostov-On-Don ロストフ・ナ・ドヌ（ロストフ・アレーナ）				ブラジル×スイス 21:00(27:00)	
Saint Petersburg サンクトペテルブルク（サンクトペテルブルク・スタジアム）		モロッコ×イラン 18:00(24:00)			
Samara サマーラ（サマーラ・アレーナ）				コスタリカ×セルビア 16:00(21:00)	
Saransk サランスク（モルドヴィア・アレーナ）			ペルー×デンマーク 19:00(25:00)		
Sochi ソチ（フィシュト・スタジアム）		ポルトガル×スペイン 21:00(27:00)			
Volgograd ヴォルゴグラード（ヴォルゴグラード・アレーナ）					チュニジア×イングランド 21:00(27:00)

※日本との時差は基本的に−6時間。ただし、エカテリンブルクは−4時間、カリーニングラードは−7時間、サマーラは−5時間。

【メンバー登録】出場各国のサッカー協会は、FIFAによって定められた期日までに、23人の選手リスト（うち3人はGK）を提出しなければいけない。背番号は1～23番を着けることとする。23人の登録メンバーを提出試合に入れ替えることができるのは、原則として深刻な負傷による場合のみ。その場合、医師の診断書の提出を条件に、チームの初戦がキックオフする24時間前までメンバーを変更可能。ただし、負傷の場合もその期限を過ぎた後の変更は認められない。
1試合の交代枠は3人だが、どの試合にも23人の登録メンバー全員（先発11人＋控え12人）を起用できる。
【グループステージ】4カ国ずつがA～Hまで8つのグループに分かれ、1回戦総当たりのリーグ戦を行う。90分で勝敗を競い、延長戦、PK戦は行わない。なお、各グループの第3戦目は、同日同時刻にキックオフする。

勝ち点は勝ちが「3」、引き分けが「1」、負けが「0」。各国3試合ずつを戦い終えた時点での上位2カ国が決勝トーナメントに進出する。順位決定に関する優先順位は以下の通り。
Ａ3試合での勝点数　Ｂ3試合での得失点差　Ｃ3試合での総得点数
複数チームがA～Cの条件で並んだ場合は、以下の方法で順位を決定する。
Ｄ当該国同士の対戦における勝点数　Ｅ当該国同士の対戦における得失点差
Ｆ当該国同士の対戦における総得点数　ＧFIFAの組織委員会による抽選
【決勝トーナメント】全8グループの上位2カ国、計16カ国がトーナメント形式で争う。1回戦から決勝までをワンマッチで勝敗を決める。
90分間で決着がつかない場合は15分ハーフの延長戦を戦い、それでも決着がつかない場合はPK戦を行う。

		2nd Match 6/20～6/24				3rd Match 6/25～6/28			
6月19日(火)	6月20日(水)	6月21日(木)	6月22日(金)	6月23日(土)	6月24日(日)	6月25日(月)	6月26日(火)	6月27日(水)	6月28日(木)
		フランス×ペルー 20:00(24:00)			日本×セネガル 20:00(24:00)			メキシコ×スウェーデン 19:00(23:00)	
			セルビア×スイス 20:00(27:00)			スペイン×モロッコ 20:00(27:00)			イングランド×ベルギー 20:00(27:00)
	イラン×スペイン 21:00(27:00)				ポーランド×コロンビア 21:00(27:00)		韓国×ドイツ 17:00(23:00)		
	ポルトガル×モロッコ 15:00(21:00)						デンマーク×フランス 17:00(23:00)		
ポーランド×セネガル 18:00(24:00)				ベルギー×チュニジア 15:00(21:00)				セルビア×ブラジル 21:00(27:00)	
		アルゼンチン×クロアチア 21:00(27:00)			イングランド×パナマ 15:00(21:00)			スイス×コスタリカ 21:00(27:00)	
	ウルグアイ×サウジアラビア 18:00(24:00)			韓国×メキシコ 18:00(24:00)			アイスランド×クロアチア 21:00(27:00)		
ロシア×エジプト 21:00(27:00)			ブラジル×コスタリカ 15:00(21:00)				ナイジェリア×アルゼンチン 21:00(27:00)		
		デンマーク×オーストラリア 16:00(21:00)				ウルグアイ×ロシア 18:00(23:00)		セネガル×コロンビア 18:00(23:00)	
コロンビア×日本 15:00(21:00)						イラン×ポルトガル 21:00(27:00)		パナマ×チュニジア 21:00(27:00)	
			ドイツ×スウェーデン 21:00(27:00)				オーストラリア×ペルー 17:00(23:00)		
		ナイジェリア×アイスランド 18:00(24:00)				サウジアラビア×エジプト 17:00(23:00)			日本×ポーランド 17:00(23:00)

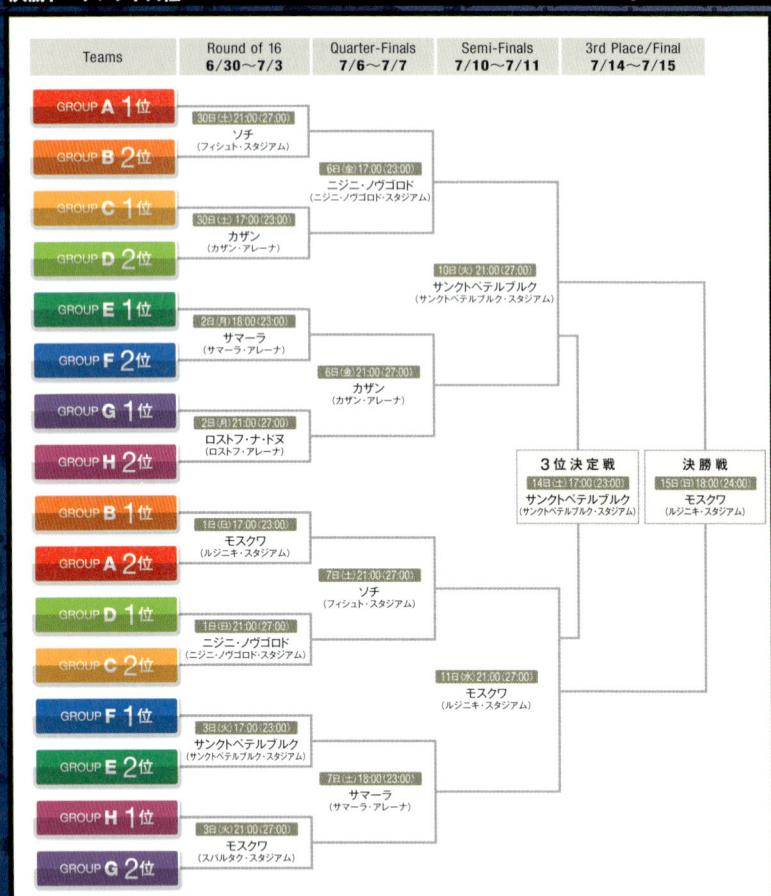

Teams	Round of 16 6/30～7/3	Quarter-Finals 7/6～7/7	Semi-Finals 7/10～7/11	3rd Place/Final 7/14～7/15

GROUP **A** 1位
GROUP **B** 2位

30日(土)21:00(27:00)
ソチ
（フィシュト・スタジアム）

GROUP **C** 1位
GROUP **D** 2位

30日(土)17:00(23:00)
カザン
（カザン・アレーナ）

6日(金)17:00(23:00)
ニジニ・ノヴゴロド
（ニジニ・ノヴゴロド・スタジアム）

GROUP **E** 1位
GROUP **F** 2位

2日(月)18:00(23:00)
サマーラ
（サマーラ・アレーナ）

GROUP **G** 1位
GROUP **H** 2位

2日(月)21:00(27:00)
ロストフ・ナ・ドヌ
（ロストフ・アレーナ）

6日(金)21:00(27:00)
カザン
（カザン・アレーナ）

10日(火)21:00(27:00)
サンクトペテルブルク
（サンクトペテルブルク・スタジアム）

GROUP **B** 1位
GROUP **A** 2位

1日(日)17:00(23:00)
モスクワ
（ルジニキ・スタジアム）

GROUP **D** 1位
GROUP **C** 2位

1日(日)21:00(27:00)
ニジニ・ノヴゴロド
（ニジニ・ノヴゴロド・スタジアム）

7日(土)21:00(27:00)
ソチ
（フィシュト・スタジアム）

GROUP **F** 1位
GROUP **E** 2位

3日(火)17:00(23:00)
サンクトペテルブルク
（サンクトペテルブルク・スタジアム）

GROUP **H** 1位
GROUP **G** 2位

3日(火)21:00(27:00)
モスクワ
（スパルタク・スタジアム）

7日(土)18:00(23:00)
サマーラ
（サマーラ・アレーナ）

11日(水)21:00(27:00)
モスクワ
（ルジニキ・スタジアム）

3位決定戦
14日(土)17:00(23:00)
サンクトペテルブルク
（サンクトペテルブルク・スタジアム）

決勝戦
15日(日)18:00(24:00)
モスクワ
（ルジニキ・スタジアム）

選手名鑑の見方

❶ FW Fyodor SMOLOV ●フョードル・スモロフ

クラブでは、15-16に20得点、16-17
に18得点とゴール量産。EURO16
終了後は代表でもエースとなり、国民
の期待を一身に背負う。

❷ ●1990年2月9日(28歳)
●187cm／80kg
●3クラブ
●28試合／11得点

❶ ポジション
❷ パーソナルデータ
　①生年月日
　②身長／体重
　③所属クラブ（国外の場合は国名）
　④代表通算出場／得点
❸ 選手説明
❹ プレーエリア
　その選手がプレー可能なエリアを色
　付きで表示。■=メイン ■=サブ

テレビ放送マーク ● NHK=NHK系、 日テレ=日本テレビ系、 TBS=TBS系、
テレ朝=テレビ朝日系、 フジ=フジテレビ系、 テレ東=テレビ東京系

※データ・情報は5月18日現在のもの。変更になっている場合もあり。選手の年齢はW杯開幕の6月14日時点のもの。

第2章

ワールドカップ出場32カ国分析&選手名鑑
WORLD CUP RUSSIA 2018 32 TEAM ANALYSIS

ロシアで初めて開催されるワールドカップは今大会で21回目を迎える。
長きに渡る各大陸の予選を勝ち抜いてきた32カ国の精鋭たちが、
全8グループに分かれて15日間に及ぶグループステージを戦う。
決勝トーナメントへと進出できるのは、各グループの上位2チームのみ。
強豪が頭ひとつ抜けているグループもあれば、均衡しているグループもある。
ベスト16に進出するのは、本命と言われるチームか、それとも……。
出場する32カ国の特徴と選手たちの顔ぶれを紹介する。

戦力分析

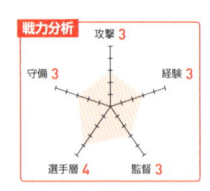

攻撃 3
守備 3
経験 3
選手層 4
監督 3

VOICE 出場国関係者の声

スタニスラフ・チェルチェソフ／監督

我々の目標は非常に明確だ。まずは決勝トーナメントに進出すること。コンフェデ杯ではグループステージで敗退したが、本大会では最高の栄誉を得るために、戦わなければならない。成功できるとも信じている。

KEY PLAYER 【注目選手】

攻 **FW** Fyodor SMOLOV
● フョードル・スモロフ

国内ではクラスノダールという中堅クラブでプレーしているが、2年連続得点王に輝くと、代表でも駆け上がりエースへと台頭した。開催国のエースとして期待を背負う。

DF Roman NEUSTADTER
● ロマン・ノイシュテッター 守

ジキアに続き、ヴァシンも負傷してW杯絶望となり、急遽3バックの統率を任されることに。長年ドイツでプレーしてきた経験を大舞台で活かすことができるか。

主要ブックメーカー優勝オッズ

ウィリアムヒル	bwin	bet365
34.00倍	41.00倍	34.00倍

RUSSIA
ロシア ● 2大会連続11回目

GROUP グループ A
WORLD CUP RUSSIA 2018

実力で抜ける南米の雄ウルグアイ
開催国ロシアはプライドを保つか

グループAの焦点は2位通過がどこになるかであろう。それほどにウルグアイの実力は抜きん出ている。南米予選では一時期、苦戦したとはいえ、ブラジルに次ぐ堂々の2位通過を果たした。カバーニ、スアレスという他国も羨むワールドクラスのストライカーを2人も擁し、若手も台頭するなど、選手層も厚い。2010年W杯で4位に躍進した以上の成績を目指す彼らにとっては、むしろベスト16の対戦相手がスペインとポルトガルのどちらになるのかを思案しているのではないかと考えてしまうほどだ。

ポイントとなる2位通過だが、有利なのは当然、ロシアである。開催国という地の利、地元の大声援と、もちろんプラスは多い。ただ、前哨戦

戦力分析

攻撃 3
守備 3
経験 2
選手層 3
監督 4

VOICE 出場国関係者の声

エサム・エルハダリ／GK

W杯に弱いチームなんて存在しない。過去に何度も強豪と言われるチームを前評判が低いチームが打ち負かしてきた例もあるからね。ウルグアイは南米を代表するチームだけど、決して僕らが負けているとは思わないよ。

KEY PLAYER 【注目選手】

攻 **FW** Mohamed SALAH
● モハメド・サラー

堅守速攻を戦術とするクーベル・サッカーを体現するカウンターの申し子。ハーフラインからでもボールを持てばフィニッシュできるスピードとテクニックを擁する。

GK Essam ELHADARY
● エサム・エルハダリ 守

45歳になった今なお絶対的な守護神として最後尾に君臨するエジプトの生きる伝説。W杯に出場すればギネス記録。大記録の更新には、世界的にも注目が集まる。

主要ブックメーカー優勝オッズ

ウィリアムヒル	bwin	bet365
251.00倍	201.00倍	151.00倍

EGYPT
エジプト ● 7大会ぶり3回目

SAUDI ARABIA
サウジアラビア ●3大会ぶり5回目

KEY PLAYER 【注目選手】

攻 **FW Mohammad AL-SAHLAWI**
●ムハマド・アル・サフラウィ
サウジアラビア浮沈のカギを握るストライカーで、得点嗅覚に優れ、こぼれ球に抜群の反応を見せる。予選14試合16得点と大爆発。ただ最終予選は2得点止まり。

DF Osama HAWSAWI
●オサマ・ハウサウィ
代表131試合出場という大ベテラン。劣勢が予想されるグループステージで勝点を挙げられるかは彼の集中力であり終盤力にかかっている。対人に強さを誇る。

主要ブックメーカー優勝オッズ

ウィリアムヒル	bwin	bet365
1001.00倍	1001.00倍	1001.00倍

戦力分析

攻撃 2 / 守備 2 / 経験 2 / 選手層 2 / 監督 3

VOICE 出場国関係者の声

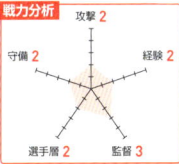

フアン・アントニオ・ピッツィ／監督
開幕戦で開催国と当たるのは厳しいが、初戦とは得てして難しいもの。非常にバランスの取れたグループだと思うし、良いスタートを切ることが重要。就任から間もないが、規律があり、強固なチームを作り上げる。

GROUP A
● RUS
● KSA
● EGY
● URU

GROUP B
○ POR
○ ESP
○ MAR
○ IRN

GROUP C
○ FRA
○ AUS
○ PER
○ DEN

GROUP D
○ ARG
○ ISL
○ CRO
○ NGA

GROUP E
○ BRA
○ SUI
○ CRC
○ SRB

GROUP F
○ GER
○ MEX
○ SWE
○ KOR

GROUP G
○ BEL
○ PAN
○ TUN
○ ENG

GROUP H
○ POL
○ SEN
○ COL
○ JPN

となるコンフェデレーションズカップではグループステージで敗退したように、今ひとつ推せる要素が少ないのも事実だ。それだけに大穴と見られているエジプトとサウジアラビアにも好機はあるとの見方もできるが、これまたパッとしない。サウジアラビアに至っては直前で監督交代を行い、チーム作りすら不透明である。

それだけに可能性があるのは、リヴァプールに所属するFWサラーのいるエジプトになるだろう。指揮官も曲者のクーペルとあって、ロシアから金星を奪いそうな予感もする。注目は第2戦のロシア対エジプト。ウルグアイに不測の事態がなければ、この試合の勝者がもうひとつの切符をつかむことになりそうだ。

MATCH SCHEDULE 【試合日程】

日程	現地時間(日本)	会場（開催地）	放送局
6月14日(木)	18:00(24:00)	ルジニキ・スタジアム(モスクワ)	NHK
		ロシア × サウジアラビア	
6月15日(金)	17:00(21:00)	エカテリンブルク・アレーナ(エカテリンブルク)	NHK フジ
		エジプト × ウルグアイ	
6月19日(火)	21:00(27:00)	サンクトペテルブルク・スタジアム(サンクトペテルブルク)	NHK 日テレ
		ロシア × エジプト	
6月20日(水)	18:00(24:00)	ロストフ・アレーナ(ロストフ・ナ・ドヌ)	NHK
		ウルグアイ × サウジアラビア	
6月25日(月)	18:00(23:00)	サマーラ・アレーナ(サマーラ)	NHK TBS
		ウルグアイ × ロシア	
6月25日(月)	17:00(23:00)	ヴォルゴグラード・アレーナ(ヴォルゴグラード)	NHK
		サウジアラビア × エジプト	

URUGUAY
ウルグアイ ●3大会連続13回目

KEY PLAYER 【注目選手】

攻 **FW Edinson CAVANI**
●エディンソン・カバーニ
セリエA得点王2回、リーグ・アン得点王1回を誇る生粋の点取り屋。クロスへの反応、一対一の勝負強さ、裏へ抜ける動きと、ストライカーに必要な能力はすべて完備。

FW Luis SUAREZ
●ルイス・スアレス
バルセロナでは3年連続で20得点以上を量産。今大会でも注目を集める主役候補。一方、前回大会で相手選手に噛みついた大事件を起こしたことはあまりにも有名だ。

主要ブックメーカー優勝オッズ

ウィリアムヒル	bwin	bet365
29.00倍	29.00倍	26.00倍

戦力分析

攻撃 5 / 守備 4 / 経験 5 / 選手層 4 / 監督 4

VOICE 出場国関係者の声

ルイス・スアレス／FW
グループステージで対戦する相手はどこもどう準備すべきかが分かっている。でも僕たちはそれに対応できる監督がいる。14年は不本意な形で大会を去ることになった。でも、今回は僕の大会になることを願っている。

RUSSIA
ロシア／2大会連続11回目

●正式名称：ロシア連邦　●サッカー協会設立：1912年　●FIFA加盟：1912年　●FIFAランク：66位
●W杯出場：11回目　●W杯最高成績：4位　●web site：www.rfs.ru

PAST RESULT 【W杯過去の成績】

開催年	成績
1930	不参加
1934	不参加
1938	不参加
1950	不参加
1954	不参加
1958	ベスト8
1962	ベスト8
1966	4位
1970	ベスト8
1974	不参加
1978	予選敗退
1982	2次リーグ敗退
1986	ベスト16
1990	グループステージ敗退
1994	グループステージ敗退
1998	予選敗退
2002	グループステージ敗退
2006	予選敗退
2010	予選敗退
2014	グループステージ敗退

※ソ連時代を含む

不安はあるも開催国の意地を見せるか

　開催国は組み合わせに恵まれる——W杯のジンクスは、今大会も例に漏れず、当てはまった。初戦で対戦するサウジアラビアはもちろんのこと、2戦目で対戦するエジプトも決して強敵とはいえず、グループ内で警戒すべきは、2010年W杯で4位に輝いたウルグアイくらい。そのウルグアイとて、第3戦で対戦するだけに、前の2試合で勝点6を挙げ、ベスト16進出を決めてしまうというのが、開催国のシナリオである。

　組み合わせ抽選会は、あくまで公明正大に行われているが、操作を疑ってしまうほどだ。言い換えれば、そうしなければならないほどロシアの進化は止まっているとも思える。

　確かにタレントはいる。絶対的な守護神アキンフェエフを筆頭に、中盤には技巧派のジルコフやジャゴエフも擁している。加えてエースに台頭したスモロフにはじまり、エロヒンやゴロヴィンも少しずつ成長してきた。ただ、先のコンフェデレーションズカップではニュージーランドに勝利しただけで、ポルトガルやメキシコに敗戦し、グループステージ突破すらできなかった。指揮を執るチェルチェソフ監督は新戦力を試すなど、改革に躍起になっているが、果たして……。初戦を落とせば、間違いなく窮地に立たされる。

FORMATION 【基本布陣】

スモロフ（ボロス）
ジャエフ（チェリシェフ）　A1・ミランチュク（サメドフ）
ジルコフ（ラグシュ）　　　　　　　　スモルコフ（フェルナンデス）
クヤエフ（ゾブニン）　グルシャコフ（エロヒン）
クドリャショフ（コムバロフ）　ノイシュテッター（クティポフ）　グラナト（セミュノフ）
アキンフェエフ（ルネフ）

3-4-2-1

ジキアらをケガで欠く最終ラインには連係面で一抹の不安も。中盤にはテクニシャンを揃えつつ、前線に速いボールを入れて、スモロフが仕留めるのが方程式だ。

COACH 【監督】

Stanislav CHERCHESOV ●スタニスラフ・チェルチェソフ

元GKで、指揮者としては古巣スパルタク・モスクワなどを指揮。レギア・ワルシャワでは優勝も達成した。EURO16後、開催国の再建を託されたが、コンフェデ杯では1勝2敗と惨敗している。

❶1963年9月2日（54歳）
❷ロシア
❸2016年8月

GOAL RANKING 【得点ランキング】

順位	選手名	得点
❶	フョードル・スモロフ	5
❷	アレクセイ・ミランチュク	3
❸	ヴィクトル・ヴァシン	2
❸	ドミトリ・ポロズ	2
❺	アレクサンドル・サメドフ 他5名	1

強豪とのテストマッチが多く、チームとしても結果が出ない中、エースのスモロフが責務を全う。セットプレーで高さを発揮する長身DF陣も強み。

QUALIFIERS RESULT 【結果】

予選なし（3勝4分4敗）

日付	対戦相手	H&A	スコア
●フレンドリーマッチ			
2017年 3月25日	コートジボワール	H	●0-2
2017年 3月29日	ベルギー	H	△3-3
2017年 6月 6日	ハンガリー	A	△3-0
2017年 6月10日	チリ	H	△1-1
●コンフェデレーションズカップ2017			
2017年 6月18日	ニュージーランド	H	○2-0
2017年 6月22日	ポルトガル	H	●0-1
2017年 6月24日	メキシコ	H	●1-2
●フレンドリーマッチ			
2017年10月 7日	韓国	H	○4-2
2017年10月10日	イラン	H	△1-1
2017年11月11日	アルゼンチン	H	●0-1
2017年11月15日	スペイン	H	△3-3

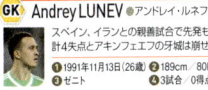

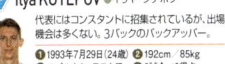

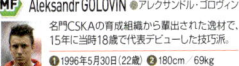
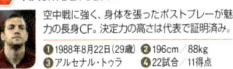

GK Igor AKINFEEV ●イゴール・アキンフェエフ

わずか16歳でCSKAモスクワの育成組織に入団し、18歳でA代表デビューを飾った真の強み。代表キャップ100を超える絶対的守護神。

- ❶1986年4月8日(32歳)
- ❷186cm／82kg
- ❸CSKAモスクワ
- ❹104試合／0得点

DF Mario FERNANDES ●マリオ・フェルナンデス

ブラジルで育ち、レアルやバルサなど名だたるクラブが興味を示した稀代のSB。ルーツであるロシア代表を選択し、17年10月にデビューした。

- ❶1990年9月19日(27歳)
- ❷187cm／80kg
- ❸CSKAモスクワ
- ❹3試合／0得点

DF Roman NEUSTADTER ●ロマン・ノイシュテッター

ドイツにルーツのある屈強なSB。主軸を担ってきたジギアがカガラでW杯の出場が絶望的となり、3バックの一角として活躍が期待される。

- ❶1988年2月18日(30歳)
- ❷188cm／83kg
- ❸フェネルバフチェ(TUR)
- ❹6試合／0得点

DF Vladimir GRANAT ●ウラジーミル・グラナト

3バックの中核を担ってきたジギアに続き、ヴァシンまでもが負傷により W杯絶望となった。守備の岩手はグラナトの双肩に重くのし掛かる。

- ❶1987年5月22日(31歳)
- ❷184cm／80kg
- ❸ルビン・カザン
- ❹11試合／0得点

DF Fedor KUDRYASHOV ●フョードル・クドリャショフ

EURO16終了後の代表で初招集された遅咲きのCB。代表では3バックの中心としてプレー。昨夏、ロストフからルビン・カザンへ移籍した。

- ❶1987年4月5日(31歳)
- ❷181cm／77kg
- ❸ルビン・カザン
- ❹17試合／0得点

MF Konstantin RAUSCH ●コンスタンティン・ラウシュ

5歳でドイツに移住し、ハノーファーでトップデビュー。育成年代ではドイツ代表にも選ばれたが、17年10月の韓国戦に代表初出場を飾った。

- ❶1990年3月15日(28歳)
- ❷182cm／78kg
- ❸ディナモ・モスクワ
- ❹5試合／0得点

MF Igor SMOLNIKOV ●イゴール・スモルニコフ

右サイドを主戦場にCBも含め、幅広いポジションが可能。確実にボールを奪い切る粘り強い守備と、パスを用いた絶妙な攻撃参加を見せる。

- ❶1988年8月8日(29歳)
- ❷178cm／78kg
- ❸ゼニト
- ❹25試合／0得点

MF Daler KUZYAEV ●ダレル・クズヤエフ

繊細なボールタッチから繰り出す精度の高いパスでCBも含め、幅広いスペースを作る。ゴール前まで駆け上がり、フィニッシュに絡む運動量も魅力。

- ❶1993年1月15日(25歳)
- ❷182cm／74kg
- ❸ゼニト
- ❹4試合／0得点

MF Aleksandr YEROKHIN ●アレクサンドル・エロヒン

195cmの長身ながら両足が扱えるのは足元ながら、スケールの大きさを感じさせる突破からゴールを奪う。その動きはまさに神出鬼没。

- ❶1989年10月13日(28歳)
- ❷195cm／79kg
- ❸ゼニト
- ❹38試合／0得点

MF Yuri ZHIRKOV ●ユーリ・ジルコフ

世界に渡り代表の攻撃を彩ってきた左利きのドリブラー。かつてチェルシーに在籍したこともあり、豊富な経験でもチームを牽引する支柱だ。

- ❶1983年8月20日(34歳)
- ❷180cm／75kg
- ❸ゼニト
- ❹82試合／12得点

MF Denis GLUSHAKOV ●デニス・グルシャコフ

体幹の強い身体で相手の攻撃を食い止める。特筆すべきはミドルの正確性。隙があればペナルティエリアの外から積極的に狙ってくる。

- ❶1987年1月27日(31歳)
- ❷182cm／82kg
- ❸スパルタク・モスクワ
- ❹57試合／5得点

MF Aleksandr SAMEDOV ●アレクサンドル・サメドフ

前回のW杯とEUROを経験しており、クラブではキャプテンを担うリーダー。精度の高いキックはセットプレーでキッカーを務めるほど。

- ❶1984年7月19日(33歳)
- ❷177cm／75kg
- ❸スパルタク・モスクワ
- ❹46試合／6得点

MF Aleksei MIRANCHUK ●アレクセイ・ミランチュク

小刻みなボールタッチで相手を翻弄し、狭いスペースでもパスを通すことができる。アイデア溢れるプレーは攻撃にアクセントをつける。

- ❶1995年10月17日(22歳)
- ❷182cm／74kg
- ❸ロコモティフ・モスクワ
- ❹16試合／0得点

MF Alan DZAGOEV ●アラン・ジャゴエフ

パス、シュートともに高水準を誇る司令塔。ゴール前での冷静さとファンタジー溢れるプレーで国内での人気は絶大。ナガが万全なのが玉にキズ。

- ❶1990年6月17日(27歳)
- ❷179cm／75kg
- ❸CSKAモスクワ
- ❹55試合／9得点

MF Denis CHERYSHEV ●デニス・チェリシェフ

レアル・マドリーの下部組織で育ち、U-15から代表に招集され続けてきたエリート。テクニックを活かしたドリブルでチャンスメイクを担う。

- ❶1990年12月26日(27歳)
- ❷179cm／74kg
- ❸ビジャレアル(ESP)
- ❹10試合／0得点

MF Roman ZOBNIN ●ロマン・ゾブニン

3月の親善試合ではブラジル戦に中盤の真ん中で先発出場した。U-16から代表に名を連ねてきた国内屈指の選手はメンバー入りなるか。

- ❶1994年2月11日(24歳)
- ❷182cm／72kg
- ❸スパルタク・モスクワ
- ❹4試合／0得点

FW Dmitry POLOZ ●ドミトリ・ポロズ

長くロストフで中心選手として活躍してきたが、17-18にゼニトへ移籍。代表では17年に2得点しているように攻撃のジョーカーを担う。

- ❶1991年7月12日(26歳)
- ❷183cm／73kg
- ❸ゼニト
- ❹15試合／2得点

FW Fyodor SMOLOV ●フョードル・スモロフ

クラブでは、15-16に20得点、16-17に18得点とゴールを量産。EURO16終了後は代表でもエースとなり、国民の期待を一身に背負う。

- ❶1990年2月9日(28歳)
- ❷187cm／80kg
- ❸クラスノダール
- ❹30試合／12得点

GK Andrey LUNEV ●アンドレイ・ルネフ

スペイン、イランとの親善試合で先発も、2試合計4失点とアキンフェエフの牙城は崩せず。

- ❶1991年11月13日(26歳)
- ❷189cm／80kg
- ❸ゼニト
- ❹3試合／0得点

GK Vladimir GABULOV ●ウラジーミル・ガブロフ

代表デビューは07年をアキンフェエフの控えに甘んじてきた。1月にブルージュへ移籍。

- ❶1983年10月19日(34歳)
- ❷190cm／74kg
- ❸ブルージュ(BEL)
- ❹10試合／0得点

DF Andrei SEMYONOV ●アンドレイ・セミョノフ

CB陣にケガ人が続出したこともあってメンバーに滑り込み。長身ながら足元の技術も確か。

- ❶1989年3月24日(29歳)
- ❷190cm／86kg
- ❸テレク・グロズヌイ
- ❹6試合／0得点

DF Ilya KUTEPOV ●イリヤ・クテポフ

代表にはコンスタントに招集されているが、出場機会は多くない。3バックのバックアッパー。

- ❶1993年7月29日(24歳)
- ❷192cm／85kg
- ❸スパルタク・モスクワ
- ❹0試合／0得点

DF Dmitri KOMBAROV ●ドミトリ・コムバロフ

W杯1回、EURO2回の出場を誇る経験豊富な左SB。アップダウンを厭わないスタミナがある。

- ❶1987年1月22日(31歳)
- ❷182cm／76kg
- ❸スパルタク・モスクワ
- ❹47試合／2得点

MF Anton MIRANCHUK ●アントン・ミランチュク

アレクセイは双子の兄弟。危機察知に優れ、ボール奪取に秀でる。兄弟でのW杯出場なるか。

- ❶1995年10月17日(22歳)
- ❷182cm／72kg
- ❸ロコモティフ・モスクワ
- ❹4試合／0得点

MF Aleksandr GOLOVIN ●アレクサンドル・ゴロヴィン

名門CSKAの育成組織から輩出された選手で、15年に当時18歳で代表デビューした技巧派。

- ❶1996年5月30日(22歳)
- ❷180cm／69kg
- ❸CSKAモスクワ
- ❹17試合／0得点

FW Artem DZYUBA ●アルテム・ジューバ

空中戦に強く、身体を張ったポストプレーが魅力の長身FW。決定力の高さは代表で証明済み。

- ❶1988年8月22日(29歳)
- ❷196cm／88kg
- ❸アルセナル・トゥラ
- ❹22試合／11得点

FW Anton ZABOLOTNY ●アントン・ザボロトニー

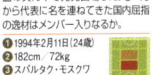

17年10月の韓国戦でデビュー。滞空時間の長いヘディングでゴールを狙う気鋭のFW。

- ❶1991年6月13日(27歳)
- ❷191cm／90kg
- ❸ゼニト
- ❹5試合／0得点

GROUP A
● RUS
● KSA
● EGY
● URU

GROUP B
○ POR
○ ESP
○ MAR
○ IRN

GROUP C
○ FRA
○ AUS
○ PER
○ DEN

GROUP D
○ ARG
○ ISL
○ CRO
○ NGA

GROUP E
○ BRA
○ SUI
○ CRC
○ SRB

GROUP F
○ GER
○ MEX
○ SWE
○ KOR

GROUP G
○ BEL
○ PAN
○ TUN
○ ENG

GROUP H
○ POL
○ SEN
○ COL
○ JPN

SAUDI ARABIA

サウジアラビア／3大会ぶり5回目

- ●正式名称：サウジアラビア王国 ●サッカー協会設立：1956年 ●FIFA加盟：1956年 ●FIFAランク：67位
- ●W杯出場：5回目 ●W杯最高成績：ベスト16 ●web site：www.thesaff.com.sa

第**2**章 ワールドカップ出場32カ国分析

PAST RESULT 【W杯過去の成績】

開催年	成績
1930	不参加
1934	不参加
1938	不参加
1950	不参加
1954	不参加
1958	不参加
1962	不参加
1966	不参加
1970	不参加
1974	不参加
1978	予選敗退
1982	予選敗退
1986	予選敗退
1990	予選敗退
1994	ベスト16
1998	グループステージ敗退
2002	グループステージ敗退
2006	グループステージ敗退
2010	予選敗退
2014	予選敗退

監 督 交 代 に よ り 短 期 強 化 で 臨 む

激震に続く激震である。W杯の本番を直前に、不安視する声が広がっている。出場権を獲得したばかりの昨年9月に、ファン・マルヴァイク監督が退任したかと思えば、後任に就いたバウサも11月の親善試合を2試合率いただけで解任された。急遽、代役に抜擢されたのは、直前までチリ代表を率いていたピッツィだった。2016年にはコパ・アメリカで優勝した一方で、W杯予選では出場権を逃して退任していた人物である。しかも同じ南米ならいざしらず、選手の特徴も違えば、国の文化や習慣も大きく異なるチームを短期間で強化できるかは疑問符がつくところだ。

時間が限られているだけに、予選を勝ち抜いたメンバーを中心にチームを構成していくことが予想されるが、代表100キャップを超えるオサマ・ハウサウィやアル・ジャシムが軸を担うことになるだろう。前線にはアル・サフラウィやアル・シェフリといったタレントも揃っている。今冬にはアル・シェフリやアル・ドサリらが一斉にスペインにレンタル移籍。欧州で学んだ経験をチームに落とし込めるかがカギとなる。

本大会では苦戦必至が濃厚だが、初戦で開催国を叩けば、突破の芽も出てくるだけに、新指揮官の手腕と采配が見ものとなる。

FORMATION 【基本布陣】

（左上から）アル・アビド（アル・ムサウド）、アル・サフラウィ（M・アリリ）、アル・シェフリ（アルドサリ）、アル・ハルビ（アル・ズーリ）、アル・モカハウィ（アル・ハイブリ）、アル・ファラジ（オタイフ）、アル・ジャハラニ（アル・モワド）、Os・ハウサウィ（ジャフファル）、Om・ハウサウィ（M・ハウサウィ）、アル・マイユーブ（アル・オサイス）

4-2-3-1

昨年11月にピッツィ監督が就任したばかりとあって戦術は不透明だが、指揮官がチリを率いたときのようなハードワーク主体にした速攻型に変貌を遂げそうだ。

COACH 【監督】

Juan Antonio PIZZI ●フアン・アントニオ・ピッツィ

ファン・マルヴァイクが退任したのに続き、後任のバウサも解任され、急遽、指揮官に就任した。チリを率いてチームをコパ・アメリカ優勝へと導いたその手腕に期待がかかる。

- ❶1968年6月7日（50歳）
- ❷アルゼンチン
- ❸2017年11月

GOAL RANKING 【予選得点ランキング】

順位	選手名	得点
❶	ムハマド・アル・サフラウィ	16
❷	タイシル・アル・ジャシム	6
❸	ナウワフ・アル・アビド	5
❹	ヤヒヤ・アル・シェフリ	5
❺	ファハド・アル・ムワッラド	4

予選16得点のアル・サフラウィだが、最終予選はわずか2得点だった。チームとしてPKの数も多く、ファールをもらうのがうまいという見方もできる。

QUALIFIERS RESULT 【予選結果】

アジア最終予選グループB／2位（6勝1分3敗）

日付	対戦相手	H&A	スコア
●アジア2次予選　グループA			
2015年 6月11日	パレスチナ	H	○3-2
2015年 9月 3日	東ティモール	H	○7-0
2015年 9月 8日	マレーシア	A	○3-0
2015年10月 8日	UAE	A	○2-1
2015年11月12日	パレスチナ	A	△0-0
2015年11月17日	東ティモール	A	○10-0
2016年 3月24日	マレーシア	H	○2-0
2016年 3月29日	UAE	A	△1-1
●アジア最終予選　グループB			
2016年 9月 1日	タイ	H	○1-0
2016年 9月 6日	イラク	A	○2-1
2016年10月 6日	オーストラリア	A	△2-2
2016年10月11日	UAE	H	○3-0
2016年11月15日	日本	A	●1-2
2017年 3月23日	UAE	A	○3-0
2017年 3月28日	イラク	H	○1-0
2017年 6月 8日	オーストラリア	A	●2-3
2017年 8月29日	UAE	A	●1-2
2017年 9月 5日	日本	H	○1-0

GK Abdullah AL-MAYOUF ●アブドゥラ・アル・マイユーフ

予選終盤にアル・モサイレムから守護神の座を奪取。日本戦では1-0の零封勝利に貢献した。高い身体能力を活かしたセービングは迫力十分。

❶1987年1月31日(31歳) ❷187cm／83kg
❸アル・ヒラル ❹8試合／0得点

DF Omar HAWSAWI ●オマル・ハウサウィ

最終ラインから中盤へのパス交換でリズムを作ることができる。スペースを見つけて自らドリブルで持ち運ぶなど、プレーの選択肢が豊富なCB。

❶1985年9月27日(32歳) ❷184cm／73kg
❸アル・ナスル ❹38試合／2得点

DF Osama HAWSAWI ●オサマ・ハウサウィ

長くアル・アハリでプレーしていたが、16年にアル・ヒラルへと移籍した。131試合出場の数字が示すように、精神的支柱であり守備の要。

❶1984年3月31日(34歳) ❷187cm／76kg
❸アル・ヒラル ❹131試合／7得点

DF Yasser AL-SHAHRANI ●ヤーセル・アル・シャハラニ

U-20W杯に出場するなど、若くから注目を浴びてきたSBで、A代表デビューは12年2月。積極的なプレースタイルから国内での人気も高い。

❶1992年5月25日(26歳) ❷171cm／62kg
❸アル・ヒラル ❹32試合／0得点

DF Mohammed JAHFALI ●ムハマド・ジャフファリ

15年に移籍したアル・ヒラルで台頭したCB。代表での経験は浅いが、ピッツィ監督によって抜擢。ハウサウィのバックアップを務めることになる。

❶1990年10月24日(27歳) ❷185cm／77kg
❸アル・ヒラル ❹3試合／0得点

MF Saeed Al MOWALAD ●サイード・アル・モワラド

代表デビューは15年。今予選の出場はないが、3月のウクライナ戦で右SBとして起用されると、及第点の活躍を見せてメンバー入りを果たした。

❶1991年3月9日(27歳) ❷173cm／65kg
❸アル・アハリ ❹1試合／1得点

DF Mansoor AL-HARBI ●マンスール・アル・ハルビ

最終予選の初戦で先発に抜擢された左SB。昨年11月のブルガリアとの親善試合では、退場処分になるなど、プレーの荒さが気がかりか。

❶1987年10月19日(30歳) ❷170cm／65kg
❸アル・アハリ ❹37試合／1得点

DF Motaz HAWSAWI ●モタズ・ハウサウィ

15年のアジア杯でもメンバーに選ばれ、今予選もコンスタントに招集されてきた。高齢になったオサマの代わりとして台頭が期待されるCB。

❶1992年2月17日(26歳) ❷179cm／72kg
❸アル・アハリ ❹15試合／0得点

MF Taisir AL-JASSIM ●タイシル・アル・ジャシム

代表キャップ127試合を誇り、今予選でも全試合に出場。ピッチ中央に君臨する司令塔で、ボールを華麗にさばく姿は、まさにチームの王様。

❶1984年7月25日(33歳) ❷170cm／66kg
❸アル・アハリ ❹127試合／18得点

MF Abdullah AL KHAIBARI ●アブドゥラー・アル・ハイバリ

21歳と若い代表候補によって見出された選手の1人。2月のモルドバ戦で代表デビュー。守備能力に長けたボランチとして期待されている。

❶1996年8月16日(21歳) ❷178cm／73kg
❸アル・シャバブ ❹2試合／0得点

MF Housain AL-MOGAHWI ●フセイン・アル・モガハウィ

中盤の底で攻撃の芽を摘み、DFとテンポの良いパス交換でリズムを作るコンダクター。出番こそ少ないが、今予選では代表の常連となった。

❶1988年1月28日(30歳) ❷173cm／64kg
❸アル・アハリ ❹15試合／1得点

MF Abdulfattah ASIRI ●アブドゥルファッタハ・アシリ

トップ下を中心に、両サイドでプレー可能なレフティー。13年のAFC U-22選手権では3得点を決めるなど、ここ一番での勝負強さも備えている。

❶1994年2月26日(24歳) ❷167cm／69kg
❸アル・アハリ ❹11試合／0得点

MF Yahya AL-SHEHRI ●ヤヒヤ・アル・シェフリ

育成年代の代表に名を連ねてきたテクニシャン。協会が画策する代表強化の一環で、1月にはスペイン2部のレガネスにレンタル移籍した。

❶1990年6月26日(27歳) ❷164cm／60kg
❸レガネス(ESP) ❹53試合／6得点

MF Salman AL-FARAJ ●サルマン・アル・ファラジ

1試合を除いて予選にはフル参加。アル・ジャシムと共に、チームの攻撃を彩る中盤の要。危機能力が高く、絶妙な間合いでボールを刈り取る。

❶1989年8月1日(28歳) ❷175cm／69kg
❸アル・ヒラル ❹38試合／5得点

MF Abdulmalek AL-KHAIBRI ●アブドゥルマレク・アル・ハイブリ

中盤の底でアル・ファラジとコンビを組み、予選全試合に出場した。黒子になれる献身性が武器に。攻守のつなぎ役を担うチームの心臓。

❶1986年3月13日(32歳) ❷175cm／72kg
❸アル・ヒラル ❹34試合／0得点

MF Salem AL-DAWSARI ●サレム・アル・ドサリ

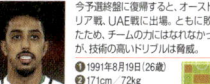

予選終盤に復帰すると、オーストラリア戦、UAE戦に出場。ともに敗れたため、チームの力にはなれなかったが、技術の高いドリブルは脅威。

❶1991年8月19日(26歳) ❷171cm／72kg
❸ビジャレアル(ESP) ❹28試合／3得点

MF Abdullah OTAYF ●アブドゥラ・オタイフ

アル・ドサリと同じく予選終盤に再招集されると、日本戦では獅子奮迅の働きを見せ、W杯出場を勝ち取った。無尽蔵な体力を誇るダイナモ。

❶1992年8月3日(25歳) ❷177cm／68kg
❸アル・ヒラル ❹12試合／1得点

MF Nawaf AL-ABED ●ナウワフ・アル・アビド

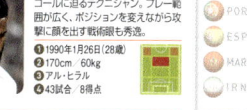

左サイドを中心に卓越した個人技でゴールに迫るテクニシャン。プレー範囲が広く、ポジションを変えながら攻撃に顔を出す戦術眼も秀逸。

❶1990年1月26日(28歳) ❷170cm／60kg
❸アル・ヒラル ❹43試合／8得点

FW Mohammad AL-SAHLAWI ●ムハマド・アル・サラウィ

大勝した東ティモールとの試合もあったとはいえ、今予選14試合出場16得点は見事。セカンドボールに素早く反応する得点嗅覚は圧巻の一番。

❶1987年1月10日(31歳) ❷177cm／72kg
❸アル・ナスル ❹36試合／28得点

FW Mohammad ASSIRI ●ムハマド・アシリ

代表には定着しきれていないが、クラブレベルで決定力の高さは証明済み。2列目でもプレーできる器用さは、ジョーカーとして効果を発揮しそうだ。

❶1986年10月14日(31歳) ❷187cm／69kg
❸アル・アハリ ❹17試合／0得点

GK Mohammed AL OWAIS ●ムハマド・アル・オワイス

17年にアル・アハリに移籍。クラブではモサイレムとポジション争いを繰り広げている。

❶1991年10月10日(26歳) ❷185cm／70kg
❸アル・アハリ ❹5試合／0得点

GK Yasser AL-MOSAILEM ●ヤーセル・アル・モサイレム

ベテランながらセービング能力は高い。守護神の座は明け渡したが、出番が巡れば頼りに。

❶1984年2月27日(34歳) ❷196cm／82kg
❸アル・ヒラル ❹31試合／0得点

DF Abdullah AL-ZORI ●アブドゥラ・アル・ズーリ

15年に代表デビューを飾った左SB。アル・ヒラルには07年から所属し、在籍は10年を超える。

❶1987年8月13日(30歳) ❷178cm／73kg
❸アル・ヒラル ❹55試合／0得点

MF Waleed BAKHSHWEEN ●ワリード・バハシュワイン

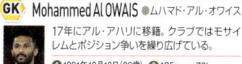

守備的MFながら、目を見張るほどのロングフィード、DFの背後へと導す精度の高いパスが武器。

❶1989年11月12日(28歳) ❷176cm／64kg
❸アル・アハリ ❹13試合／0得点

FW Fahad AL-MUWALLAD ●ファハド・アル・ムワラド

協会の強化政策の一環で、レバンテへと移籍。当たりにも強く、俊敏性を活かして突破を図る。

❶1994年9月14日(23歳) ❷167cm／59kg
❸レバンテ(ESP) ❹41試合／10得点

FW Nasser AL-SHAMRANI ●ナシル・アル・シャムラニ

国内リーグ得点王5回を誇るストライカー。34歳となりピークは過ぎたが円熟味は増している。

❶1983年11月23日(34歳) ❷173cm／70kg
❸アル・シャバブ ❹78試合／19得点

EGYPT

エジプト／7大会ぶり3回目

- ■正式名称：エジプト・アラブ共和国　●サッカー協会設立：1921年　●FIFA加盟：1923年　●FIFAランク：46位
- ●W杯出場：3回目　●W杯最高成績：グループステージ敗退　●web site：www.efa.com.eg

PAST RESULT 【W杯過去の成績】

開催年	成績
1930	不参加
1934	1回戦敗退
1938	不参加
1950	不参加
1954	予選敗退
1958	不参加
1962	不参加
1966	不参加
1970	不参加
1974	予選敗退
1978	予選敗退
1982	予選敗退
1986	予選敗退
1990	1次リーグ敗退
1994	予選敗退
1998	予選敗退
2002	予選敗退
2006	予選敗退
2010	予選敗退
2014	予選敗退

堅守速攻を体現するタレント揃う

　長いトンネルを抜け、エジプトは7大会ぶりにW杯の切符を手に入れた。45歳の今なおゴールマウスを守り続けるエルハダリは、暗黒時代を耐え抜いてきただけに並々ならぬ思いで大会に臨んでくることだろう。

　その快挙を成し遂げた要因は、監督であるクーベルの功績が大きい。かつてバレンシアを率いて一世を風靡した指揮官は、2015年にエジプトを率いると、ここでも堅守速攻型のサッカーを植え付けた。チームにはイングランドでプレーするヘガジーやガブルといった屈強なDFが揃っていたことも奏功した。指揮官は規律を作り、モーシーやエルネニーと

いった中盤にも守備意識を高めると、ガーナの攻撃にも耐えうるだけの強固な組織を築いていった。加えてサラーというカウンターに適したウインガーを擁していたことも大きい。まさにエジプトには、クーベルが目指すサッカーを体現する駒が揃っていたのである。

　開催国のロシアに加えて、南米の雄ウルグアイがいるだけに、ベスト16進出のハードルは高いが、強豪を相手にも一発で形勢を逆転できる速攻がある。2017年のアフリカネーションズカップでも準優勝し、自信を深めてきた。番狂わせを起こす可能性は十分に秘めている。

FORMATION 【基本布陣】

		ハッサン（モナコ）	
ソブヒ（カイラト）		シカバラ（サイード）	サラー（トレゼゲ）
アブデルシャフィ（テレク）	モーシー（アシュール）	エルネニー（ハメド）	エルモハマディ（ザベル）
	ガブル（アシュラフ）	ヘガジー（サミール）	
4-2-3-1		エルハダリ（エクラミ）	

CBのヘガジーとガブルは堅く、両SBは攻撃力も高いが守備重視。ボールを奪ったら前線のサラーやソブヒに預けてドリブルから得点するのがチームとしての狙い。

QUALIFIERS RESULT 【予選結果】

アフリカ最終予選グループE／1位（4勝1分1敗）

日付	対戦相手	H&A	スコア
●アフリカ2次予選			
2015年11月14日	チャド	A	●0-1
2015年11月17日	チャド	H	○4-0
●アフリカ最終予選　グループE			
2016年10月 9日	コンゴ	A	○2-1
2016年11月13日	ガーナ	H	○2-0
2017年 8月31日	ウガンダ	A	●0-1
2017年 9月 5日	ウガンダ	H	○1-0
2017年10月 8日	コンゴ	H	○2-1
2017年10月12日	ガーナ	A	△1-1

COACH 【監督】

Hector CUPER ●エクトル・クーベル

堅守をベースにしたカウンターサッカーでバレンシアをCLの舞台に導いた名将。15年に監督へと就任すると、17年のアフリカネーションズカップでは準優勝と結果を残す。

- ❶1955年11月16日（62歳）
- ❷アルゼンチン
- ❸2015年3月

GOAL RANKING 【予選得点ランキング】

順位	選手名	得点
❶	モハメド・サラー	5
❷	アブダラ・サイード	3
❸	アフメド・ハッサン	2
❹	モハメド・エルネニー	1
❺	シカバラ	1

リヴァプールに所属するサラーはウイングながら、得点源でエース。ハッサンやサイードも足元がうまく、カウンターから素早く得点を奪っている。

GK Essam ELHADARY ●エサム・エルハダリ

代表キャップ150試合を超える生きる伝説。45歳になった今なおゴールマウスを守り続ける支柱で、出場すればW杯最年長出場記録を更新する。
- ❶1973年1月15日(45歳)
- ❷188cm／80kg
- ❸アル・タアウーン(KSA)
- ❹156試合／0得点

GK Sherif EKRAMY ●シェリフ・エクラミー

高齢のエルハダリをバックアップする二番手候補。予選では最終節のガーナ戦に出場した。経験は豊富だが、安定感にはやや欠ける印象が強い。
- ❶1983年7月10日(34歳)
- ❷193cm／93kg
- ❸アル・アハリ
- ❹20試合／0得点

DF Ahmed ELMOHAMADY ●アフメド・エルモハマディ

絶妙なカバーリングで守備に貢献。フィート能力やドリブル技術も確かで、攻撃を活性化する。長年イングランドでプレーしているのも頼れる。
- ❶1987年9月10日(30歳)
- ❷182cm／75kg
- ❸アストン・ヴィラ(ENG)
- ❹80試合／2得点

DF Ali GABR ●アリ・ガブル

今冬の移籍市場で海を越え、ウェストブロムに加入。空中戦に強さを発揮する一方、状況判断能力にも優れ、的確な読みで攻撃を食い止める。
- ❶1989年1月10日(29歳)
- ❷193cm／85kg
- ❸ウェストブロム(ENG)
- ❹20試合／1得点

DF Ayman ASHRAF ●アイマン・アシュラフ

長くCBの主軸を担ってきたラビアが負傷し、W杯に間に合わせ、代役として抜擢された。CBの他、左SBもこなせる万能性が招集の理由だ。
- ❶1991年4月9日(27歳)
- ❷175cm／68kg
- ❸アル・アハリ
- ❹2試合／0得点

DF Ahmed HEGAZI ●アフメド・ヘガジー

今季レンタルでアル・アハリからウェストブロムに加入したが、能力を買われ早くも完全移籍が決定。空中戦、対人に強く、パス能力も高い。
- ❶1991年1月25日(27歳)
- ❷193cm／83kg
- ❸ウェストブロム(ENG)
- ❹43試合／1得点

DF Ahmed FATHI ●アフメド・ファティ

代表では右SBを担うも守備的MFもできるベテラン。驚くのは右足から放たれるパンチ力のあるシュート。コースがあれば積極的に狙ってくる。
- ❶1984年11月10日(33歳)
- ❷175cm／73kg
- ❸アル・アハリ
- ❹124試合／3得点

DF Amro TAREK ●アムロ・タレク

アメリカ生まれながら育成年代はドイツのクラブでプレー。U-20時代にエジプト代表を選択。現在はオーランド・シティにレンタル移籍中。
- ❶1992年5月17日(26歳)
- ❷191cm／91kg
- ❸オーランド・シティ(MLS)
- ❹1試合／0得点

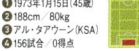
MF Mohamed ELNENY ●モハメド・エルネニー

トレードマークであるドレッドヘアをなびかせ、左右にダイナミックな展開をする守備的MF。バネを活かした跳躍力でセットプレー時は得点源に。
- ❶1992年7月11日(25歳)
- ❷180cm／77kg
- ❸アーセナル(ENG)
- ❹60試合／5得点

MF Sam MORSY ●サム・モーシー

クーペルによって見出され、今予選中に代表に定着。シュートレンジの広さが魅力のMFで、エリア外からでもコースを突く正確性を備えている。
- ❶1991年9月10日(28歳)
- ❷175cm／76kg
- ❸ウィガン(ENG)
- ❹7試合／0得点

 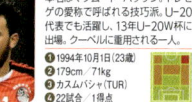  
MF TREZEGUET ●トレゼゲ

本名はマフムード・ハッサン、トレゼゲの愛称で呼ばれる技巧派。U-20代表でも活躍し、13年U-20W杯に出場。クーペルに重用された一人。
- ❶1994年10月1日(23歳)
- ❷179cm／71kg
- ❸カスムパシャ(TUR)
- ❹22試合／1得点

MF SHIKABALA ●シカバラ

予選では最終節のガーナ戦に出場し1得点。トップ下を中心にウイングでもプレーできるアタッカーで、スピードに乗った突破でDFを切り裂く。
- ❶1986年3月5日(32歳)
- ❷183cm／73kg
- ❸アル・ライード(KSA)
- ❹29試合／1得点

MF Ramadan SOBHI ●ラマダン・ソブヒ

U-17から代表に招集されてきた次代を担う逸材。16年にはストークに移籍。今大会でブレークすれば、強豪クラブに引き抜かれる可能性も。
- ❶1997年1月23日(21歳)
- ❷183cm／75kg
- ❸ストーク・シティ(ENG)
- ❹22試合／1得点

MF Mohamed ABDELSHAFI ●モハメド・アブデルシャフィ

10年のネーションズカップでサプライズ招集されてから早8年。左サイドの主軸として歴代監督に起用されてきた。無尽蔵のスタミナが武器。
- ❶1985年7月1日(32歳)
- ❷165cm／71kg
- ❸アル・ファトフ(KSA)
- ❹49試合／1得点

FW Abdallah SAID ●アブダラ・サイード

ゴール前でのクレバーなプレーが際立つ技巧派のトップ下。アル・アハリでは得点を量産しているように、決定力もあり、攻撃を形成するキーマン。
- ❶1985年7月13日(32歳)
- ❷175cm／71kg
- ❸アル・アハリ
- ❹33試合／6得点

FW Mohamed SALAH ●モハメド・サラー

ローマや現在のリヴァプールと欧州の強豪でプレーしてきたウイング。スピードを活かした速攻は脅威。得点力含めて存在そのものが武器に。
- ❶1992年6月15日(25歳)
- ❷175cm／71kg
- ❸リヴァプール(ENG)
- ❹57試合／33得点

FW Ahmed HASSAN ●アフメド・ハッサン

長身ながら注目すべきはスピード。チームの戦術である堅守速攻を体現する。こぼれ球への反応も素早く、混戦でもゴールを奪う嗅覚を備えている。
- ❶1993年3月5日(25歳)
- ❷191cm／80kg
- ❸ブラガ(POR)
- ❹16試合／5得点

FW KAHRABA ●カーラバ

両脚でプレー可能なウインガー。繊細なボールタッチで相手をかわして好機を演出したかと思えば、素早く走り込みシュートするスキルを兼備。
- ❶1994年4月13日(24歳)
- ❷182cm／76kg
- ❸アル・イテルド(KSA)
- ❹8試合／0得点

GK Ahmed ELSHENAWY ●アフメド・エルシェナウィ

予選序盤のチャド戦では先発出場するも、エルハダリ不在のガーナ戦では出番を逃した。
- ❶1991年5月14日(27歳)
- ❷189cm／83kg
- ❸アル・ザマレク
- ❹29試合／0得点

DF Saad SAMIR ●サアド・サミール

国内の強豪アル・アハリで主軸を担うCB。U-23時代はロンドン五輪のメンバーに選ばれた。
- ❶1989年4月1日(29歳)
- ❷185cm／82kg
- ❸アル・アハリ
- ❹10試合／0得点

DF Karim HAFEZ ●カリム・ハフェズ

ユース時代をベルギーのリールセで過ごした超攻撃的な左SB。現在はランスにて武者修行中。
- ❶1996年3月12日(22歳)
- ❷175cm／73kg
- ❸ランス(FRA)
- ❹5試合／0得点

MF Tarek HAMED ●タレク・ハメド

豊富な運動量で中盤を制することのできるダイナモ。円熟味を増してプレーに落ち着きを。
- ❶1988年10月24日(29歳)
- ❷180cm／76kg
- ❸アル・ザマレク
- ❹21試合／0得点

MF Moamen ZAKARIA ●モアメン・ザカリア

右サイドを主戦場にトップ下でもプレー可能。サウジアラビアのアル・アハリにレンタル中。
- ❶1988年4月12日(30歳)
- ❷179cm／72kg
- ❸アル・アハリ(KSA)
- ❹12試合／0得点

MF Amr WARDA ●アムル・ワルダ

クーペルによって見出された若手の一人で、テクニックを駆使したドリブル突破が持ち味。
- ❶1993年9月17日(24歳)
- ❷176cm／70kg
- ❸アトロミトス(GRE)
- ❹14試合／0得点

MF Omar GABER ●オマル・ガベル

中盤のサイドも務められるが、代表では右SBの控え。今季から期限付き移籍でMLSに挑戦中。
- ❶1992年1月30日(26歳)
- ❷176cm／72kg
- ❸ロサンゼルスFC(MLS)
- ❹19試合／0得点

MF Hossam ASHOUR ●ホサム・アシュール

国内リーグ優勝10回を誇る守備的MF。代表での出場機会は少ないが実力は折り紙付き。
- ❶1986年3月8日(32歳)
- ❷170cm／76kg
- ❸アル・アハリ
- ❹14試合／0得点

FW Marwan MOHSEN ●マルワン・モフセン

アフリカネーションズカップでは主軸FWとして活躍。その試合に適合がつこうか。
- ❶1989年2月26日(29歳)
- ❷187cm／82kg
- ❸アル・アハリ
- ❹19試合／4得点

URUGUAY

ウルグアイ／3大会連続13回目

- ●正式名称：ウルグアイ東方共和国　●サッカー協会設立：1900年　●FIFA加盟：1923年　●FIFAランク：17位
- ●W杯出場：13回目　●W杯最高成績：優勝　●web site：www.auf.org.uy

PAST RESULT 【W杯過去の成績】

開催年	成績
1930	優勝
1934	不参加
1938	不参加
1950	優勝
1954	4位
1958	予選敗退
1962	グループステージ敗退
1966	ベスト8
1970	4位
1974	グループステージ敗退
1978	予選敗退
1982	予選敗退
1986	ベスト16
1990	ベスト16
1994	予選敗退
1998	予選敗退
2002	グループステージ敗退
2006	予選敗退
2010	4位
2014	ベスト16

第2章　ワールドカップ出場32カ国分析

世界屈指の2大エースは脅威

　長らくタバレス政権で戦ってきたウルグアイだが、指揮官が71歳の高齢になったことを考えると、現体制で臨む最後のW杯になるだろう。二大エースとなるカバーニとスアレス、守備の要であるムスレラやゴディンと、2010年W杯で4位になり、2011年のコパ・アメリカで優勝を達成した主力たちも軒並み30歳を越えた。まさに今大会は、このチーム自体にとっても集大成を見せる舞台となる。

　そしてタイトルを狙えるだけのタレントは揃っている。カバーニとスアレスの2トップは、出場32カ国を見渡しても屈指である。肝心なのは偉大なる2トップに良質なラストパスを供給する中盤だが、その課題に関しても南米予選で勝てなかった時期を受けてタバレス監督が下した英断が奏功した。出場機会を与えられたバルベルデやベンタンクール、ナンデスといった次代を担う新戦力が台頭。創造性溢れるプレーにより躍動感のあるウルグアイが戻って来た。

　ゴディンが統率する守備は相変わらず強固で、アップダウンを繰り返せるM・ペレイラ、G・シルバの両SBも頼もしい。グループには優勝候補と目されるライバルが不在なだけに、勢いに乗れれば、2010年W杯に並ぶ結果、もしくはそれ以上も望める総合力を備えている。

FORMATION 【基本布陣】

スアレス(M・ゴメス)	カバーニ(ストッアニ)
C・ロドリゲス(ゴディロ)	ナンデス(ラミレス)
ベシーノ(ベンタンクール)	バルベルデ(トレイラ)
G・シルバ(カセレス)	M・ペレイラ(バリラ)
ゴディン	ヒメネス(コアテス)
ムスレラ(M・ソルバ)	

4-4-2

スアレスとカバーニの2人で守備を突破する力と決定力がある。そのため中盤の底から後ろには守備能力が高く、運動量豊富な選手を配置。ゴディンを中心に壁を築く。

COACH 【監督】

Oscar TABAREZ ●オスカル・タバレス

88〜90年、06年から現在と、長くウルグアイを率いてきた名将。10年W杯では4位、11年コパ・アメリカでは初優勝を達成。今大会で同国の監督として4度目のW杯に臨む。

- ①1947年3月3日(71歳)
- ②ウルグアイ
- ③2006年2月

GOAL RANKING 【予選得点ランキング】

順位	選手名	得点
①	エディンソン・カバーニ	10
②	ルイス・スアレス	5
③	マルティン・カセレス	3
③	ディエゴ・ゴディン	3
⑤	クリスティアン・ロドリゲス 他1名	2

二大エースであるカバーニとスアレスが数字でも牽引。両FWともに、得点パターンは豊富なだけに良質なボールを供給できるかがポイントとなる。

QUALIFIERS RESULT 【予選結果】

南米予選／2位(9勝4分5敗)

日付	対戦相手	H&A	スコア
2015年10月 8日	ボリビア	A	○2-0
2015年10月13日	コロンビア	H	○3-0
2015年11月12日	エクアドル	A	●1-2
2015年11月17日	チリ	H	○3-0
2016年 3月24日	ブラジル	A	△2-2
2016年 3月29日	ペルー	H	○1-0
2016年 9月 1日	アルゼンチン	A	●0-1
2016年 9月 6日	パラグアイ	H	○4-0
2016年10月 6日	ベネズエラ	H	○3-0
2016年10月11日	コロンビア	A	△2-2
2016年11月10日	エクアドル	H	○2-1
2016年11月15日	チリ	A	●1-3
2017年 3月23日	ブラジル	H	●1-4
2017年 3月28日	ペルー	A	●1-2
2017年 8月31日	アルゼンチン	H	△0-0
2017年 9月 5日	パラグアイ	A	○2-1
2017年10月 5日	ベネズエラ	A	△0-0
2017年10月10日	ボリビア	H	○4-2

GK Fernando MUSLERA ●フェルナンド・ムスレラ

スーパーセーブを連発してチームを最後尾から盛り立てる絶対的な守護神。特にPKストップに強く、抜群の反射神経で絶体絶命のピンチを防ぐ。

❶1986年6月16日（31歳）
❷190cm／74kg
❸ガラタサライ（TUR）
❹96試合／0得点

DF Gaston SILVA ●ガストン・シルバ

主戦場は左SBだが、DFならどこでもこなせるポリバレントな選手。対人に強く、粘り強く相手を追い、長い足を駆使してボールを奪い取る。

❶1994年3月5日（24歳）
❷185cm／74kg
❸インデペンディエンテ（ARG）
❹17試合／0得点

DF MAXI PEREIRA ●マキシ・ペレイラ

国内史上最多のキャップ数を誇る鉄人。34歳になった今も無尽蔵のスタミナは尽きることなく、アップダウンを繰り返す。強靭な肉体を誇る。

❶1984年6月8日（34歳）
❷173cm／70kg
❸ポルト（POR）
❹124試合／3得点

DF Martin CACERES ●マルティン・カセレス

CBとSBを器用にこなす万能型で、驚異的なバネを活かして中央では相手の攻撃を防ぎ、サイドでは力強いドリブルで攻撃参加。フィードも抜群。

❶1987年4月7日（31歳）
❷180cm／78kg
❸ラツィオ（ITA）
❹75試合／4得点

DF Jose Maria GIMENEZ ●ホセ・マリア・ヒメネス

空中戦と対人に強さを発揮するCBで、闘志漲る守備で攻撃を弾き返す。所属クラブでもゴディンとコンビを組んでいるだけに息はぴったり。

❶1995年1月20日（23歳）
❷185cm／77kg
❸アトレティコ・マドリー（ESP）
❹41試合／4得点

DF Diego GODIN ●ディエゴ・ゴディン

ウルグアイの守備を統率するDFリーダー。経験に裏打ちされたFWとの駆け引きのうまさもさることながら、制空権を掌握する高さも注目。

❶1986年2月16日（32歳）
❷187cm／79kg
❸アトレティコ・マドリー（ESP）
❹115試合／8得点

DF Sebastian COATES ●セバスティアン・コアテス

196cmの長身が示すようにフィジカルが強く、それでいて俊敏性も兼ね備えている。リヴァプールでは大成しなかったが、スポルティングで覚醒。

❶1990年10月7日（27歳）
❷196cm／92kg
❸スポルティング（POR）
❹30試合／1得点

MF Cristian RODRIGUEZ ●クリスティアン・ロドリゲス

重戦車のような見た目通り、力強さと闘争心あふれるプレーを持ち味とする。左SHだけでなく、1列前でもプレーできる攻撃センスも備える。

❶1985年9月30日（32歳）
❷177cm／72kg
❸ペニャロール
❹104試合／11得点

MF Nahitan NANDEZ ●ナイタン・ナンデス

長短織り交ぜたパスで攻撃にリズムを作り、前線に決定的なボールを供給する。運動量も豊富で、パスコースを読み、鋭いプレスで奪い切る。

❶1995年12月28日（22歳）
❷171cm／70kg
❸ボカ（ARG）
❹11試合／0得点

MF Matias VECINO ●マティアス・ベシーノ

足元に鋭いラストパスを出したかと思えば、スペースにふわりと優しいパスも出す。長身ながらスキルが高く、インテルで存在感を発揮。

❶1991年8月24日（26歳）
❷187cm／81kg
❸インテル（ITA）
❹21試合／1得点

MF Nicolas LODEIRO ●ニコラス・ロデイロ

緩急あるドリブルでマークのタイミングを外せるテクニックを擁すMF。左足から繰り出されるクロスは正確で強力2トップをアシストする。

❶1989年3月21日（29歳）
❷173cm／68kg
❸シアトル・サンダース（MLS）
❹53試合／4得点

MF Giorgian DE ARRASCAETA ●ジョルジアン・デ・アラスカエタ

育成年代ではU-20W杯に出場。豊富なイマジネーションでチャンスを演出できる次代のMF。所属先のクルゼイロでも出番を増やしている。

❶1994年6月1日（24歳）
❷172cm／67kg
❸クルゼイロ（BRA）
❹13試合／1得点

MF Rodrigo BENTANCUR ●ロドリゴ・ベンタンクール

今季、ボカからユーベに移籍。得点こそなかったが、セリエAで19試合出場。長短織り交ぜたパスで、ゲームを組み立て才能の片鱗を見せつけた。

❶1997年6月25日（20歳）
❷187cm／73kg
❸ユヴェントス（ITA）
❹6試合／0得点

MF Federico VALVERDE ●フェデリコ・バルベルデ

19歳ながら17年9月にA代表デビューを飾った新鋭。緩急あるドリブルで駆け上がり、ラストパスも出せば、得点も奪える。早くも攻撃の中心に。

❶1998年7月22日（19歳）
❷181cm／76kg
❸ラコルーニャ（ESP）
❹4試合／1得点

MF Carlos Andres SANCHEZ ●カルロス・アンドレス・サンチェス

右サイドから大胆かつ豪快なプレーで攻撃を繰り出すパワフルなアタッカー。代表ではわずか1得点だがクラブではコンスタントに得点を記録。

❶1984年12月2日（33歳）
❷171cm／66kg
❸モンテレイ（MEX）
❹34試合／1得点

MF Gaston RAMIREZ ●ガストン・ラミレス

プレミアでのプレー経験もあり、代表では背番号10をつけてプレーしていたこともある。フィジカルも強いが、天才肌らしく好不調の波が激しい。

❶1990年12月2日（27歳）
❷183cm／78kg
❸サンプドリア（ITA）
❹43試合／0得点

FW Edinson CAVANI ●エディンソン・カバーニ

16-17には35得点を挙げてリーグ・アン得点王に輝いた世界屈指の点取り屋。今予選も10得点と大爆発。高さ、速さ、うまさとすべてを兼備する。

❶1987年2月14日（31歳）
❷184cm／71kg
❸パリSG（FRA）
❹100試合／42得点

FW Luis SUAREZ ●ルイス・スアレス

卓越した得点力も特筆だが、DFとの駆け引きも秀逸。母国の代表最多得点記録保持者。噛みつき事件を起こした前回大会の汚名返上なるか。

❶1987年1月24日（31歳）
❷182cm／86kg
❸バルセロナ（ESP）
❹97試合／50得点

FW Christian STUANI ●クリスティアン・ストゥアニ

カバーニ、スアレスの影に隠れているが、ヘディング、背後に抜けるスピード、シュート技術と、FWに必要なすべてのスキルを持つストライカー。

❶1986年10月12日（31歳）
❷186cm／75kg
❸ジローナ（ESP）
❹40試合／5得点

FW Maximiliano GOMEZ ●マキシミリアーノ・ゴメス

ディフェンソールで結果を出し、移籍したセルタでも二桁得点。ゴール嗅覚が鋭く、カバーニやスアレスともタイプが異なるワンタッチゴーラー。

❶1996年8月14日（21歳）
❷186cm／87kg
❸セルタ（ESP）
❹4試合／0得点

GK Martin SILVA ●マルティン・シルバ

南米予選ではブラジル戦に出場して4失点。ムスレラの控えとして長くバックアップを務める。

❶1983年3月25日（35歳） ❷187cm／80kg
❸ヴァスコダガマ（BRA） ❹11試合／0得点

GK Martin CAMPANA ●マルティン・カンパーニャ

12年ロンドン五輪では正GKとして出場。代表では現状、ムスレラ、シルバに次ぐ三番手候補。

❶1989年5月29日（29歳） ❷185cm／75kg
❸インデペンディエンテ（ARG） ❹1試合／0得点

DF Guillermo VARELA ●ギジェルモ・バレラ

17年11月のポーランド戦でテストされた気鋭。U-17から各年代の代表を経験してきた右SB。

❶1993年3月24日（25歳） ❷173cm／70kg
❸ペニャロール ❹3試合／0得点

MF Jonathan URRETAVISCAYA ●ホナタン・ウレタビスカヤ

2列目ならば中央、左右と全域でプレーできる。最大の武器はスピードを活かした突破。

❶1990年3月19日（28歳） ❷174cm／69kg
❸モンテレイ（MEX） ❹4試合／0得点

MF Lucas TORREIRA ●ルーカス・トレイラ

小柄ならではの俊敏性を活かして中盤を支配。セリエAの強豪が争奪戦を繰り広げる逸材だ。

❶1996年2月11日（22歳） ❷168cm／64kg
❸サンプドリア（ITA） ❹2試合／0得点

MF Diego LAXALT ●ディエゴ・ラクサール

長髪をなびかせ左サイドを疾走するドリブラー。コパ・アメリカ16でもメンバー入りした。

❶1993年2月7日（25歳） ❷178cm／66kg
❸ジェノア（ITA） ❹5試合／0得点

戦力分析

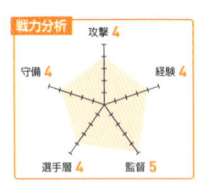

- 攻撃 4
- 守備 4
- 経験 4
- 選手層 4
- 監督 5

KEY PLAYER 【注目選手】

FW CRISTIANO RONALDO
●クリスティアーノ・ロナウド

バロンドール5回、FIFA最優秀選手賞3回と、メッシと主役を二分してきたスーパースター。EURO16でチームを欧州王者へと導き、今大会はW杯とのダブルに挑む。

MF BERNARDO SILVA
●ベルナルド・シウバ

「左足の魔術師」の異名を持つよう軽快なボールタッチでチャンスメイク。広い視野でピッチ全体を見渡し、C・ロナウドやA・シウバに絶妙なクロスを供給する。

主要ブックメーカー優勝オッズ

ウィリアムヒル	bwin	bet365
26.00倍	23.00倍	26.00倍

VOICE 出場国関係者の声

フェルナンド・サントス／監督

スペインは言わずと知れた優勝候補だし、モロッコは予選では失点していないのがチームの強さを示している。イランもW杯に2大会連続で出場している経験のあるチーム。これは難しいグループになるだろうね。

PORTUGAL
ポルトガル ● 5大会連続7回目

GROUP グループ B
WORLD CUP RUSSIA 2018

**盤石のスペインとポルトガル
注目はやはり初戦の直接対決**

先のEURO2016で初タイトルを獲得したポルトガルと、2010年W杯で優勝を達成したスペインの二強は、まず揺るがないであろう。欧州王者として臨んでくるポルトガルは、チームの基盤である堅守速攻に磨きを掛けてきた。C・ロナウドに頼りがちだった攻撃も、A・シウバという破壊力のあるストライカーを得たことで鋭さを増している。一方のスペインも、前回大会ではグループステージ敗退を余儀なくされたが、そこから確実に進化を遂げている。D・シルバ、イスコが務める両翼の突破力によって攻撃のバリエーションは豊富になり、呼応するかのようにイニエスタも輝きを放っている。

その両者が初戦で激突するというのもお互

戦力分析

- 攻撃 3
- 守備 4
- 経験 2
- 選手層 3
- 監督 2

KEY PLAYER 【注目選手】

FW Khalid BOUTAIB
●ハリド・ブタイブ

予選では4試合出場4得点。2列目にテクニシャンを揃えるモロッコ代表において、中央で仕事のできるストライカー。堅守速攻のチームを得点源として牽引する。

DF Medhi BENATIA
●メディ・ベナティア

対人の強さはもちろんのこと、ビルドアップ能力にも優れ、最終ラインから攻撃を組み立てる。バイエルンやユヴェントスといった強豪でプレーしてきた才能は本物。

主要ブックメーカー優勝オッズ

ウィリアムヒル	bwin	bet365
501.00倍	401.00倍	401.00倍

VOICE 出場国関係者の声

メディ・ベナティア／DF

(W杯出場は)キャリアの中で最も美しい瞬間だった。これまでクラブでタイトルを獲得したことはあるけど、それ以上に長年、国のために戦ってきたW杯出場は意味がある。キャプテンとしても大きな喜びだよ。

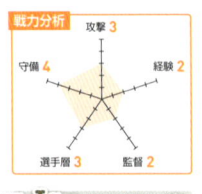

MOROCCO
モロッコ ● 5大会ぶり5回目

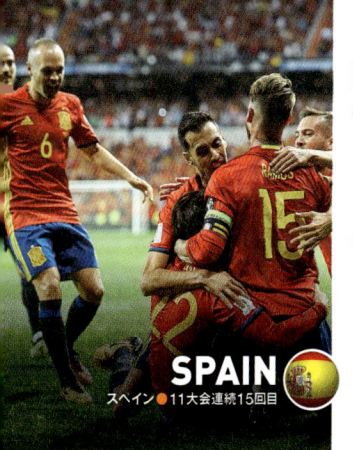

SPAIN
スペイン ● 11大会連続15回目

KEY PLAYER 【注目選手】

MF Andres INIESTA
● アンドレス・イニエスタ

手品師、頭脳派と言われるように、針の穴に糸を通すような繊細なパスで攻撃を演出。豊富な経験と、引き出しの多さから、スペイン代表のゴールシーンに確実に絡んでくる。

DF SERGIO RAMOS
● セルヒオ・ラモス

W杯出場3回、EURO出場3回を誇る守備の鉄人。闘志漲るプレーからカードをもらいがちな一面はあるが、確実に相手を潰す強さは健在。セットプレーでは得点源に。

主要ブックメーカー優勝オッズ

ウィリアムヒル	bwin	bet365
8.00倍	8.00倍	8.50倍

戦力分析

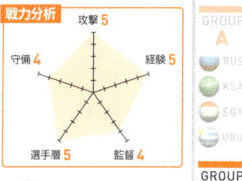

攻撃 5 / 経験 5 / 監督 4 / 選手層 5 / 守備 4

VOICE 出場国関係者の声

フレン・ロペテギ／監督

すべてのグループの中で最も難しいグループに入ったことに疑いの余地はないと思う。ポルトガルは前回の欧州王者であり、世界最高のチームのひとつだからね。それにモロッコとイランはとても強固なチームだ。

いにとってはプラスであろう。勝者はベスト16進出の可能性が高まるし、たとえ敗れたとしても、コンディションが上がっていく残り2試合に照準を切り替えることができるからだ。

伏兵としてはモロッコの名前が挙がるが、いくらコートジボワールを倒してきたとはいえ、この二強を前にしては厳しいと言わざるを得ない。イランにしても、堅守を武器にアジア予選を1位突破したものの、勝点を挙げるのは至難の業である。焦点はスペインとポルトガルのどちらが1位抜けするか。ベスト16で激突するグループAには、ウルグアイがいるだけに対戦は避けたいはず。そこも視野に入れた戦いとなるだけに、注目はやはり初戦となる。

MATCH SCHEDULE 【試合日程】

日程	現地時間(日本)	会場(開催地)	放送局
6月15日(金)	18:00(24:00)	サンクトペテルブルク・スタジアム(サンクトペテルブルク)	NHK
	モロッコ × イラン		
6月15日(金)	21:00(翌3:00)	フィシュト・スタジアム(ソチ)	NHK
	ポルトガル × スペイン		
6月20日(水)	15:00(21:00)	ルジニキ・スタジアム(モスクワ)	NHK テレ東
	ポルトガル × モロッコ		
6月20日(水)	21:00(翌3:00)	カザン・アレーナ(カザン)	NHK 日テレ
	イラン × スペイン		
6月25日(月)	21:00(翌3:00)	モルドヴィア・アレーナ(サランスク)	NHK
	イラン × ポルトガル		
6月25日(月)	20:00(翌3:00)	カリーニングラード・スタジアム(カリーニングラード)	NHK 日テレ
	スペイン × モロッコ		

IR IRAN
イラン ● 2大会連続5回目

KEY PLAYER 【注目選手】

FW Sardar AZMOUN
● サルダル・アズムン

長身かつ予選14試合11得点を誇る得点力から、イランのイブラヒモヴィッチの愛称で呼ばれる。その評判はアジアを越え、セリエAのクラブも関心を寄せるほど。

FW Mehdi TAREMI
● メフディ・タレミ

代表ではサイドを担うも、ゴール前で勝負強さを発揮するFW。その証拠にアル・ガラファでは背番号9を纏い、国内リーグ2年連続得点王に輝いた経歴の持ち主だ。

主要ブックメーカー優勝オッズ

ウィリアムヒル	bwin	bet365
501.00倍	501.00倍	501.00倍

戦力分析

攻撃 3 / 経験 2 / 監督 4 / 選手層 3 / 守備 3

VOICE 出場国関係者の声

カルロス・ケイロス／監督

我々は名誉と誇りを勝ち取るために特別な準備をしなければならないだろう。も私の発言が気にくわないなら、論争は私を解電することともできる。それほどに今大会を勝ち抜くには完璧な準備が必要になる。

サイドナビ

GROUP A
RUS / KSA / EGY / URU

GROUP B
POR / ESP / MAR / IRN

GROUP C
FRA / AUS / PER / DEN

GROUP D
ARG / ISL / CRO / NGA

GROUP E
BRA / SUI / CRC / SRB

GROUP F
GER / MEX / SWE / KOR

GROUP G
BEL / PAN / TUN / ENG

GROUP H
POL / SEN / COL / JPN

PORTUGAL

ポ ル ト ガ ル ／ 5 大 会 連 続 7 回 目

●正式名称：ポルトガル共和国　●サッカー協会設立：1914年　●FIFA加盟：1923年　●FIFAランク：4位
●W杯出場：7回目　●W杯最高成績：3位　●web site：www.fpf.pt

PAST RESULT 【W杯過去の成績】

開催年	成績
1930	不参加
1934	予選敗退
1938	予選敗退
1950	予選敗退
1954	予選敗退
1958	予選敗退
1962	予選敗退
1966	3位
1970	予選敗退
1974	予選敗退
1978	予選敗退
1982	予選敗退
1986	グループステージ敗退
1990	予選敗退
1994	予選敗退
1998	予選敗退
2002	グループステージ敗退
2006	4位
2010	ベスト16
2014	グループステージ敗退

欧 州 の 覇 者 と し て 挑 む は ダ ブ ル

　33歳という年齢を考えると、おそらくC・ロナウドと臨む最後のW杯になるかもしれない。EURO2016で初優勝を成し遂げたポルトガルがW杯でダブルを達成する――物語の完結として、これほど素晴らしいストーリーはないだろう。

　その目標を達成すべく、ポルトガルは今予選でもチームとしての完成度の高さを見せつけた。EURO2016で欧州を席巻した攻守の切り替えが速い現代サッカーをさらに洗練。フェロー諸島やアンドラといった実力的に見劣りする相手との対戦もあったとはいえ、わずか1敗で予選を通過した。エースのC・ロナウドは予選10試合で15得点をマーク。その大エースが後継者に指名し、コンビを組むA・シウバも9得点を挙げる大活躍を見せた。

　B・シウバやJ・マリオ、さらにはJ・モウチーニョと前線にタレントが揃っていることから、攻撃にばかり目が行きがちだが、EURO2016から引き続き、堅守も保たれている。総合力はドイツやブラジルに見劣りするかもしれないが、ハードワークにより高い位置でボールを奪って、素早く攻めるサッカーは、大崩れしにくい。EURO16でタイトルを獲得し、唯一足りなかった"自信"を得たポルトガルが偉業に挑む。

COACH 【監督】

FERNANDO SANTOS ●フェルナンド・サントス

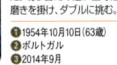

パウロ・ベント前監督の解任を受けて14年9月に就任すると、EURO16予選を途中から指揮。本大会では母国を初優勝に導いた。切り替えの速い堅守速攻に磨きを掛け、ダブルに挑む。

❶1954年10月10日（63歳）
❷ポルトガル
❸2014年9月

GOAL RANKING 【予選得点ランキング】

順位	選手名	得点
❶	クリスティアーノ・ロナウド	15
❷	アンドレ・シウバ	9
❸	ジョアン・カンセロ	2
❸	ウィリアム・カルバーリョ	2
❺	ジョアン・モウチーニョ　他2名	1

格下もいたとはいえ、C・ロナウドが15得点でチームを牽引。陰に隠れる形になっているが、A・シウバの9得点も立派。2枚看板が攻撃を支える。

FORMATION 【基本布陣】

EURO16で初優勝を成し遂げた切り替えの速いサッカーをさらに進化。B・シウバとJ・マリオがサイドを切り裂き、C・ロナウドとA・シウバにラストパスを供給する。

QUALIFIERS RESULT 【予選結果】

欧州予選グループ**B**／1位（9勝0分1敗）

日付	対戦相手	H&A	スコア
2016年 9月 6日	スイス	A	●0-2
2016年10月 7日	アンドラ	H	○6-0
2016年10月10日	フェロー諸島	H	○6-0
2016年11月13日	ラトビア	H	○4-1
2017年 3月25日	ハンガリー	H	○3-0
2017年 6月 9日	ラトビア	A	○3-0
2017年 8月31日	フェロー諸島	A	○5-1
2017年 9月 3日	ハンガリー	A	○1-0
2017年10月 7日	アンドラ	A	○2-0
2017年10月10日	スイス	H	○2-0

GK RUI PATRICIO ●ルイ・パトリシオ

長きに渡り、代表ゴールを守り続けてきた守護神。一対一に強く、抜群のセーブでピンチを回避。EURO16ではベストイレブンに選出された。

- 1988年2月15日（30歳）
- 190cm／84kg
- スポルティング
- 68試合／0得点

GK Anthony LOPES ●アンソニー・ロペス

予選出場ながら、リヨンの正GKを務める189番の実績は十分。驚異的な反応で好セーブを連発。足元の技術も確かで、GKとしてのスキルは高い。

- 1990年10月1日（27歳）
- 184cm／81kg
- リヨン（FRA）
- 6試合／0得点

GK BETO ●ベト

17年よりトルコでプレーする大ベテランで、代表デビューは09年。現状3番手だが、経験値は計り知れない。精神的支柱としてチームを支える。

- 1982年5月1日（36歳）
- 181cm／81kg
- ギョズテペSK（TUR）
- 13試合／0得点

DF CEDRIC Soares ●セドリック・ソアレス

右サイドを主戦場に積極果敢な攻撃参加から、絶妙なラストパスを供給するクロスの職人。守備意識と能力も高く強豪クラブを狙う。

- 1991年8月31日（26歳）
- 172cm／67kg
- サウサンプトン（ENG）
- 26試合／1得点

DF PEPE ●ペペ

時に物議を醸す荒々しいプレーで攻撃を防ぐ、守備の要。相手エースを止める力強いスライディングは頼もしく、チームの堅守を体現する。

- 1983年2月26日（35歳）
- 188cm／81kg
- ベシクタシュ（TUR）
- 92試合／5得点

DF Jose FONTE ●ジョゼ・フォンテ

サウサンプトン時代は吉田のライバルで、31歳で代表デビューを果たした遅咲きのCB。EURO16では途中で先発を奪い、優勝に貢献した。

- 1983年12月22日（34歳）
- 187cm／81kg
- 大連一方（CHN）
- 28試合／0得点

DF Raphael GUERREIRO ●ラファエウ・ゲレイロ

フランスで生まれて育ち、14年に代表デビュー。特徴はSBならダイナミックな攻撃力。左足の精度も高く、セットプレーではキッカーも担う。

- 1993年12月22日（24歳）
- 170cm／71kg
- ドルトムント（GER）
- 21試合／2得点

DF RUBEN DIAS ●ルベン・ディアス

186cmを誇る長身が魅力で、今季所属クラブで台頭した若手CB。3月時点で代表キャップはないものの、サプライズでメンバー入りを果たした。

- 1997年5月14日（21歳）
- 186cm／70kg
- ベンフィカ
- 0試合／0得点

DF RICARDO PEREIRA ●リカルド・ペレイラ

スピードある突破と、豊富な運動量を持ち味に名門ポルトで躍動する気鋭の右SB。クラブでの電撃がサントス監督の目に留まり初の大舞台に挑む。

- 1993年10月6日（24歳）
- 175cm／70kg
- ポルト
- 3試合／0得点

DF BRUNO ALVES ●ブルーノ・アウベス

36歳になり円熟味を増したが、漲る闘争心と猛々しい守備は健在。ポルトでは主将を務めたように、統率力もあり、ここでこそ力を発揮する。

- 1981年11月27日（36歳）
- 189cm／82kg
- レンジャーズ（SCO）
- 95試合／11得点

DF MARIO RUI ●マリオ・ルイ

育成年代ではU-16から名を連ねてきたが、A代表デビューは3月のオランダ戦と猛々しい守備は健在。一度のチャンスを活かし、滑り込みでメンバー入り。

- 1991年5月21日（27歳）
- 170cm／67kg
- ナポリ（ITA）
- 1試合／0得点

MF ADRIEN SILVA ●アドリエン・シルバ

昨夏、レスターに移籍するも、手続きが14秒遅れたとして、冬まで公式戦出場が叶わなかった。ただ、パスとミドルの精度は高く、実績も十分。

- 1989年3月15日（29歳）
- 175cm／80kg
- レスター（ENG）
- 21試合／1得点

MF BRUNO FERNANDES ●ブルーノ・フェルナンデス

イタリアで育ち、13-14にウディネーゼで頭角を現した。早くからその才能を買われ、リオ五輪にも出場。豊富な運動量と技術が魅力のひとつ。

- 1994年9月8日（23歳）
- 179cm／69kg
- スポルティング
- 4試合／0得点

MF WILLIAM CARVALHO ●ウィリアム・カルバーリョ

EURO16を制したポルトガルの4-1-3-2システムを機能させていたアンカー。ハードワークと卓越した守備能力で相手の攻撃を刈り取る掃除屋。

- 1992年4月7日（26歳）
- 187cm／83kg
- スポルティング
- 40試合／2得点

MF JOAO MOUTINHO ●ジョアン・モウチーニョ

C・ロナウドと共に、ここ10年間、チームを支えてきたMF。優れた戦術眼と読みを武器に技術を活かして前線と中盤をつなぐリンクマンを担う。

- 1986年9月8日（31歳）
- 171cm／75kg
- モナコ（FRA）
- 107試合／7得点

MF BERNARDO SILVA ●ベルナルド・シウバ

今夏、モナコからマンCへと移籍したドリブラーで、C・ロナウドの後継者としても期待する。シュート技術もさることながらパス能力も秀逸。

- 1994年8月10日（23歳）
- 173cm／64kg
- マンチェスター・C（ENG）
- 22試合／2得点

MF JOAO MARIO ●ジョアン・マリオ

兄もサッカー選手と身体能力の高さは証明済み。パス、シュート、ドリブル、攻撃に必要な三拍子すべてを兼ね備えている攻撃の申し子。

- 1993年1月19日（25歳）
- 179cm／73kg
- ウェストハム（ENG）
- 33試合／1得点

MF MANUEL FERNANDES ●マヌエル・フェルナンデス

中盤ならば全域を網羅できるユーティリティー性が魅力。さまざまな国でプレーし、現在はロシアを主戦場に。その経験をチームに落とし込めるか。

- 1986年2月5日（32歳）
- 176cm／75kg
- ロコモティフ・モスクワ（RUS）
- 12試合／3得点

FW CRISTIANO RONALDO ●クリスティアーノ・ロナウド

予選でも15得点と、言わずもがなの大エース。レアルでは得点数が低下しているが、スピードとドリブルは色褪せない。強烈なFKも武器。

- 1985年2月5日（33歳）
- 185cm／83kg
- レアル・マドリー（ESP）
- 149試合／81得点

FW ANDRE SILVA ●アンドレ・シウバ

C・ロナウド自らが後継者に名前した逸材で、その彼とコンビを組む。強靭なフィジカルと卓越したテクニックを併せ持つCFタイプ。

- 1995年11月6日（22歳）
- 185cm／75kg
- ミラン（ITA）
- 20試合／11得点

FW RICARDO QUARESMA ●リカルド・クアレスマ

技術を活かした力強いドリブルが印象的なアタッカーで、EURO16ではジョーカーとして優勝に貢献した。今大会も攻撃の切り札となるか。

- 1983年9月26日（34歳）
- 173cm／67kg
- ベシクタシュ（TUR）
- 74試合／9得点

FW GONCALO GUEDES ●ゴンサロ・グデス

スピードある突破で、相手DFを切り裂くことのできるドリブラー。仕掛ける間合いや緩急ある動きはC・ロナウドのそれを彷彿させる。

- 1996年11月29日（21歳）
- 179cm／68kg
- バレンシア（ESP）
- 7試合／1得点

FW GELSON MARTINS ●ジェルソン・マルティンス

トレードマークのドレッドヘアをなびかせ、ゴールに迫るスピードが持ち味。右ウイングを中心に、サイドバックでもプレーした経験もある。

- 1995年5月11日（23歳）
- 173cm／74kg
- スポルティング
- 17試合／0得点

S PAIN

スペイン／11大会連続15回目

- ●正式名称：スペイン王国　●サッカー協会設立：1913年　●FIFA加盟：1904年　●FIFAランク：8位
- ●W杯出場：15回目　●W杯最高成績：優勝　●web site：www.rfef.es

P AST RESULT 【W杯過去の成績】

開催年	成績
1930	不参加
1934	ベスト8
1938	不参加
1950	4位
1954	予選敗退
1958	予選敗退
1962	グループステージ敗退
1966	グループステージ敗退
1970	予選敗退
1974	予選敗退
1978	1次リーグ敗退
1982	2次リーグ敗退
1986	ベスト8
1990	ベスト16
1994	ベスト8
1998	グループステージ敗退
2002	ベスト8
2006	ベスト16
2010	優勝
2014	グループステージ敗退

捲 土 重 来 を 期 す ラ・ロ ハ の 復 活 な る か

　4年前のW杯では連覇を期待されながらもグループステージ敗退、続くEURO2016でもラウンド16で敗退し、一時代を築いたスペインの隆盛は終わったとも言われた。

　そのため捲土重来を期すフレン・ロペテギ監督は、世代の融合を図った。イニエスタ、S・ブスケツといった主力を残しつつ、イスコやモラタ、さらにはアセンシオといった新戦力を積極的に起用。結果、サイドや縦のスピードを増しつつ、ラ・ロハ（スペイン代表の愛称）の象徴であるティキ・タカすら継続するチームを作り上げた。

　予選では、EURO2016で苦杯を舐めたイタリアと同組ながら、アウェイで引き分け、ホームで3-0と快勝すると、無敗で1位通過を果たした。ジエゴ・コスタ、イスコ、D・シルバに加え、イニエスタ、コケが彩る攻撃は多彩で、S・ニゲス、チアゴ・アルカンタラも控えており選手層は厚い。懸念はアンカーのS・ブスケツを筆頭に、CBのピケ、S・ラモスの代わりが不在なことだが、彼らがフル稼働できれば、それも問題はない。

　グループステージ突破はもとより、2度目の世界一を成し遂げるだけの戦力と完成度がある。ロシアは、ラ・ロハの復活を記憶する大会になるかもしれない。

F ORMATION 【基本布陣】

ジエゴ・コスタ（ロドリゴ・モレーノ）／ダビド・シルバ（アセンシオ）／イニエスタ（サウール・ニゲス）／コケ（チアゴ・アルカンタラ）／イスコ（アゴ・アスパス）／セルヒオ・ブスケツ（イジャラメンディ）／ジョルディ・アルバ（アルベルト・モレーノ）／ピケ（バルト）／セルヒオ・ラモス（ナチョ）／カルバハル（アスピリクエタ）／デ・ヘア（アリソ（ラッガ）

4-1-4-1

世代交代を図りながら、特徴であるショートパスを多用したティキ・タカを復活させた。前線は駒が豊富も、CBであるピケ、S・ラモスの代役が不在なのが懸念される。

C OACH 【監督】

Julen LOPETEGUI ●フレン・ロペテギ

EURO16後、ビセンテ・デル・ボスケの後任としてA代表の監督に就任した。育成年代の代表監督を歴任し、その際に指導したイスコやコケ、デ・ヘアらを抜擢してチームを再建した。

- ❶1966年8月28日（51歳）
- ❷スペイン
- ❸2016年7月

Q UALIFIERS RESULT 【予選結果】

欧州予選グループG／1位（9勝1分0敗）

日付	対戦相手	H&A	スコア
2016年 9月 5日	リヒテンシュタイン	H	◯8-0
2016年10月 6日	イタリア	A	△1-1
2016年10月 9日	アルバニア	H	◯2-0
2016年11月12日	マケドニア	H	◯4-0
2017年 3月24日	イスラエル	H	◯4-1
2017年 6月11日	マケドニア	A	◯2-1
2017年 9月 2日	イタリア	H	◯3-0
2017年 9月 5日	リヒテンシュタイン	A	◯8-0
2017年10月 6日	アルバニア	H	◯3-0
2017年10月 9日	イスラエル	A	◯1-0

G OAL RANKING 【予選得点ランキング】

順位	選手名	得点
❶	ジエゴ・コスタ	5
❶	イスコ	5
❶	アルバロ・モラタ	5
❶	ダビド・シルバ	5
❺	ビトーロ・マチン	4

予選序盤はD・コスタが得点を量産。実力差のある相手との対戦もあったが、イスコやビトーロといったウイングの選手が結果を残しているのも強み。

GK David DE GEA ●ダビド・デ・ヘア

長い手足を活かして一対一でも抜群のシュートセーブを見せる。足元の技術も確かで、攻撃につながるパスを供給。能力は世界屈指の。

- ❶1990年11月7日（27歳）
- ❷193cm／82kg
- ❸マンチェスター・U（ENG）
- ❹27試合／0得点

DF Daniel CARVAJAL ●ダニエル・カルバハル

縦への推進力と精度の高いクロスを武器とする王道の右SB。前回大会では最終メンバーから外れただけに今大会に懸ける思いは強い。

- ❶1992年1月11日（26歳）
- ❷173cm／73kg
- ❸レアル・マドリー
- ❹6試合／0得点

DF SERGIO RAMOS ●セルヒオ・ラモス

3度のW杯とEURO出場を誇る不動のCBで、守備の要。代表、クラブとすべての大会で優勝を経験しており、経験値は計り知れない。

- ❶1986年3月30日（32歳）
- ❷184cm／82kg
- ❸レアル・マドリー
- ❹151試合／13得点

DF Gerard PIQUE ●ジェラール・ピケ

CBに必要な統率力と危機察知能力を備え、守備のスキルも高いが、特筆すべきはキープ力と配球センス。攻撃の起点としても機能。

- ❶1987年2月2日（31歳）
- ❷194cm／85kg
- ❸バルセロナ
- ❹87試合／5得点

DF JORDI ALBA ●ジョルディ・アルバ

走攻守の三拍子が揃った左SB。高い位置を取り、積極的に攻撃参加。優勝したEURO12でゴールを叩き込んだように大舞台にも強い。

- ❶1989年3月21日（29歳）
- ❷170cm／68kg
- ❸バルセロナ
- ❹60試合／8得点

DF Cesar AZPILICUETA ●セサル・アスピリクエタ

右SBを主戦場でCBもできるポリバレントさが魅力。チェルシーでは、的確なポジショニングと絶妙なオーバーラップで攻守に貢献する。

- ❶1989年8月28日（28歳）
- ❷178cm／77kg
- ❸チェルシー（ENG）
- ❹19試合／0得点

DF NACHO Fernandez ●ナチョ・フェルナンデス

11歳からレアルの下部組織で育ってきたエリートで、最終ラインならどこでも可能。糖尿病を患いながらもプレーしていることを告白した。

- ❶1990年1月18日（28歳）
- ❷180cm／76kg
- ❸レアル・マドリー
- ❹15試合／0得点

MF SERGIO BUSQUETS ●セルヒオ・ブスケツ

守備では攻撃の芽を摘み、攻撃では正確かつ効果的なパスを配球する世界屈指のアンカー。気の利くプレーができるチームの頭脳である。

- ❶1988年7月16日（29歳）
- ❷189cm／76kg
- ❸バルセロナ
- ❹102試合／2得点

MF KOKE ●コケ

長短織り交ぜたパスでゲームを作るテクニシャンだが、A・マドリーでプレーするようにハードワークもできる。EURO16の出場メンバー。

- ❶1992年1月8日（26歳）
- ❷177cm／73kg
- ❸アトレティコ・マドリー
- ❹38試合／0得点

MF Andres INIESTA ●アンドレス・イニエスタ

華麗なプレーから手品師、頭脳にも喩われ、34歳を過ぎても進化を続けるテクニシャン。バルサと生涯契約を結んだ生けるレジェンド。

- ❶1984年5月11日（34歳）
- ❷171cm／68kg
- ❸バルセロナ
- ❹125試合／13得点

MF ISCO ●イスコ

マラガから移籍した13-14でレアルで台頭。繊細なボールタッチによるドリブルと正確なパスで攻撃を演出する。予選で5得点と大活躍。

- ❶1992年4月21日（26歳）
- ❷176cm／79kg
- ❸レアル・マドリー
- ❹26試合／10得点

MF Marco ASENSIO ●マルコ・アセンシオ

ゴール前でのラストパスと決定力が光る攻撃センスの塊。争い激しい2列目のため先発の機会は少ないが、途中からでも流れを変えられる逸材。

- ❶1996年1月21日（22歳）
- ❷182cm／76kg
- ❸レアル・マドリー
- ❹10試合／0得点

MF SAUL NIGUEZ ●サウル・ニゲス

A・マドリーで才能を開花させた新鋭で、U-21欧州選手権で得点王も獲得した。すべてにおいて高水準だが、特筆すべきはシュートの精度。

- ❶1994年11月21日（23歳）
- ❷184cm／78kg
- ❸アトレティコ・マドリー
- ❹5試合／0得点

MF THIAGO ALCANTARA ●チアゴ・アルカンタラ

バイエルンで異彩を放つMFで、シャビの後継者と目されるテクニシャン。父親は元ブラジル代表のマジーニョで、弟はインテル所属のラフィーニャ。

- ❶1991年4月11日（27歳）
- ❷174cm／70kg
- ❸バイエルン（GER）
- ❹25試合／2得点

MF DAVID SILVA ●ダビド・シルバ

マンの攻撃を彩るアタッカーで、パス、ドリブル、シュートと世界屈指。32歳になった今なお輝きは失われず、攻撃の中心として期待される。

- ❶1986年1月8日（32歳）
- ❷170cm／67kg
- ❸マンチェスター・C（ENG）
- ❹119試合／35得点

FW DIEGO COSTA ●ディエゴ・コスタ

チェルシーで構想外になるも、移籍したA・マドリーで得点を重ねて存在感を示した。スペイン代表のエースはやはりこの男しかいない。

- ❶1988年10月7日（29歳）
- ❷188cm／83kg
- ❸アトレティコ・マドリー
- ❹18試合／7得点

GK Jose Manuel REINA ●ホセ・マヌエル・レイナ

カシージャスの陰に隠れてきた大ベテラン。ムードメーカーで、精神的支柱として期待。

- ❶1982年8月31日（35歳）
- ❷188cm／92kg
- ❸ナポリ（ITA）
- ❹34試合／0得点

GK Kepa ARRIZABALAGA ●ケパ・アリサバラガ

バリャドリードで経験を積み、ビルバオの守護神へと成長。次世代を担う期待のホープ。

- ❶1994年10月3日（23歳）
- ❷189cm／84kg
- ❸A・ビルバオ
- ❹1試合／0得点

DF Alvaro ODRIOZOLA ●アルバロ・オドリオソラ

17年10月に代表デビューした新星。右SBでの粘り強い守備と果敢な攻撃参加に定評あり。

- ❶1995年12月14日（22歳）
- ❷175cm／66kg
- ❸レアル・ソシエダ

DF Marc BARTRA ●マルク・バルトラ

ドルトムントでは主力になり切れず、今冬ベティスへ。CBの控えとしては心許なさも…。

- ❶1991年1月15日（27歳）
- ❷183cm／79kg
- ❸ベティス
- ❹13試合／0得点

DF ALBERTO MORENO ●アルベルト・モレーノ

超攻撃的なプレーを売りにする左利きの左SB。ただ、守備に不安定さがあるのが玉にキズ。

- ❶1992年7月5日（25歳）
- ❷171cm／65kg
- ❸リヴァプール（ENG）
- ❹4試合／0得点

DF NACHO MONREAL ●ナチョ・モンレアル

左SBを中心にCBもできるユーティリティー。ミスが少なく、そつのなさはバックアッパーに適任。

- ❶1986年2月26日（32歳）
- ❷178cm／72kg
- ❸アーセナル（ENG）
- ❹21試合／1得点

MF Asier ILLARRAMENDI ●アシエル・イジャラメンディ

ソシエダで才能を開花させたボランチ。ミスが少なく、ボール奪取能力の高さが魅力の一つ。

- ❶1990年3月8日（28歳）
- ❷179cm／75kg
- ❸レアル・ソシエダ
- ❹3試合／1得点

FW IAGO ASPAS ●イアゴ・アスパス

右ウイング含め、前線でプレーできるテクニシャン。2部では23点をマークしたこともある。

- ❶1987年8月1日（30歳）
- ❷176cm／67kg
- ❸セルタ
- ❹9試合／4得点

FW VITOLO Machin ●ビトーロ・マチン

左右のウイングにトップ下でもプレー可能。チャンスメイクから相手DFを翻弄する。

- ❶1989年11月2日（28歳）
- ❷184cm／80kg
- ❸アトレティコ・マドリー
- ❹12試合／4得点

FW RODRIGO MORENO ●ロドリゴ・モレーノ

ブラジル出身ながらスペイン代表を選択。CFに加え、サイドもできるアタッカータイプ。

- ❶1991年3月6日（27歳）
- ❷182cm／77kg
- ❸バレンシア
- ❹5試合／2得点

FW PEDRO Rodriguez ●ペドロ・ロドリゲス

ゴールに突進するかのような果敢なプレースタイルは健在。ジョーカー的な存在を担えるか。

- ❶1987年7月28日（30歳）
- ❷169cm／65kg
- ❸チェルシー（ENG）
- ❹64試合／17得点

FW Alvaro MORATA ●アルバロ・モラタ

パワーのあるCFタイプ。予選で大活躍もチェルシーでは先発の座をつかめず…。

- ❶1992年10月23日（25歳）
- ❷189cm／85kg
- ❸チェルシー（ENG）
- ❹23試合／13得点

MOROCCO

モロッコ／5大会ぶり5回目

- ■正式名称：モロッコ王国　■サッカー協会設立：1955年　■FIFA加盟：1960年　■FIFAランク：42位
- ■W杯出場：5回目　■W杯最高成績：ベスト16　■web site：www.frmf.ma

PAST RESULT 【W杯過去の成績】

開催年	成績
1930	不参加
1934	不参加
1938	不参加
1950	不参加
1954	不参加
1958	不参加
1962	予選敗退
1966	棄権
1970	グループステージ敗退
1974	予選敗退
1978	予選敗退
1982	予選敗退
1986	ベスト16
1990	予選敗退
1994	グループステージ敗退
1998	グループステージ敗退
2002	予選敗退
2006	予選敗退
2010	予選敗退
2014	予選敗退

波乱を起こすには初戦勝利が条件

アフリカに精通するフランス人指揮官ルナールの手によって、モロッコは生まれ変わった。

セリエAでも屈指のセンターバックと言われるベナティアを軸に、チームの基軸となる堅守を構築。予選全8試合でわずか1失点という強固なチームを作り上げた。

その上で中盤に、エル・アフマディをはじめ、ブスファ、ベランダと、代表経験が豊富な選手を重用したこともプラスに作用した。彼らが中央を固めることで、気鋭のSBハキミやツィエクといった若手が伸び伸びとプレー。ブタイプという空中戦に滅法強いエースがいたことも奏功し、

サイドからもショートカウンターからも得点を奪える多彩かつ洗練されたチームとなった。

そして5大会ぶりのW杯出場を勝ち獲ったモロッコだが、グループステージ突破は険しい道のりだ。いくら堅守と言えども、スペイン、ポルトガルの攻撃をしのぐのは並大抵のことではないからだ。

ただし、初戦がイランというのは吉報だろう。そこで勝点3を得られれば、微かな望みではあるが、グループBに波乱を起こせるかもしれない。何より、ブタイプをはじめ、その奇跡を演出できるだけのタレントが前線には揃っている。

COACH 【監督】

Herve RENARD ●エルベ・ルナール

指導者としてザンビアやコートジボワールの代表監督を務めた経験があり、アフリカの選手たちの特徴は把握済み。予選ではそのコートジボワールを破って出場を決めた。

❶1968年9月30日（49歳）
❷フランス
❸2016年2月

FORMATION 【基本布陣】

4-3-3

- ツィエク（エル・カービ）
- ブタイプ（ハドゥス）
- N・アムラバト（カルセラ）
- ベランダ（アリ）
- ブスファ（ファジル）
- ハキミ（メンディル）
- エル・アフマディ（S・アムラバト）
- ディラル
- サイス（ダ・コスタ）
- ベナティア（バスン）
- ムニル（ブラ）

中盤3枚と4バックでブロックを形成し、奪ったらブタイプに預け、全体を一気に押し上げる。ハキミやディラルの両SBに速さがあることも堅守速攻を可能にする。

GOAL RANKING 【予選得点ランキング】

順位	選手名	得点
❶	ハリト・ブタイプ	4
❷	ハキム・ツィエク	2
❸	メディ・ベナティア	1
❸	アクラフ・ハキミ	1
❸	ナビル・ディラル	1

他4名　1

攻撃にタレントが豊富も2列目タイプの選手が多く、エースと呼べるのはやはりブタイプのみ。セットプレーではベナティアも貴重な得点源となる。

QUALIFIERS RESULT 【予選結果】

アフリカ最終予選グループC／1位（3勝3分0敗）

日付	対戦相手	H&A	スコア
●アフリカ2次予選			
2015年11月12日	赤道ギニア	H	○2-0
2015年11月15日	赤道ギニア	A	●0-1
●アフリカ最終予選　グループC			
2016年10月 8日	ガボン	A	△0-0
2016年11月12日	コートジボワール	H	△0-0
2017年 9月 1日	マリ	H	○6-0
2017年 9月 5日	マリ	A	△0-0
2017年10月 7日	ガボン	H	○3-0
2017年11月11日	コートジボワール	A	○2-0

GK MUNIR Mohamedi ●ムニル・モハメディ

スペインで生まれたが、ルーツのあるモロッコ代表を選択。チームの特徴である堅守を体現する守護神で、予選では全試合でゴールを守った。

① 1989年5月10日（29歳）
② 190cm／80kg
③ ヌマンシア（ESP）
④ 25試合／0失点

GK Yassine BOUNOU ●ヤシン・ブヌ

出身はカナダのモントリオールながら、ユース年代からモロッコ代表に招集されてきた。かつてA・マドリーに在籍していたこともある。

① 1991年4月5日（27歳）
② 192cm／78kg
③ ジローナ（ESP）
④ 8試合／0失点

GK Ahmed Reda TAGNAOUTI ●アフマド・レダ・タグノウティ

17年11月の韓国戦で代表デビューを果たした若手GK。22歳ながらクラブでは早くも正位置を確保。今大会は第3GKとして経験を積む。

① 1996年4月15日（22歳）
② 182cm／72kg
③ IRカサブランカ
④ 2試合／0失点

DF Nabil DIRAR ●ナビル・ディラル

左右両色なくプレーできるSBだが、代表では主に右サイドを担当。フィジカルがあり、守備では粘り強く、攻撃では力強さを発揮するファイター。

① 1986年2月25日（32歳）
② 187cm／82kg
③ フェネルバフチェ（TUR）
④ 34試合／3得点

DF Medhi BENATIA ●メディ・ベナティア

対人に滅法強く、ゴール前で相手エースを確実に食い止める守備には定評あり。荒々しさもあるが、セリエA屈指のDFとの呼び声も高い。

① 1987年4月17日（31歳）
② 190cm／92kg
③ ユベントス（ITA）
④ 54試合／2得点

DF Romain SAISS ●ロマン・サイス

クラブでは守備的MFを担うも、代表では人材不足からCBとして出場する。状況判断能力に優れ、随所でクレバーなプレーが光る頑強派。

① 1990年3月26日（28歳）
② 188cm／84kg
③ ウォルバーハンプトン（ENG）
④ 22試合／1得点

DF Achraf HAKIMI ●アクラフ・ハキミ

8歳でレアルのカンテラに加入したエリートで、17〜18にトップチームデビューした。クラブでは右SBが主戦場も、代表では左SBを担う。

① 1998年11月4日（19歳）
② 180cm／69kg
③ レアル・マドリー（ESP）
④ 6試合／1得点

DF Manuel DA COSTA ●マヌエル・ダ・コスタ

CBを中心に守備的MFとしてもプレーできるポリバレントな選手。フランス生まれで、これまで8カ国ものリーグに所属した経験がある。

① 1986年5月6日（32歳）
② 191cm／82kg
③ バシャクシェヒル（TUR）
④ 25試合／1得点

DF Hamza MENDYL ●ハムザ・メンディル

U-19からモロッコ代表に選ばれてきた新進気鋭のSB。今季遂で2試合のみの出場ながら、突破力のあるドリブルで強いインパクトを残した。

① 1997年10月21日（20歳）
② 179cm／74kg
③ リール（FRA）
④ 10試合／0得点

DF Badr BENOUN ●バドル・バヌン

線は細いが、190cmを超える長身を活かしてハイボールを弾き返すCB。フィードの技術も高く、ルナール監督も期待を。ベナティアの控えを担う。

① 1993年9月30日（24歳）
② 193cm／79kg
③ ラジャ・カサブランカ
④ 7試合／1得点

MF Mbark BOUSSOUFA ●ムバラク・ブスファ

アヤックスの下部組織育ちが示すように、基礎技術の確かなテクニシャン。エル・アフマディと共に代表チームの絶対的存在として君臨する。

① 1984年8月15日（33歳）
② 167cm／58kg
③ アル・ジャジーラ（UAE）
④ 56試合／7得点

MF Karim EL AHMADI ●カリム・エル・アフマディ

代表ではアンカーの役割を担い、守備ではボール奪取、攻撃では起点となるパスを配球する。ドリブルで自ら持ち上がれるのも特徴の一つ。

① 1985年1月27日（33歳）
② 179cm／76kg
③ フェイエノールト（NED）
④ 48試合／1得点

MF Younes BELHANDA ●ユネス・ベランダ

モンペリエ時代の11-12には12得点を挙げリーグ・アン優勝に貢献。爆発力に加え、ゴール前のお膳立てでも秀逸なプレーを見せる。

① 1990年2月25日（28歳）
② 177cm／78kg
③ ガラタサライ（TUR）
④ 44試合／3得点

MF Faycal FAJR ●ファイサル・ファジル

フランス生まれながら、モロッコ代表を選択し、今季遂に代表デビューした。豊富な運動量に裏打ちされた機動力で攻撃を活性化する。

① 1988年8月1日（29歳）
② 178cm／72kg
③ ヘタフェ（ESP）
④ 21試合／1得点

MF Hakim ZIYECH ●ハキム・ツィエク

台頭したトゥウェンテでは、1シーズンで17得点17アシストという驚愕の数字を記録。爆発力のみならずゴール前で違いを見出すことのできる逸材。

① 1993年3月19日（25歳）
② 180cm／65kg
③ アヤックス（NED）
④ 15試合／8得点

MF Sofyan AMRABAT ●ソフィアン・アムラバト

ノルディンは実兄で、兄弟揃ってのW杯出場を叶えることになりそうだ。兄とは異なり主戦場はボランチ。ハードワークで攻撃の芽を潰す。

① 1996年8月21日（21歳）
② 182cm／70kg
③ フェイエノールト（NED）
④ 3試合／0得点

MF Amine HARIT ●アミーヌ・アリ

育成年代ではフランス代表でプレーし、U-19欧州選手権優勝経験もある。17年10月にモロッコ代表デビュー。次世代を担うテクニシャン。

① 1997年6月18日（20歳）
② 179cm／67kg
③ シャルケ（GER）
④ 3試合／0得点

MF Youssef AIT BENNASSER ●ユセフ・アイ・ベナセル

モナコからレンタル移籍によりカーンで修行中。主にボランチを務めるが、3列目からダイナミックな動きでゴール前に侵入する機動力がある。

① 1996年7月7日（21歳）
② 184cm／72kg
③ カーン（FRA）
④ 2試合／0得点

FW Nordin AMRABAT ●ノルディン・アムラバト

スピードを活かしてスペースに走り込み、鮮やかにゴールを決めるストライカー。ボールへの反応が速く、隙を見逃さない嗅覚を持つ。

① 1987年3月31日（31歳）
② 179cm／73kg
③ レガネス（ESP）
④ 41試合／4得点

FW Khalid BOUTAIB ●ハリド・ブタイブ

クロスに合わせる絶妙な動き出しと、それを正確に捉えるヘディングの強さを持ち合わせている。かつてボレーもうまく、足元も確か。

① 1987年4月24日（31歳）
② 190cm／77kg
③ マラティアスポル（TUR）
④ 15試合／7得点

FW Aziz BOUHADDOUZ ●アジズ・ブハドゥズ

188cmの長身が示すように空中戦で強さを発揮。一方で、こぼれ球を押し込む絶妙なポジショニングを取れる嗅覚に長ける。

① 1987年3月30日（31歳）
② 188cm／88kg
③ サンクトパウリ（GER）
④ 12試合／1得点

FW Mehdi CARCELA ●メフディ・カルセラ

小刻みかつ、しなやかなボールタッチでゴール前に侵入することのできる技巧派。攻撃にアクセントをつけるドリブルは相手の守備陣を切り裂く。

① 1989年7月1日（28歳）
② 176cm／67kg
③ スタンダール・リエージュ（BEL）
④ 17試合／1得点

FW Ayoub EL KAABI ●アユブ・エル・カービ

所属クラブでもゴールを量産。代表でも18年1月にデビューすると、持ち前のゴール嗅覚を発揮して、爆発。ジョーカーとして活躍が期待される。

① 1993年8月26日（24歳）
② 182cm／79kg
③ ベルカンヌ
④ 8試合／0得点

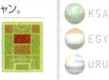

R IRAN

イラン ／ 2大会連続5回目

- ●正式名称：イラン・イスラム共和国 ●サッカー協会設立：1920年 ●FIFA加盟：1948年 ●FIFAランク：36位
- ●W杯出場：5回目 ●W杯最高成績：グループステージ敗退 ●web site：www.ffiri.ir

PAST RESULT 【W杯過去の成績】

開催年	成績
1930	不参加
1934	不参加
1938	不参加
1950	不参加
1954	不参加
1958	不参加
1962	不参加
1966	不参加
1970	不参加
1974	予選敗退
1978	1次リーグ敗退
1982	予選敗退
1986	予選敗退
1990	予選敗退
1994	予選敗退
1998	グループステージ敗退
2002	予選敗退
2006	グループステージ敗退
2010	予選敗退
2014	グループステージ敗退

奇跡を起こすには初戦がすべて

FIFAランキングはアジアで最高位となる36位。韓国と同組に入った最終予選も6勝4分の無敗で堂々1位突破を果たした。

そのベースを築いたのは、2011年に就任したケイロス監督の手腕だろう。若手の育成に長ける指揮官は、攻撃ならばデヤガー、守備ならばホセイニといった経験者を残しながら、うまく世代交代を図っていくと、今予選中に若手へとシフトチェンジしていった。結果、前線にはアズムン、タレミ、中盤ではエザトラヒ、トラビといった選手が台頭し、その新戦力たちが次々と期待に応えていった。

エースとなったアズムンが予選で11得点とゴールを量産したように、イランにはもともとテクニックとスピードのあるアタッカーが育つ土壌がある。それだけにテコ入れすべきは、むしろ守備だった。前線からのプレスに加えて、最終ラインを整備したケイロス監督は、予選10試合でわずか2失点という強固で、組織的にも戦える集団を作り上げたのである。

ただし、アジアでは最強を誇ったチームも、スペインとポルトガルを前にしては苦戦必至だろう。ベスト16入りは雲をつかむような話だ。それでも、奇跡ともいえるベスト16入りを勝ち取るとすれば、モロッコとの初戦に勝つことが絶対条件となる。

FORMATION 【基本布陣】

4-3-3

攻撃的なサッカーとは言えないが、好機と見るや人数を掛けて、アズムン、タレミ、アミリの前線がフィニッシュを狙う。中盤でボールを奪って素早くゴールに迫る。

COACH 【監督】

Carlos QUEIROZ ●カルロス・ケイロス

ポルトガル代表監督を務めた後、11年4月からイラン代表を指揮。協会ともめて15年3月に辞任もすぐに和解すると、W杯予選を勝ち抜き、イランを2大会連続のW杯に導いた。

❶1953年3月1日（65歳）
❷ポルトガル
❸2011年4月

GOAL RANKING 【予選得点ランキング】

順位	選手名	得点
❶	サルダル・アズムン	11
❷	メフディ・タレミ	8
❸	アリレザ・ジャハンバクシュ	2
❸	ジャラル・ホセイニ	2
❸	アシュカン・デヤガー 他1名	2

2次予選でグアムから大量得点を奪っているとはいえ、前線を担うアズムンとタレミの決定力は高い。大事な試合で得点する勝負強さも兼ね備える。

QUALIFIERS RESULT 【予選結果】

アジア最終予選グループA／1位（6勝4分0敗）

日付	対戦相手	H&A	スコア
●アジア2次予選	グループD		
2015年 6月16日	トルクメニスタン	A	△1-1
2015年 9月 3日	グアム	A	○6-0
2015年 9月 8日	インド	H	○3-0
2015年10月 8日	オマーン	A	△1-1
2015年11月12日	トルクメニスタン	H	○3-1
2015年11月17日	グアム	A	○6-0
2016年 3月24日	インド	H	○4-0
2016年 3月29日	オマーン	H	○2-0
●アジア最終予選	グループA		
2016年 9月 1日	カタール	H	△0-0
2016年 9月 6日	中国	A	△0-0
2016年10月 6日	ウズベキスタン	A	○1-0
2016年10月11日	韓国	H	○1-0
2016年11月15日	シリア	A	△0-0
2017年 3月23日	カタール	A	○1-0
2017年 3月28日	中国	H	○1-0
2017年 6月12日	ウズベキスタン	H	○2-0
2017年 8月31日	韓国	A	△0-0
2017年 9月 5日	シリア	H	△2-2

GK Alireza BEIRANVAND ●アリレザ・ビランヴァンド

特徴は長い手足を活かしたシュートセーブにあり。一対一では果敢に飛び出す守備範囲の広さが魅力。予選12試合に出場して2失点を誇る。
① 1992年9月2日(25歳) ② 196cm／85kg
③ ペルセポリス ④ 18試合／0得点

DF Ramin REZAEIAN ●ラミン・レザイアン

右サイドから全域でプレー可能なように、スピードある突破からのクロスが持ち味。FKでは中距離からブレ玉で直接ゴールを狙う。
① 1990年3月21日(28歳) ② 185cm／77kg
③ オーステンデ(BEL) ④ 24試合／2得点

DF Morteza POURALIGANJI ●モルテザ・プーラリガンジ

ゴール前で相手に食らいつき、身体を投げ出すハードワーカー。予選全試合に招集され、DFリーダーとして最終ラインを統率する。
① 1992年4月19日(26歳) ② 184cm／73kg
③ アル・サッド(QAT) ④ 23試合／2得点

DF Jalal HOSSEINI ●ジャラル・ホセイニ

予選11試合に出場してプーラリガンジと共にイランの堅守を率いた。空中戦にも強く、滞空時間の長いヘディングはCK時の得点源になる。
① 1982年2月7日(36歳) ② 178cm／84kg
③ ペルセポリス ④ 113試合／7得点

DF Ehsan HAJSAFI ●エフサン・ハジサフィ

今季オリンピアコスに加入。特筆すべきはスピードのあるオーバーラップ。自らボールを持ち運んでフィニッシュできる能力がある。
① 1990年2月25日(28歳) ② 176cm／74kg
③ オリンピアコス(GRE) ④ 90試合／6得点

DF Vouria GHAFOURI ●ヴォリヤー・ガフーリ

正確なトラップで状況を一変できる技巧派。好きな選手にC.D.アウヴェスとランパードを挙げるようにまさに2人をMIXしたプレースタイル。
① 1987年9月20日(30歳) ② 177cm／78kg
③ エステグラル ④ 19試合／0得点

DF Milad MOHAMMADI ●ミラド・モハマディ

抜群のコース取りで中に切り込むことのできるSB。状況判断に優れ、正確なパスで攻撃にリズムをもたらす。狙い澄ましたパスもトップ。
① 1993年9月29日(24歳) ② 174cm／79kg
③ テレク・グロズヌイ(RUS) ④ 16試合／0得点

MF Ashkan DEJAGAH ●アシュカン・デヤガー

しばらく無所属だったが、今冬、ノッティンガム・Fと契約。中盤でのハードワークと、力強い突破でゴール前に侵入するプレーは鍵だ。
① 1986年7月5日(31歳) ② 181cm／79kg
③ ノッティンガム・F(ENG) ④ 44試合／8得点

MF Ali KARIMI ●アリ・カリミ

クロアチアのディナモ・ザグレブでプレー経験があり、基礎技術の高さが光るパワー。予選終盤に台頭すると、攻撃面に勢いを見せた。
① 1994年2月11日(24歳) ② 185cm／75kg
③ セパハン ④ 7試合／0得点

MF Saeid EZATOLAHI ●サイード・エザトラヒ

かつてはA・マドリードに注目されるほどの逸材で、中盤の底を牛耳る。激しいタックルと、精度の高いパスで攻守に大きく貢献するボランチ。
① 1996年10月1日(21歳) ② 190cm／78kg
③ アムカル・ペルミ(RUS) ④ 18試合／0得点

MF Alireza JAHANBAKHSH ●アリレザ・ジャハンバクシュ

主戦場は右サイド。絶妙な飛び出しからのクロスで得点をお膳立てする。DFの背後でもらう動きと、DFとDFの間を通す正確なパスは秀逸。
① 1993年8月19日(24歳) ② 180cm／78kg
③ AZ(NED) ④ 34試合／4得点

MF Mehdi TORABI ●メフディ・トラビ

15年に代表デビューを飾ると、今予選はコンスタントに出場した。創造性豊かなパスとドリブルが特徴で、次代の代表を担う存在に期待される。
① 1994年9月10日(23歳) ② 183cm／70kg
③ サイパ ④ 4試合／4得点

MF Vahid AMIRI ●ヴァヒド・アミリ

今予選で最多となる17試合に出場した攻撃の核。攻守のつなぎ役として中盤に君臨する。左足から繰り出される鋭いラストパスは魅力。
① 1988年4月2日(30歳) ② 182cm／79kg
③ ペルセポリス ④ 31試合／1得点

MF Saman GHODDOS ●サマン・ゴドス

予選未出場ながら親善試合でテストされ、出場した新戦力。出生地であるスウェーデンでプレー、FWを中心にトップ下でもプレー可能。
① 1993年9月6日(24歳) ② 177cm／79kg
③ エステルスンド(SWE) ④ 6試合／1得点

FW Reza GHOOCHANNEJHAD ●レザ・グーチャンネジャード

育成年代ではオランダ代表としてプレーしていたという技術の高さが光るストライカー。12年にイラン代表を選択し、予選突破に貢献した。
① 1987年9月20日(30歳) ② 180cm／76kg
③ ヘーレンフェーン(NED) ④ 39試合／17得点

FW Sardar AZMOUN ●サルダル・アズムン

スピード、テクニック、そして高さを兼ね備えるエース。ゴール嗅覚に優れ、絶妙なポジショニングでチャンスには必ず顔を出す。
① 1995年1月1日(23歳) ② 186cm／72kg
③ ルビン・カザン(RUS) ④ 29試合／23得点

FW Kaveh REZAEI ●カーヴェ・レザエイ

ドリブルを得意なことから、主戦場は中央の最前線ながら、代表ではウイングでプレーする機会が多い。途中出場から流れを変えられる存在。
① 1992年4月5日(26歳) ② 185cm／74kg
③ シャルルロワ(BEL) ④ 8試合／1得点

FW Mehdi TAREMI ●メフディ・タレミ

今冬の移籍市場でアル・ガラファへ。ペルセポリス時代は18得点を挙げたように、チームメイクだけでなく得点も奪える万能型ストライカー。
① 1992年7月18日(25歳) ② 187cm／77kg
③ アル・ガラファ(QAT) ④ 23試合／11得点

GK Amir ABEDZADEH ●アミル・アベドザデ

父親も元サッカー選手で、育成年代はナッテンバに所属。次世代の守護神候補として期待。
① 1993年4月26日(25歳) ② 186cm／79kg
③ マリティモ(POR) ④ 0試合／0得点

GK Hossein HOSSEINI ●ホセイン・ホセイニ

09年はU-17W杯に出場するなど、若くから才能を評価されてきた国内期待のGK。
① 1992年6月30日(25歳) ② 188cm／76kg
③ エステグラル ④ 1試合／0得点

DF Saeid AGHAEI ●サイード・アガエイ

左サイドならSBからウイングまですべてをこなせる超攻撃的な選手。守備がやや難点。
① 1995年2月9日(23歳) ② 184cm／78kg
③ セパハン ④ 3試合／0得点

DF Rouzbeh CHESHMI ●ルーズベヒ・チェシミ

ボランチを主軸に、CBもできる守備の職人。ホセイニ、プーラリガンジのバックアッパー。
① 1993年8月24日(24歳) ② 190cm／77kg
③ エステグラル ④ 5試合／0得点

DF Pejman MONTAZERI ●ペジマン・モンタゼリ

前回大会では全3戦に先発。経験値が高く、円熟味を増したプレーは落ち着きをもたらす。
① 1983年9月6日(34歳) ② 184cm／78kg
③ エステグラル ④ 46試合／1得点

MF Omid EBRAHIMI ●オミド・エブラヒミ

攻撃の芽を摘むボール奪取能力に長けた守備的MF。中盤の選手ながら得点力も備える。
① 1987年9月16日(30歳) ② 179cm／69kg
③ エステグラル ④ 27試合／0得点

MF Masoud SHOJAEI ●マスード・ショジャエイ

欧州でのプレー経験が豊富なベテラン。サイドハーフを中心にトップ下でもプレー可能。
① 1984年6月9日(34歳) ② 185cm／73kg
③ AEKアテネ(GRE) ④ 72試合／8得点

MF Ahmad ABDOLLAHZADEH ●アハマド・アブドゥラハザデー

トップ下を中心にボランチもこなす攻撃的MF。パスセンスが武器となり代表に抜擢された。
① 1993年5月6日(25歳) ② 176cm／77kg
③ フーラード ④ 2試合／0得点

FW Karim ANSARIFARD ●カリム・アンサリファルド

アズムンの台頭で影が薄くなったが、前回大会も経験。ゴール前での上手さが光るCF。
① 1990年4月3日(28歳) ② 186cm／65kg
③ オリンピアコス(GRE) ④ 60試合／16得点

GROUP A
RUS
KSA
EGY
URU

GROUP B
POR
ESP
MAR
IRN

GROUP C
FRA
AUS
PER
DEN

GROUP D
ARG
ISL
CRO
NGA

GROUP E
BRA
SUI
CRC
SRB

GROUP F
GER
MEX
SWE
KOR

GROUP G
BEL
PAN
TUN
ENG

GROUP H
POL
SEN
COL
JPN

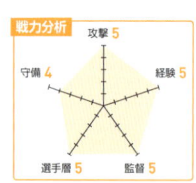

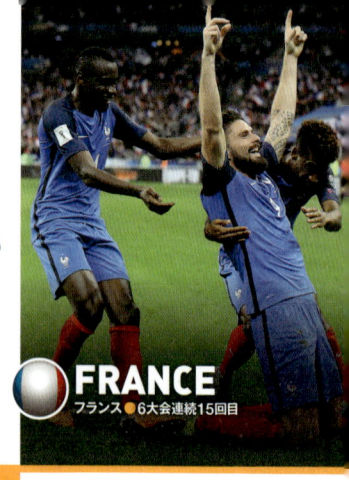

戦力分析

- 攻撃 5
- 守備 4
- 経験 5
- 選手層 5
- 監督 5

KEY PLAYER 【注目選手】

FW Antoine GRIEZMANN
●アントワーヌ・グリーズマン

アトレティコ・マドリーのアンタッチャブルが契約を延長し、雑音をシャットアウト。クラブでは本調子とは遠いが、代表では輝くエースがW杯優勝に邁進する。

MF N'golo KANTE
●エヌゴロ・カンテ

15-16はレスターで、16-17はチェルシーでプレミアリーグを個人として連覇。年間最優秀賞などイングランドとフランスの個人賞を総ナメにした最も旬な選手。

VOICE 出場国関係者の声

ディディエ・デシャン／監督

良くない組み合わせになった。グループリーグは容易ではないが、さらなる心配の種は〔決勝Tで〕アルゼンチンと対戦する可能性があることだ。だが、対戦を避けられるわけではない。着実に歩みを進めたい。

主要ブックメーカー優勝オッズ

ウィリアムヒル	bwin	bet365
6.50倍	7.00倍	7.00倍

FRANCE
フランス ●6大会連続15回目

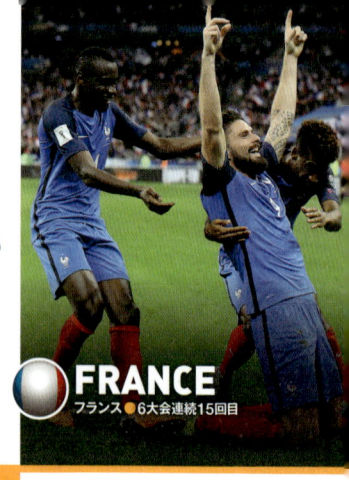

GROUP グループ C
WORLD CUP RUSSIA 2018

揺るがないフランスの優位
2位争いはデンマークがリードか

フランスが頭ひとつ抜けた存在と言って過言はない。EURO2016で得点王となったグリーズマン、中盤で攻守の中核となるポグバなどの準優勝メンバーに加え、予選中にエムバペ、ルマールといった多くの若手が台頭。戦力の質と層で他3カ国を大きく引き離している。しかも、2010年W杯のドメネク体制下では強大な選手層を統率できずにチームは崩壊したが、デシャン監督が手綱を緩めることはない。ベンゼマのような実力があっても問題を抱える選手は代表招集せず、バランスと調和のあるチームを作り上げている。

オーストラリア、ペルー、デンマークはいずれもプレーオフを経て出場権を手にしたが、3カ

戦力分析

- 攻撃 3
- 守備 4
- 経験 2
- 選手層 3
- 監督 4

KEY PLAYER 【注目選手】

FW Andre CARRILLO
●アンドレ・カリージョ

薬物違反による出場停止処分により英雄ゲレーロのW杯参加が絶望的となり、ゴールへの期待を担う、新エースとして目に見える結果でチームを導けるか。

MF Renato TAPIA
●レナト・タピア

国内リーグでのプレー経験がないまま、16歳で海外クラブにて才能を見出されたボランチ。22歳と若いが、ベテランのような老獪な読みでピンチの芽を着実に摘み取る。

VOICE 出場国関係者の声

クラウディオ・ピサーロ／FW

私はまだまだサッカーをしたいと思っているんだ。もっとピッチに立って結果を残したいし、代表チームのガレカ監督とも連絡を取っている。自分がまだ代表できることをアピールしなければならない。

主要ブックメーカー優勝オッズ

ウィリアムヒル	bwin	bet365
126.00倍	151.00倍	201.00倍

PERU
ペルー ●9大会ぶり5回目

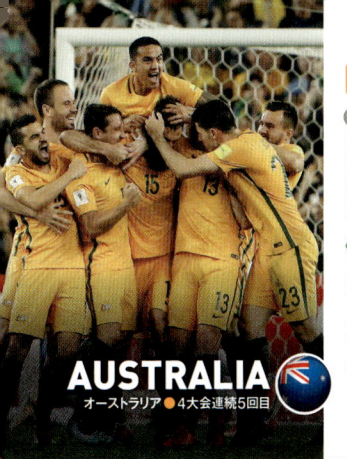

AUSTRALIA
オーストラリア ● 4大会連続5回目

GROUP A
RUS
KSA
EGY
URU

GROUP B
POR
ESP
MAR
IRN

GROUP C
FRA
AUS
PER
DEN

GROUP D
ARG
ISL
CRO
NGA

GROUP E
BRA
SUI
CRC
SRB

GROUP F
GER
MEX
SWE
KOR

GROUP G
BEL
PAN
TUN
ENG

GROUP H
POL
SEN
COL
JPN

KEY PLAYER [注目選手]

攻 [FW] ■ティム・ケイヒル Tim CAHILL

38歳になっても勝利と得点への貪欲さは衰え知らず。無所属に終止符を打ち、今年1月からミルウォールと契約。W杯に向けてプロデビューした古巣で牙を研ぐ。

MF ■ミレ・イェディナク Mile JEDINAK **守**

2017年は故障によりクラブでも代表でも苦しんだが、11月のプレーオフでは代表復帰を果たし、主将を任されるとハットリック。運命の一戦で救世主となった。

戦力分析

攻撃 3
守備 3
経験 3
選手層 3
監督 4

VOICE 出場国関係者の声

ティム・ケイヒル FW

(W杯出場のために)いくつかの重要な決断を下さなければならない。私にはプレー時間が必要なんだ。それこそが私の欲しいものだ。ドアを閉ざさないではしい。代表に残るためなら何でもするつもりだ。

主要ブックメーカー優勝オッズ

ウィリアムヒル	bwin	bet365
251.00倍	301.00倍	301.00倍

国の中で戦力面、日程面でデンマークが一歩リードする。欧州予選12試合で11得点のMFエリクセンを中心にした攻撃陣と、CBシモン・ケア、GKシュマイケルを擁する守備陣のバランスがいいという強みもある。

そのデンマークと初戦で対戦するペルーも侮れない存在だ。9大会ぶりの出場で選手全員にW杯経験はないが、若手が着実に成長して組織力という点においてはグループ随一。デンマーク戦で勢いに乗れば、そのまま決勝トーナメント進出へ走る地力はある。

オーストラリアは1月に就任した名将ファン・マルヴァイク監督が、限られた時間の中でどこまでチームを把握できるかにかかる。

MATCH SCHEDULE [試合日程]

日程	現地時間(日本)	会場(開催地)	放送局
6月16日(土)	13:00(19:00)	カザン・アレーナ(カザン)	NHK
	フランス × オーストラリア		
6月16日(土)	19:00(25:00)	モルドヴィア・アレーナ(サランスク)	NHK フジ
	ペルー × デンマーク		
6月21日(木)	16:00(21:00)	サマーラ・アレーナ(サマーラ)	NHK フジ
	デンマーク × オーストラリア		
6月21日(木)	20:00(24:00)	エカテリンブルク・アレーナ(エカテリンブルク)	NHK
	フランス × ペルー		
6月26日(火)	17:00(23:00)	ルジニキ・スタジアム(モスクワ)	NHK テレ朝
	デンマーク × フランス		
6月26日(火)	17:00(23:00)	フィシュト・スタジアム(ソチ)	NHK
	オーストラリア × ペルー		

DENMARK
デンマーク ● 2大会ぶり5回目

KEY PLAYER [注目選手]

攻 [MF] ■クリスティアン・エリクセン Christian ERIKSEN

将来的にバルセロナへの移籍が噂されるエース。司令塔としてのチャンスメイクから、フィニッシャーとしてのゴール前での仕事までデンマーク躍進の鍵を握る。

GK ■キャスパー・シュマイケル Kasper SCHMEICHEL **守**

プレミアリーグでのパス精度やセーブ率は中位だが、ミスの少ない安定感が高く評価されている。98年W杯でベスト8に進んだ偉大な父ピーター超えを目指す。

戦力分析

攻撃 4
守備 4
経験 3
選手層 4
監督 4

VOICE 出場国関係者の声

クリスティアン・エリクセン MF

W杯に出場することはデンマークにとって最も大きなことのひとつなんだ。(欧州予選を通じて)精神的にも成長できたと思う。パスよりもシュートを狙う、よりストライカーらしい考え方をするようになったんだ。

主要ブックメーカー優勝オッズ

ウィリアムヒル	bwin	bet365
101.00倍	81.00倍	81.00倍

FRANCE

フランス／6大会連続15回目

- 正式名称：フランス共和国 ● サッカー協会設立：1919年 ● FIFA加盟：1904年（前身団体が加盟） ● FIFAランク：7位
- W杯出場：15回目 ● W杯最高成績：優勝 ● web site：www.fff.fr

第**2**章　ワールドカップ出場32カ国分析

Ⓟ AST RESULT 【W杯過去の成績】

開催年	成績
1930	グループステージ敗退
1934	1回戦敗退
1938	ベスト8
1950	予選敗退
1954	グループステージ敗退
1958	3位
1962	予選敗退
1966	グループステージ敗退
1970	予選敗退
1974	予選敗退
1978	グループステージ敗退
1982	4位
1986	3位
1990	予選敗退
1994	予選敗退
1998	優勝
2002	グループステージ敗退
2006	準優勝
2010	グループステージ敗退
2014	ベスト8

圧倒的な戦力で20年ぶりの栄冠へ

デシャン体制で初めて臨んだ前回W杯欧州予選はプレーオフでの通過だったが、2度目となった今回の欧州予選では、オランダ、スウェーデンと同組になる"死の組"を戦いながらも、圧倒的な攻撃力でライバルを撃破して1位で突破した。

欧州予選のスタートはEURO2016の準優勝メンバーを中心に臨んだが、日程が進む中で故障者を多く出しながらも、その穴を埋める若い人材が次々と台頭した。19歳の怪童エムバペをはじめ、ルマール、ラビオ、トリソといった若きタレントたちが存在感を発揮。代表を2チーム分つくれるほど選手層は厚みを増し、デシャン監督は選手選考や戦術の見直しなど贅沢な悩みを抱えることになった。

基本は4-2-3-1だが、守備を重視する場合はカンテをアンカーに置く4-3-3を使う。DF陣は不動のCBコシエルニーが5月にアキレス腱を断裂。W杯を欠場するDFリーダーの代役は、ウンティティやキンペンベが務める。能力的には遜色ないが、連携面をどこまで深められるかがポイント。タレントが揃う攻撃陣は、トップ下のグリーズマン、中盤のポグバといった経験豊富な選手たちと、エムバペやルマールなどの若手の融合がカギ。これが進めばレ・ブルーの20年ぶり優勝は現実味を増すことになる。

Ⓕ ORMATION 【基本布陣】

攻撃重視の4-2-3-1と、アンカーにカンテを置く4-3-3を使い分ける。攻撃的なポジションは若手が台頭しているが、両SBはやや人材不足。

Ⓒ OACH 【監督】

Didier DESCHAMPS ● ディディエ・デシャン

ローラン・ブランの後を受けて代表監督に就任。1998年から2000年までの黄金期に主将をつとめたリーダーシップで、選手層の厚いチームをまとめあげて20年ぶりの優勝を狙う。

- ❶ 1968年10月15日（49歳）
- ❷ フランス
- ❸ 2012年7月

Ⓖ OAL RANKING 【予選得点ランキング】

順位	選手名	得点
❶	アントワーヌ・グリーズマン	4
❶	オリビエ・ジルー	4
❸	ケビン・ガメイロ	2
❸	ディミトリ・パイエ	2
❸	ポール・ポグバ　他1名	2

グリーズマン、ジルーがそれぞれチーム最多得点。予選終盤からスタメンに定着したエムバペとの連携が深まれば、破壊力はさらに増す。

Ⓠ UALIFIERS RESULT 【予選結果】

欧州予選グループA／1位（7勝2分1敗）

日付	対戦相手	H&A	スコア
2016年 9月 6日	ベラルーシ	A	△0-0
2016年10月 7日	ブルガリア	H	○4-1
2016年10月10日	オランダ	A	○1-0
2016年11月11日	スウェーデン	H	○2-1
2017年 3月25日	ルクセンブルク	A	○3-1
2017年 6月 9日	スウェーデン	A	●1-2
2017年 8月31日	オランダ	H	○4-0
2017年 9月 3日	ルクセンブルク	H	△0-0
2017年10月 7日	ブルガリア	A	○1-0
2017年10月10日	ベラルーシ	H	○2-1

GK Hugo LLORIS ●ユーゴ・ロリス

10年W杯から守護神を務める代表のキャプテン。抜群のシュート反応とDFライン裏までの広い守備範囲を誇る。弱点はクリアリング。
- ❶1986年12月26日（31歳）
- ❷188cm／82kg
- ❸トッテナム（ENG）
- ❹96試合／0得点

GK Steve MANDANDA ●スティーブ・マンダンダ

コンゴ民主共和国キンシャサ出身でユース時代はロリスよりも期待を集めた逸材。瞬発力に優れ、ロングフィードにも定評がある。
- ❶1985年3月28日（33歳）
- ❷185cm／82kg
- ❸マルセイユ
- ❹26試合／0得点

GK Alphonse AREOLA ●アルフォンス・アレオラ

ビジャレアルから復帰2シーズン目となった今季、パリSGの正GKを奪取。至近距離のシュートストップ能力の高さに定評がある。
- ❶1993年2月27日（25歳）
- ❷195cm／94kg
- ❸パリSG
- ❹0試合／0得点

DF Benjamin PAVARD ●バンジャマン・パバール

所属するシュツットガルトではCBでプレーするが、代表では手薄な右SBのバックアッパーとしても期待されている。
- ❶1996年3月28日（22歳）
- ❷186cm／76kg
- ❸シュツットガルト（GER）
- ❹2試合／0得点

DF Presnel KIMPEMBE ●プレスネル・キンペンベ

各代年ユース代表でプレーした左利きのCB。強さ、高さ、速さの三拍子が揃い、足元の技術も高く、パスやロングフィードも上手い。
- ❶1995年8月13日（22歳）
- ❷183cm／71kg
- ❸パリSG
- ❹19試合／11得点

DF Raphael VARANE ●ラファエル・ヴァラヌ

折り紙付きの足の速さに加え、対1や競り合いにも強さ発揮する。個人能力は高いが、ファウルは少なく、安定したプレーで信頼も厚い。
- ❶1993年4月25日（25歳）
- ❷191cm／81kg
- ❸レアル・マドリー（ESP）
- ❹41試合／2得点

DF Samuel UMTITI ●サミュエル・ウンティティ

ポジショニング、足元の技術、対1、空中戦など総合力の高い左利きのCB。SBとしてはスピードのあるドリブルが持ち味。
- ❶1993年11月14日（24歳）
- ❷182cm／75kg
- ❸バルセロナ（ESP）
- ❹17試合／1得点

DF Djibril SIDIBE ●ジブリル・シディベ

強いフィジカルと高いボールテクニック、精度の高いクロスを持ち、ビッグクラブが狙う攻撃的なSB。攻守で代えの利かない存在。
- ❶1992年7月29日（25歳）
- ❷182cm／71kg
- ❸モナコ
- ❹15試合／1得点

DF Benjamin MENDY ●バンジャマン・メンディ

豊富な運動量と爆発的なスピードで攻守に躍動する左SB。昨年9月の大怪我から4月に復活し、初のW杯出場に意気込む。
- ❶1994年7月17日（23歳）
- ❷185cm／85kg
- ❸マンチェスター・C（ENG）
- ❹4試合／0得点

DF Lucas HERNANDEZ ●リュカ・エルナンデス

左SB、CBをこなすマルチロール。アトレティコの下部組織で育ち、ユース各年代表でプレー。弟のテオはレアル・マドリー所属。
- ❶1996年2月14日（22歳）
- ❷183cm／76kg
- ❸アトレティコ・マドリー（ESP）
- ❹2試合／0得点

DF Adil RAMI ●アディル・ラミ

今季のELでマルセイユを決勝に導いたベテランCB。故障したDFリーダーのコシエルニーに代わり、豊富な経験でDF陣をまとめる。
- ❶1985年12月27日（32歳）
- ❷190cm／90kg
- ❸マルセイユ
- ❹33試合／1得点

MF N'golo KANTE ●エヌゴロ・カンテ

豊富な運動量と高いボール奪取能力を誇る世界屈指のボランチ。守備職人というイメージが強いが、ゴールに直結するパスを出すことも。
- ❶1991年3月29日（27歳）
- ❷168cm／68kg
- ❸チェルシー（ENG）
- ❹22試合／0得点

MF Blaise MATUIDI ●ブレーズ・マテュイディ

豊富なスタミナを誇り、広いプレーエリアでフィジカルの強さを活かすMF。左足からのクロスやミドルシュートの精度は高い。
- ❶1987年4月9日（31歳）
- ❷180cm／70kg
- ❸ユベントス（ITA）
- ❹64試合／9得点

MF Paul POGBA ●ポール・ポグバ

手足の長さ、高い身体能力、繊細なボールタッチ、高度なテクニックとすべてを備える。攻守両面でフランス代表のカギを握る。
- ❶1993年3月15日（25歳）
- ❷191cm／84kg
- ❸マンチェスター・U（ENG）
- ❹51試合／9得点

MF Corentin TOLISSO ●コランタン・トリソ

昨夏にバイエルン史上最高額で移籍したテクニックと身体能力の高いMF。パス、守備、得点力とあらゆる面で輝く。
- ❶1994年8月3日（23歳）
- ❷181cm／77kg
- ❸バイエルン（GER）
- ❹6試合／0得点

MF Steven N'ZONZI ●スティーヴン・エンゾンジ

恵まれた体格とリーチの長さを活かしたボール奪取能力に優れたボランチ。足元の技術も高く、ゴール前への攻撃参加が得意。
- ❶1988年12月15日（29歳）
- ❷196cm／88kg
- ❸セビージャ（ESP）
- ❹2試合／0得点

FW Antoine GRIEZMANN ●アントワーヌ・グリーズマン

アタッカーとしての技術力はすべての面で高いが、体格に恵まれていないからこそ、ゴールを奪うための判断が早くて的確。
- ❶1991年3月21日（27歳）
- ❷175cm／73kg
- ❸アトレティコ・マドリー（ESP）
- ❹51試合／19得点

FW Kylian MBAPPE ●キリアン・エムバペ

出場するたびに最年少記録を更新する怪童。ドリブルでの突破やシュートが上手いが、DFラインの裏を突くプレーを得意にする。
- ❶1998年12月20日（19歳）
- ❷178cm／73kg
- ❸パリSG
- ❹12試合／3得点

FW Ousmane DEMBELE ●ウスマン・デンベレ

度重なる故障による長期離脱を乗り越え、代表親善試合から代表に復帰。自慢の高速ドリブルで攻撃にアクセントをつける。
- ❶1997年5月15日（21歳）
- ❷177cm／73kg
- ❸バルセロナ（ESP）
- ❹9試合／1得点

FW Thomas LEMAR ●トマ・ルマール

左足からのシュートやパスのレンジが広いアタッカー。ドリブル突破や、狭いスペースでのスルーパスからのチャンスメイクも秀逸。
- ❶1995年11月12日（22歳）
- ❷170cm／58kg
- ❸モナコ
- ❹13試合／3得点

FW Nabil FEKIR ●ナビル・フェキル

リヨンで主将をつとめる左利きの司令塔。自ら試合を組み立てるのに加え、ドリブルでゴール前に進入し、豪快な一撃を見舞う。
- ❶1993年7月18日（24歳）
- ❷173cm／72kg
- ❸リヨン
- ❹10試合／1得点

FW Florian THAUVIN ●フロリアン・トゥヴァン

酒井宏樹の相方として知られる右サイドアタッカー。技巧的なドリブルとスピードに乗った一瞬の抜け出しで勝負する。
- ❶1993年1月26日（25歳）
- ❷179cm／73kg
- ❸マルセイユ
- ❹3試合／0得点

FW Olivier GIROUD ●オリビエ・ジルー

長身を活かしたヘディング、技術の高い足元でのシュートに加え、前線でタメをつくる役割も求められる。通算得点は歴代7位。
- ❶1986年9月30日（31歳）
- ❷192cm／88kg
- ❸チェルシー（ENG）
- ❹71試合／30得点

AUSTRALIA
オーストラリア／4大会連続5回目

- ●正式名称：オーストラリア連邦 ●サッカー協会設立：1961年 ●FIFA加盟：1963年 ●FIFAランク：40位
- ●W杯出場：5回目 ●W杯最高成績：ベスト16 ●web site：www.myfootball.com.au

PAST RESULT 【W杯過去の成績】

開催年	成績
1930	不参加
1934	不参加
1938	不参加
1950	不参加
1954	不参加
1958	不参加
1962	不参加
1966	予選敗退
1970	予選敗退
1974	グループステージ敗退
1978	予選敗退
1982	予選敗退
1986	予選敗退
1990	予選敗退
1994	予選敗退
1998	予選敗退
2002	予選敗退
2006	ベスト16
2010	グループステージ敗退
2014	グループステージ敗退

名将を迎えて再出発。波乱を狙う

アジア最終予選はB組3位になったが、A組3位のシリアとのプレーオフを制し、大陸間プレーオフではホンジュラスに勝利して出場権を勝ち取った。だが、その2週間後にW杯予選を指揮したアンジェ・ポステコグルー監督が退任（2018年から横浜F・マリノスの新監督）。後任探しは年明けまでもつれたが、アジア最終予選ではサウジアラビア代表を率いたベルト・ファン・マルヴァイクを新指揮官に迎えた。

ファン・マルヴァイク監督は、「最終予選でオーストラリアとは2試合戦ったので、選手や戦い方を熟知している。ロシアへはいい試合をしに

行くのではない。勝ちに行く」と意気込んでいる。

予選ではオーストラリアサッカー発展の長期的な展望のもと、伝統のフィジカル重視のスタイルからの脱却を図り、3バックを採用してパスを繋ぐポゼッションサッカーを志向した。しかし、ファン・マルヴァイク監督は3月のテストマッチで守備的MFを2枚置く4-2-3-1のフォーメーションに変更。攻撃的なポジションに成長著しいナバウトやベトラトスといった若手を起用しながら、中盤の底にラストパスの出せるイェディナクとルオンゴを置く布陣でジャイアント・キリングを狙う。

COACH 【監督】

Bert VAN MARWIJK ●ベルト・ファン・マルヴァイク

サウジアラビアを3大会ぶりの本大会に導いたが、契約問題で退任。2010年W杯準優勝監督が、限られた時間でチームをまとめ上げてグループ2位を狙う。

- ①1952年5月19日（66歳）
- ②オランダ
- ③2018年1月

GOAL RANKING 【予選得点ランキング】

順位	選手名	得点
1	ティム・ケイヒル	11
2	ミレ・イェディナク	10
3	トミ・ユリッチ	5
3	トム・ロギッチ	5
5	マシュー・レッキー	4

大ベテランのケイヒルが最得点だが、8得点は2次予選で奪ったもの。イェディナクやユリッチは最終予選・プレーオフで得点源になった。

FORMATION 【基本布陣】

ユリッチ
（ケイヒル）
クルーズ　ロギッチ　レッキー
（ナバウト）（ロドイージ）（ペトラトス）
ペピッチ　ルオンゴ　イェディナク　リスドン
（メレディス）（アーノルド）（ムーイ）（カラチッチ）
デゲネク　ミリガン
（サーマン）（セインズベリー）
ライアン
（ジョーンズ）

4-2-3-1

対戦相手や試合展開で4バックと3バックの使い分けが予想されるが、攻撃の起点はトップ下のロギッチと右MFのレッキー。セットプレーではイェディナクの高さを狙う。

QUALIFIERS RESULT 【予選結果】

アジア最終予選グループB／3位（5勝4分1敗）

日付	対戦相手	H&A	スコア
▼アジア2次予選 グループB			
2015年 6月 16日	キルギス	A	○ 2-1
2015年 9月 3日	バングラデシュ	H	○ 5-0
2015年 9月 8日	タジキスタン	A	○ 3-0
2015年 10月 8日	ヨルダン	A	● 0-2
2015年 11月 12日	キルギス	H	○ 3-0
2015年 11月 17日	バングラデシュ	A	○ 4-0
2016年 3月 24日	タジキスタン	H	○ 7-0
2016年 3月 29日	ヨルダン	H	○ 5-1
▼アジア最終予選 グループB			
2016年 9月 1日	イラク	H	○ 2-0
2016年 9月 6日	UAE	A	○ 1-0
2016年 10月 6日	サウジアラビア	A	△ 2-2
2016年 10月 11日	日本	H	△ 1-1
2016年 11月 15日	タイ	A	○ 2-2
2017年 3月 23日	イラク	A	△ 1-1
2017年 3月 28日	UAE	H	○ 2-0
2017年 6月 8日	サウジアラビア	H	○ 3-2
2017年 8月 31日	日本	A	● 0-2
2017年 9月 5日	タイ	H	○ 2-1
▼アジアプレーオフ			
2017年 10月 5日	シリア	A	△ 1-1
2017年 10月 10日	シリア	H	○ 2-1
▼大陸間プレーオフ			
2017年 11月 10日	ホンジュラス	A	△ 0-0
2017年 11月 15日	ホンジュラス	H	○ 3-1

GK Mathew RYAN ●マシュー・ライアン

体のサイズは特別大きくはないが、2012年の代表デビューから絶対的な守護神として君臨。25歳にして41試合の代表歴を誇る。

❶1992年4月8日(26歳)
❷184cm／82kg
❸ブライトン(ENG)
❹42試合／0得点

GK Brad JONES ●ブラッド・ジョーンズ

安定感とコーチングに定評がある。2010年W杯は白血病の息子の看病のために代表入りしながらも断念。自身初のW杯出場に燃える。

❶1982年3月19日(36歳)
❷194cm／76kg
❸フェイエノールト(NED)
❹4試合／0得点

DF Milos DEGENEK ●ミロシュ・デゲネク

シュツットガルト下部組織で育ち、スピードとフィードに定評がある。高いボール奪取能力を持ち、CBに加えて右SBでもプレーできる。

❶1994年4月28日(24歳)
❷187cm／82kg
❸横浜F・マリノス(JPN)
❹17試合／0得点

DF Trent SAINSBURY ●トレント・セインズベリー

2月にグラスホッパーへ移籍した状況判断とカバーリングに定評のあるDF。4バックよりも3バックのリベロの方が存在感は際立つ。

❶1992年1月5日(26歳)
❷183cm／76kg
❸グラスホッパー(SUI)
❹33試合／3得点

DF Mattew JURMAN ●マシュー・ヤーマン

韓国・水原で安定感を増して2017年8月に代表初招集。シリアとのプレーオフで代表デビューし、3バックの一角で堅実な守備を発揮した。

❶1989年12月8日(28歳)
❷190cm／84kg
❸水原(KOR)
❹4試合／0得点

DF Josh RISDON ●ジョシュ・リズドン

運動量が豊富で球際にも強い右SB。持ち味の積極的な攻撃参加からのチャンスメイクでベイリー・ライトとのポジション争いを制す。

❶1992年7月27日(25歳)
❷167cm／70kg
❸ウエスタン・シドニー
❹6試合／0得点

DF Aziz BEHICH ●アジズ・ベヒッチ

豊富な運動量で攻守の献身性と、縦へのスピードを活かした攻撃参加が持ち味。予選終盤に左WBのレギュラーを獲得した。

❶1990年12月16日(27歳)
❷170cm／63kg
❸ブルサスポル(TUR)
❹21試合／2得点

DF James MEREDITH ●ジェームス・メレディス

本職は左SBだが、CBや中盤としてもプレーできるマルチロール。3バック、4バックを使い分ける現代表では貴重な存在。

❶1988年4月4日(30歳)
❷185cm／73kg
❸ミルウォール(ENG)
❹2試合／0得点

MF Mile JEDINAK ●ミレ・イェディナク

中盤の底でチームを攻守両面で支える主将。精度の高いキックでゲームをコントロールし、長身を活かした空中戦でも強さを発揮する。

❶1984年8月3日(33歳)
❷188cm／88kg
❸アストン・ビラ(ENG)
❹75試合／18得点

MF Massimo LUONGO ●マッシモ・ルオンゴ

2015年アジアカップで大会MVPを獲得した攻撃的MF。広い視野とボディバランスのいいドリブル突破が武器。鋭い得点感覚も併せ持つ。

❶1992年9月25日(25歳)
❷176cm／66kg
❸QPR(ENG)
❹34試合／5得点

MF Mark MILLIGAN ●マーク・ミリガン

千葉に10年から2季所属。守備的ポジションならどこでもこなすユーティリティさと、闘志を前面に出すプレーはチームに欠かせない。

❶1985年8月4日(32歳)
❷178cm／78kg
❸アル・アハリ(KSA)
❹69試合／6得点

MF Aaron MOOY ●アーロン・ムーイ

テクニカルだが、インテンシティが高いプレーも厭わない中盤の汗かき役。ミドルやロングレンジのパス精度や縦への推進力も高い。

❶1990年9月15日(27歳)
❷174cm／68kg
❸ハダースフィールド(ENG)
❹33試合／5得点

MF Tom ROGIC ●トム・ロギッチ

セルティックで主力として活躍。フットサル代表経験を持つテクニシャンは、左足のキック精度、威力、決定力のレベルがすべて高い。

❶1992年12月16日(25歳)
❷188cm／89kg
❸セルティック(SCO)
❹35試合／7得点

MF Robbie KRUSE ●ロビー・クルーズ

攻撃的なポジションならどこでもこなすマルチロール。ドリブルを武器に守備陣形を切り崩し、スルーパスで得点機を生み出す。

❶1988年10月5日(29歳)
❷179cm／70kg
❸ボーフム(GER)
❹60試合／5得点

MF Jackson IRVINE ●ジャクソン・アーバイン

得点力が魅力のスーパーサブ的な攻撃的MF。2列目からの飛び出しと、長身を活かしたヘディングシュートで窮地を救う。

❶1993年3月7日(25歳)
❷189cm／70kg
❸ハル(ENG)
❹17試合／2得点

MF James TROISI ●ジェームズ・トロイージ

先発でも途中出場でも、高いテクニックに裏打ちされたプレーで局面を打開する。強烈で精度も高い左足のミドルシュートも武器。

❶1988年7月3日(29歳)
❷176cm／75kg
❸メルボルン・ビクトリー
❹37試合／5得点

FW Tim CAHILL ●ティム・ケイヒル

代表通算100試合超えの大ベテラン。打点の高いヘディングと、シリアとのプレーオフでの2得点など、ここ一番での勝負強さも健在。

❶1979年12月6日(38歳)
❷178cm／68kg
❸ミルウォール(ENG)
❹105試合／50得点

FW Tomi JURIC ●トミ・ユリッチ

体のサイズを活かして前線の基点となるプレーを得意にする。空中戦だけではなく、ゴール前でのドリブルや両足からのシュートもある。

❶1991年7月22日(26歳)
❷191cm／85kg
❸ルツェルン(SUI)
❹34試合／8得点

FW Mathew LECKIE ●マシュー・レッキー

攻撃的なポジションすべてでプレーできる万能選手。スピードとドリブル突破力が高く、サイドから中央にカットインしてのシュートは脅威。

❶1991年2月4日(27歳)
❷181cm／82kg
❸ヘルタ・ベルリン(GER)
❹51試合／6得点

FW Andrew NABBOUT ●アンドリュー・ナバウト

昨季はAリーグで22試合10得点を挙げた新鋭ストライカー。5月のJリーグ戦で右肩を怪我し、W杯出場に黄色信号が灯る。

❶1992年12月17日(25歳)
❷178cm／83kg
❸浦和レッズ(JPN)
❹2試合／0得点

GK Danny VUKOVIC ●ダニー・ヴコヴィッチ

初のW杯代表を目指す今季は、所属のヘンクで正GKとしてコンスタントにプレー。

❶1985年3月27日(33歳) ❷188cm／96kg
❸ヘンク(BEL) ❹1試合／0得点

DF Fran KARACIC ●フラン・カラチッチ

ザグレブ出身の大型右SB。クロアチアU-21代表だったが、今年から豪代表を選択。

❶1996年5月22日(22歳) ❷185cm／75kg
❸NKロコモティヴァ・ザグレブ(CRO) ❹0試合／0得点

MF Joshua BRILLANTE ●ジョシュア・ブリランテ

セリエAでのプレー経験もある守備的MF。豊富な運動量を誇り、右SBなどでもプレーする。

❶1993年3月25日(25歳) ❷177cm／77kg
❸シドニーFC ❹5試合／0得点

FW Daniel ARZANI ●ダニエル・アルザニ

年代別代表で中心選手としてプレーした将来を嘱望されるアタッカー。

❶1999年1月4日(19歳) ❷171cm／73kg
❸メルボルン ❹0試合／0得点

FW Dimitri PETRATOS ●ディミトリ・ペトラトス

得点やアシストで存在感を発揮する。今季のJリーグ開幕前に鳥栖への移籍も噂された。

❶1992年11月10日(25歳) ❷176cm／80kg
❸ニューカッスル・ジェッツ ❹1試合／0得点

FW Nikita RUKAVYTSYA ●ニキータ・ルカヴィツヤ

円熟味の増したプレーでW杯ブラジル大会以来の代表選出を狙う。ウクライナ国籍も持つ。

❶1987年6月22日(30歳) ❷183cm／74kg
❸マッカビ・ハイファ(ISR) ❹13試合／1得点

PERU

ペルー／9大会ぶり5回目

- 正式名称：ペルー共和国　● サッカー協会設立：1922年　● FIFA加盟：1924年　● FIFAランク：11位
- W杯出場：5回目　● W杯最高成績：ベスト8　● web site：www.fpf.org.pe

PAST RESULT 【W杯過去の成績】

開催年	成績
1930	グループステージ敗退
1934	不参加
1938	不参加
1950	不参加
1954	不参加
1958	予選敗退
1962	予選敗退
1966	予選敗退
1970	ベスト8
1974	予選敗退
1978	ベスト8
1982	グループステージ敗退
1986	予選敗退
1990	予選敗退
1994	予選敗退
1998	予選敗退
2002	予選敗退
2006	予選敗退
2010	予選敗退
2014	予選敗退

組織力を武器に旋風を起こせるか

　1986年メキシコ大会の南米予選でアルゼンチン代表のリカルド・ガレカにゴールを決められてW杯出場の道が絶たれてから32年。ペルー代表を暗黒時代へ突き落とした因縁の相手・ガレカを代表監督に招聘したことが36年ぶりの本大会への道を切り拓くことになった。

　2015年2月に就任したガレカ監督は、組織力を高めて伝統のパスサッカーを復活させた。南米予選は6節までに4敗を喫する苦しいスタートになったが、7節までの半年間のインターバルでチームを大きく立て直すことに成功した。ファルファンやピサーロといったベテランをメン

バーから外し、代表経験の乏しかった若手を大胆に登用。再開された南米予選で彼らが躍動して勝点を積み重ねた。最終節でコロンビアと引き分け、勝点で並んだチリを得失点差で上回って5位となり大陸間プレーオフに出場。ニュージーランドに勝利し悲願を達成した。

　主将でエースのパオロ・ゲレーロが薬物違反で出場できないダメージは大きいが、国内リーグの有望株のセルヒオ・ベーニャに代役としての期待が集まる。世界的なタレントはいないものの、攻守に組織が連動する一体感のあるサッカーで決勝トーナメント進出を狙っている。

FORMATION 【基本布陣】

```
              カリージョ
             (ルイディアス)
フローレス       クエバ        ファルファン
(ウォード)      (ベーニャ)        (ポロ)
      ジョトゥン      タピア
      (アキーノ)    (ウルタード)
トラウコ                      コルソ
(ロジョラ)                   (アビンクラ)
      ロドリゲス      ラモス
     (サンタマリア)   (アブラム)
              ガジェセ
             (カセド)
4-2-3-1
```

中盤の底に入るジョトゥンとタピアが4バックと連動して攻守のバランスを取る。クエバ、フローレス、カリージョがスピードと技術からチャンスを作りていく。

COACH 【監督】

Ricardo GARECA ●リカルド・ガレカ

現役時代はアルゼンチン代表として86年W杯予選でペルー代表に引導を渡すゴールを決めた。国内組と海外組を融合させて高い組織力を築き、9大会ぶりの出場に導いた。

❶ 1958年2月10日（60歳）
❷ アルゼンチン
❸ 2015年2月

GOAL RANKING 【予選得点ランキング】

順位	選手名	得点
❶	パオロ・ゲレーロ	6
❷	エディソン・フローレス	5
❸	クリスティアン・クエバ	4
❸	ジェフェルソン・ファルファン	4
❺	クリスティアン・ラモス	2

予選最多ゴールは主将でエースのパオロ・ゲレーロ。禁止薬物使用違反の出場停止期間が、W杯直前に延長されたことでW杯は欠場する。

QUALIFIERS RESULT 【予選結果】

南米予選／5位（7勝5分6敗）

日付	対戦相手	H&A	スコア
2015年10月 8日	コロンビア	A	●0-2
2015年10月13日	チリ	H	●3-4
2015年11月13日	パラグアイ	H	●0-1
2015年11月17日	ブラジル	A	●0-3
2016年 3月24日	ベネズエラ	H	△2-2
2016年 3月29日	ウルグアイ	A	●0-1
2016年 9月 1日	ボリビア	A	○3-0
2016年 9月 6日	エクアドル	H	△2-2
2016年10月 6日	アルゼンチン	H	△2-2
2016年10月11日	チリ	A	●1-2
2016年11月10日	パラグアイ	A	○4-1
2016年11月15日	ブラジル	H	●0-2
2016年 3月23日	ベネズエラ	A	△2-2
2017年 3月28日	ウルグアイ	H	○2-1
2017年 8月31日	ボリビア	H	○2-1
2017年10月 5日	エクアドル	A	○2-1
2017年10月 5日	アルゼンチン	H	△0-0
2017年10月10日	コロンビア	H	△1-1

大陸間プレーオフ

| 2017年11月11日 | ニュージーランド | A | △0-0 |
| 2017年11月15日 | ニュージーランド | H | ○2-0 |

GK Pedro GALLESE ●ペドロ・ガジェセ

15年から守護神として絶対の信頼を集める。190cmの長身と驚異的な瞬発力でファインセーブを連発し、PK戦でも強さを発揮する。

❶1990年4月23日(28歳)
❷190cm／81kg
❸ベラクルス(MEX)
❹36試合／0得点

GK Carlos CACEDA ●カルロス・カセダ

元サッカー選手の父親を持ち、16歳で国内リーグにデビュー。ユース年代代表で守護神として安定したパフォーマンスを見せた。

❶1991年9月27日(26歳)
❷183cm／79kg
❸デポルティボ・ムニシパル
❹6試合／0得点

GK Jose CARVALLO ●ホセ・カルバジョ

豊富な経験値でGK陣を支えるベテラン。身体能力の高さを活かした素早い身のこなしと、的確なポジショニングに定評がある。

❶1986年3月1日(32歳)
❷183cm／75kg
❸UTカハマルカ
❹5試合／0得点

DF Luis ADVINCULA ●ルイス・アドビンクラ

攻守での献身的なプレーと、スピードに乗ったオーバーラップが持ち味。堅実さではポジションを争うコルソよりも評価は高い。

❶1990年3月2日(28歳)
❷177cm／77kg
❸ロボスBUAP(MEX)
❹64試合／0得点

DF Aldo CORZO ●アルド・コルソ

上下動を厭わない豊富なスタミナを誇り、攻撃参加からの精度の高いクロスでゴールを演出する。切れ込んでのシュートも魅力。

❶1989年5月20日(29歳)
❷175cm／77kg
❸ウニベルシタリオ
❹24試合／0得点

DF Christian RAMOS ●クリスティアン・ラモス

堅実なプレーでCBの不動のレギュラーとして君臨。セットプレーでは長身を活かした空中戦で得点源になることも。

❶1988年11月4日(29歳)
❷185cm／78kg
❸ベラクルス(MEX)
❹94試合／5得点

DF Alberto RODRIGUEZ ●アルベルト・ロドリゲス

06年W杯南米予選から代表でプレーするベテラン。スピードと高さに加え、老獪な戦術眼を持つ。コンビを組むラモスとの息も絶妙。

❶1984年3月31日(34歳)
❷183cm／79kg
❸アトレティコ・ジュニオール(COL)
❹71試合／0得点

DF Miguel TRAUCO ●ミゲル・トラウコ

フラメンゴでスタメンを張るだけに、左足のキック精度は高く、ロングレンジも味方にピタリとつける。ミドルシュートも持ち味。

❶1992年8月25日(25歳)
❷175cm／68kg
❸フラメンゴ(BRA)
❹24試合／0得点

DF Nilson LOYOLA ●ニルソン・ロジョラ

16年に国内リーグでブレイクし、成長を続ける若手左SB。スピードを活かしたオーバーラップで攻撃に厚みを加える。

❶1994年10月26日(23歳)
❷175cm／64kg
❸FBCメルガル
❹3試合／0得点

DF Anderson SANTAMARIA ●アンデルソン・サンタマリア

ビルドアップやフィードに特長を持つCB。守備的MFとしても高いレベルのプレーを見せ、セットプレーでも得点源にもなる。

❶1992年1月10日(26歳)
❷183cm／76kg
❸プエブラ(MEX)
❹4試合／0得点

DF Miguel ARAUJO ●ミゲル・アラウホ

19歳でA代表デビューした若手CB。16年のコパ・アメリカは最終選考で落選したが、2年間で経験値を高めて代表入りを果たした。

❶1994年10月24日(23歳)
❷178cm／71kg
❸アリアンサ・リマ
❹7試合／0得点

DF Luis ABRAM ●ルイス・アブラム

14年に18歳でプロデビューし、同年のリーグ新人賞を獲得したCB。空中戦に強く、セットプレーでも攻守のキーマンになる。

❶1996年2月27日(22歳)
❷181cm／76kg
❸ベレス・サルスフィエルド(ARG)
❹4試合／0得点

MF Pedro AQUINO ●ペドロ・アキーノ

アグレッシブに相手ボールを奪い、冷静にパスを捌いて安定感をもたらす守備的MF。若手ながらも老獪なプレーでリズムを作りだす。

❶1995年4月13日(23歳)
❷175cm／68kg
❸ロボスBUAP(MEX)
❹11試合／0得点

MF Christian CUEVA ●クリスティアン・クエバ

サンパウロで10番を背負うテクニシャン。視野の広いパスと切れ味鋭いドリブル突破を武器に、トップ下でゲームを作る。

❶1991年11月23日(26歳)
❷169cm／66kg
❸サンパウロ(BRA)
❹43試合／7得点

MF Edison FLORES ●エディソン・フローレス

左足のテクニックを武器に縦へのドリブル突破やパスワークで相手を揺さぶるチャンスメイカー。ミドルシュートも持ち味のひとつ。

❶1994年5月14日(24歳)
❷170cm／64kg
❸オールボーBK(DEN)
❹27試合／9得点

MF Paolo HURTADO ●パオロ・ウルタード

高いボールテクニックとスピードを持ち、攻撃的な中盤のポジションならどこでもプレーできる。ディフェンスに課題を残す。

❶1990年7月27日(27歳)
❷177cm／66kg
❸ヴィトーリア・ギマランイス(POR)
❹31試合／3得点

MF Yoshimar YOTUN ●ジョシマール・ジョトゥン

無尽蔵のスタミナを活かして中盤の底で躍動する。元来は左SBや左MFとしてプレーしたが、15年からボランチにコンバートされた。

❶1990年4月7日(28歳)
❷176cm／68kg
❸オーランド・シティ(MLS)
❹71試合／2得点

MF Renato TAPIA ●レナト・タピア

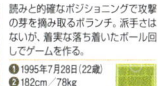

読みと的確なポジショニングで攻撃の芽を摘み取るボランチ。派手さはないが、着実な落ち着いたボール回しでゲームを作る。

❶1995年7月28日(22歳)
❷182cm／78kg
❸フェイエノールト(NED)
❹30試合／3得点

MF Wilder CARTAGENA ●ウィルデル・カルタヘナ

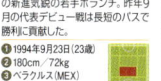

広い視野と精度の高いパスが持ち味の新進気鋭の若手ボランチ。昨年9月の代表デビュー戦は最長のパスで勝利に貢献した。

❶1994年9月23日(23歳)
❷180cm／72kg
❸ベラクルス(MEX)
❹2試合／0得点

MF Andy POLO ●アンディ・ポロ

高いボールテクニックと独特のリズムを刻むドリブラー。高い攻撃力は流れを変えるジョーカーとしての役割が期待されている。

❶1994年9月29日(23歳)
❷175cm／69kg
❸ポートランド・ティンバーズ(MLS)
❹15試合／1得点

MF Sergio PENA ●セルヒオ・ペーニャ

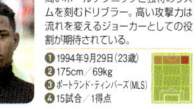

15年U-20南米選手権は10番で主将をつとめた次代の主軸。抜群の技術で正確なスルーパスを配給する司令塔。

❶1995年9月28日(22歳)
❷177cm／65kg
❸グラナダ(ESP)
❹5試合／0得点

FW Andre CARRILLO ●アンドレ・カリージョ

スピードとテクニックで守備陣を切り裂くウインガー。独特の間合いと細かいタッチのドリブルでチャンスを演出する。

❶1991年6月14日(27歳)
❷181cm／76kg
❸ワトフォード(ENG)
❹43試合／4得点

FW Jefferson FARFAN ●ジェフェルソン・ファルファン

シャルケ時代は内田篤人と右サイドでコンビを組んだ経験豊富なベテラン。予選終盤から代表復帰し、プレーオフで存在感を発揮した。

❶1984年10月26日(33歳)
❷178cm／71kg
❸ロコモティフ・モスクワ(RUS)
❹81試合／24得点

FW Raul RUIDIAZ ●ラウール・ルイディアス

ゴール前でのアグレッシブな仕掛けからのシュートに加え、味方を活かすパスも出せる。スーパーサブとしての起用が有力。

❶1990年7月25日(27歳)
❷169cm／61kg
❸モレリア(MEX)
❹29試合／4得点

DENMARK

デンマーク／2大会ぶり5回目

- ●正式名称：デンマーク王国 ●サッカー協会設立：1889 年 ●FIFA加盟：1904年 ●FIFAランク：12位
- ●W杯出場：5回目 ●W杯最高成績：ベスト8 ●web site：www.dbu.dk

PAST RESULT 【W杯過去の成績】

開催年	成績
1930	不参加
1934	不参加
1938	不参加
1950	不参加
1954	不参加
1958	予選敗退
1962	不参加
1966	予選敗退
1970	予選敗退
1974	予選敗退
1978	予選敗退
1982	予選敗退
1986	ベスト16
1990	予選敗退
1994	予選敗退
1998	ベスト8
2002	ベスト16
2006	予選敗退
2010	グループステージ敗退
2014	予選敗退

爆発力のある攻撃で圧倒できるか

2014年W杯、EURO2016に連続して予選敗退。2000年から15年間続いたモアテン・オルセン体制に終止符を打ち、2016年からオーゲ・ハレイデ監督のもとで新たな船出に漕ぎ出した。

欧州予選は序盤に2連敗を喫したことで、フォーメーションを3−5−2から4−3−3に大転換。この策がハマり、その後は調子を取り戻した。同組ライバルのポーランドを本拠地で4−0で撃破するなどしてE組2位になり、プレーオフではアイルランドに敵地で5−1で快勝し、2大会ぶりの出場権を手にした。

ハレイデ体制の基本フォーメーションは4−3−3で、ポゼッションを高めるスタイルを志向している。1トップのN・ヨルゲンセンと両サイドFWのシストとコーネリウス、司令塔のエリクセンがポジションを替えながら、パスを繋いで守備陣のギャップを突いていく。ただ、それに固執することなく、自分たちの高さという武器を活かすために両SBからのクロスや中盤からのロングボールを織り交ぜる柔軟性もある。守備的MFとCBの4人のコンビネーションは強固で守備の安定感も高い。チーム全員の結束力は強く、ロシアの地でセンセーショナルな結果を手にする可能性は高い。

FORMATION 【基本布陣】

	N・ヨルゲンセン (ベントナー)	
シスト (フィッシャー)		コーネリウス (ボウルセン)
	エリクセン (ラッガー)	
	クビスト (イェンセン)	ディレイニー (シュネ)
ドゥルミシ (ダルスゴード)	クリスティアン (M・ヨルゲンセン)	ケア (ビラン)	ストリガー・ラーセン (アンカーセン)
4-3-3	シュマイケル (レノウ)	

190cmのN・ヨルゲンセンが1トップとして前線で起点になる4−3−3を採用。攻撃力の向上に加えて、4バックになったことで守備面の安定感も高まった。

QUALIFIERS RESULT 【予選結果】

欧州予選グループE／2位（6勝2分2敗）

日付	対戦相手	H&A	スコア
2016年 9月 4日	アルメニア	H	○1-0
2016年10月 8日	ポーランド	A	●2-3
2016年10月11日	モンテネグロ	H	●0-1
2016年11月11日	カザフスタン	H	○4-1
2017年 3月26日	ルーマニア	H	△0-0
2017年 6月10日	カザフスタン	A	○3-1
2017年 9月 1日	ポーランド	A	○4-0
2017年 9月 4日	アルメニア	A	○4-1
2017年10月 5日	モンテネグロ	A	○1-0
2017年10月 8日	ルーマニア	H	△1-1
プレーオフ			
2017年11月11日	アイルランド	H	△0-0
2017年11月14日	アイルランド	A	○5-1

COACH 【監督】

Age HAREIDE オーゲ・ハレイデ

現役時代はDFとしてノルウェー代表50キャップを誇る。監督としては北欧3カ国のすべてのリーグで優勝を経験している。その手腕は選手たちから絶大な信頼を集めている。

- ❶1953年9月23日（54歳）
- ❷ノルウェー
- ❸2016年3月

GOAL RANKING 【予選得点ランキング】

順位	選手名	得点
❶	クリスティアン・エリクセン	11
❷	トーマス・ディレイニー	4
❸	ニコライ・ヨルゲンセン	2
❸	アンドレアス・コーネリウス	2
❺	ユスフ・ポウルセン	1

最多得点は切り札のエリクセン。1トップのN・ヨルゲンセンと右FWのコーネリウスも2得点。FW陣の連携がW杯でもカギになる。

GK Kasper SCHMEICHEL ●キャスパー・シュマイケル

伝説的なGKを父に持つ同幽慎同の同僚。足元の技術は高くないが、ショートストッパーの能力は抜群。エリア外へも果敢に飛び出す。

- ❶1986年11月5日（31歳）
- ❷189cm／89kg
- ❸レスター（ENG）
- ❹33試合／0得点

DF Peter ANKERSEN ●ペーター・アンカーセン

スピードを武器に積極的な攻撃参加が持ち味。ゴールに絡むプレーを好み、FKを蹴ることもある。稀にスーパーゴールを奪う。

- ❶1990年9月22日（27歳）
- ❷179cm／71kg
- ❸コペンハーゲン
- ❹1試合／0得点

DF Andreas BJELLAND ●アンドレアス・ビェラン

各年代の代表を経験したCB。長身とフィジカルの強さを生かしてゴール前の壁になる。フィード力に定評があり、左SBでもプレーできる。

- ❶1988年7月11日（29歳）
- ❷188cm／85kg
- ❸ブレントフォード（ENG）
- ❹28試合／2得点

DF Andreas CHRISTENSEN ●アンドレアス・クリステンセン

22歳にして世界屈指のレベルにあるCB。足元の技術、機動力、ポジショニングに優れる。右SBや中盤でもプレーできる。

- ❶1996年4月10日（22歳）
- ❷188cm／78kg
- ❸チェルシー（ENG）
- ❹14試合／1得点

DF Riza DURMISI ●リザ・ドゥルミシ

スピード溢れるオーバーラップから左足の精度の高いクロスを配給してチャンスを演出する左サイドのスペシャリスト。

- ❶1994年1月8日（24歳）
- ❷168cm／64kg
- ❸ベティス（ESP）
- ❹23試合／0得点

DF Simon KJAER ●シモン・ケア

主将でありDFラインの大黒柱。高さとパワーで相手FWを封じ込める。精度の高いロングボールでチャンスを作りだすことも多い。

- ❶1989年3月26日（29歳）
- ❷191cm／82kg
- ❸セビージャ（ESP）
- ❹76試合／3得点

DF Jens STRYGER LARSEN ●イェンス・ストリガー・ラーセン

左右両足を使いこなし、両サイドでプレーできるSB。圧倒的なスピードを武器に果敢なオーバーラップが持ち味。

- ❶1991年2月21日（27歳）
- ❷180cm／74kg
- ❸ウディネーゼ（ITA）
- ❹11試合／1得点

MF Lasse SCHONE ●ラセ・シェーネ

年齢を重ねてポジションを下げたが、攻撃的MFとして培った経験や感性を生かすベテランMF。卓越した戦術眼が持ち味。

- ❶1986年5月27日（32歳）
- ❷178cm／76kg
- ❸アヤックス（NED）
- ❹34試合／3得点

MF Thomas DELANEY ●トーマス・ディレイニー

堅実な守備とパスやドリブルで存在感を放つ。昨年12月のブンデスリーガのレヴァークーゼン戦での珍プレーでその名は世界レベルに。

- ❶1991年9月9日（26歳）
- ❷182cm／71kg
- ❸ブレーメン（GER）
- ❹23試合／4得点

MF Christian ERIKSEN ●クリスティアン・エリクセン

ピッチ上を縦横無尽に駆け回りながらパスを受けては捌いてを繰り返してゲームをつくる司令塔。フィニッシャーとしての能力も高い。

- ❶1992年2月14日（26歳）
- ❷182cm／77kg
- ❸トッテナム（ENG）
- ❹77試合／25得点

MF William KVIST ●ウィリアム・クビスト

守備的中盤が本職だが、トップ下から最終ラインまでのほとんどでプレーできる真面なベテラン。チームの精神的な支柱である。

- ❶1985年2月24日（33歳）
- ❷184cm／80kg
- ❸コペンハーゲン
- ❹78試合／2得点

MF Pione SISTO ●ピオーネ・シスト

サイドからドリブルで切れ込むプレーを得意にする若きサイドアタッカー。スルーパスやクロスでも高い評価を獲得する。

- ❶1995年2月4日（23歳）
- ❷171cm／68kg
- ❸セルタ（ESP）
- ❹12試合／1得点

FW Nicklas BENDTNER ●ニクラス・ベントナー

問題行動の多さから一時は終わったと思われたが、ローゼンボリで復活。W杯でもFWのオプションとして存在感を発揮できそう。

- ❶1988年1月16日（30歳）
- ❷194cm／84kg
- ❸ローゼンボリ
- ❹81試合／30得点

FW Andreas CORNELIUS ●アンドレアス・コーネリウス

巨体を生かしたパワーと高さでゴールを狙うストライカー。イタリアで研鑽を積み、ウイングでもプレーできるよう幅が広がっている。

- ❶1993年3月6日（25歳）
- ❷193cm／79kg
- ❸アタランタ（ITA）
- ❹20試合／8得点

FW Nicolai JORGENSEN ●ニコライ・ヨルゲンセン

長身だが足元の技術に優れ、広範囲に動きながら、ドリブル突破やクロスを供給もできる。正確なミドルシュートも併せ持つ。

- ❶1991年1月15日（27歳）
- ❷190cm／76kg
- ❸フェイエノールト（NED）
- ❹26試合／8得点

FW Yussuf POULSEN ●ユスフ・ポウルセン

圧倒的な強さを誇る空中戦に加え、長身を活かしたポストプレーでの成長を遂げている。セットプレーやパワープレーで存在感を発揮。

- ❶1994年6月15日（23歳）
- ❷193cm／86kg
- ❸RBライプツィヒ（GER）
- ❹25試合／7得点

FW Viktor FISCHER ●ヴィクトル・フィッシャー

足元のテクニックに秀で、攻撃的MFとしてもプレーする。独特のリズムを刻むドリブルやスペースへの飛び出しでゴールに迫る。

- ❶1994年6月9日（24歳）
- ❷180cm／74kg
- ❸コペンハーゲン
- ❹17試合／3得点

FW Martin BRAITHWAITE ●マーチン・ブライトワイト

圧倒的なスピードを活かしたドリブルが武器のストライカー。右サイドやシャドーでもプレーできる。守備への貢献度も高い。

- ❶1991年6月5日（27歳）
- ❷180cm／77kg
- ❸ボルドー（FRA）
- ❹17試合／0得点

GK Jonas LOSSL ●ヨナス・レスル

至近距離のシュートに対して抜群の反応速度を誇る。キック精度の高さにも定評がある。

- ❶1989年2月1日（29歳）
- ❷195cm／88kg
- ❸ハダースフィールド（ENG）
- ❹0試合／0得点

GK Frederik RONNOW ●フレデリク・レノウ

海外クラブが触手を伸ばしている将来性豊かなGK。足元の技術も高い。

- ❶1992年8月4日（25歳）
- ❷190cm／77kg
- ❸ブレンビー
- ❹5試合／0得点

DF Henrik DALSGAARD ●ヘンリク・ダルスゴード

攻撃の局面で光る。スピードとスペースへの抜け出しからチャンスを作る。

- ❶1989年7月27日（28歳）
- ❷192cm／85kg
- ❸ブレントフォード（ENG）
- ❹8試合／0得点

DF Mathias JORGENSEN ●マティアス・ヨルゲンセン

長身ながらも機敏な動きで潰す能力に長けたCB。セットプレーでも存在感を発揮。

- ❶1990年4月23日（28歳）
- ❷191cm／79kg
- ❸ハダースフィールド（ENG）
- ❹0試合／0得点

DF Nicolai BOILESEN ●ニコライ・ボイレセン

ヤニス・ヴェストバゴアの故障でチャンスを手にした。左CBの控えとして期待される。

- ❶1992年2月16日（26歳）
- ❷185cm／75kg
- ❸コペンハーゲン
- ❹17試合／1得点

DF Jonas KNUDSEN ●ヨナス・クヌドセン

各年代代表に選出されている左SB。快速を活かした攻撃参加と運動量を誇る。

- ❶1992年9月16日（25歳）
- ❷185cm／72kg
- ❸イプスウィッチ（ENG）
- ❹3試合／0得点

MF Mike JENSEN ●マイク・イェンセン

中盤の底から大局を見極めながら試合をつくるのが持ち味。所属クラブでは主将を務める。

- ❶1988年2月19日（30歳）
- ❷177cm／75kg
- ❸ローゼンボリ
- ❹6試合／0得点

MF Lukas LERAGER ●ルカス・レラガー

豊富な運動量とフィジカルの強さを生かした泥臭い守備でチームに欠かせない存在。

- ❶1993年7月12日（24歳）
- ❷185cm／80kg
- ❸ボルドー（FRA）
- ❹3試合／0得点

MF Daniel WASS ●ダニエル・ヴァス

走力とテクニックを兼ね備えたボランチ。右足からの直接FKやスルーパスなどで得点に絡む。

- ❶1989年5月31日（29歳）
- ❷181cm／74kg
- ❸セルタ（ESP）
- ❹16試合／0得点

Right sidebar:
GROUP A
- RUS
- KSA
- EGY
- URU

GROUP B
- POR
- ESP
- MAR
- IRN

GROUP C
- FRA
- AUS
- PER
- DEN

GROUP D
- ARG
- ISL
- CRO
- NGA

GROUP E
- BRA
- SUI
- CRC
- SRB

GROUP F
- GER
- MEX
- SWE
- KOR

GROUP G
- BEL
- PAN
- TUN
- ENG

GROUP H
- POL
- SEN
- COL
- JPN

戦力分析

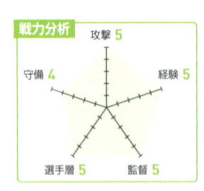

攻撃 5
守備 4 / 経験 5
選手層 5 / 監督 5

KEY PLAYER 【注目選手】

攻 FW **Paulo DYBALA**
●パウロ・ディバラ

サンパオリ監督が南米予選のキーマンに指名したが、出場権のかかった最終戦では時間が足りずに、メッシとの共存を断念。W杯までにメッシとの関係性を築けるか。

守 DF **Javier MASCHERANO**
●ハビエル・マスチェラーノ

10年から所属したバルサを退団し、今年1月からは中国でプレー。代表ではポジションを中盤から最終ラインに下げたが、その存在感の大きさは相変わらず際立つ。

VOICE 出場国関係者の声

リオネル・メッシ／FW

アイスランドはとてもタフだ。クロアチアは、アイスランドよりは僕らにプレーさせてくれるだろうね。ナイジェリアから色んなことを想像できる。現時点でブラジル、ドイツ、フランス、スペインは僕らの上にいる。

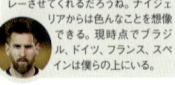

主要ブックメーカー優勝オッズ

ウィリアムヒル	bwin	bet365
9.00倍	10.00倍	10.00倍

ARGENTINA
アルゼンチン ● 12大会連続17回目

GROUP グループ D
WORLD CUP RUSSIA 2018

個の能力か、組織力か
拮抗した争いを勝ち抜くのは?

選手個々の能力を比べれば、メッシやマスチェラーノなどを擁するアルゼンチンが有力候補だ。サンパオリ監督はメッシ中心のチームへと再構築を図るため、ゴンサロ・イグアインやイカルディなどの世界屈指のFWでも代表入りは微妙な状況だ。ただ、メッシ頼みで勝ち上がれるほど他国との戦力差は大きくない。

そのアルゼンチンが初戦で対戦するアイスランドは、D組のなかで最も世界的知名度のある選手がいないチームだ。しかし、8強になったEURO2016でも、今回の欧州予選でも組織力では他国を上回る。アルゼンチンといえども、初戦にピークを合わせてくるアイスランドのゴールをこじあけることは容易ではないだろう。

戦力分析

攻撃 4
守備 3 / 経験 3
選手層 4 / 監督 3

KEY PLAYER 【注目選手】

攻 MF **Luka MODRIC**
●ルカ・モドリッチ

17年はリーガ、CLのタイトルを手にし、クラブ杯ではMVPを獲得。名実ともに世界最高のMFになった。クラブで見せる輝きを母国のユニフォームでも放ちたい。

守 DF **Domagoj VIDA**
●ドマゴイ・ヴィーダ

予選全試合出場の守備の要だが、クラブでは体を張ったタックルで警告や一発レッドを提示されることも。代え利かない存在だけに、カードの累積が懸念される。

VOICE 出場国関係者の声

イヴァン・ラキティッチ／MF

W杯では最高の選手と試合がしたい。それが史上最高の選手ならより楽晴らしいね。多くの選手がビッグクラブでプレーする今のクロアチア代表は史上最強だよ。D組を突破できれば、どんなことも起こりえる。

主要ブックメーカー優勝オッズ

ウィリアムヒル	bwin	bet365
34.00倍	34.00倍	34.00倍

CROATIA
クロアチア ● 2大会連続5回目

ICELAND
アイスランド ● 初出場

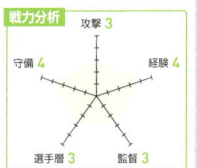

GROUP A
RUS
KSA
EGY
URU

GROUP B
POR
ESP
MAR
IRN

GROUP C
FRA
AUS
PER
DEN

GROUP D
ARG
ISL
CRO
NGA

GROUP E
BRA
SUI
CRC
SRB

GROUP F
GER
MEX
SWE
KOR

GROUP G
BEL
PAN
TUN
ENG

GROUP H
POL
SEN
COL
JPN

KEY PLAYER 【注目選手】

(MF) Johann GUDMUNDSSON
● ヨハン・グドムンソン

18歳からの代表デビューから10年、着実に中心選手として存在感を高めてきた。その名を世界に知らしめたEURO16での活躍を再現できれば、決勝T進出も見えてくる。

(MF) Gylfi SIGURDSSON
● ギルフィ・シグルドソン

昨夏にクラブ史上最高額の4500万ポンド（約64億円）でエヴァートンに加入。序盤戦は得点に絡む機会が少なかったが、次第に本領を発揮。調子を上げてW杯に臨む。

主要ブックメーカー優勝オッズ

ウィリアムヒル	bwin	bet365
151.00倍	201.00倍	201.00倍

戦力分析

攻撃 3 / 守備 4 / 経験 4 / 選手層 3 / 監督 3

VOICE 出場国関係者の声
ヨハン・グドムンソン／MF

EUROでの躍進が僕らの自信につながった。きっともう一度大舞台で結果を残せると信じている。幸いにも僕らアイスランドは小さな国で、重圧なんてものは感じないよ。ロシアで何ができるのか、全力でやってみるよ。

クロアチアは欧州予選でアイスランドの後塵を拝したが、個の能力ではアルゼンチンに次ぐ。モドリッチ、ラキティッチ、コヴァチッチなどビッグクラブでプレーする選手たちが、縦横無尽に走り、パスを繋ぐサッカーを展開できれば、アルゼンチンを凌ぐ結果を残しても不思議ではない。

ナイジェリアはFIFAランクの額面通りに受け取れない実力を備えている。欧州育ちの選手が多く、持ち前の高い身体能力を活かしつつも、戦術的な組織力も持ち合わせている。

アルゼンチンが初戦で勝利できなければ、4カ国すべてが決勝トーナメント進出の可能性を残して第3戦に臨む可能性は高い。熾烈な争いになるD組の全6試合から目は離せない。

MATCH SCHEDULE 【試合日程】

日程	現地時間（日本）	会場（開催地）	放送局
6月16日(土)	16:00(22:00)	スパルタク・スタジアム（モスクワ）	NHK
	アルゼンチン × アイスランド		
6月16日(土)	21:00(28:00)	カリーニングラード・スタジアム（カリーニングラード）	NHK 日テレ
	クロアチア × ナイジェリア		
6月21日(木)	21:00(27:00)	ニジニ・ノヴゴロド・スタジアム（ニジニ・ノヴゴロド）	NHK 日テレ
	アルゼンチン × クロアチア		
6月22日(金)	18:00(24:00)	ヴォルゴグラード・アレーナ（ヴォルゴグラード）	NHK
	ナイジェリア × アイスランド		
6月26日(火)	21:00(27:00)	サンクトペテルブルク・スタジアム（サンクトペテルブルク）	NHK
	ナイジェリア × アルゼンチン		
6月26日(火)	21:00(27:00)	ロストフ・アレーナ（ロストフ・ナ・ドヌ）	NHK 日テレ
	アイスランド × クロアチア		

NIGERIA
ナイジェリア ● 3大会連続6回目

KEY PLAYER 【注目選手】

(MF) John Obi MIKEL
● ジョン・オビ・ミケル

スピードの衰えは否めないが、広い視野と卓越した技術を活かしたチャンスメイクは秀逸。中国リーグよりも強いDF相手にどこまで集中力を保てるかがポイント。

(FW) Kelechi IHEANACHO
● ケレチ・イヘアナチョ

レスターでは岡崎慎司とポジションを争うスピードスター。代表では攻撃の起点となる3トップの中央に入り、縦横無尽に動いて相手守備陣を混乱に陥れる。

主要ブックメーカー優勝オッズ

ウィリアムヒル	bwin	bet365
201.00倍	201.00倍	201.00倍

戦力分析

攻撃 4 / 守備 3 / 経験 4 / 選手層 3 / 監督 3

VOICE 出場国関係者の声
ジョン・オビ・ミケル／MF

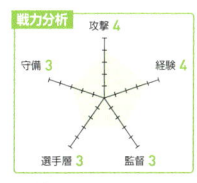

（アフリカ予選突破がかかったカメルーン戦を前にして）僕の奥さんはロシア人なんだ。親族や友人もロシア出身が多い。みんながナイジェリアの出場を望んでいたが、出られなかったら殺されると思うよ（笑）。

ARGENTINA

アルゼンチン／12大会連続17回目

- ●正式名称：アルゼンチン共和国　●サッカー協会設立：1893年　●FIFA加盟：1912年　●FIFAランク：5位
- ●W杯出場：17回目　●W杯最高成績：優勝　●web site：www.afa.org.ar

2018 FIFA WORLD
QUALIF

PAST RESULT 【W杯過去の成績】

開催年	成績
1930	準優勝
1934	1回戦敗退
1938	不参加
1950	不参加
1954	不参加
1958	グループステージ敗退
1962	グループステージ敗退
1966	ベスト8
1970	予選敗退
1974	ベスト8
1978	優勝
1982	ベスト8
1986	優勝
1990	準優勝
1994	ベスト16
1998	ベスト8
2002	グループステージ敗退
2006	ベスト8
2010	ベスト8
2014	準優勝

メッシを最大限に生かせるチームへ

前回準優勝国は南米予選で苦しんだ。監督が予選中にマルティーノからバウサへ、そして昨年6月からはホルヘ・サンパオリへと2度交代するほど迷走。一時はプレーオフ圏外の危機に陥ったが、最終戦でエクアドルにメッシのハットトリックで勝利し、辛くも出場権を手にした。

前回W杯ではチリ代表をベスト16に導いたサンパオリ監督は、引き継いだ南米予選の残り4試合は4-2-3-1のフォーメーションを採用した。だが、予選突破後はサンパオリ監督の得意とする3バックを導入。11月のテストマッチでは3-3-1-3のフォーメーションを試し、ロシア

には無失点で勝利したものの、W杯で同組を戦うナイジェリアには2-4で逆転負け。メッシという世界最強の槍を活かすには、流動的なパスサッカーが機能する3-3-1-3が適しているのは間違いないが、時間的な制約の大きい代表でどこまで浸透させられるかは課題だ。また、このシステムの場合、アグエロ、ディバラ、イカルディなど他国ならエース級のFWがベンチを温めることになる可能性も十分にある。こうした課題を戦術家のサンパオリ監督は解消し、メッシが唯一手にしていないW杯優勝のタイトルをもたらすことができるのか。

FORMATION 【基本布陣】

```
              アグエロ
             (イグアイン)
ディ・マリア      メッシ        サルビオ
(ペロッティ)    (ディバラ)     (パポン)

   バネガ     ビリア     バルデス
 (ロ・チェルソ)   (メサ)   (ランシーニ)

オタメンディ   マスチェラーノ   メルカド
 (フシ゛ョ)      (ロホ)    (ベヘラノ)

3-3-1-3      ロメロ
           (グスマン)
```

基本陣形は4-2-3-1と、3-3-1の併用。メッシを中心にするパスワークが活きる3-3-1-3が機能すれば、攻撃力は格段に向上する。

COACH 【監督】

Jorge SAMPAOLI ●ホルヘ・サンパオリ

南米予選の途中に就任し、メッシ中心のチームに作り変えて辛くも出場圏内に滑り込んだ。前回W杯でチリ代表を16強に導いた名将が豊富な前線のタレントをどう配置するか。

- ●1960年3月13日(58歳)
- ●アルゼンチン
- ●2017年6月

QUALIFIERS RESULT 【予選結果】

南米予選 / 3位（7勝7分4敗）

日付	対戦相手	H&A	スコア
2015年10月 8日	エクアドル	H	●0-2
2015年10月13日	パラグアイ	A	△0-0
2015年11月13日	ブラジル	A	△1-1
2015年11月17日	コロンビア	H	△0-0
2016年 3月24日	チリ	A	○2-1
2016年 3月29日	ボリビア	H	○2-0
2016年 9月 1日	ウルグアイ	H	○1-0
2016年 9月 6日	ベネズエラ	A	△2-2
2016年10月 6日	ペルー	A	△2-2
2016年10月11日	パラグアイ	H	●0-1
2016年11月10日	ブラジル	A	●0-3
2016年11月15日	コロンビア	H	○3-0
2017年 3月23日	チリ	H	○1-0
2017年 3月28日	ボリビア	A	●0-2
2017年 8月31日	ウルグアイ	A	△0-0
2017年 9月 5日	ベネズエラ	H	△1-1
2017年10月 5日	ペルー	H	△0-0
2017年10月10日	エクアドル	A	○3-1

GOAL RANKING 【予選得点ランキング】

順位	選手名	得点
①	リオネル・メッシ	7
②	アンヘル・ディ・マリア	2
②	ルーカス・プラット	2
②	ガブリエル・メルカド	2
⑤	ゴンサロ・イグアイン	他4名　1

南米予選最終戦でのハットトリックで窮地を救ったメッシがトップ。予選9試合1得点と不振を極めたイグアインは本大会のメンバー入りが厳しい。

GK Sergio ROMERO ●セルヒオ・ロメロ

抜群の反射神経を持つGK。クラブで出場機会に恵まれない状況にあっても、全試合フル出場した予選では高いパフォーマンスを発揮した。

❶1987年2月22日(31歳)
❷192cm／87kg
❸マンチェスター・U(ENG)
❹94試合／0得点

DF Javier MASCHERANO ●ハビエル・マスチェラーノ

03年の代表デビューから15年。存在感はいまだ強まるばかり。自身4度目のW杯は中盤ではなく、最終ラインの一角として挑む。

❶1984年6月8日(34歳)
❷174cm／73kg
❸河北華夏幸福(CHN)
❹142試合／3得点

DF Gabriel MERCADO ●ガブリエル・メルカド

セビージャでサンパオリ監督の薫陶を受け、3バックへの不安はない。スピードへの対応に難はあるが、フィジカルが強い右CB。

❶1987年3月18日(31歳)
❷181cm／85kg
❸セビージャ(ESP)
❹17試合／3得点

DF Nicolas OTAMENDI ●ニコラス・オタメンディ

パワフルでフィジカルが強く、1対1の守備に自信を持つ。グアルディオラのもとでビルドアップの能力も大きく高まっている。

❶1988年2月12日(30歳)
❷178cm／81kg
❸マンチェスター・C(ENG)
❹53試合／4得点

DF German PEZZELLA ●ヘルマン・ペセージャ

クラブでのパフォーマンスが評価されて11月のテストマッチに招集された。最終ラインに不足する空中戦への強さが期待される。

❶1991年6月27日(26歳)
❷187cm／82kg
❸フィオレンティーナ(ITA)
❹1試合／0得点

MF Ever BANEGA ●エベル・バネガ

07年U-20W杯の優勝メンバー。高い技術と創造性に富んだプレーで攻撃のリズムを生み出す。機を見てゴール前にも飛び出す。

❶1988年6月29日(29歳)
❷174cm／73kg
❸セビージャ(ESP)
❹61試合／6得点

MF Lucas BIGLIA ●ルーカス・ビグリア

中盤の底でチームに安定感をもたらす。4月のセリエAで脊髄の一部を2箇所骨折したが、脅威的な回復力でW杯を視野に捉える。

❶1986年1月30日(32歳)
❷178cm／64kg
❸ミラン(ITA)
❹57試合／1得点

MF Angel DI MARIA ●アンヘル・ディ・マリア

繊細なボールタッチによる変幻自在のドリブルとスピードで相手守備網を切り裂くレフティー。メッシとの相性は抜群。

❶1988年2月14日(30歳)
❷180cm／75kg
❸パリSG(FRA)
❹93試合／19得点

MF Enzo PEREZ ●エンソ・ペレス

30歳を過ぎてなお運動量は落ちることなく、無尽蔵なスタミナでピッチを駆け回るダイナモ。足下の技術も確かで、配給力も光る。

❶1986年2月22日(32歳)
❷178cm／77kg
❸リーベル
❹23試合／1得点

MF Manuel LANZINI ●マヌエル・ランシーニ

切れ味鋭いドリブルとスピード、広い視野でゲームを組み立てる。小柄ながらパワフルなシュート力があり、FKのキッカーをつとめる。

❶1993年2月15日(25歳)
❷168cm／63kg
❸ウェストハム(ENG)
❹3試合／1得点

MF Giovani LO CELSO ●ジオバニ・ロ・チェルソ

"ディ・マリア2世"と期待される22歳のレフティー。ボールタッチの柔らかいドリブルと意外性のあるパスでチャンスを演出する。

❶1996年4月9日(22歳)
❷177cm／69kg
❸パリSG(FRA)
❹4試合／0得点

MF Eduardo SALVIO ●エドゥアルド・サルビオ

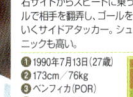

右サイドからスピードに乗ったドリブルで相手を翻弄し、ゴールを演出していくサイドアタッカー。シュートテクニックも高い。

❶1990年7月13日(27歳)
❷173cm／76kg
❸ベンフィカ(POR)
❹6試合／0得点

FW Gonzalo HIGUAIN ●ゴンサロ・イグアイン

国内では不要論は根強いが、ポストプレーやDFラインの裏への抜け出し、ボックス内での動き直しなど、FWとしての技術は一級品。

❶1987年12月10日(30歳)
❷184cm／75kg
❸ユベントス(ITA)
❹70試合／31得点

FW Lionel MESSI ●リオネル・メッシ

手にしていないビッグタイトルはW杯のジュール・リメ杯のみ。バルサで放つ眩い輝きを代表でも発揮できれば今度こそ頂点に近づく。

❶1987年6月24日(30歳)
❷170cm／72kg
❸バルセロナ(ESP)
❹123試合／61得点

FW Sergio AGUERO ●セルヒオ・アグエロ

スピード、アジリティ、トラップ、シュート技術のすべてを得点のために使う生粋のストライカー。4月の膝手術からコンディション回復が鍵。

❶1988年6月2日(30歳)
❷173cm／70kg
❸マンチェスター・C(ENG)
❹84試合／36得点

FW Paulo DYBALA ●パウロ・ディバラ

シュートセンス、素早いドリブルと視野の広さ、テクニックの高さとどれも一流。代表入りには新鋭ラウタロ・マルティネスとの競争に勝利が必要。

❶1993年11月15日(24歳)
❷177cm／75kg
❸ユベントス(ITA)
❹12試合／0得点

GK Nahuel GUZMAN ●ナウエル・グズマン

リーグ戦でロングシュートを胸トラップで止めるほど技術が高い。

❶1986年2月10日(32歳) ❷192cm／96kg
❸ティグレス(MEX) ❹6試合／0得点

GK Willy CABALLERO ●ウィリー・カバジェロ

シュートストップに安定感のあるベテランGK。3月の親善試合で4年ぶりに代表復帰。

❶1981年9月28日(36歳) ❷186cm／80kg
❸チェルシー(ENG) ❹2試合／0得点

DF Federico FAZIO ●フェデリコ・ファシオ

サンパオリ体制で2年ぶりの代表に復帰した。1対1の強さが持ち味。

❶1987年3月17日(31歳) ❷195cm／85kg
❸ローマ(ITA) ❹8試合／1得点

DF Nicolas TAGLIAFICO ●ニコラス・タグリアフィコ

スピードを活かした攻撃参加と、アグレッシブな守備が持ち味の左SB。

❶1992年8月31日(25歳) ❷172cm／66kg
❸アヤックス(NED) ❹3試合／0得点

DF Marcos ROJO ●マルコス・ロホ

靭帯断裂から復帰した左利きのCB。体調と試合勘の回復が鍵か。

❶1990年3月20日(28歳) ❷187cm／83kg
❸マンチェスター・U(ENG) ❹55試合／2得点

MF Maximiliano MEZA ●マクシミリアーノ・メサ

インテルなどが触手を伸ばすゲームメイカー。3月のスペイン戦で代表デビュー。

❶1992年1月15日(26歳) ❷180cm／74kg
❸インディペンディエンテ ❹1試合／0得点

MF Marcos ACUNA ●マルコス・アクーニャ

左利きのウインガーだが、サンパオリ体制ではSBとして起用される可能性もある。

❶1991年10月28日(26歳) ❷172cm／69kg
❸スポルティング(POR) ❹9試合／1得点

MF Leandro PAREDES ●レアンドロ・パレデス

攻撃に特色はないが、危険察知能力の高さで守備を安定させるMF。

❶1994年6月29日(23歳) ❷182cm／74kg
❸ゼニト(RUS) ❹1試合／1得点

MF Cristian PAVON ●クリスティアン・パボン

圧倒的な速さ、高精度のクロスと強烈なシュート力を持つ新鋭。

❶1996年1月21日(22歳) ❷169cm／65kg
❸ボカ ❹3試合／0得点

FW Lautaro MARTINEZ ●ラウタロ・マルティネス

強豪クラブが熱視線を送る新鋭ストライカー。抜群のゴールセンスを持つブレイク候補。

❶1997年8月22日(20歳) ❷175m／62kg
❸ラシン・クラブ ❹1試合／0得点

FW Diego PEROTTI ●ディエゴ・ペロッティ

左右どちらでもプレーする、技巧と素早さを武器にするドリブラー。

❶1988年7月26日(29歳) ❷179cm／70kg
❸ローマ(ITA) ❹4試合／0得点

FW Mauro ICARDI ●マウロ・イカルディ

素行は悪いが、能力は高い点取り屋。アグエロが間に合わない場合のみW杯代表入り。

❶1993年2月19日(25歳) ❷181cm／75kg
❸インテル(ITA) ❹4試合／0得点

ICELAND

アイスランド／初出場

- ●正式名称：アイスランド共和国　●サッカー協会設立：1947年　●FIFA加盟：1947年　●FIFAランク：22位
- ●W杯出場：1回目　●W杯最高成績：――　●web site：www.ksi.is

PAST RESULT 【W杯過去の成績】

開催年	成績
1930	不参加
1934	不参加
1938	不参加
1950	不参加※
1954	不参加※
1958	予選敗退
1962	不参加
1966	不参加
1970	不参加
1974	予選敗退
1978	予選敗退
1982	予選敗退
1986	予選敗退
1990	予選敗退
1994	予選敗退
1998	予選敗退
2002	予選敗退
2006	予選敗退
2010	予選敗退
2014	予選敗退

※54年はFIFAがエントリーを承認せず

第2章　ワールドカップ出場32カ国分析

人口33万人の小国の旋風再びなるか!?

　欧州予選はクロアチア、トルコ、ウクライナと戦う厳しいグループになったが、堅守速攻に徹して1位で突破。W杯史上最も少ない人口わずか33万人の小国ながら大舞台への切符を掴んだ。

　予選10試合の平均ボール支配率は44パーセント。華麗なパスサッカーとは無縁だが、チーム全員の高い戦術理解度を最大の武器にし、堅守速攻に徹する。基本フォーメーションは中盤がフラットに並ぶ4-4-2だが、相手に応じて4-2-3-1や、前線を3トップにすることもある。自陣に組織だった守備ブロックを形成し、高い連結力でボールを奪うと両サイドを起点にして手数をかけずにゴールに迫っていく。

　組織力で戦うチームだが、予選10試合すべてに出場してチーム最多得点を記録したG・シグルドソンの存在感は大きい。EURO2016でお馴染みになったロングスローの使い手で主将のグンナールソンとのコンビネーションは高く、ふたりの中盤がチームの生命線を握っている。

　選手個々の力量や知名度では格上との対戦になるが、組織だった粘り強い守備ではライバルを上回る。番狂わせを起こしたEURO2016のように、ロシアの地で再び世界を驚かせる可能性は大いにある。

FORMATION 【基本布陣】

```
              バーソン    A・フィンボガソン
           (B・シグルザルソン)  (A・グドムンソン)
  B・ビルナソン                              J・グズムンソン
  (トラスタソン)  G・シグルドソン  グナーソン   (ギラシソン)
              (ハルフレッドソン) (O・スクーラソン)
  A・スクーラソン                              サイバルソン
  (マグヌソン)    R・シグルドソン   アウナソン   (エイヨルフソン)
              (フリティャソン)    (インガソン)
                  ハルドールソン
   4-4-2          (ルーナルソン)
```

4-4-2を採用し、DFとMFで2つのラインを作り、FWが前線からチェイスする。グンナールソンが起点となって素早いプレスでボールを奪う。

COACH 【監督】

Heimir HALLGRIMSSON ◎ヘイミル・ハルグリムソン

12年から代表スタッフとなり共同監督としてラガーベック前監督を支え、EURO16後からは指揮官に就任。選手との信頼関係は出場32カ国で最も厚い。本業は歯科医。

- ①1967年6月10日（51歳）
- ②アイスランド
- ③2016年7月

GOAL RANKING 【予選得点ランキング】

順位	選手名	得点
①	ギルフィ・シグルドソン	4
②	アルフレッド・フィンボガソン	3
③	ヨハン・グドムンソン	2
③	カウリ・アウナソン	2
⑤	ビョルン・シグルザルソン	他6名 1

ユース年代からの各年代別代表で一緒にプレーするエースのG・シグルドソンと、グドムンソンでチーム総得点の約3分の1を叩き出した。

QUALIFIERS RESULT 【予選結果】

欧州予選グループI／1位（7勝1分2敗）

日付	対戦相手	H&A	スコア
2016年 9月 5日	ウクライナ	A	△1-1
2016年10月 6日	フィンランド	H	○3-2
2016年10月 9日	トルコ	H	○2-0
2016年11月12日	クロアチア	A	●0-2
2017年 3月24日	コソボ	A	○2-1
2017年 6月11日	クロアチア	H	○1-0
2017年 9月 2日	フィンランド	A	●0-1
2017年 9月 5日	ウクライナ	H	○2-0
2017年10月 6日	トルコ	A	○3-0
2017年10月 9日	コソボ	H	○2-0

GK Hannes HALLDORSSON ●ハンネス・ハルドールソン

EURO16の快進撃の立役者で、至近距離からのシュートを止めるすば抜けた反応速度は健在。ハイボールへの安定感も高い。

- ① 1984年4月27日(34歳)
- ② 193cm／87kg
- ③ ランネス(DEN)
- ④ 48試合／0失点

GK Rúnar RUNARSSON ●ルーナール・ルーナルソン

2017年に代表デビューした新鋭。ユース年代の各代表で守護神の座を争ってきたフレデリク・スクラムとともに初のW杯代表入り。

- ① 1995年2月18日(23歳)
- ② 185cm／73kg
- ③ ノアシュラン(DEN)
- ④ 0試合／0失点

GK Frederik SCHRAM ●フレデリック・スクラム

デンマーク生まれだが、母方のアイスランド国籍を選択し、各年代のユース代表で活躍。長身を活かしたハイボールの処理に定評がある。

- ① 1995年1月19日(23歳)
- ② 198cm／90kg
- ③ ロスキルデ(DEN)
- ④ 3試合／0失点

DF Kari ARNASON ●カウリ・アウナソン

守備ラインを統率するチーム屋年長。守備時はもちろん、攻撃的なセットプレーでも空中戦で圧倒的な存在感を発揮する。

- ① 1982年10月13日(35歳)
- ② 191cm／86kg
- ③ アバディーン(SCO)
- ④ 65試合／4得点

DF Hordur MAGNUSSON ●ヘルドゥル・マグヌソン

本職はCBだが、代表では左SBと直接FKを任される。EURO16は代表入りしながら出場機会がなかった悔しさをW杯で晴らす。

- ① 1993年2月11日(25歳)
- ② 190cm／81kg
- ③ ブリストル(ENG)
- ④ 15試合／2得点

DF Birkir SAEVARSSON ●ビルキル・サイバルソン

EURO16では出場全選手中4番目の記録を残したスピードが最大の武器。自陣奪取から縦へと一気に攻め上がりチャンスを作る。

- ① 1984年11月11日(33歳)
- ② 187cm／81kg
- ③ ヴァラル
- ④ 78試合／1得点

DF Ragnar SIGURDSSON ●ラグナル・シグルソン

スピード勝負に絶大な信頼感を持つCB。強いフィジカルに加え、高い危険察知能力で最終ラインを統率する。FKの得点源にもなる。

- ① 1986年6月19日(31歳)
- ② 187cm／83kg
- ③ ロストフ(RUS)
- ④ 75試合／3得点

DF Ari SKULASON ●アリ・スクーラソン

代表では12年から左SBが定位置でEURO16に全試合出場したが、マグヌソンの台頭によりクラブではプレーする中盤でも起用される。

- ① 1987年5月14日(31歳)
- ② 175cm／65kg
- ③ ロケレン(BEL)
- ④ 54試合／0得点

DF Samúel FRIDJONSSON ●サミュエル・フリデヨンソン

U-17、U-19、U-21の各年代代表で本格としで活躍し、今年A代表デビューした新鋭。本職は守備的MFだが、CBとしてもプレーできる。

- ① 1996年2月22日(22歳)
- ② 186cm／76kg
- ③ ヴォレンガ(NOR)
- ④ 3試合／0失点

DF Hólmar Örn EYJOLFSSON ●ホルマル・エルン・エイヨルフソン

DFラインに安定感をもたらすCB。父親はシュツットガルトなどで指導者としてキャリアを積むエイヨルフ・スベラソン。

- ① 1990年8月6日(27歳)
- ② 188cm／79kg
- ③ レフスキ・ソフィア(BUL)
- ④ 9試合／0得点

DF Sverrir INGASON ●スベリル・インガソン

足元のテクニックに優れるDF。攻守でフィジカルの強さを活かした激しい当たりが特徴だが、イージーなファウルの多さが難点。

- ① 1993年8月5日(24歳)
- ② 188cm／83kg
- ③ ロストフ(RUS)
- ④ 18試合／3得点

MF Birkir BJARNASON ●ビルキル・ビャルナソン

背動を嫌わず姿勢で空間をなびかせて走り回る左MF。自陣深いところから相手ゴール前まで無尽蔵のスタミナでチームに貢献する。

- ① 1988年5月27日(30歳)
- ② 178cm／75kg
- ③ アストン・ビラ(ENG)
- ④ 65試合／9得点

MF Johann GUDMUNDSSON ●ヨハン・グドムンソン

ピンポイントのクロス精度と、ミドルレンジからの強烈なシュートなど攻撃の能力に加え、守備力の高さも持ち味。

- ① 1990年10月27日(27歳)
- ② 186cm／78kg
- ③ バーンリー(ENG)
- ④ 65試合／7得点

MF Aron GUNNARSSON ●アロン・グンナルソン

EURO16で引き分けたポルトガル戦でC・ロナウドにユニフォーム交換を拒否された逸話は有名。今大会も粘り強い守備で中盤を支える。

- ① 1989年4月22日(29歳)
- ② 178cm／75kg
- ③ カーディフ・C(ENG)
- ④ 77試合／2得点

MF Emil HALLFREDSSON ●エミル・ハルフレッドソン

中盤ならどこでもプレーでき、アグレッシブなチェイスと高いボール奪取能力でカウンターの起点になる。アイスランド躍進の立役者。

- ① 1984年6月29日(33歳)
- ② 185cm／83kg
- ③ ウディネーゼ(ITA)
- ④ 62試合／1得点

MF Gylfi SIGURDSSON ●ギルフィ・シグルドソン

卓越した戦術眼を備え、チャンスメークとフィニッシュの両方を担う。セットプレーでは得点の右足で直接ゴールも狙える。

- ① 1989年9月8日(28歳)
- ② 185cm／79kg
- ③ エバートン(ENG)
- ④ 55試合／18得点

MF Arnor TRAUSTASON ●アルノル・トラスタソン

EURO2016以降に代表に定着したスピードとボールテクニックで左サイドを切り崩すドリブラー。カットインしてのシュートもある。

- ① 1993年4月30日(25歳)
- ② 184cm／74kg
- ③ マルメ(SWE)
- ④ 18試合／5得点

MF Olafur SKULASON ●オラフル・スクーラソン

高い戦術眼を持ち、鋭い洞察力でピンチを清算する守備的MF。W杯予選の出場は1試合合のみだった大ベテランが、初出場のチームを支える。

- ① 1983年4月1日(35歳)
- ② 183cm／82kg
- ③ カラビュクスポル(TUR)
- ④ 9試合／0得点

MF Rurik GISLASON ●ルリク・ギスラソン

切れ味鋭いドリブルでの突破と精度の高いラストパスで得点源を演出する。ミドルレンジからのシュートは威力が高い。

- ① 1988年2月25日(30歳)
- ② 184cm／80kg
- ③ ザントハウゼン(GER)
- ④ 45試合／3得点

FW Jon BODVARSSON ●ヨン・バーソン

最前線の中央で攻撃のクサビ役となるFW。長身を活かしたポストプレーで体を張り、丁寧なパスでチャンスを演出する。

- ① 1992年5月25日(26歳)
- ② 190cm／85kg
- ③ レディング(ENG)
- ④ 32試合／2得点

FW Alfred FINNBOGASON ●アルフレッド・フィンボガソン

ポジショニングと一瞬の切れ味で勝負するゴール嗅覚に優れるストライカー。前線からのハードワークで守備での貢献度も高い。

- ① 1989年2月1日(29歳)
- ② 184cm／80kg
- ③ アウクスブルク(GER)
- ④ 45試合／11得点

FW Bjorn SIGURDARSON ●ビョルン・シグルザルソン

足元のテクニックが高く、ドリブルを多用するストライカー。パスを捌いた後にゴール前に走り込む姿は迫力満点。

- ① 1991年2月26日(27歳)
- ② 186cm／81kg
- ③ ロストフ(RUS)
- ④ 11試合／1得点

FW Albert GUDMUNDSSON ●アルベルト・グドムンソン

ドリブルが持ち味のストライカー。攻撃的MFでもプレーする。同性同名の祖父は1940年代にアーセナルやミランなどで活躍した名手。

- ① 1997年6月15日(20歳)
- ② 177cm／66kg
- ③ PSV(NED)
- ④ 6試合／0得点

GROUP A RUS KSA EGY URU
GROUP B POR ESP MAR IRN
GROUP C FRA AUS PER DEN
GROUP D ARG ISL CRO NGA
GROUP E BRA SUI CRC SRB
GROUP F GER MEX SWE KOR
GROUP G BEL PAN TUN ENG
GROUP H POL SEN COL JPN

CROATIA

クロアチア／2大会連続5回目

- ●正式名称：クロアチア共和国 ●サッカー協会設立：1912年 ●FIFA加盟：1992年 ●FIFAランク：18位
- ●W杯出場：5回目 ●W杯最高成績：3位 ●web site：www.hns-cff.hr

PAST RESULT 【W杯過去の成績】

開催年	成績
1930	不参加
1934	不参加
1938	不参加
1950	不参加
1954	不参加
1958	不参加
1962	不参加
1966	不参加
1970	不参加
1974	不参加
1978	不参加
1982	不参加
1986	不参加
1990	不参加
1994	不参加
1998	3位
2002	グループステージ敗退
2006	グループステージ敗退
2010	予選敗退
2014	グループステージ敗退

20年前の快進撃再現を目指す実力国

世界屈指のタレントを多く擁しながらも、代表チームとしてはイマイチ。そのイメージ通りに今大会の欧州予選も個の力をチーム力へと昇華することができずに苦しんだ。

欧州予選前半戦はアンテ・チャチッチ前監督のもとで白星を重ねたが、後半戦はライバルのアイスランドに敗れてからは大失速。敵地で勝利しなければ予選敗退という最終戦を2日後に控えて監督交代劇が起きた。この窮地で監督に就任したのがズラトコ・ダリッチ。瀬戸際で勝利に導き、プレーオフも指揮して出場権を獲得したことで、本大会でも采配を振ることになった。

布陣はクロアチア伝統の4バックをベースに、前回W杯から採用した4-2-3-1を敷く。最終ラインの不安定さは否めないが、攻撃陣はマンジュキッチ、N・カリニッチ、クラマリッチ、コヴァチッチと才能豊かなタレントが揃う。ダリッチ体制以前は中盤の底を務めたモドリッチとトップ下のラキティッチのポジションを入れ替えたことで、ボールの流れがスムーズになり攻撃の迫力も増している。

多くの選手のユース時代を指導したダリッチ監督が、彼らの個が生きる化学式を見つけられれば、20年前の栄光を再現する力はある。

FORMATION 【基本布陣】

	N・カリニッチ	
ペリシッチ (ルビッチ)		マンジュキッチ (クラマリッチ)
	モドリッチ (コヴァチッチ)	
	バデリ ラキティッチ	
ストゥリニッチ (ソサ)	(ロマ) (ブロゾヴィッチ)	ヴルサリコ (イェドバイ)
	ヴィーダ チャルルカ	
	(ミトロヴィッチ) (ロヴレン)	
4-2-3-1	スバシッチ (L・カリニッチ)	

ダリッチ監督の就任で攻撃陣のポジションが見直され、パスの流れや選手の流動性が向上した。守備陣は人材不足のSBを含め、人選から再構築される可能性はある。

COACH 【監督】

Zlatko DALIC ●ズラトコ・ダリッチ

国内クラブを皮切りに、近年は中東クラブを指揮して16年にUAEのアル・アインでACL準優勝。現代表は11年まで兼務し、U-21代表コーチ時代の教え子が多い。
❶1966年10月26日（51歳）
❷クロアチア
❸2017年10月

GOAL RANKING 【予選得点ランキング】

順位	選手名	得点
❶	マリオ・マンジュキッチ	5
❷	ニコラ・カリニッチ	3
❷	アンドレイ・クラマリッチ	3
❹	マルセロ・ブロゾヴィッチ	2
❹	イヴァン・ペリシッチ	2

1トップと両ワイドアタッカーの選手たちが連動しながらゴール前に攻め込むため、マンジュキッチがトップスコアラー、ペリシッチも2得点をあげた。

QUALIFIERS RESULT 【予選結果】

欧州予選グループⅠ／2位（6勝2分2敗）

日付	対戦相手	H&A	スコア
2016年 9月 5日	トルコ	H	△1-1
2016年10月 6日	コソボ	A	○6-0
2016年10月 9日	フィンランド	A	○1-0
2016年11月12日	アイスランド	H	○2-0
2017年 3月24日	ウクライナ	H	○1-0
2017年 6月11日	アイスランド	A	●0-1
2017年 9月 3日	コソボ	H	○6-0
2017年 9月 8日	トルコ	A	●0-1
2017年10月 6日	フィンランド	H	△1-1
2017年10月 9日	ウクライナ	A	○2-0
▶プレーオフ			
2017年11月 9日	ギリシャ	H	○4-1
2017年11月12日	ギリシャ	A	△0-0

GK Danijel SUBASIC ●ダニエル・スバシッチ

EURO12から代表ゴールを守る。国際大会を経験することでGK技術や安定感を高めている。16–17のリーグ・アンで最優秀GK。

- ❶1984年10月27日(33歳)
- ❷191cm／84kg
- ❸モナコ(FRA)
- ❹34試合／0得点

DF Vedran CORLUKA ●ヴェドラン・チョルルカ

最終ラインならどこでもプレーする高い戦術眼を持ち、1対1にも強い。17年4月のアキレス腱断裂からどこまでベストに戻せるか。

- ❶1986年2月5日(32歳)
- ❷192cm／84kg
- ❸ロコモティフ・モスクワ(RUS)
- ❹97試合／4得点

DF Borna SOSA ●ボルナ・ソサ

今季ブレイクした有望株。欧州中が注目する左SBは、W杯後にシュツットガルトへ移籍金800万ユーロでの加入が決まっている。

- ❶1998年1月21日(20歳)
- ❷176cm／74kg
- ❸ディナモ・ザグレブ
- ❹0試合／0得点

DF Dejan LOVREN ●デヤン・ログレン

フィジカルの強さを武器に相手エースを簡単に封じ込む。だが、私生活の乱れが集中力低下につながり、目を疑うような凡ミスをすることも。

- ❶1989年7月5日(28歳)
- ❷188cm／84kg
- ❸リヴァプール(ENG)
- ❹35試合／2得点

DF Ivan STRINIC ●イヴァン・ストリニッチ

チャチッチ体制では干されていたが、ダリッチ監督のもとで代表復帰し攻守で貢献。戦犯となったEURO16の借りを返せるか。

- ❶1987年7月17日(30歳)
- ❷186cm／78kg
- ❸サンプドリア(ITA)
- ❹41試合／0得点

DF Domagoj VIDA ●ドマゴイ・ヴィーダ

予選全試合にフル出場した最終ラインの要。カバーリングや読みも鋭く、相手FWとのフィジカル勝負で当たり負けしない強さを誇る。

- ❶1989年4月29日(29歳)
- ❷184cm／73kg
- ❸ベジクタシュ(TUR)
- ❹53試合／2得点

DF Sime VRSALJKO ●シメ・ヴルサリコ

アトレティコのシメオネ監督のもとで守備力に磨きをかける右SB。無駄走りを厭わない豊富な運動量と積極的な攻め上がりが持ち味。

- ❶1992年1月10日(26歳)
- ❷181cm／76kg
- ❸アトレティコ・マドリー(ESP)
- ❹29試合／0得点

MF Milan BADELJ ●ミラン・バデリ

スピードや1対1のデュエル、運動量ですば抜けた能力はないものの、高度な戦術眼を持ち、攻守のバランスを取る懸命に長けたボランチ。

- ❶1989年2月25日(29歳)
- ❷186cm／76kg
- ❸フィオレンティーナ(ITA)
- ❹33試合／1得点

MF Marcelo BROZOVIC ●マルセロ・ブロゾヴィッチ

正確なミドルパスが持ち味のボランチ。豊富な運動量でDFラインから最前線にまで顔を出し、チームに躍動感を生み出す。

- ❶1992年11月16日(25歳)
- ❷181cm／69kg
- ❸インテル(ITA)
- ❹33試合／6得点

MF Mateo KOVACIC ●マテオ・コヴァチッチ

誰もが認める攻撃センスを持つ次代の大黒柱。レアル・マドリーで守備力も大きく飛躍した。ラキティッチとの融合が課題。

- ❶1994年5月6日(24歳)
- ❷178cm／78kg
- ❸レアル・マドリー(ESP)
- ❹40試合／1得点

MF Luka MODRIC ●ルカ・モドリッチ

レアルで大車輪の活躍を見せるスーパースター。年齢的には最後のW杯になる可能性は高い。実力を発揮して決勝T大躍進したい。

- ❶1985年9月9日(32歳)
- ❷172cm／66kg
- ❸レアル・マドリー(ESP)
- ❹104試合／12得点

MF Ivan PERISIC ●イヴァン・ペリシッチ

圧倒的なフィジカルの強さと、両足での巧みなボールテクニックでサイドを切り裂くウイング。ゴール前の空中戦でも存在感を発揮する。

- ❶1989年2月2日(29歳)
- ❷186cm／79kg
- ❸インテル(ITA)
- ❹64試合／18得点

MF Ivan RAKITIC ●イヴァン・ラキティッチ

技術の高さに溺れる傾向にあったが、バルサで洗練されたプレイヤーに変貌。代表ではモドリッチとのポジション変更で存在感がアップ。

- ❶1988年3月10日(30歳)
- ❷184cm／78kg
- ❸バルセロナ(ESP)
- ❹100試合／14得点

MF Marko ROG ●マルコ・ログ

アグレッシブなプレーを最大の武器にする若きボランチ。大胆なインターセプトから勢いに乗ったドリブルでゴール前に攻め込む。

- ❶1995年7月19日(22歳)
- ❷180cm／73kg
- ❸ナポリ(ITA)
- ❹13試合／0得点

FW Nikola KALINIC ●ニコラ・カリニッチ

潰れ役を厭わず、体を張ったポストプレーや裏への抜け出しで味方を活かせる献身性の高いFW。フィニッシャーとしての泥臭さも持つ。

- ❶1988年1月5日(30歳)
- ❷187cm／78kg
- ❸ミラン(ITA)
- ❹40試合／15得点

FW Andrej KRAMARIC ●アンドレイ・クラマリッチ

高い技術を持つため、予選では両翼やトップで先発起用されたが、プレーの感覚は高さを発揮したい。

- ❶1991年6月19日(26歳)
- ❷177cm／73kg
- ❸ホッフェンハイム(GER)
- ❹28試合／8得点

FW Mario MANDZUKIC ●マリオ・マンジュキッチ

以前は古典的なストライカータイプだったが、ユヴェントスでサイドMFを任されたことで、守備やチャンスメイクの意識が高まった。

- ❶1986年5月21日(32歳)
- ❷190cm／87kg
- ❸ユヴェントス(ITA)
- ❹82試合／30得点

FW Ante REBIC ●アンテ・レビッチ

左ウイングを本職とするスピードとパワーが武器のレフティー。ゴール前に切れ込んでのミドルシュートも持ち味のひとつ。

- ❶1993年9月21日(24歳)
- ❷185cm／78kg
- ❸フランクフルト(GER)
- ❹23試合／1得点

GK Lovre KALINIC ●ロブレ・カリニッチ

守備範囲はボックス内と古典的だが、ハイボールの処理能力は高い。

- ❶1990年4月3日(28歳)
- ❷201cm／90kg
- ❸ヘント(BEL)
- ❹10試合／0得点

GK Dominik LIVAKOVIC ●ドミニク・リヴァコヴィッチ

各年代代表の正GK。瞬発力や反応速度が優れた次代の正守護神候補。

- ❶1995年1月9日(23歳)
- ❷188cm／82kg
- ❸ディナモ・ザグレブ
- ❹1試合／0得点

DF Tin JEDVAJ ●ティン・イェドバイ

守備的なポジションならすべてをこなすユーティリティーさを持つ。

- ❶1995年11月28日(22歳)
- ❷184cm／81kg
- ❸レヴァークーゼン(GER)
- ❹10試合／0得点

DF Josip PIVARIC ●ヨシプ・ピヴァリッチ

予選では失点に繋がるミスを連発した左SB。巻き返しを狙う。

- ❶1989年1月30日(29歳)
- ❷176cm／69kg
- ❸ディナモ・キエフ(UKR)
- ❹15試合／0得点

DF Matej MITROVIC ●マテイ・ミトロヴィッチ

予選で頭角を現した若手CB。パスやフィードの技術も高い。

- ❶1993年11月10日(24歳)
- ❷187cm／85kg
- ❸ブリュージュ(BEL)
- ❹8試合／1得点

DF Duje CALETA-CAR ●ドゥイェ・チャレタ・ツァル

EURO16は最終登録で代表落ちした若手CB。経験を重ね、初の大舞台への切符を掴む。

- ❶1996年9月17日(21歳)
- ❷192cm／84kg
- ❸レッドブル・ザルツブルク(AUT)
- ❹0試合／0得点

MF Mario PASALIC ●マリオ・パシャリッチ

高いポテンシャルを秘める縦への推進力が高い若手ボランチ。

- ❶1995年2月9日(23歳)
- ❷189cm／80kg
- ❸スパルタ・モスクワ(RUS)
- ❹5試合／0得点

FW Marko PJACA ●マルコ・ピアツァ

フィジカルとスピードに優れるアタッカー。故障からの回復具合が鍵。

- ❶1995年5月6日(23歳)
- ❷186cm／83kg
- ❸シャルケ(GER)
- ❹15試合／1得点

FW Duje COP ●ドゥイェ・チョップ

前線からの献身的なチェイスが持ち味。若手の台頭で厳しい状況だ。

- ❶1990年2月1日(28歳)
- ❷187cm／73kg
- ❸スタンダール・リエージュ(BEL)
- ❹11試合／0得点

NIGERIA

ナイジェリア／3大会連続6回目

- 正式名称：ナイジェリア連邦共和国　● サッカー協会設立：1945年　● FIFA加盟：1960年　● FIFAランク：47位
- W杯出場：6回目　● W杯最高成績：ベスト16　● web site：www.nigeriaff.com

第2章　ワールドカップ出場32カ国分析

PAST RESULT 【W杯過去の成績】

開催年	成績
1930	不参加
1934	不参加
1938	不参加
1950	不参加
1954	不参加
1958	不参加
1962	予選敗退
1966	不参加
1970	予選敗退
1974	予選敗退
1978	予選敗退
1982	予選敗退
1986	予選敗退
1990	予選敗退
1994	ベスト16
1998	ベスト16
2002	グループステージ敗退
2006	予選敗退
2010	グループステージ敗退
2014	ベスト16

個と組織の融合で初の4強を狙う

アフリカ最終予選ではアフリカ54カ国のなかでも屈指の強豪国であるカメルーン、アルジェリア、ザンビアと戦う"死の組"に入ったが、1位となって出場権を手にした。

2016年8月に就任したゲルノト・ロール監督は、豊富なアフリカでの指導経験を活かしながら若返りを成功させた。プレー面、精神面で代表の支柱であるジョン・オビ・ミケルを筆頭に、オジェニ・オナジやヴィクター・モーセスといったW杯ブラジル16強メンバーと、2013年U-17W杯でMVPのケレチ・イヘアナチョやアレックス・イウォビなどの才能豊かな若手たちを融合させた。

基本フォーメーションは4-3-3。両サイドアタッカーがスピードとテクニックでチャンスを作る。欧州クラブ育ちの選手が増えたことで戦術眼やディシプリンは高く、組織だったポジショニングを取りながら、局面では個の力で打開していく。そこには選手個々が身勝手に動き、能力頼みで崩すといった、かつてのアフリカ勢の姿はない。

FIFAランクではグループ最下位だが、その実力はD組1位で決勝トーナメントに進んでも不思議ではない。結束力が乱れなければアフリカ大陸に初めてのジュール・リメ杯をもたらす可能性を秘める。

COACH 【監督】

Gernot ROHR ● ゲルノト・ロール

ガボン、ニジェール、ブルキナファソなどアフリカ諸国の代表監督を歴任した経験を持つ。欧州育ちの選手たちを登用し、個人主義だったチームに規律の正しさを浸透させた。

❶ 1953年6月28日（64歳）
❷ ドイツ
❸ 2016年8月

FORMATION 【基本布陣】

4-3-3

イヘアナチョ（イガロ）
イウォビ（サイモン）
モーゼス（ムサ）
ミケル（エチェ）
ディディ（ジョン・オグ）
オナジ（アグ）
エチェジレ（アイナ）
トレーストエコング（アリジエム）
バログン（オメルオ）
シェフ（エブエヒ）
イセンワ（アクペイ）

豊富な運動量を持つ守備的MFオナジがボールを奪取し、司令塔のミケルがイヘアナチョと両アタッカーを活かしながら攻撃を組み立てる。

GOAL RANKING 【予選得点ランキング】

順位	選手名	得点
❶	ヴィクター・モーセス	3
❷	アレックス・イウォビ	2
❷	ジョン・オビ・ミケル	2
❷	ケレチ・イヘアナチョ	2
❷	モーゼス・サイモン	2

3トップに入るモーセス、イウォビ、イヘアナチョが圧倒的なスピードを活かしてゴール前に迫った。司令塔のミケルも勝負強さを発揮。

QUALIFIERS RESULT 【予選結果】

アフリカ最終予選グループB／1位（4勝1分1敗）

日付	対戦相手	H&A	スコア
●アフリカ2次予選			
2015年11月13日	スワジランド	A	△ 0-0
2015年11月17日	スワジランド	H	○ 2-0
●アフリカ最終予選 グループB			
2016年10月 9日	ザンビア	A	○ 2-1
2016年11月12日	アルジェリア	H	○ 3-1
2017年 9月 1日	カメルーン	H	○ 4-0
2017年 9月 4日	カメルーン	A	△ 1-1
2017年10月 7日	ザンビア	H	○ 1-0
2017年11月10日	アルジェリア	A	● 0-3 (※)
※没収試合			

GK Ikechukwu EZENWA ●イケチュク・エゼンワ

長く守護神を務めたエニョアマの代表2試合のみを埋めた。フィールドプレーヤーばりの機動力を備え、広範な守備範囲を誇る。

❶1988年10月16日（29歳）
❷186cm／80kg
❸イフィーニー・ワーリ
❹7試合／0失点

MF Mikel AGU ●ミケル・アグ

視野の広さと正確なキックのロングパスに定評があるボランチ。アグレッシブだがファウルも多く、現状はバックアッパー。

❶1993年5月27日（25歳）
❷184cm／77kg
❸ブルサスポル（TUR）
❹5試合／0得点

FW Alex IWOBI ●アレックス・イウォビ

ユース年代はイングランド代表だったが、15年にナイジェリア代表を選択。11月のアルゼンチン戦で2得点。レジェンドのオコチャは叔父。

❶1996年5月3日（22歳）
❷180cm／75kg
❸アーセナル（ENG）
❹16試合／4得点

DF Ola AINA ●オラ・アイナ

U-16から各年代でイングランド代表だったが、17年に代表変更。左右どちらでもプレーできるインテンシティの高いSB。

❶1996年10月8日（21歳）
❷182cm／82kg
❸ハル（ENG）
❹4試合／0得点

MF John Obi MIKEL ●ジョン・オビ・ミケル

マンチェスター・Uとチェルシーが争奪戦を展開した天才系31歳。クオリティーの高いパスと抜群のセンスで攻撃のタクトを振る。

❶1987年4月22日（31歳）
❷188cm／83kg
❸天津泰達（CHN）
❹82試合／6得点

FW Victor MOSES ●ヴィクトル・モーゼス

ナイジェリア育ちのアタッカー。抜群のスピードでチャンスを作り、高精度のクロスでゴールを演出する右FW。

❶1990年12月12日（27歳）
❷177cm／79kg
❸チェルシー（ENG）
❹30試合／11得点

DF Chidozie AWAZIEM ●チドジー・アウジエム

次代の大黒柱と期待される潜在能力の高さは折り紙付き。足元の技術が高く、フィジカルの強さと長身を活かした空中戦でも相手を圧倒。

❶1997年1月1日（21歳）
❷189cm／78kg
❸ナント（FRA）
❹18試合／1得点

MF Wilfred NDIDI ●ウィルフレッド・ディディ

運動能力の高さとゲームの流れを読む力に秀で、インターセプトを得意とするMF。司令塔ミケルをサポートしてゴール前で攻撃にも絡む。

❶1996年12月16日（21歳）
❷183cm／74kg
❸レスター（ENG）
❹16試合／0得点

FW Ahmed MUSA ●アーメド・ムサ

チームトップクラスのスプリント力で相手DFを置き去りにするFW。W杯ではジョーカーとしての役割が期待されている。

❶1992年10月14日（25歳）
❷170cm／67kg
❸CSKAモスクワ（RUS）
❹69試合／13得点

DF Leon BALOGUN ●レオン・バログン

ドイツ生まれで、足の速さと肉体強度を武器にする"ゲルマン・マシン"。故障の頻度が高く、W杯に向けてはコンディションが懸念材料。

❶1988年6月28日（29歳）
❷190cm／83kg
❸マインツ（GER）
❹16試合／0得点

MF John OGU ●ジョン・オグ

テクニックやスピードは見劣りするが、巨体を活かした圧倒的なフィジカルコンタクトの強さが魅力のMF。FK、CKでは得点源になる。

❶1988年4月20日（30歳）
❷192cm／83kg
❸ハポエル・ベエルシェバ（ISR）
❹18試合／2得点

FW Moses SIMON ●モーゼス・サイモン

久保裕也のチームメートで独特の間合いとテンポでDFを抜くドリブラー。試合の流れやリズムを変えられる貴重な存在だ。

❶1995年7月12日（22歳）
❷168cm／66kg
❸ヘント（BEL）
❹19試合／4得点

DF Uwa ECHIEJILE ●ウワ・エチエジレ

守備意識が高いSBだが、時折スピードを活かした攻撃参加を見せる。前回W杯は開幕直前の負傷で棒に振った悔しさを晴らす。

❶1988年12月20日（30歳）
❷186cm／75kg
❸サークル・ブルージュ（BEL）
❹60試合／3得点

MF Ogenyi ONAZI ●オジェニ・オナジ

ラツィオの下部組織育ちで、中盤の底で攻守をオーガナイズするボランチ。豊富な運動量と積極果敢なプレスからボールを奪取する。

❶1992年12月25日（25歳）
❷173cm／73kg
❸トラブゾンスポル（TUR）
❹50試合／1得点

GK Daniel AKPEYI ●ダニエル・アクペイ

予選序盤に正GKの座を失ったが、ハイボールへの強さで復権を狙う。

❶1986年8月3日（31歳）
❷187cm／83kg
❸チッパ・ユナイテッド（RSA）
❹3試合／0失点

DF Kenneth OMERUO ●ケネス・オメルオ

予選の出場機会は2試合にとどまったが、高さ、速さ、強さの三拍子が揃う若手のホープ。安定感を身につけて大きく飛躍したい。

❶1993年10月17日（24歳）
❷185cm／81kg
❸カスパシャ（TUR）
❹37試合／0得点

MF Oghenekaro ETEBO ●オゲネカロ・エテボ

左ウイングだが、1トップとしてクロスやセカンドボールをシュートに持ち込む能力も高い。リオ五輪の日本戦では4得点をマークした。

❶1995年11月9日（22歳）
❷172cm／70kg
❸ラス・パルマス（ESP）
❹10試合／1得点

GK Francis UZOHO ●フランシス・ウゾホ

体のサイズに恵まれた若手。俊敏性もあり、足りないのは経験値のみ。

❶1998年10月28日（19歳）
❷196cm／91kg
❸デポルティボ（ESP）
❹3試合／0失点

DF Tyronne EBUEHI ●ティロネ・エブエヒ

オランダ生まれ育ち、中央でもサイドでもプレーできるDF。

❶1995年12月16日（22歳）
❷187cm／72kg
❸ADO（NED）
❹3試合／0得点

DF SHEHU Abdullahi ●シェフ・アブドゥライ

リオ五輪の日本戦でアシストを記録した積極性は売りのSB。縦への推進力には課題を残すものの、1対1での守備には自信を持つ。

❶1993年3月12日（25歳）
❷170cm／74kg
❸ブルサスポル（TUR）
❹13試合／0得点

FW Odion IGHALO ●オディオン・イガロ

ゴール前でのパワフルなプレーが持ち味な①トップ候補。現状はイヘアナチョが控えだが、ジョーカーとして通色な能力を持つ。

❶1989年6月15日（28歳）
❷188cm／70kg
❸長春亜泰（CHN）
❹47試合／4得点

MF Uche AGBO ●ウチェ・アグボ

中盤やCBでプレーする若手MF。しなやかな動きでボールを奪取する。

❶1995年4月24日（22歳）
❷185cm／80kg
❸スタンダール・リエージュ（BEL）
❹1試合／0得点

MF Joel OBI ●ジョエル・オビ

3月に代表復帰したセントラルMF。身体能力の高さと巧みなボール技術で攻守を演出する。

❶1991年5月22日（27歳）
❷176cm／72kg
❸トリノ（ITA）
❹15試合／0得点

DF William TROOST-EKONG ●ウィリアム・トルースト=エコング

オランダ出身でユース年代はオランダ代表に名を連ねた。リオ五輪ではナイジェリア代表で全5試合に出場。クレバーなプレーが持ち味。

❶1993年9月1日（24歳）
❷191cm／82kg
❸ブルサスポル（TUR）
❹19試合／0得点

FW Kelechi IHEANACHO ●ケレチ・イヘアナチョ

13年U-17W杯でMVPに輝いた未完の大器。目の覚めるようなドリブルやスピードはないが、抜群の得点感覚を持ち、高い決定力を誇る。

❶1996年10月3日（21歳）
❷185cm／82kg
❸レスター（ENG）
❹15試合／8得点

FW Simeon NWANKWO ●シメオン・ヌワンコ

長身を武器にセリエAでブレイクしつつある新鋭のストライカー。愛称はシミー。

❶1992年5月7日（26歳）
❷198cm／84kg
❸クロトーネ（ITA）
❹0試合／0得点

戦力分析

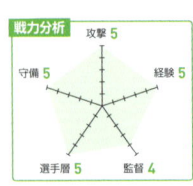

- 攻撃 5
- 守備 5
- 経験 5
- 選手層 5
- 監督 4

KEY PLAYER　[注目選手]

攻　FW NEYMAR
●ネイマール

タレント軍団にあって特別な存在。ドリブルによる単独突破、SBマルセロとの連係による左サイドの攻略など、攻撃面において彼が機能すればチームは勢いに乗る。

守　MF CASEMIRO
●カゼミーロ

中盤も前掛かりなチームにあって、周囲のポジショニングを見ながら守備のカバーを最優先とする。ボール奪取能力の高さでタレント軍団を支える縁の下の力持ちだ。

主要ブックメーカー優勝オッズ

ウィリアムヒル	bwin	bet365
6.00倍	6.00倍	5.50倍

BRAZIL
ブラジル　● 21大会連続21回目

VOICE 出場国関係者の声

チッチ／監督

グループステージ3試合は、スペインやイングランド、その他の国と対戦するのと同じで何も変わらない。それ以上に考えているのはチームをひとつにして、自分の手の届く範囲でコントロールし成長させるだけだ。

GROUP グループ E
WORLD CUP RUSSIA 2018

ブラジルの突破は間違いなし!?
焦点は混迷する三つ巴の2位争い

ブラジルの1強という前評判どおり、戦力、実績、現時点でのチーム力を総合的に判断すれば、ブラジルの1位通過はほぼ間違いないと見ていいだろう。サッカー王国には、母国開催の前回大会準決勝でドイツに1−7と大敗を喫した屈辱がある。それを晴らすために、グループステージでつまずくわけにはいかない。

焦点となるのは2位争いだ。実績ではスイスが頭ひとつ抜けている印象があるが、前回大会でベスト8進出を果たして旋風を巻き起こしたコスタリカには"ノッたら怖い"勢いがあり、セルビアには個々に見ればヨーロッパのトップレベルで通用するタレントが多くいる。この三つ巴の戦いを制してブラジルに続くのはどこか。そ

戦力分析

- 攻撃 3
- 守備 4
- 経験 2
- 選手層 3
- 監督 2

KEY PLAYER　[注目選手]

攻　MF Bryan RUIZ
●ブライアン・ルイス

コスタリカが誇る稀代のファンタジスタ。"間"を作る柔らかいタッチ、ボールキープからのラストパスで決定機を作る。攻撃においては異彩を放つ絶対的キーマン。

守　GK Keylor NAVAS
●ケイラー・ナバス

前回大会8強進出の立役者。抜群の反射神経でビッグセーブを連発し、チームの持ち味である堅守速攻の屋台骨を支える。その活躍でチームのテンションもアップ!?

主要ブックメーカー優勝オッズ

ウィリアムヒル	bwin	bet365
251.00倍	401.00倍	501.00倍

COSTA RICA
コスタリカ　● 2大会連続5回目

VOICE 出場国関係者の声

オスカル・ラミレス／監督

歴史上、我々は欧州のチームと対戦するたびにW杯でベストの成績を残してきた。前回大会もそう。だから恐れる必要はない。欧州の2カ国と対戦する今大会が、我々にとって最高のW杯になることを信じている。

SWITZERLAND ✚
スイス ● 4大会連続11回目

GROUP A
RUS
KSA
EGY
URU

GROUP B
POR
ESP
MAR
IRN

GROUP C
FRA
AUS
PER
DEN

GROUP D
ARG
ISL
CRO
NGA

GROUP E
BRA
SUI
CRC
SRB

GROUP F
GER
MEX
SWE
KOR

GROUP G
BEL
PAN
TUN
ENG

GROUP H
POL
SEN
COL
JPN

KEY PLAYER 【注目選手】

攻 **(MF) Granit XHAKA**
● グラニット・ジャカ

単調なカウンターに頼らない攻撃を仕掛けるためには、司令塔である彼の創造力が必要。ジャカのボールタッチ数はチームの好不調を占うバロメーターとなりそう。

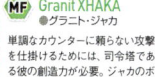

(DF) Stephan LICHTSTEINER 守
● ステファン・リヒトシュタイナー

研ぎ澄まされた集中力と組織力で"守り切る"強さもチームの持ち味。最終ラインからチーム全体を鼓舞するベテラン、リヒトシュタイナーの存在感はチームにとって大きい。

主要ブックメーカー優勝オッズ

ウィリアムヒル	bwin	bet365
67.00倍	81.00倍	81.00倍

戦力分析

攻撃 3 / 経験 3 / 監督 3 / 選手層 3 / 守備 4

VOICE 出場国関係者の声

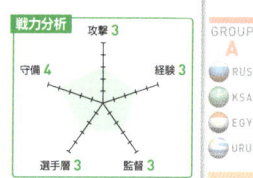

ジェルソン・フェルナンデス／MF
ブラジルと対戦できることを夢のように思う。セルビアもヨーロッパでは強豪国だが、新しい時代を作り上げるのは僕らただ。厳しい戦いになるのは予想できるが、グループステージ突破のために全力を尽くしたい。

れを占う上で、3チームがブラジルとどのような戦いを繰り広げるかにも注目したい。

スケジュールを考えれば、コスタリカ対セルビアの初戦の敗者は振り落とされることになりそうだ。目標を「2勝」とすれば、最終戦でブラジルと対戦するセルビアはやや有利か。スイスはブラジルとの初戦で手応えをつかむことができれば、その後の戦いにもポジティブな姿勢で臨めるはず。スケジュールをうまく利用した戦略的な戦いも求められるだろう。

もちろん、ブラジルにとっても決して油断できる相手ではない。しかしここで苦戦するようでは、前回大会のリベンジ、2002年大会以来となる世界制覇は期待できない。

MATCH SCHEDULE 【試合日程】

日程	現地時間（日本）	会場（開催地）	放送局
6月17日(日)	16:00(21:00)	サマーラ・アレーナ（サマーラ）	NHK フジ
		コスタリカ × セルビア	
6月17日(日)	21:00(21:00)	ロストフ・アレーナ（ロストフ・ナ・ドヌ）	NHK
		ブラジル × スイス	
6月22日(金)	15:00(21:00)	サンクトペテルブルク・スタジアム（サンクトペテルブルク）	NHK テレ朝
		ブラジル × コスタリカ	
6月22日(金)	20:00(27:00)	カリーニングラード・スタジアム（カリーニングラード）	NHK
		セルビア × スイス	
6月27日(水)	21:00(27:00)	スパルタク・スタジアム（モスクワ）	NHK
		セルビア × ブラジル	
6月27日(水)	21:00(27:00)	ニジニ・ノヴゴロド・スタジアム（ニジニ・ノヴゴロド）	NHK フジ
		スイス × コスタリカ	

SERBIA
セルビア ● 2大会ぶり12回目

KEY PLAYER 【注目選手】

攻 **(MF) Sergej MILINKOVIC-SAVIC**
● セルゲイ・ミリンコヴィッチ＝サヴィッチ

ラツィオでブレイクした気鋭のニュースター。抜群のランニングでゴール前に飛び込み、冷静かつ正確な技術で決定機に絡む。単独のドリブル突破も破壊力十分。

(MF) Nemanja MATIC 守
● ネマニャ・マティッチ

4-1-4-1のフォーメーションで中盤の「1」を担うプレーメーカー。攻守のバランスを取り、自らも守備に奔走するが、ミドルパスで攻撃を組み立てるセンスは抜群。

主要ブックメーカー優勝オッズ

ウィリアムヒル	bwin	bet365
151.00倍	151.00倍	151.00倍

戦力分析

攻撃 3 / 経験 3 / 監督 2 / 選手層 3 / 守備 4

VOICE 出場国関係者の声

サヴォ・ミロシェヴィッチ／サッカー協会副会長
どのグループにもひとつはブラジルのような強豪が入るが、コスタリカやスイスとは十分に戦える。自分たちにとって最高のサッカーを見せることができれば、我々が決勝トーナメントに勝ち上がれると信じている。

BRAZIL

ブラジル／21大会連続21回目

●正式名称：ブラジル連邦共和国　●サッカー協会設立：1914年　●FIFA加盟：1923年　●FIFAランク：2位
●W杯出場：21回目　●W杯最高成績：優勝　●web site：www.cbf.com.br

PAST RESULT【W杯過去の成績】

開催年	成績
1930	グループステージ敗退
1934	1回戦敗退
1938	3位
1950	準優勝
1954	ベスト8
1958	優勝
1962	優勝
1966	グループステージ敗退
1970	優勝
1974	4位
1978	3位
1982	ベスト8
1986	ベスト8
1990	ベスト16
1994	優勝
1998	準優勝
2002	優勝
2006	ベスト8
2010	ベスト8
2014	4位

4年前の雪辱に燃える盤石の王国

南米予選序盤の停滞ムードを一掃したのは、2016年6月から指揮権を握ったチッチ監督だった。ドゥンガが率いた前体制からメンバーを入れ替え、システムを安定させて守備組織を強化。"自由"を制限した結果、逆に選手たちが伸び伸びとプレーできるようになり、個の能力の高さがピッチで発揮された。

2018年3月現在、チッチ監督就任後は親善試合を含めて無敗を続けている。南米予選では4試合を残して突破を決め、カオスと化したリーグ戦で圧倒的な強さを誇った。戦いの中でメンバーが定まり、磨き上げた4－1－4－1のシステムはほぼレギュラーが固定されてきたと言っていい。懸案だった1トップの座にマンチェスター・Cで急成長を遂げたガブリエウ・ジェズスが落ち着いたことで、全ポジションにワールドクラスの顔ぶれが並んだ。

もちろんチームの軸はネイマールだ。個人での打開はもちろん、ブラジル代表では所属クラブよりも周囲を活かすプレーを重視し、チャンスメーカーとしても特別な輝きを放つ。ネイマールがフィニッシュに絡む機会の多さが、チームの出来を示すバロメーターとなるだろう。

4年前の雪辱に燃えるブラジルは、優勝候補の筆頭格だ。

FORMATION【基本布陣】

ガブリエウ・ジェズス
(フィルミーノ)
ネイマール
(ドウグラス・コスタ)
パウリーニョ
(タイソン)
レナト・アウグスト
(フレッジ)
コウチーニョ
(ウィリアン)
カゼミーロ
(フェルナンジーニョ)
マルセロ
(フィリペ・ルイス)
ミランダ
(ペドロ・ジェロメウ)
マルキーニョス
(チアゴ・シウバ)
ダニーロ
(ファグネル)
4-1-4-1
アリソン
(エデルソン)

4-1-4-1が基本布陣。強さと組み立てに長けた最終ライン、ボール奪取能力と創造性に溢れる中盤、ネイマールを軸とする決定力の高い最前線と隙がない。

QUALIFIERS RESULT【予選結果】

南米予選／1位(12勝5分1敗)

日付	対戦相手	H&A	スコア
2015年10月 8日	チリ	A	●0-2
2015年10月13日	ベネズエラ	H	○3-1
2015年11月13日	アルゼンチン	A	△1-1
2015年11月17日	ペルー	H	○3-0
2016年 3月25日	ウルグアイ	H	△2-2
2016年 3月29日	パラグアイ	A	△2-2
2016年 9月 1日	エクアドル	A	○3-0
2016年 9月 6日	コロンビア	H	○2-1
2016年10月 6日	ボリビア	H	○5-0
2016年10月11日	ベネズエラ	A	○2-0
2016年11月10日	アルゼンチン	H	○3-0
2016年11月15日	ペルー	A	○2-0
2017年 3月23日	ウルグアイ	A	○4-1
2017年 3月28日	パラグアイ	H	○3-0
2017年 8月31日	エクアドル	H	○2-0
2017年 9月 5日	コロンビア	A	△1-1
2017年10月 5日	ボリビア	A	△0-0
2017年10月10日	チリ	H	○3-0

COACH【監督】

TITE ●チッチ

現役時代はMFとして活躍。引退後指導者となり、ブラジル国内の数々の名門を率いて実績を積んだ。南米予選途中に就任し、破竹の9連勝で不振に陥ったチームを救った。

❶1961年5月25日(57歳)
❷ブラジル
❸2016年6月

GOAL RANKING【予選得点ランキング】

順位	選手名	得点
1	ガブリエウ・ジェズス	7
2	ネイマール	6
2	パウリーニョ	6
4	ウィリアン	4
4	コウチーニョ	4

新たな得点源として進境著しいG・ジェズスと絶対的エースのネイマールのアタッカー陣に加え、MF陣も奮起。"どこからでも取れる"が大きな強み。

GK ALISSON ●アリソン

今季はシュチェスニが去ったローマで守護神の座を獲得し、安定したパフォーマンスで存在感を誇示した。ブラジル人GKらしく足元の技術も巧み。

- ❶1992年10月2日（25歳）
- ❷191cm／91kg
- ❸ローマ（ITA）
- ❹24試合／0得点

GK EDERSON ●エデルソン

足元の技術を駆使し、グアルディオラ監督が理想とするマンCのスタイルにフィット。急成長を遂げ、アリソンに匹敵する評価を得ている。

- ❶1993年8月17日（24歳）
- ❷188cm／86kg
- ❸マンチェスター・C（ENG）
- ❹1試合／0得点

GK CASSIO ●カッシオ

グレミオのアカデミーで育ち、オランダのPSVとスパルタを経てコリンチャンスへ。昨年の日本戦で代表デビュー最終メンバーに滑り込み。

- ❶1987年6月6日（31歳）
- ❷195cm／92kg
- ❸コリンチャンス
- ❹1試合／0得点

DF MARCELO ●マルセロ

左サイドバックとして世界ナンバーワンの呼び声高いテクニシャン。ネイマールとの連係で攻撃に加わり、いくつもの決定機を演出する。

- ❶1988年5月12日（30歳）
- ❷174cm／80kg
- ❸レアル・マドリー（ESP）
- ❹56試合／6得点

DF MARQUINHOS ●マルキーニョス

T・シウバを押しのけてレギュラーの座をつかんだ成長株。対人の駆け引きに優れ、上背はないが空中戦も強く弱点が見当たらない。

- ❶1994年5月14日（24歳）
- ❷183cm／75kg
- ❸パリSG（FRA）
- ❹24試合／0得点

DF THIAGO SILVA ●チアゴ・シウバ

圧倒的な身体能力と強靭なキャプテンシーで長くチームのキャプテンを務めてきた。控えに回る可能性が高いが、依然として世界屈指の実力者。

- ❶1984年9月22日（33歳）
- ❷183cm／79kg
- ❸パリSG（FRA）
- ❹69試合／6得点

DF MIRANDA ●ミランダ

絶妙なポジショニングとタイトな守備で相手を封殺するクレバーなベテラン。相手の背後からかすめ出すインターセプトはまさに妙技。

- ❶1984年9月7日（33歳）
- ❷186cm／76kg
- ❸インテル（ITA）
- ❹45試合／1得点

DF FILIPE LUIZ ●フィリペ・ルイス

3月に脛骨を骨折するケガを負い、一時は出場が絶望視された。それでもシーズン終盤に復帰し、左サイドバックの控えとして名を連ねた。

- ❶1985年8月9日（32歳）
- ❷188cm／77kg
- ❸A・マドリー（ESP）
- ❹31試合／2得点

DF PEDRO GEROMEL ●ペドロ・ジェロメウ

ポルトガルでプロデビューし08年に加入したケルンでブレーク。14年に加入したグレミオのプレーが評価され選出された。MFもこなす万能型。

- ❶1985年9月21日（32歳）
- ❷190cm／84kg
- ❸グレミオ
- ❹2試合／0得点

DF FAGNER ●ファグネル

D・アウベスが負傷し、W杯への出場が絶望となり、メンバーに滑り込む。メンバー発表時に歓喜する自分の姿をSNSに投稿し話題に。

- ❶1989年6月11日（29歳）
- ❷168cm／67kg
- ❸コリンチャンス
- ❹4試合／0得点

DF DANILO ●ダニーロ

D・アウベスの離脱により右SBのレギュラー候補に。高精度のクロスを武器とするが、マンC加入を機に守備力が上がり、安定感も増した。

- ❶1991年7月15日（26歳）
- ❷184cm／78kg
- ❸マンチェスター・C（ENG）
- ❹16試合／0得点

MF CASEMIRO ●カゼミーロ

豊富な運動量と優れた状況判断で中盤を広範囲に動き回り、ピンチの芽を摘み取るながら攻撃参加も。R・マドリーで飛躍した急成長株。

- ❶1992年2月23日（26歳）
- ❷185cm／84kg
- ❸レアル・マドリー（ESP）
- ❹22試合／0得点

MF COUTINHO ●コウチーニョ

その才能がようやく開花した稀代のテクニシャン。代表では右サイドのポジションを勝ち取り、今冬の移籍市場でバルセロナに移籍した。

- ❶1992年6月12日（25歳）
- ❷172cm／68kg
- ❸バルセロナ（ESP）
- ❹35試合／9得点

MF FERNANDINHO ●フェルナンジーニョ

プレミアリーグで圧倒的な強さを誇るマンチェスター・Cの心臓。代表では控えだが、その才能をベンチに置くのはあまりにももったいない。

- ❶1985年5月4日（33歳）
- ❷177cm／67kg
- ❸マンチェスター・C（ENG）
- ❹42試合／2得点

MF FRED ●フレッジ

次々にスター選手を輩出するシャフタールで急成長。中盤のダイナモとして攻守両面で存在感を放つ。今季の調子ならメンバー入りも有力。

- ❶1993年3月5日（25歳）
- ❷169cm／62kg
- ❸シャフタール（UKR）
- ❹6試合／0得点

MF PAULINHO ●パウリーニョ

ダイナミックかつタイミングの良い攻撃参加で決定機に絡む中盤の柱。全体の流動性も生むフリーランニングは、もはやチームの生命線だ。

- ❶1988年7月25日（29歳）
- ❷181cm／81kg
- ❸バルセロナ（ESP）
- ❹46試合／11得点

MF RENATO AUGUSTO ●レナト・アウグスト

もともとは王様気質のテクニシャンだが、代表ではパウリーニョやD・アウベスの動きに合わせてバランサーに徹する。玄人好みするMFだ。

- ❶1988年2月8日（30歳）
- ❷186cm／90kg
- ❸北京国安（CHN）
- ❹28試合／5得点

MF WILLIAN ●ウィリアン

キレキレのドリブルで局面を打開するアタッカー。レギュラーの座をコウチーニョに明け渡したが、切れ札としての積極起用で活きるタイプ。

- ❶1988年8月9日（29歳）
- ❷175cm／77kg
- ❸チェルシー（ENG）
- ❹54試合／8得点

FW FIRMINO ●フィルミーノ

生粋のストライカーではないが、得点能力もチャンスメイク能力も一級品。G・ジェズスの控えというだけでなく、2列目での起用も視野に。

- ❶1991年10月2日（26歳）
- ❷181cm／76kg
- ❸リヴァプール（ENG）
- ❹19試合／5得点

FW GABRIEL JESUS ●ガブリエウ・ジェズス

予選で7得点を記録したチームの得点源。マンチェスター・Cでその才能を開花。代表でも一躍エースの座に。初の大舞台で輝けるか。

- ❶1997年4月3日（21歳）
- ❷175cm／73kg
- ❸マンチェスター・C（ENG）
- ❹15試合／9得点

FW TAISON ●タイソン

D・コスタと同タイプのキレキレドリブラー。相手の急所を突くポジショニングを絶妙で、得点にまさるサイドだけでなるトップでもこなす。

- ❶1988年1月13日（30歳）
- ❷172cm／64kg
- ❸シャフタール（UKR）
- ❹6試合／1得点

FW DOUGLAS COSTA ●ドウグラス・コスタ

爆発的なスピードとテクニックで局面を打開するドリブラー。メンバー入りは当確級としているが、ユヴェントスでは尻上がりに調子を上げている。

- ❶1990年9月14日（27歳）
- ❷172cm／64kg
- ❸ユヴェントス（ITA）
- ❹22試合／3得点

FW NEYMAR ●ネイマール

パリSGへの移籍後はパフォーマンスは衰えず、むしろ個の存在価値は高まる一方。精神的な支柱としてチームを頂点に導くカリスマ性が問われる。

- ❶1992年2月5日（26歳）
- ❷175cm／68kg
- ❸パリSG（FRA）
- ❹83試合／55得点

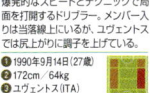

SWITZERLAND

スイス／4大会連続11回目

- ●正式名称：スイス連邦 ●サッカー協会設立：1895年 ●FIFA加盟：1904年 ●FIFAランク：6位
- ●W杯出場：11回目 ●W杯最高成績：ベスト8 ●web site：www.football.ch

PAST RESULT 【W杯過去の成績】

開催年	成績
1930	不参加
1934	ベスト8
1938	ベスト8
1950	グループステージ敗退
1954	ベスト8
1958	予選敗退
1962	グループステージ敗退
1966	グループステージ敗退
1970	予選敗退
1974	予選敗退
1978	予選敗退
1982	予選敗退
1986	予選敗退
1990	ベスト16
1994	ベスト16
1998	予選敗退
2002	予選敗退
2006	ベスト16
2010	グループステージ敗退
2014	ベスト16

FIFAランクトップ10の実力は本物

過去10年で、ヨーロッパのトップ10に数えられるまでの安定感を手に入れた。ポルトガルと同居した欧州予選ではわずか1敗。しかも、その他の9試合はすべて勝利。FIFAランキング8位も納得できる。

オットマール・ヒッツフェルト前監督に育てられたタレントが、ペトコヴィッチ現監督の下で成熟期を迎えた。守護神のゾマーは世界屈指の"攻撃的GK"で、最終ラインにはベテランのジュルーとリヒトシュタイナー、シャキリとジャカ、ジェマイリがいる中盤もタレント豊富。本大会の結果は、計算できる彼らに加えて、次の世代を担う若手の活躍に懸かっている。

ブレイク筆頭格は21歳のアタッカー、エンボロだ。一時期の勢いはないが、ポテンシャルは抜群。決定力不足が懸念される最前線で存在感を示せれば、チームが勢いに乗ることは間違いない。アタランタで存在感を示すフロイレル、同じく成長著しいザカリアも将来性十分の注目タレントだ。

ベテランの安定感と組織力に定評があるチームに若手の急成長と爆発力が加わり、それをブラジルとの初戦でぶつけることができれば、「ブラジル1強」グループEに風穴を開けられる可能性は十分にある。

FORMATION 【基本布陣】

セフェロヴィッチ（ベルティコヨ）
メーディ（バーゼ）／シャキリ（エンボロ）
ジェマイリ（フライ）
ロドリゲス（ムバンジェ）／ジャカ（フロイレル）／ザカリア（ベーラミ）／リヒトシュタイナー（ランク）
ジュルー（アカンジ）／シェア（エルヴェディ）
ゾマー（ヒッツ）

4-2-3-1

ボール奪取力が高く展開力もある中盤、突破力に優れるサイドアタッカーと攻撃のタレントは揃う。問題はフィニッシュワーク。得意のサイド攻撃が機能するかがカギ。

QUALIFIERS RESULT 【予選結果】

欧州予選グループB／2位（9勝0分1敗）

日付	対戦相手	H&A	スコア
2016年 9月 6日	ポルトガル	H	○2-0
2016年10月 7日	ハンガリー	A	○3-2
2016年10月10日	アンドラ	A	○2-1
2016年11月13日	フェロー諸島	H	○2-0
2017年 3月25日	ラトビア	H	○1-0
2017年 6月 9日	フェロー諸島	A	○2-0
2017年 8月31日	アンドラ	H	○3-0
2017年 9月 3日	ラトビア	A	○3-0
2017年10月 7日	ハンガリー	H	○5-2
2017年10月10日	ポルトガル	A	●0-2
▶プレーオフ			
2017年11月 9日	北アイルランド	A	○1-0
2017年11月12日	北アイルランド	H	△0-0

COACH 【監督】

Vladimir PETKOVIC ●ヴラジミール・ペトコヴィッチ

ラツィオを率いて手腕が評価され代表監督に。8カ国語を操る知将は、選手とのコミュニケーションを重視。予選ではポルトガルと互角の戦いを演じて実力を示し、本大会に導いた。

- ❶1963年8月15日（54歳）
- ❷ボスニア・ヘルツェゴビナ
- ❸2014年7月

GOAL RANKING 【予選得点ランキング】

順位	選手名	得点
❶	ハリス・セフェロヴィッチ	4
❷	リカルド・ロドリゲス	3
❷	ステファン・リヒトシュタイナー	3
❹	スティーヴン・ツバー	2
❹	グラント・ジャカ 他1名	2

チーム全体の得点数は少なく、ロースコアで勝負できる安定感が特徴。フィニッシュは決定力不足が指摘されるセフェロヴィッチの出来次第だ。

GK Yann SOMMER ●ヤン・ゾマー

圧倒的な身体能力でスーパーセーブを連発するだけでなく、足元の技術に優れ攻撃の起点に。"魅せるGK"として今大会屈指の守護神の一人に。
- ① 1988年12月17日(29歳)
- ② 183cm／79kg
- ③ ボルシアMG(GER)
- ④ 34試合／0得点

GK Marwin HITZ ●マルヴィン・ヒッツ

立場はゾマーの控えだが、アウクスブルクで証明した実力は本物。国際経験こそ少ないものの、予選中第2GKとして全試合に招集された。
- ① 1987年9月18日(30歳)
- ② 193cm／86kg
- ③ アウクスブルク(GER)
- ④ 2試合／0得点

DF Manuel AKANJI ●マヌエル・アカンジ

ナイジェリア人の父親譲りの身体能力が魅力。バーゼルでは1年目にリーグ制覇を経験し、一躍市場相場でドルトムントへステップアップ。
- ① 1995年7月19日(22歳)
- ② 187cm／91kg
- ③ ドルトムント(GER)
- ④ 5試合／0得点

DF Johan DJOUROU ●ヨハン・ジュルー

長くスイス代表の最終ラインを支えてきたベテラン。衰えも指摘されるが、最終ラインの絶対的なリーダーとしての存在価値は消えない。
- ① 1987年1月18日(31歳)
- ② 191cm／89kg
- ③ アンタルヤスポル(TUR)
- ④ 73試合／2得点

DF Stephan LICHTSTEINER ●ステファン・リヒトシュタイナー

34歳にして圧巻の運動量を誇る右サイドの職人。力強さとダイナミックな攻め上がりで攻守にリズムをもたらす。予選では3得点を記録。
- ① 1984年1月16日(34歳)
- ② 183cm／77kg
- ③ ユベントス(ITA)
- ④ 98試合／8得点

DF Ricardo RODRIGUEZ ●リカルド・ロドリゲス

左サイドの攻撃を活性化するテクニシャン。新天地ミランでも本物。質を上げており、定位置を確保。PKキッカーとしての重責も担う。
- ① 1992年8月25日(25歳)
- ② 182cm／77kg
- ③ ミラン(ITA)
- ④ 51試合／3得点

DF Fabian SCHAR ●ファビアン・シェア

頭脳的なポジショニングとカバーリング、正確なフィードで最終ラインをコントロール。ベテランのひとつのコンビネーションが16強の鍵。
- ① 1991年12月20日(26歳)
- ② 188cm／84kg
- ③ デポルティボ(ESP)
- ④ 37試合／7得点

MF Valon BEHRAMI ●ヴァロン・ベーラミ

かつてはサイドアタッカーとして頭角を現したが、近年はファイタータイプのボランチとして活躍。ボール奪取能力の高さはチーム随一だ。
- ① 1985年4月19日(33歳)
- ② 184cm／74kg
- ③ ウディネーゼ(ITA)
- ④ 76試合／2得点

MF Blerim DZEMAILI ●ブレリム・ジェマイリ

組み立てからフィニッシュまで絡める攻撃の万能型。ナポリ時代に脚光を浴び、代表では不動のトップ下として指揮官から絶大な信頼を得る。
- ① 1986年4月12日(32歳)
- ② 179cm／75kg
- ③ モントリオール・インパクト(MLS)
- ④ 63試合／9得点

MF Gelson FERNANDES ●ジェルソン・フェルナンデス

30歳を過ぎて新世代の台頭に押されつつあるが、60キャップを超える代表歴での価値を物語る。大舞台でこそ求められる熟練の技に期待。
- ① 1986年9月2日(31歳)
- ② 179cm／73kg
- ③ フランクフルト(GER)
- ④ 66試合／2得点

MF Fabian FREI ●ファビアン・フライ

創造的なパスワークを武器としながら、守備盤面の高さも特徴とする。今冬の移籍市場で2年半在籍したマインツから古巣バーゼルに移籍。
- ① 1989年1月8日(29歳)
- ② 183cm／80kg
- ③ バーゼル
- ④ 14試合／3得点

MF Remo FREULER ●レモ・フロイレル

セリエAで抜群の存在感を示すアタランタの中軸に急成長。バランスを見極めたポジショニングと縦へのフリーランニングで決定機を作る。
- ① 1992年4月15日(26歳)
- ② 180cm／77kg
- ③ アタランタ(ITA)
- ④ 9試合／0得点

MF Xherdan SHAQIRI ●ジェルダン・シャキリ

バーゼル、バイエルン、インテルと各国の名門を渡り歩いたスイス屈指のドリブラー。個人で局面を打開する能力は、攻撃における生命線。
- ① 1991年10月10日(26歳)
- ② 169cm／72kg
- ③ ストーク(ENG)
- ④ 68試合／20得点

MF Granit XHAKA ●グラニト・ジャカ

09年U-17W杯で優勝した黄金世代の中心選手で、ボルシアMGで活躍し16年からアーセナルへ。創造性豊かなパスワークを作る。
- ① 1992年9月27日(25歳)
- ② 185cm／82kg
- ③ アーセナル(ENG)
- ④ 61試合／9得点

MF Denis ZAKARIA ●デニス・ザカリア

フィジカルを活かしたボール奪取能力とプレーエリアの広さが魅力で、パスも正確。エンボロと並ぶ今大会におけるブレイク候補の一人だ。
- ① 1996年11月20日(21歳)
- ② 191cm／80kg
- ③ ボルシアMG(GER)
- ④ 7試合／0得点

MF Steven ZUBER ●スティーヴン・ツバー

スピードとテクニックを駆使したダイナミックなドリブル突破が最大の武器。右のシャキリとともに、決定機を作る上で不可欠なキーマンだ。
- ① 1991年8月17日(26歳)
- ② 182cm／79kg
- ③ ホッフェンハイム(GER)
- ④ 10試合／3得点

FW Breel EMBOLO ●ブレール・エンボロ

潜在能力の高さは誰もが認めるストライカー。膝のケガから復帰後はコンディショニングに苦戦しているが、大舞台で化ける可能性を秘める。
- ① 1997年2月14日(21歳)
- ② 185cm／86kg
- ③ シャルケ(GER)
- ④ 23試合／3得点

FW Eren DERDIYOK ●エレン・デルディヨク

長くを引っ張ってきたチームの顔の一人。ゴール量産型ではないが、足元の技術とセンスで起点を作り、攻撃に変化をもたらすことができる。
- ① 1988年6月12日(30歳)
- ② 191cm／90kg
- ③ ガラタサライ(TUR)
- ④ 60試合／11得点

FW Admir MEHMEDI ●アドミル・メーメディ
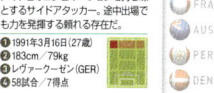
自身の積極的なランニングとチームメイトとのコンビネーションを持ち味とするサイドアタッカー。途中出場でも力を発揮する頼れる存在だ。
- ① 1991年3月16日(27歳)
- ② 183cm／79kg
- ③ レヴァークーゼン(GER)
- ④ 58試合／7得点

FW Haris SEFEROVIC ●ハリス・セフェロヴィッチ

最前線に君臨するレフティー。決定力不足が指摘されるが、欧州で活躍は11試合にスタメン出場。指揮官ヤチームメイトから絶大な信頼を得る。
- ① 1992年2月22日(26歳)
- ② 185cm／85kg
- ③ ベンフィカ(POR)
- ④ 49試合／11得点

GK Roman BURKI ●ロマン・ビュルキ

セービングの安定感は一級品。ドルトムントのレギュラーを張る彼の代表では3番手に止まる。
- ① 1990年11月14日(27歳) ② 187cm／85kg
- ③ ドルトムント(GER) ④ 8試合／0得点

DF Nico ELVEDI ●ニコ・エルヴェディ
攻撃センスを兼備するセンターバック。所属するボルシアMGでは右サイドバックを務める。
- ① 1996年9月30日(21歳) ② 188cm／78kg
- ③ ボルシアMG(GER) ④ 5試合／0得点

DF Michael LANG ●ミヒャエル・ラング
安定した守備を持ち味とする右サイドバックだが、時折見せる攻撃参加もダイナミック。
- ① 1991年2月8日(27歳) ② 185cm／79kg
- ③ バーゼル ④ 23試合／2得点

DF Leo LACROIX ●レオ・ラクロワ
圧倒的な高さで空中戦を支配するセンターバック。ジュルー、シェアの控え要員か。
- ① 1992年2月27日(26歳) ② 197cm／85kg
- ③ サンティティエンヌ(FRA) ④ 0試合／0得点

DF Francois MOUBANDJE ●フランソワ・ムバンジェ
スピードを活かしたオーバーラップを得意とする攻撃的SB。身体能力の高いCBもこなす。
- ① 1990年6月21日(27歳) ② 180cm／74kg
- ③ トゥールーズ(FRA) ④ 16試合／0得点

FW Mario GAVRANOVIC ●マリオ・ガヴラノヴィッチ
ペナルティエリア内で勝負する生粋のストライカータイプ。切り札としての存在価値も。
- ① 1989年11月24日(28歳) ② 178cm／75kg
- ③ ザグレブ(CRO) ④ 13試合／5得点

GROUP A
 RUS
 KSA
 EGY
 URU

GROUP B
POR
ESP
MAR
IRN

GROUP C
FRA
AUS
PER
DEN

GROUP D
ARG
ISL
CRO
NGA

GROUP E
 BRA
 SUI
CRC
SRB

GROUP F
GER
MEX
SWE
KOR

GROUP G
BEL
PAN
TUN
ENG

GROUP H
POL
SEN
COL
JPN

COSTA RICA

コスタリカ／2大会連続5回目

- ●正式名称：コスタリカ共和国 ●サッカー協会設立：1921年 ●FIFA加盟：1927年 ●FIFAランク：25位
- ●W杯出場：5回目 ●W杯最高成績：ベスト8 ●web site：www.fedefutbol.com

PAST RESULT 【W杯過去の成績】

開催年	成績
1930	不参加
1934	不参加
1938	不参加
1950	不参加
1954	不参加
1958	予選敗退
1962	予選敗退
1966	予選敗退
1970	予選敗退
1974	予選敗退
1978	予選敗退
1982	予選敗退
1986	予選敗退
1990	ベスト16
1994	予選敗退
1998	予選敗退
2002	グループステージ敗退
2006	グループステージ敗退
2010	予選敗退
2014	ベスト8

4 年 前 の 快 進 撃 、 再 現 な る か

　ベスト8に進出した前回大会の勢いをそのままに、今大会予選でも安定した戦いで手堅く出場権を勝ち取った。アメリカが敗退する大混戦となった最終予選では、アメリカに2連勝、ホンジュラスに2分、メキシコに1分1敗と強豪相手に五分以上の成績。予選前に指揮権を託されたラミレス監督は特徴ある5-2-3システムを引き継ぎ、粘り強い堅守からのカウンターという正攻法を磨いて2位を確保した。

　全員守備が基本スタイルだが、攻撃は個の能力に頼る。中でもブライアン・ルイスは決定的なパスによるチャンスメイクや高精度のミドルシュートなど異彩を放つタレント。ウレーニャ、ボラーニョスと組む3トップはそれぞれが局面を打開できる個の能力を秘めており、守勢を強いられるゲームでも一発逆転を可能とする。4年前とほぼ変わらないメンバー構成は高齢化も懸念されるが、本番で力を発揮した前回大会の快進撃を再現したい。

　同グループはブラジル、スイス、セルビアと強豪ぞろいだが、チャンスは十分にある。まずはセルビアとの初戦で結果を残し、弾みをつけてブラジル、スイスと向き合えば、グループEにサプライズを起こす可能性は十分にある。

FORMATION 【基本布陣】

B・ルイス（ウェルス）	ウレーニャ（ベオガス）	ボラーニョス（キャンベル）
	グスマン（アソフェイフ）	ボルヘス（テヘダ）
マタリータ（オビエド）	ワストン	ガンボア（スミス）
	ゴンザレス（ドゥアルテ）	アコスタ（カルボ）
5-2-3	ナバス（ペソベルトン）	

ベスト8進出の快進撃を見せた4年前のブラジル大会とシステム、メンバーともほぼ変わらず。重心を低くした粘り強い守備からのスピード溢れるカウンターが武器。

COACH 【監督】

Oscar RAMIREZ ●オスカル・ラミレス

現役時代はMFとして名門サプリサなどでプレー。コスタリカ史上初のW杯初出場となった90年イタリア大会で10番を背負い、通算75試合6得点を記録しているレジェンド。

①1964年12月8日（53歳）
②コスタリカ
③2015年8月

GOAL RANKING 【予選得点ランキング】

順位	選手名	得点
❶	クリスティアン・ボラーニョス	5
❷	マルコ・ウレーニャ	4
❸	ホアン・ベナガス	3
❸	ブライアン・ルイス	3
❺	ジョエル・キャンベル 他2名	2

得意のカウンター攻撃からサイドに展開し、不動の3トップでフィニッシュ。北中米・カリブ海予選でもこの正攻法が機能し、効率良く勝点を稼いだ。

QUALIFIERS RESULT 【予選結果】

北中米・カリブ海最終予選／2位（4勝4分2敗）

日付	対戦相手	H&A	スコア
●北中米・カリブ海4次予選　グループB			
2015年11月13日	ハイチ	H	○1-0
2015年11月17日	パナマ	A	○2-1
2016年 3月25日	ジャマイカ	A	△1-1
2016年 3月29日	ジャマイカ	H	○3-0
2016年 9月 2日	ハイチ	A	○3-0
2016年 9月 6日	パナマ	H	○3-1
●北中米・カリブ海最終予選			
2016年11月11日	トリニダード・トバゴ	A	○2-0
2016年11月15日	アメリカ	H	○4-0
2017年 3月24日	メキシコ	A	●0-2
2017年 3月28日	ホンジュラス	H	△1-1
2017年 6月 8日	パナマ	H	△0-0
2017年 6月13日	トリニダード・トバゴ	H	○2-1
2017年 9月 1日	メキシコ	H	△1-1
2017年 9月 5日	メキシコ	A	△1-1
2017年10月 7日	ホンジュラス	A	△1-1
2017年10月10日	パナマ	A	●1-2

GK Keylor NAVAS ●ケイラー・ナバス

前回大会で世界的評価を高め、レアル・マドリーへ。抜群の反射神経と的確なセービングでスーパーセーブを連発。足元の技術も一級品だ。

- ❶1986年12月15日（31歳）
- ❷185cm／79kg
- ❸レアル・マドリー（ESP）
- ❹76試合／0得点

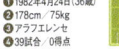

GK Patrick PEMBERTON ●パトリック・ペンベルトン

身体能力の高さを活かしたダイナミックなセービングが魅力。ナバスの壁は高いが、第2GKとしての信頼は厚く、チームに不可欠なベテラン。

- ❶1982年4月24日（36歳）
- ❷178cm／75kg
- ❸アラフエレンセ
- ❹31試合／0得点

GK Leonel MOREIRA ●レオネル・モレイラ

上背はないが反応が鋭く、フィード技術も高い。思い切りの良い飛び出しを持ち味とし広範囲を守る。第3GKだが実績も経験も十分。

- ❶1990年4月2日（28歳）
- ❷179cm／72kg
- ❸エレディアーノ
- ❹8試合／0得点

DF Jhonny ACOSTA ●ジョニー・アコスタ

パスコースを読むポジショニングセンスが光る不動のセンターバック。サイドバックもこなすチームに不可欠な最終ラインのリーダー格だ。

- ❶1983年7月21日（34歳）
- ❷176cm／70kg
- ❸リオグロ・アギラス（COL）
- ❹65試合／0得点

DF Francisco CALVO ●フランシスコ・カルボ

大学時代にA代表デビュー。対人の強さはもちろん、攻撃の起点となる足の精度も持ち味。25歳ながら国際経験も豊富で常に冷静に対応する。

- ❶1992年7月8日（25歳）
- ❷180cm／75kg
- ❸ミネソタ・ユナイテッド（MLS）
- ❹33試合／3得点

DF Cristian GAMBOA ●クリスティアン・ガンボア

09年U-20W杯で4位躍進を遂げたメンバーの一人。小柄で機動力があり、クロス精度も高い。攻撃参加からのチャンスメイクで好機を作る。

- ❶1989年10月24日（28歳）
- ❷175cm／70kg
- ❸セルティック（SCO）
- ❹63試合／3得点

DF Giancarlo GONZALEZ ●ジャンカルロ・ゴンサレス

愛称は「ピポ」。セットプレーで強さを発揮する高さと、最終ラインから攻撃を組み立てるフィードが魅力。30歳を迎えて円熟味が増した。

- ❶1988年2月8日（30歳）
- ❷186cm／72kg
- ❸ボローニャ（ITA）
- ❹66試合／2得点

DF Ronald MATARRITA ●ロナルド・マタリータ

各年代の代表に選出されてきたエリート。持ち前のスピードを活かした迫力ある突破と、中に切り込んでからの豪快なシュートを武器とする。

- ❶1994年7月9日（23歳）
- ❷175cm／70kg
- ❸ニューヨーク・シティ（MLS）
- ❹21試合／2得点

DF Bryan OVIEDO ●ブライアン・オビエド

マリナーロと定位置を争う左サイドのスペシャリスト。守備面にやや不安を抱えるが、それを補って余りある攻撃センスでレギュラーを狙う。

- ❶1990年2月18日（28歳）
- ❷172cm／69kg
- ❸サンダーランド（ENG）
- ❹39試合／1得点

DF Oscar DUARTE ●オスカル・ドゥアルテ

コスタリカの名門デポルティーボ・サプリサで頭角を現し、16年にエスパニョールに加入。豊富な運動量とプレーの正確さを持ち味とする。

- ❶1989年6月3日（29歳）
- ❷184cm／83kg
- ❸エスパニョール（ESP）
- ❹34試合／3得点

DF Ian SMITH ●イアン・スミス

今冬からスウェーデンリーグに舞台を移し、活躍が認められて初の代表入り。3月の親善試合で結果を残し、最終登録メンバーに滑り込んだ。

- ❶1998年3月6日（20歳）
- ❷177cm／68kg
- ❸ノーシェーピング（SWE）
- ❹1試合／0得点

DF Kendall WASTON ●ケンダル・ワストン

17年10月の最終予選ホンジュラス戦でアディショナルタイムに価値ある同点ゴールを記録。劇的なゴールで本大会出場権獲得に大きく貢献した。

- ❶1988年1月1日（30歳）
- ❷196cm／73kg
- ❸バンクーバー（MLS）
- ❹35試合／4得点

MF Randall AZOFEIFA ●ランダル・アソフェイファ

サプリサのアカデミーで育ち、06年ドイツW杯への出場経験を持つベテランMF。ミドルレンジのパスを得意とし、中盤で攻撃を組み立てる。

- ❶1984年12月30日（33歳）
- ❷182cm／74kg
- ❸エレディアーノ
- ❹58試合／0得点

MF Christian BOLAÑOS ●クリスティアン・ボラーニョス

若くして脚光を浴び、06年にはリヴァプールに移籍。抜群の瞬発力と元気く緩急の変化に富んだドリブル突破を武器とする。攻撃のリーダー格。

- ❶1984年5月17日（34歳）
- ❷178cm／67kg
- ❸サプリサ
- ❹80試合／7得点

MF Celso BORGES ●セルソ・ボルヘス

90年W杯で代表の指揮を執ったギマラエス監督の実子。ロングフィードの精度に定評があり、中盤の底から決定的なパスでゴールを演出する。

- ❶1988年5月27日（30歳）
- ❷182cm／78kg
- ❸デポルティボ（ESP）
- ❹108試合／20得点

MF David GUZMAN ●ダビド・グズマン

足元の確かな技術と、相手のキーマンを潰す対人守備能力の高さが持ち味。与えられた仕事に徹する職人肌気質で、派手さはないが重責を担う。

- ❶1989年2月18日（28歳）
- ❷176cm／60kg
- ❸ポートランド・ティンバーズ（MLS）
- ❹42試合／0得点

MF Yeltsin TEJEDA ●イェルティン・テヘダ

危機察知能力が高く、カバーリングも見事。機を見極めた攻め上がりも意外性があり、中盤で存在感を誇示する。計算できる戦力として貴重。

- ❶1992年3月17日（26歳）
- ❷176cm／66kg
- ❸ローザンヌ（SUI）
- ❹46試合／0得点

MF Daniel COLINDRES ●ダニエル・コリンドレス

足元の技術とスピードに優れ、強引なドリブル突破でサイドから仕掛けるアタッカー。意外性のあるミドルも威力十分で攻撃の切り札となる。

- ❶1985年1月10日（33歳）
- ❷180cm／65kg
- ❸サプリサ
- ❹6試合／0得点

MF Bryan RUIZ ●ブライアン・ルイス

攻撃の全体を担うチーム屈指のスター選手。創造性溢れるパスと抜群のキープ力でチャンスを作るだけでなく、自らの得点能力も極めて高い。

- ❶1985年8月18日（32歳）
- ❷188cm／80kg
- ❸スポルティング（POR）
- ❹108試合／23得点

MF Rodney WALLACE ●ロドニー・ウォレス

幼少期から暮らすアメリカで頭角を現し、11年に代表デビュー。強烈な左足を武器に、主に右サイドで起用される切り札として活躍できるか。

- ❶1988年6月7日（29歳）
- ❷180cm／73kg
- ❸ニューヨーク・シティ（MLS）
- ❹29試合／4得点

FW Joel CAMPBELL ●ジョエル・キャンベル

圧倒的なスピードでサイドを切り裂き、個の能力で打開してシュートまで持ち込む技巧派が魅力。途中出場から攻撃を活性化する起爆剤だ。

- ❶1992年6月26日（25歳）
- ❷178cm／76kg
- ❸ベティス（ESP）
- ❹74試合／14得点

FW Marco URENA ●マルコ・ウレーニャ

09年U-20W杯に出場したチームのエースで、ロシア、デンマーク、アメリカ2部で活躍。ペナルティーエリア内のゴール嗅覚は一級品。

- ❶1990年3月5日（28歳）
- ❷179cm／72kg
- ❸ロサンゼルスFC（MLS）
- ❹60試合／14得点

FW Johan VENEGAS ●ヨアン・ベネガス

ワンチョベ監督時代に重用されたサイドアタッカー。オールラウンダーとしての資質も高く、状況に応じてどのポジションでもこなす万能型。

- ❶1988年11月27日（29歳）
- ❷183cm／76kg
- ❸サプリサ
- ❹44試合／9得点

GROUP A

- RUS
- KSA
- EGY
- URU

GROUP B
- POR
- ESP
- MAR
- IRN

GROUP C
- FRA
- AUS
- PER
- DEN

GROUP D
- ARG
- ISL
- CRO
- NGA

GROUP E

- BRA
- SUI
- CRC
- SRB

GROUP F
- GER
- MEX
- SWE
- KOR

GROUP G
- BEL
- PAN
- TUN
- ENG

GROUP H
- POL
- SEN
- COL
- JPN

SERBIA

セルビア／2大会ぶり12回目

●正式名称：セルビア共和国　●サッカー協会設立：1919年　●FIFA加盟：1923年　●FIFAランク：35位
●W杯出場：12回目　●W杯最高成績：3位　●web site：www.fss.rs

PAST RESULT【W杯過去の成績】

開催年	成績
1930	3位
1934	予選敗退
1938	予選敗退
1950	グループステージ敗退
1954	ベスト8
1958	ベスト8
1962	4位
1966	予選敗退
1970	予選敗退
1974	ベスト8
1978	予選敗退
1982	ベスト16
1986	予選敗退
1990	ベスト8
1994	不参加
1998	ベスト16
2002	予選敗退
2006	グループステージ敗退
2010	グループステージ敗退
2014	予選敗退

※ユーゴスラビア、
セルビア・モンテネグロ時代を含む。

番狂わせの主役を張れる潜在能力

ドラガン・ストイコヴィッチやデヤン・スタンコヴィッチら世界屈指の才能を数多く抱え、創造性豊かなサッカーを展開したかつての姿には及ばないが、世界が注目する好タレント揃いの注目株として脚光を浴びる。守備陣には守護神ストイコヴィッチやDFイヴァノヴィッチ、コラロフ、ルカヴィナと経験豊富なベテランが並び、ピッチの中央には世界屈指のプレーメイカーであるマティッチが君臨。前線ではテクニシャンのリャイッチを軸に、ドリブラーのコスティッチとタディッチ、さらにセリエAで急成長を遂げている新鋭ミリンコヴィッチ=サヴィッチと魅力あるヤングパワーが躍動。バランスと爆発力を兼備するチームは欧州予選を1位で通過した。

予選終了直後にムスリン監督が解任されるアクシデントがあったが、コーチを務めてきたクルスタイッチが昇格。さっそくシステムを4－1－4－1に変更した。経験の浅さは不安要素だが、現役時代のW杯出場経験が活きるはず。若手が形成する攻撃陣の奮起を促すことができれば、クセモノが揃うグループEを攻略することも可能だろう。最終戦でブラジルと顔を合わせる組み合わせも吉。勢いをつけて決勝Tに臨めば大番狂わせを起こす潜在能力がある。

FORMATION【基本布陣】

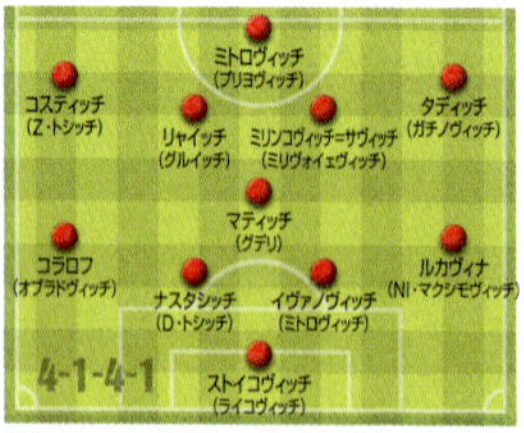
ミトロヴィッチ
(プリヨヴィッチ)
コスティッチ
(Z・トシッチ)
タディッチ
(ガチノヴィッチ)
リャイッチ
(グルイッチ)
ミリンコヴィッチ=サヴィッチ
(ミリヴォイェヴィッチ)
マティッチ
(グデリ)
コラロフ
(オブラドヴィッチ)
ルカヴィナ
(NI・マクシモヴィッチ)
ナスタシッチ
(D・トシッチ)
イヴァノヴィッチ
(ミトロヴィッチ)
ストイコヴィッチ
(ライコヴィッチ)
4-1-4-1

予選は3−4−2−1で戦ったが、17年秋のアジア遠征から2列目の豊富なタレントを活かすべく4−1−4−1を採用。中盤の底に構えるマティッチの活躍が不可欠だ。

QUALIFIERS RESULT【予選結果】

欧州予選グループD／1位(6勝3分1敗)

日付	対戦相手	H&A	スコア
2016年 9月 5日	アイルランド	H	△2-2
2016年10月 6日	モルドバ	A	○3-0
2016年10月 9日	オーストリア	H	○3-2
2016年11月12日	ウェールズ	A	△1-1
2017年 3月24日	ジョージア	A	○3-1
2017年 6月11日	ウェールズ	H	△1-1
2017年 9月 2日	モルドバ	H	○3-0
2017年 9月 5日	アイルランド	A	○1-0
2017年10月 6日	オーストリア	A	●2-3
2017年10月 9日	ジョージア	H	○1-0

COACH【監督】

Mladen KRSTAJIC ●ムラデン・クルスタイッチ

16年からコーチを務め、予選突破と同時に「考え方の不一致」を理由に解任されたムスリン前監督の後任に。経験は浅いが選手と近い関係を作り、チームの一体感を高める手腕に期待。

❶1974年3月4日(44歳)
❷セルビア
❸2017年11月

GOAL RANKING【予選得点ランキング】

順位	選手名	得点
1	アレクサンダル・ミトロヴィッチ	6
2	ドゥサン・タディッチ	4
3	フィリップ・コスティッチ	2
3	ミヤト・ガチノヴィッチ	2
3	アレクサンダル・コラロフ	2

得点源のミトロヴィッチが期待どおりの活躍で6得点。これが1位通過の原動力となった。チームとしての得点力は高くないが、攻撃パターンは多彩。

GK Vladimir STOJKOVIC ●ヴラディミル・ストイコヴィッチ

闘争心溢れるプレースタイルでビッグセーブを連発。PKストッパーとしても知られるムードメーカーは一番こここそ本領を発揮するタイプ。

- 1983年7月28日（34歳）
- 196cm／94kg
- パルチザン
- 79試合／0得点

MF Marko GRUJIC ●マルコ・グルイッチ

リヴァプールでのポジション争いに敗れ、今冬の移籍市場でカーディフにレンタル移籍。本来の調子なら大化けする可能性を秘めた逸材だ。

- 1996年4月13日（22歳）
- 191cm／82kg
- カーディフ（ENG）
- 6試合／0得点

MF Andrija ZIVKOVIC ●アンドリヤ・ジヴコヴィッチ

ドリブル突破からの強烈なミドルシュート、決定的なラストパスなど攻撃の武器は多彩。21歳と若いが、未来の中心選手として期待は大きい。

- 1996年7月11日（21歳）
- 168cm／70kg
- ベンフィカ（POR）
- 9試合／0得点

DF Branislav IVANOVIC ●ブラニスラフ・イヴァノヴィッチ

10シーズン在籍したチェルシーでは監督を問わず右SB、またはセンターバックとして重用された。攻撃センスもあり、安定感は抜群だ。

- 1984年2月22日（34歳）
- 185cm／90kg
- ゼニト（RUS）
- 102試合／12得点

MF Nemanja GUDELJ ●ネマニャ・グデリ

フィジカル能力の高さで中盤を引き締めるボランチ。アヤックスで急成長後は17年から舞台を中国に移し、今冬から広州恒大でプレーする。

- 1991年11月16日（26歳）
- 187cm／80kg
- 広州恒大（CHN）
- 35試合／1得点

FW Aleksandar MITROVIC ●アレクサンダル・ミトロヴィッチ

得点としてフィニッシュワークを一手に引き受ける点取り屋。予選は6得点を記録し、本大会出場に大きく貢献した。課題はポストワーク。

- 1994年9月16日（23歳）
- 189cm／82kg
- フルハム（ENG）
- 35試合／11得点

DF Aleksandar KOLAROV ●アレクサンダル・コラロフ

強烈かつ正確な左足を武器とするサイドバック。17年夏の移籍市場でマンチェスター・Cからローマに移籍。完全な主力として存在感を誇示した。

- 1985年11月10日（32歳）
- 187cm／83kg
- ローマ（ITA）
- 74試合／12得点

MF Adem LJAJIC ●アデム・リャイッチ

セリエAでも指折りのテクニシャンは攻撃の中枢。所属するトリノでは主に左サイドを務めるなど、サイドでの起用も効果的に機能するはず。

- 1991年9月29日（26歳）
- 182cm／74kg
- トリノ（ITA）
- 27試合／5得点

FW Andrija PAVLOVIC ●アンドリヤ・パヴロヴィッチ

最近は目立った活躍ができていないが、ゴール前の落ち着きと勝負強さは魅力。FWとしての最終メンバー入りを最後まで争うことになりそう。

- 1993年11月16日（24歳）
- 189cm／85kg
- コペンハーゲン（DEN）
- 5試合／0得点

DF Nikola MAKSIMOVIC ●ニコラ・マクシモヴィッチ

ナポリでの定位置争いに敗れてスパルタク・モスクワに移籍したものの、能力の高さは折り紙つき。高さと強さ、クレバーさを兼備する。

- 1991年11月25日（26歳）
- 193cm／82kg
- スパルタク・モスクワ（RUS）
- 20試合／0得点

MF Filip KOSTIC ●フィリップ・コスティッチ

切れ味鋭いドリブル突破を最大の武器とするサイドアタッカー。リャイッチ、コラロフとのコンビネーションで左サイドを活性化させる。

- 1992年11月1日（25歳）
- 184cm／82kg
- ハンブルガーSV（GER）
- 21試合／1得点

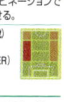

FW Aleksandar PRIJOVIC ●アレクサンダル・プリョヴィッチ

190オーバーの恵まれた体格を活かし、最前線に張って攻撃の起点を作る。決定力また上がればミトロヴィッチに取って代わられる存在。

- 1990年4月21日（28歳）
- 191cm／85kg
- PAOK（GRE）
- 8試合／1得点

DF Stefan MITROVIC ●ステファン・ミトロヴィッチ

ベルギー、ポルトガル、スペイン、ドイツといくつもの国を渡り歩き、徐々に頭角を現した。ヘントでは日本代表FW久保裕也のチームメイト。

- 1990年5月22日（28歳）
- 189cm／84kg
- ヘント（BEL）
- 13試合／0得点

MF Nemanja MATIC ●ネマニャ・マティッチ

広範囲をカバーする守備能力の高さと正確なパスワークという司令塔気質を兼備するプレーメーカー。すらっとした体型からまさに名は体を表すスパイダー。

- 1988年8月1日（29歳）
- 194cm／85kg
- マンチェスター・U（ENG）
- 38試合／0得点

GK Predrag RAJKOVIC ●プレドラグ・ライコヴィッチ

U-20W杯の最優秀GKとなり、A代表でも2番手に浮上。守備範囲の広さが大きな武器。

- 1995年10月31日（22歳）
- マッカビ・テルアビブ（ISR）
- 7試合／0得点

GK Aleksandar JOVANOVIC ●アレクサンダル・ヨヴァノヴィッチ

恵まれた体格を活かしたダイナミックなセービングが持微。代表で3番手の地位を確保。

- 1992年12月6日（25歳）
- オーフス（DEN）
- 192cm／85kg
- 1試合／0得点

DF Ivan OBRADOVIC ●イヴァン・オブラドヴィッチ

コラロフのバックアップとしてメンバー入りが濃厚。左サイドのスペシャリストだ。

- 1988年7月25日（29歳）
- 181cm／79kg
- アンデルレヒト（BEL）
- 27試合／1得点

MF Sergej MILINKOVIC-SAVIC ●セルゲイ・ミリンコヴィッチ＝サヴィッチ

セリエA屈指のヤングタレントとして注目を集める超新星だ。ダイナミックなフリーランニングで相手の守備に穴を開ける。強烈なミドルも武器。

- 1995年2月27日（23歳）
- 192cm／82kg
- ラツィオ（ITA）
- 2試合／0得点

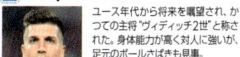

DF Matija NASTASIC ●マティヤ・ナスタシッチ

ユース年代から将来を嘱望され、かつての主将"ヴィディッチ2世"と称された。身体能力が高く対人に強いが、足元のボールさばきも見事。

- 1993年3月28日（25歳）
- 188cm／82kg
- シャルケ（GER）
- 27試合／0得点

DF Dusko TOSIC ●ドゥスコ・トシッチ

左サイドを主戦場に左右どちらのセンターバックとしても機能。フィード技術に定評がある。

- 1985年1月19日（33歳）
- ベシクタシュ（TUR）
- 185cm／85kg
- 22試合／1得点

MF Nemanja MAKSIMOVIC ●ネマニャ・マクシモヴィッチ

マティッチの後継者と称される気鋭のニューカマー。視野の広さと高精度のキックが武器。

- 1995年1月26日（23歳）
- バレンシア（ESP）
- 184cm／75kg
- 6試合／0得点

DF Antonio RUKAVINA ●アントニオ・ルカヴィナ

一時はバルセロナの獲得候補に名前が上がったベテランサイドバック。全盛期の迫力はなくなったが、機を見た攻撃参加やディフェンスは抜群だ。

- 1984年1月26日（34歳）
- 176cm／71kg
- ビジャレアル（ESP）
- 45試合／0得点

MF Luka MILIVOJEVIC ●ルカ・ミリヴォイェヴィッチ

欧州予選のオーストリア戦で代表初得点を記録。テンポの良いパスサッカーで流れを作り、自らは思い切ったミドルシュートで決定機に絡む。

- 1991年4月7日（27歳）
- 186cm／82kg
- クリスタル・パレス（ENG）
- 26試合／0得点

FW Zoran TOSIC ●ゾラン・トシッチ

予選ではほとんど出場機会を得られなかったが、ドリブルを基本とする攻撃センスは魅力。

- 1987年4月28日（31歳）
- パルチザン
- 171cm／68kg
- 76試合／11得点

MF Mijat GACINOVIC ●ミャト・ガチノヴィッチ

もともとはウインガーだが、トップ下やセンターMFもこなせる万能型の選手。運動量も多く、守備にも献身的で交代要員として貴重な戦力だ。

- 1995年2月8日（23歳）
- 175cm／66kg
- フランクフルト（GER）
- 7試合／2得点

MF Dusan TADIC ●ドゥサン・タディッチ

抜群のキープ力を駆使して右サイドで起点を作る万能型。プレースキッカーとしての評価も高く、決定機を生む能力に長ける。

- 1988年11月20日（29歳）
- 186cm／75kg
- サウサンプトン（ENG）
- 51試合／13得点

戦力分析

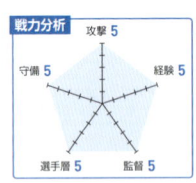

攻撃 5
守備 5
経験 5
選手層 5
監督 5

VOICE 出場国関係者の声

マヌエル・ノイアー／GK

メキシコは常にアグレッシブなサッカーをする。イタリアに勝って本大会出場を決めたスウェーデンを過小評価してはならない。韓国も強いチームだ。3つの大陸の3つの国と対戦する面白いグループになった。

KEY PLAYER [注目選手]

攻 **Thomas MULLER**
●トーマス・ミュラー

W杯過去2大会で10得点を記録。その勝負強さが発揮されれば、チームは間違いなく連覇に近づく。攻撃を活性化させるフリーランニングもチームの生命線だ。

守 **Joshua KIMMICH**
●ヨシュア・キミッヒ

長くチームを支えた同ポジションのラームが引退し、その後継者として素晴らしいパフォーマンスを披露。右SBの位置から組み立てる能力は前任者と遜色ない。

主要ブックメーカー優勝オッズ

ウィリアムヒル	bwin	bet365
5.50倍	5.50倍	5.50倍

GERMANY
ドイツ ●17大会連続19回目

GROUP グループ F
WORLD CUP RUSSIA 2018

盤石の強さを誇るドイツは突破濃厚
2位争いは攻撃力のメキシコ有利か

ブラジルと並ぶ優勝候補の筆頭格で、連覇の可能性も有力視されるドイツが実力では頭ひとつ抜けている。

予選を危なげなく通過したことはもちろん、プレ大会として位置づけられる2017年コンフェデレーションズカップでは2軍にも近い若手を中心とした"1.5軍"で優勝。圧倒的な選手層に加え、スタイルそのものの完成度が高いことを改めて証明してみせた。

2位争いは予想が難しい展開になりそうだが、前評判では欧州予選プレーオフでイタリアを破ったスウェーデンが有利と見る向きが強い。もっとも、スウェーデンは守備に特化したチームで、フォルスベリを軸とする攻撃が封じら

戦力分析

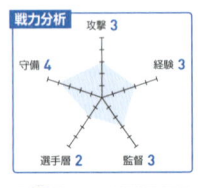

攻撃 3
守備 4
経験 3
選手層 2
監督 3

VOICE 出場国関係者の声

ヤンネ・アンデション／監督

私たちはW杯予選に専念していたから、メキシコと韓国については今のところ詳しくは知らない。だが、もちろん彼らをリスペクトしているよ。非常に厳しい組に入ったが、これがW杯だ。すべての試合が難しい。

KEY PLAYER [注目選手]

攻 **Emil FORSBERG**
●エミル・フォルスベリ

手堅い組織的サッカーを持ち味とするチームにおいて、ただ一人ワールドクラスの創造性を持ち合わせる司令塔だ。攻撃の停滞時には彼のラストパスが鍵を握る。

守 **Victor LINDELOF**
●ヴィクトル・リンデロフ

昨年夏に移籍したマンチェスター・Uでは批判されているが、実力は確か。本来のパフォーマンスを発揮できるかどうかが、組織的な守備の安定を左右する。

主要ブックメーカー優勝オッズ

ウィリアムヒル	bwin	bet365
81.00倍	101.00倍	126.00倍

SWEDEN
スウェーデン ●3大会ぶり12回目

MEXICO
メキシコ ● 7大会連続16回目

KEY PLAYER　[注目選手]

(FW) Hirving LOZANO
● イルビング・ロサーノ

J・エルナンデスに締り切っていたフィニッシュの仕事を分担する決定力だけでなく、単独の突破力も魅力。今大会でのブレイクが期待されるスター候補の一人。

(GK) Guillermo OCHOA
● ギジェルモ・オチョア

大舞台に強い頼れる守護神。前回大会でもビッグセーブを連発してベスト16に導き、一躍時の人となった。得意とするカウンターの起点としても不可欠な存在だ。

主要ブックメーカー優勝オッズ

ウィリアムヒル	bwin	bet365
81.00倍	101.00倍	101.00倍

戦力分析

攻撃 4 / 守備 3 / 経験 4 / 選手層 3 / 監督 3

VOICE 出場国関係者の声

フアン・カルロス・オソーリオ／監督

スウェーデンには優れた守備がある。韓国は守備がいいね。切り替えも速い。シン監督は五輪代表を率いていたから、選手のことを熱知している。厳しいがとても良いグループだ。ドイツと戦うことを望んでいた。

れればゴールは遠い。その点で苦しむようなら、メキシコと韓国にもチャンスはある。

メキシコにはスウェーデンと同等の実力があり、過去6大会連続でベスト16に進出している自信もあるが、何より攻撃陣にタレントを抱えている点が心強い。J・エルナンデスだけでなく、ロサーノやコロナら若手も成長。最終的に点を取らなければ勝てないことを考えれば、スウェーデンよりも可能性は高そうだ。

韓国にとっては非常に厳しいグループだが、爆発力は2002年大会で証明済み。ソン・フンミンを軸とする攻撃陣がスウェーデンの堅守を攻略することができれば、勢いを持ってメキシコとの"決定戦"に臨める。

MATCH SCHEDULE　[試合日程]

日程	現地時間(日本)	会場(開催地)	放送局
6月17日(日)	18:00(24:00)	ルジニキ・スタジアム(モスクワ)	NHK
	ドイツ ● × ● メキシコ		
6月18日(月)	15:00(21:00)	ニジニ・ノヴゴロド・スタジアム(ニジニ・ノヴゴロド)	NHK
	スウェーデン × 韓国		
6月23日(土)	18:00(24:00)	ロストフ・アレーナ(ロストフ・ナ・ドヌ)	NHK テレ朝
	韓国 × ● メキシコ		
6月23日(土)	21:00(27:00)	フィシュト・スタジアム(ソチ)	NHK TBS
	ドイツ ● × スウェーデン		
6月27日(水)	17:00(23:00)	カザン・アレーナ(カザン)	NHK
	韓国 × ● ドイツ		
6月27日(水)	19:00(23:00)	エカテリンブルク・アレーナ(エカテリンブルク)	NHK TBS
	メキシコ × スウェーデン		

KOREA Rep.
韓国 ● 9大会連続10回目

KEY PLAYER　[注目選手]

(FW) Heung-Min SON
● ソン・フンミン

韓国が誇るワールドクラスのアタッカー。爆発的な瞬発力で敵陣を切り裂くドリブル突破は大きな武器。徹底マークが予想される中、大舞台で仕事をできるか。

(MF) Sung-Yeung KI
● キ・ソンヨン

韓国の中盤を指揮するプレーメーカー。攻撃においてはパスの強弱でリズムを作り、敵陣に急所を見つければ積極的に飛び込むが、中盤での守備にこそ価値がある。

主要ブックメーカー優勝オッズ

ウィリアムヒル	bwin	bet365
501.00倍	501.00倍	751.00倍

戦力分析

攻撃 3 / 守備 2 / 経験 4 / 選手層 2 / 監督 3

VOICE 出場国関係者の声

ク・ジャチョル／MF

W杯において簡単なグループなんてない。ただ、この大会はすべての選手にとっての夢で、国のためにすべてを懸けて戦う最も格式の高い大会なんだ。だからこそ、どんな相手でも簡単な試合なんてあり得ない。

GERMANY

ドイツ／17大会連続19回目

●正式名称：ドイツ連邦共和国　●サッカー協会設立：1900年　●FIFA加盟：1904年　●FIFAランク：1位
●W杯出場：19回目　●W杯最高成績：優勝　●web site：www.dfb.de

PAST RESULT【W杯過去の成績】

開催年	成績
1930	不参加
1934	3位
1938	ベスト16
1950	不参加
1954	優勝
1958	4位
1962	ベスト8
1966	準優勝
1970	3位
1974	優勝
1978	ベスト8
1982	準優勝
1986	準優勝
1990	優勝
1994	ベスト8
1998	ベスト8
2002	準優勝
2006	3位
2010	3位
2014	優勝

※旧西ドイツ時代を含む

目標のW杯連覇に向けて視界は良好

　強者の舞台裏にある育成の成功が、一向にその終わりを迎えようとしない。フィリップ・ラームやルーカス・ポドルスキ、バスティアン・シュバインシュタイガーらの台頭によって3位に輝いた自国開催の2006年W杯から12年。あの頃活躍した若手が代表チームを退いてもなお次から次へと素晴らしいタレントを輩出している。今大会は、20代後半を迎えたエジルやクロース、30代に突入したノイアーやケディラを中心とする第2世代のクライマックス。しかしその後にはキミッヒやドラクスラー、ヴェルナーらのピークが控えており、その急速な成長による底上げがチーム

の強さを物語っている。選手層の厚さは他の追随を許さない。

　ドイツW杯終了後に就任したレーヴ監督は、世代バランスをうまく取りながら選手の能力を引き出し続けている。今大会もブラジルと並ぶ優勝候補の筆頭格。4-2-3-1のシステムにも選手層にも穴はなく、盤石の状態で開幕を迎えられそうだ。

　グループステージで同居するメキシコ、スウェーデン、韓国はそれぞれに特徴のある難敵だが、それらをあっさりと退けて勝ち上がるようなら目標とするW杯2連覇もいよいよ現実味を帯びてくる。弱点が見当たらない優勝候補筆頭格だ。

FORMATION　【基本布陣】

4-2-3-1

ヴェルナー（M.ゴメス）
ドラクスラー（ザネ）
エジル（ロイス）
ミュラー（ブラント）
ヘクター（プラッテンハルト）
クロース（ルディ）
ケディラ（ギュンドアン）
キミッヒ（リュディガー）
フンメルス（ギンター）
ボアテング（ターァ）
ノイアー（テア・シュテーゲン）

基本システムは長く採用している4-2-3-1だが、コンフェデレーションズカップや欧州予選では3バックも併用。試合状況に応じてどちらにも柔軟に対応できる。

QUALIFIERS RESULT　【予選結果】

欧州予選グループC／1位（10勝0分0敗）

日付	対戦相手	H&A	スコア
2016年 9月 4日	ノルウェー	A	○3-0
2016年10月 8日	チェコ	H	○3-0
2016年10月11日	北アイルランド	H	○2-0
2016年11月11日	サンマリノ	A	○8-0
2017年 3月26日	アゼルバイジャン	A	○4-1
2017年 6月10日	サンマリノ	H	○7-0
2017年 9月 1日	チェコ	A	○2-1
2017年 9月 4日	ノルウェー	H	○6-0
2017年10月 5日	北アイルランド	A	○3-1
2017年10月 8日	アゼルバイジャン	H	○5-1

COACH　【監督】

Joachim LOW ●ヨアヒム・レーヴ

06年W杯終了後にクリンスマンから指揮権を引き継ぎ、13年目に突入。次々にタレントが現れるチームでベテランと若手のバランスを取り、完成度の高い組織を作り上げる。

❶1960年2月3日（58歳）
❷ドイツ
❸2006年7月

GOAL RANKING　【予選得点ランキング】

順位	選手名	得点
❶	トーマス・ミュラー	5
❶	ザンドロ・ヴァーグナー	5
❸	ユリアン・ドラクスラー	3
❸	ティモ・ヴェルナー	3
❸	セルジュ・ニャブリ	3

長きにわたって得点源となっているミュラーが順調に5得点。成長著しいヴェルナーも活躍。ヴァーグナーは当落線上に立たされている。

GK Manuel NEUER ●マヌエル・ノイアー

言わずと知れた世界ナンバーワンGK。シュートストップの技術はもちろん、足技の巧さと守備範囲の広さで現代的GKの概念を自ら示す。

❶1986年3月27日(32歳)
❷193cm／92kg
❸バイエルン
❹74試合／0得点

GK Marc-Andre TER STEGEN ●マルク・アンドレ・テア・シュテーゲン

足元の技術はノイアーに劣らず。1本のロングキックでカウンターを生む。長く戦列を離れていたノイアーに代わって守護神の座を射止めるか。

❶1992年4月30日(26歳)
❷187cm／85kg
❸バルセロナ(ESP)
❹19試合／0得点

DF Jerome BOATENG ●ジェローム・ボアテング

フンメルスとのコンビで近年のドイツ躍進を支えたが、最近はやや低調。バイエルンでもジューレに定位置を譲りつつあり、ここが正念場だ。

❶1988年9月3日(29歳)
❷192cm／90kg
❸バイエルン
❹70試合・1得点

DF Jonas HECTOR ●ヨナス・ヘクター

近年ケルンで頭角を現し、遅咲きながらブレイク。予選8試合にスタメン出場している。激しい定位置争いが繰り広げられる左SBの第一候補。

❶1990年5月27日(28歳)
❷185cm／75kg
❸ケルン
❹36試合／5得点

DF Mats HUMMELS ●マッツ・フンメルス

戦術眼に優れパスコースを読むポジショニングと誘い込む駆け引きを得意とする。抜群のフィードと合わせて絶対的なディフェンスリーダー。

❶1988年12月16日(29歳)
❷191cm／92kg
❸バイエルン
❹63試合／5得点

DF Joshua KIMMICH ●ヨシュア・キミッヒ

バイエルン時代のグアルディオラ監督に見いだされてブレイクすると、代表ではラームの後継者として期待以上の成長ぶり。未来の主将候補。

❶1995年2月8日(23歳)
❷176cm／70kg
❸バイエルン
❹27試合／3得点

DF Marvin PLATTENHARDT ●マルヴィン・プラッテンハルト

抜群のキック精度を誇り、クロスだけでなくプレースキックでも存在感を誇示。現時点での立場は左SBの2番手だが、クラブでは好調を維持。

❶1992年1月26日(26歳)
❷181cm／76kg
❸ヘルタ・ベルリン
❹6試合／0得点

DF Antonio RUDIGER ●アントニオ・リュディガー

圧倒的な身体能力だけでなくフィードも正確。右SBをこなす器用さもある。予選はほぼベンチスタートだったが、今季の調子ならスタメンも。

❶1993年3月3日(25歳)
❷190cm／85kg
❸チェルシー(ENG)
❹23試合／1得点

MF Julian DRAXLER ●ユリアン・ドラクスラー

シャルケアカデミーが輩出した天才MFは順調な成長を遂げて代表の主力に。コンフェデ杯ではキャプテンを務めて若いチームを優勝に導いた。

❶1993年9月20日(24歳)
❷187cm／72kg
❸パリSG(FRA)
❹42試合／6得点

MF Ilkay GUNDOGAN ●イルカイ・ギュンドアン

大きなケガに悩まされ続けてきたが、3月に入ると完全復調。ルディやゴレツカとセントラルMFの控えの座を争うが、本調子なら遜色ない。

❶1990年10月24日(27歳)
❷180cm／80kg
❸マンチェスター・C(ENG)
❹24試合／4得点

MF Sami KHEDIRA ●サミ・ケディラ

長く代表を支えてきたMFは今がキャリアのピーク。持ち味であるタイミングのいい飛び出しで攻撃をサポートする役割はユヴェントスと同じ。

❶1987年4月4日(31歳)
❷189cm／90kg
❸ユヴェントス(ITA)
❹73試合／7得点

MF Toni KROOS ●トニ・クロース

パスとキープ、ドリブルを使い分ける緩急の変化で攻撃のリズムを生む稀代の司令塔。守備のアプローチも改善し完成形に近づきつつある。

❶1990年1月4日(28歳)
❷183cm／76kg
❸レアル・マドリー(ESP)
❹82試合／12得点

MF Thomas MULLER ●トーマス・ミュラー

2列目から相手の急所に飛び込むセンスは一級品。決定力も高く、過去2大会のW杯で10得点を記録した。大舞台での強さは特筆に値する。

❶1989年9月13日(28歳)
❷186cm／75kg
❸バイエルン
❹90試合／38得点

MF Mesut OZIL ●メスト・エジル

一撃必殺のスルーパスと抜群のキープ力で決定機を作る。そのパフォーマンスでチームの成否が分かれるほど攻撃における絶対的なキーマン。

❶1988年10月15日(29歳)
❷180cm／76kg
❸アーセナル(ENG)
❹89試合／22得点

MF Sebastian RUDY ●セバスティアン・ルディ

抜群の精度を誇るミドル&ロングパスで組み立てるゲームメイカー。運動量も豊富で守備力も高く、計算できる戦力として重用されている。

❶1990年2月28日(28歳)
❷180cm／74kg
❸バイエルン
❹24試合／1得点

FW Julian BRANDT ●ユリアン・ブラント

スピードを活かしたドリブル突破で敵陣を切り裂くアタッカー。局面を打開する個の能力は現代表における希少価値が高く切り札になり得る。

❶1996年5月2日(22歳)
❷185cm／82kg
❸レヴァークーゼン
❹14試合／1得点

FW Timo WERNER ●ティモ・ヴェルナー

近年飛躍的な成長を遂げつつあるストライカー。裏への抜け出し、ポストワーク、ゴール前での勝負強さなどオールラウンドの能力を秘める。

❶1996年3月6日(22歳)
❷180cm／75kg
❸RBライプツィヒ
❹12試合／7得点

FW Mario GOMEZ ●マリオ・ゴメス

ここ数年の復調で代表に返り咲いたが、今季のパフォーマンスはややもの足りない。ヴェルナーの台頭が著しいチームにおいては頼れる切り札。

❶1985年7月10日(32歳)
❷189cm／88kg
❸シュツットガルト
❹73試合／31得点

GK Kevin TRAPP ●ケビン・トラップ

2015年に加入したパリSGで当時のイタリア代表GKシリグから定位置を奪取。評価を上げた。

❶1990年7月8日(27歳) ❷189cm／83kg
❸パリSG(FRA) ❹3試合／0得点

GK Bernd LENO ●ベルント・レノ

3番手の立ち位置を守ってきたが、ここのところ低調。シュートストップには定評あり。

❶1992年3月4日(26歳) ❷190cm／83kg
❸レヴァークーゼン ❹6試合／0得点

DF Matthias GINTER ●マティアス・ギンター

若くして抜群の安定感を誇り、最終メンバー入りを争うムスタフィやターを一歩リードか。

❶1994年1月19日(24歳) ❷189cm／89kg
❸ボルシアMG ❹17試合／0得点

DF Niklas SULE ●ニクラス・ジューレ

屈強なフィジカルを駆使した対人の強さが魅力。今季加入のバイエルンで急成長を遂げた。

❶1995年9月3日(22歳) ❷195cm／97kg
❸バイエルン ❹9試合／0得点

DF Jonathan TAH ●ヨナタン・ター

最近は定期的に招集されなかったが、27人のメンバーリスト入り。高さとパワーは屈指。

❶1996年2月11日(22歳) ❷192cm／92kg
❸レバークーゼン ❹3試合／0得点

MF Leon GORETZKA ●レオン・ゴレツカ

周囲を活かすランニングとポジショニングで流れを作る。23歳と若いが熟練者の佇まい。

❶1995年2月6日(23歳) ❷189cm／79kg
❸シャルケ ❹14試合／6得点

MF Leroy SANE ●レロイ・ザネ

爆発的な加速力を活かした縦への突破力は圧巻。スーパーサブとしての存在価値は絶大。

❶1996年1月11日(22歳) ❷183cm／75kg
❸マンチェスター・C(ENG) ❹11試合／0得点

FW Marco REUS ●マルコ・ロイス

長くケガに悩まされ続けたガラスのエースは、今季後半戦から本調子を取り戻しつつある。

❶1989年5月31日(29歳) ❷180cm／71kg
❸ドルトムント ❹29試合／9得点

FW Nils PETERSEN ●ニルス・ペテルセン

絶好調のストライカーは27人枠にサプライズ選出。年代別代表経験はあるがA代表は初。

❶1988年12月6日(29歳) ❷187cm／79kg
❸フライブルク ❹0試合／0得点

MEXICO

メキシコ／7大会連続16回目

- ●正式名称：メキシコ合衆国　●サッカー協会設立：1927年　●FIFA加盟：1929年　●FIFAランク：15位
- ●W杯出場：16回目　●W杯最高成績：ベスト8　●web site：www.femexfut.org.mx

PAST RESULT 【W杯過去の成績】

開催年	成績
1930	グループステージ敗退
1934	予選敗退
1938	不参加
1950	グループステージ敗退
1954	グループステージ敗退
1958	グループステージ敗退
1962	グループステージ敗退
1966	グループステージ敗退
1970	ベスト8
1974	予選敗退
1978	グループステージ敗退
1982	予選敗退
1986	ベスト8
1990	不参加
1994	ベスト16
1998	ベスト16
2002	ベスト16
2006	ベスト16
2010	ベスト16
2014	ベスト16

チームのポテンシャルは過去最高

　6大会連続でベスト16進出を果たしている強豪だが、今大会のチームは今までに増して充実度が高く、念願のベスト8進出に向けて大きなモチベーションを持てそうだ。

　前監督のエレーラは暴行事件といううまさかのアクシデントで解任となったが、後任のオソーリオ監督は見事な手腕でチームに落ち着きをもたらした。北中米・カリブ海予選は危なげなく1位通過。2017年11月に行われたベルギー、ポーランドとの親善試合でも1勝1分と結果を残し、チームの完成度の高さをしっかりと見せつけている。最後尾にGKオチョア、中盤にMFグアルダード、最前列にFWハビエル・エルナンデスがいるセンターラインには安定感があり、その脇をベテランと若手がバランス良く支える理想的な組織が完成しつつある印象だ。

　ブレイクが期待される注目株は、予選でチーム内得点王となったFWロサーノ。左サイドから強引にフィニッシュに持ち込む攻撃姿勢だけでなく、周囲に活かされる連係も向上。得意とするカウンターで彼が個の能力を発揮するシーンが増えるようなら、チームの決定機は増えるだろう。まずは絶対的な優勝候補、ドイツとの初戦でチームとしての可能性をしっかりと示したい。

FORMATION 【基本布陣】

- ロサーノ（アキーノ）
- J・エルナンデス（ヒメネス）
- Je・コロナ（ベラ）
- エレーラ（J・ドス・サントス）
- グアルダード（フィエロン）
- ラヨン（ガジャルド）
- レジェス（マルケス）
- サルセド（アルバレス）
- モレーノ（アラニス）
- アラウホ（アジャラ）
- オチョア（Jo・コロナ）

4-3-3

軽快なパスワークでサイドを攻略するお馴染みのスタイル。若手の台頭によって両サイドの選手層が充実、誰が出ても色褪せないパフォーマンスが期待できる。

COACH 【監督】

Juan Carlos OSORIO ●フアン・カルロス・オソーリオ

ブラジルのナシオナル、サンパウロを率いて数々のタイトルを獲得した名将。4次予選直前に就任し、最終予選を含めてわずか1敗。ベンチ前で激しく鼓舞する熱血漢だ。

- ●1961年6月8日（57歳）
- ●コロンビア
- ●2015年10月

GOAL RANKING 【予選得点ランキング】

順位	選手名	得点
①	イルビング・ロサーノ	4
②	ハビエル・エルナンデス	3
②	ヘスス・コロナ	3
②	カルロス・ベラ	3
⑤	ラウール・ヒメネス　他2名	2

予選で4得点を記録したロサーノは11月のベルギー戦でも2得点を記録するなど絶好調。前線の3トップは得点能力が高く、決定機を逃さない。

QUALIFIERS RESULT 【予選結果】

北中米・カリブ海最終予選／1位（6勝3分1敗）

日付	対戦相手	H&A	スコア
●北中米・カリブ海4次予選 グループA			
2015年11月13日	エルサルバドル	H	○3-0
2015年11月17日	ホンジュラス	A	○2-0
2016年 3月25日	カナダ	A	○3-0
2016年 3月29日	カナダ	H	○2-0
2016年 9月 2日	エルサルバドル	A	○3-1
2016年 9月 6日	ホンジュラス	H	△0-0
●北中米・カリブ海最終予選			
2016年11月11日	アメリカ	A	○2-1
2016年11月15日	パナマ	A	△0-0
2017年 3月24日	コスタリカ	H	○2-0
2017年 3月28日	トリニダード・トバゴ	A	○1-0
2017年 6月 9日	ホンジュラス	H	○3-0
2017年 6月11日	アメリカ	H	△1-1
2017年 9月 1日	パナマ	H	○1-0
2017年 9月 5日	コスタリカ	A	△1-1
2017年10月 6日	トリニダード・トバゴ	H	○3-1
2017年10月10日	ホンジュラス	A	●2-3

Column 1

GK Guillermo OCHOA ●ギジェルモ・オチョア

3大会連続出場中の守護神。前回大会圧巻の活躍で脚光を浴びた。シュートへの反応が鋭く、「ゾーン」に入るとビッグセーブを連発する。

① 1985年7月13日(32歳)
③ 183cm／82kg
③ スタンダール・リエージュ(BEL)
④ 92試合／0失点

DF Nestor ARAUJO ●ネストル・アラウホ

パワフルなプレースタイルを特徴とする大型CBだが、戦術理解度も高くSBやボランチで使われることも。最終ラインに不可欠な成長株だ。

① 1991年8月29日(26歳)
③ 188cm／87kg
③ サントス・ラグナ
④ 28試合／3得点

DF Miguel LAYUN ●ミゲウ・ラユン

絶妙なタイミングでタッチライン際を駆け上がり、高精度のクロスで決定機を演出する攻撃的左SB。周囲との連係も良く、絶大な信頼を得る。

① 1988年6月25日(29歳)
③ 179cm／72kg
③ セビージャ(ESP)
④ 61試合／7得点

DF Hector MORENO ●エクトル・モレーノ

近年の代表における最終ラインの統率役。対人や空中戦の強さ、読みの鋭さ、気の利いたカバーリングなど総合力の高いCBとして評価される。

① 1988年1月17日(30歳)
③ 183cm／76kg
③ レアル・ソシエダ(ESP)

DF Diego REYES ●ディエゴ・レジェス

クレバーなプレースタイルでチームに落ち着きをもたらすCB。状況判断力に優れ、献身性も高いことから複数のポジションで起用される万能型。

① 1992年9月19日(25歳)
③ 189cm／73kg
③ ポルト(POR)
④ 54試合／1得点

DF Carlos SALCEDO ●カルロス・サルセド

ハードなタックルやタイトなマークなど対人能力の高さはチーム随一。17年はレギュラーにほぼ定着し、安定したパフォーマンスを披露。

① 1993年9月29日(24歳)
③ 188cm／87kg
③ フランクフルト(GER)
④ 18試合／0得点

MF Rafael MARQUEZ ●ラファエル・マルケス

39歳を迎える今大会でもチームの顔としてメンバー入りが予想される大ベテラン。近年、代表ではセントラルMFを任され守備の安定に努める。

① 1979年2月13日(39歳)
③ 183cm／75kg
③ アトラス
④ 143試合／18得点

MF Andres GUARDADO ●アンドレス・グアルダード

かつてドリブラーとして脚光を浴びたが、セントラルMFへのコンバートが成功して絶対的な存在に。国際Aマッチ出場数は140試合を超えた。

① 1986年9月28日(31歳)
③ 169cm／65kg
③ ベティス(ESP)
④ 144試合／25得点

Column 2

MF Hector HERRERA ●エクトル・エレーラ

豊富な運動量であらゆる局面に顔を出し、攻守両面の要所で仕事をする中盤のキーマン。攻撃の突破口を作るフリーランニングが大きな武器。

① 1990年4月19日(28歳)
③ 183cm／72kg
③ ポルト(POR)
④ 63試合／5得点

MF Jonathan DOS SANTOS ●ジョナタン・ドス・サントス

ドス・サントス兄弟の弟。周囲を活かす気の利いたプレースタイルが特徴で、正確なパスと献身的な守備が持ち味。頼れるバックアッパー。

① 1990年4月26日(28歳)
③ 176cm／72kg
③ LAギャラクシー(MLS)
④ 28試合／0得点

MF Marco FABIAN ●マルコ・ファビアン

破壊力のあるドリブル突破はチーム随一。レギュラー争いでは遅れを取っている印象だが、その圧倒的なポテンシャルは誰もが認めるところ。

① 1989年7月21日(28歳)
③ 170cm／65kg
③ フランクフルト(GER)
④ 39試合／9得点

FW Javier AQUINO ●ハビエル・アキーノ

小柄だが突進力のあるドリブルで局面を打開。予選はほとんどの試合でメンバー入りしているが、本大会では切れ味としての起用が濃厚か。

① 1990年2月11日(28歳)
③ 168cm／59kg
③ ティグレス
④ 30試合／0得点

FW Javier HERNANDEZ ●ハビエル・エルナンデス

ペナルティエリア内での質の高い動きでラストパスを引き出し、着実にゴールに贈り込むフィニッシャー。ポストワークも巧みで攻撃の起点を作る。

① 1988年6月1日(30歳)
③ 175cm／73kg
③ ウェストハム(ENG)
④ 101試合／49得点

FW Raul JIMENEZ ●ラウル・ヒメネス

希少価値の高い大型FWとして期待され、所属するベンフィカでも着実に成長。本大会ではパワープレー時の切れ札として出場機会を得そうだ。

① 1991年5月5日(27歳)
③ 188cm／81kg
③ ベンフィカ(POR)
④ 60試合／13得点

FW Hirving LOZANO ●イルビング・ロサーノ

予選におけるチーム内得点王。左サイドから中央に切り込み、豪快なシュートでゴールをこじ開ける。若さ溢れる積極果敢な攻撃姿勢が魅力。

① 1995年7月30日(22歳)
③ 175cm／70kg
③ PSV(NED)
④ 62試合／13得点

FW Jesus CORONA ●ヘスス・コロナ

今大会予選で頭角を現し、不動だったベラとの右サイドのポジションを争う存在に。スピードとテクニックを駆使したドリブル突破が持ち味。

① 1993年1月6日(25歳)
③ 173cm／65kg
③ ポルト(POR)
④ 32試合／7得点

Column 3

GK Jose Jesus CORONA ●ホセ・ヘスス・コロナ

37歳の大ベテランだが指揮官からの信頼は厚い。豊富な経験を駆使してオチョアを支える。

① 1981年1月26日(37歳)
③ 183cm／84kg
③ クルス・アスル
④ 51試合／0失点

GK Alfredo TALAVERA ●アルフレド・タラベラ

オソーリオ監督から絶大な信頼を得るベテランGK。判断が速く、足元のプレーも正確だ。

① 1982年9月18日(35歳)
③ 188cm／84kg
③ トルーカ
④ 27試合／0失点

DF Hugo AYALA ●ウーゴ・アジャラ

最終ラインからのフィードは高精度。常に相手の前で勝負しようとする攻撃センスが魅力。

① 1987年3月31日(31歳)
③ 186cm／78kg
③ ティグレス
④ 40試合／1得点

DF Oswaldo ALANIS ●オスワルド・アラニス

フィードを特長とする左利きのCB。ロンドン五輪後は低調だったが、ここ1年で再評価。

① 1989年3月18日(29歳)
③ 183cm／75kg
③ グアダラハラ
④ 22試合／0得点

DF Edson ALVAREZ ●エドソン・アルバレス

2017年のU-20W杯で活躍した若手の注目株。最終ラインのコントロールに定評がある。

① 1997年10月24日(20歳)
③ 185cm／73kg
③ クラブ・アメリカ
④ 10試合／1得点

DF Jesus GALLARDO ●ヘスス・ガジャルド

ここ数年で急成長を遂げている若手のひとり。左サイドのレギュラー争いに挑んでいる。

① 1994年8月15日(23歳)
③ 177cm／68kg
③ プーマス
④ 17試合／1得点

MF Jesus MOLINA ●ヘスス・モリーナ

パスコースを作る動きを怠らず、攻撃にリズムをもたらす司令塔。メンバー入りは微妙。

① 1988年3月29日(30歳)
③ 183cm／76kg
③ モンテレイ
④ 31試合／0得点

MF Giovani DOS SANTOS ●ジオバニ・ドス・サントス

ドス・サントス兄弟の兄。天才的なボールさばきは健在だが、メンバー入りは当確線上。

① 1989年5月11日(29歳)
③ 178cm／71kg
③ LAギャラクシー(MLS)
④ 102試合／18得点

MF Erick GUTIERREZ ●エリック・グティエレス

22歳にしてパチューカのキャプテンを務める。本田圭佑も「欧州で見たい」と絶賛。

① 1995年6月15日(22歳)
③ 177cm／63kg
③ パチューカ
④ 11試合／0得点

FW Oribe PERALTA ●オリベ・ペラルタ

34歳で迎える今大会は精神的支柱としてメンバー入りが濃厚。ボックス内の強さは健在だ。

① 1984年1月12日(34歳)
③ 180cm／72kg
③ クラブ・アメリカ
④ 63試合／25得点

FW Carlos VELA ●カルロス・ベラ

伸び悩んだ印象があるが、周囲を活かす攻撃センスはチーム屈指。ジョーカーとして期待。

① 1989年3月1日(29歳)
③ 177cm／70kg
③ ロサンゼルスFC(MLS)
④ 66試合／18得点

FW Jurgen DAMM ●ユルゲン・ダム

パチューカで活躍した15年に代表デビュー。国内で最も足の速い選手として知られる。

① 1992年11月7日(25歳)
③ 182cm／70kg
③ ティグレス
④ 9試合／1得点

SWEDEN

スウェーデン／3大会ぶり12回目

- ●正式名称：スウェーデン王国 ●サッカー協会設立：1904年 ●FIFA加盟：1904年 ●FIFAランク：23位
- ●W杯出場：12回目 ●W杯最高成績：準優勝 ●web site：www.svenskfotboll.se

PAST RESULT 【W杯過去の成績】

開催年	成績
1930	不参加
1934	ベスト8
1938	4位
1950	3位
1954	予選敗退
1958	準優勝
1962	予選敗退
1966	予選敗退
1970	グループステージ敗退
1974	ベスト8
1978	グループステージ敗退
1982	予選敗退
1986	予選敗退
1990	グループステージ敗退
1994	3位
1998	予選敗退
2002	ベスト16
2006	ベスト16
2010	予選敗退
2014	予選敗退

堅実なスタイルへの回帰に成功

組み合わせに恵まれなかった予選を勝ち抜いた力は本物だ。

予選グループAではフランス、オランダと同居しながら、フランスには1勝1敗、オランダには1分1敗と粘り強く戦い、その他のチームから手堅く勝点を奪って着実に2位をキープした。プレーオフではイタリアと対戦し、ホームの1点を守り抜いて見事に突破。この2年間で磨き上げてきた組織力が、一定のレベルに到達したことを証明した。

2年前にイブラヒモヴィッチが代表引退を表明して以来、アンデションン監督はスウェーデンの本来的な特長である"粘り強さ"の再評価に着手

した。欧州で屈指の大男たちが4-4-2の隊列を乱すことなく、的確にスペースを埋めて相手の攻撃を跳ね返す。攻撃と守備が分断されてしまう嫌いはあるが、両サイドの選手がうまく絡めば厚みのある攻撃も見せられる。最後は高さとパワー、さらに技術のある現代的なタレントが変化を加えてゴールを奪う。その"形"が、仕上がりつつある。

16強常連のドイツ、メキシコが居並ぶ厳しいグループに入ったが、自慢の守備は強豪を苦しめるだろう。韓国との初戦で勝利することができれば、自分たちのサッカーが本大会でも通用すると信じられる。

FORMATION 【基本布陣】

オーソドックスな4-4-2でスペースを埋める守備重視のスタイル。低い位置からのカウンターを正攻法とし失点を回避してわずかな好機を活かす戦術を徹底する。

COACH 【監督】

Janne ANDERSSON ●ヤンネ・アンデション

スウェーデン国内のクラブを率いて実績を積み、EURO16直後に就任。イブラヒモヴィッチの代表復帰については「今いる素晴らしい選手について話すべき」と終始否定的な態度を貫いた。

- ❶1962年9月29日（55歳）
- ❷スウェーデン
- ❸2016年6月

GOAL RANKING 【予選得点ランキング】

順位	選手名	得点
❶	マルクス・ベリ	8
❷	エミル・フォルスベリ	4
❸	オラ・トイヴォネン	3
❸	アンドレアス・グランクヴィスト	3
❸	ルドヴィク・アウグスティンソン	3

ベリはルクセンブルク戦で4得点。フォルスベリはアシストでも貢献し、グランクヴィストとアウグスティンソンはセットプレーで決定力を発揮した。

QUALIFIERS RESULT 【予選結果】

欧州予選グループA／2位（6勝1分3敗）

日付	対戦相手	H&A	スコア
2016年 9月 6日	オランダ	H	△1-1
2016年10月 7日	ルクセンブルク	A	○1-0
2016年10月10日	ブルガリア	H	○3-0
2016年11月11日	フランス	A	●1-2
2017年 3月25日	ベラルーシ	H	○4-0
2017年 6月 9日	フランス	H	○2-1
2017年 8月31日	ブルガリア	A	●2-3
2017年 9月 3日	ベラルーシ	A	○4-0
2017年10月 7日	ルクセンブルク	H	○8-0
2017年10月10日	オランダ	A	●0-2
▶プレーオフ			
2017年11月10日	イタリア	H	○1-0
2017年11月13日	イタリア	A	△0-0

 GK Robin OLSEN ●ロビン・オルセン

研ぎすまされた集中力とビッグセーブを連発する守護神。2月の試合で肩をケガして手術に踏み切ったが、本大会には間に合う見通しだ。

1. 1990年1月8日（28歳）
2. 196cm／90kg
3. コペンハーゲン（DEN）
4. 16試合／10得点

 GK Karl-Johan JOHNSSON ●カール・ヨハン・ヨンソン

代表での経験は浅いが、第2GKとして予選はほぼベンチ入り。安定感には定評があり、信頼を得ている。イブラもモビック復帰を決定感を示した。

1. 1990年1月28日（28歳）
2. 187cm／84kg
3. ギャンガン（FRA）
4. 2試合／0得点

GK Kristoffer NORDFELDT ●クリストファー・ノードフェルト

12年から国外挑戦を続け、ヘーレンフェーンで4年、スワンジーで3年プレー。ダイナミックなセービングと思い切りの良い飛び出しが魅力。

1. 1989年6月23日（28歳）
2. 190cm／85kg
3. スウォンジー（ENG）
4. 5試合／0得点

DF Ludwig AUGUSTINSSON ●ルドヴィク・アウグスティンソン

16年のU-21欧州選手権で大会ベストイレブンに選出された左SB。抜群のキック精度を誇りクロスだけでなくセットプレーでも存在感。

1. 1994年4月21日（24歳）
2. 181cm／79kg
3. ブレーメン（GER）
4. 14試合／0得点

DF Andreas GRANQVIST ●アンドレアス・グランクヴィスト

空中戦で圧倒的な強さを誇るファイター系CB。EURO16終了後からチームキャプテンを務め、W杯終了後のヘルシンンボリ移籍が決定している。

1. 1985年4月16日（33歳）
2. 193cm／85kg
3. クラスノダール（RUS）
4. 70試合／6得点

DF Pontus JANSSON ●ポントゥス・ヤンソン

各年代で代表に選出されてきたエリート。A代表では控えに回るが、足下の技術に優れ、正確なフィードで組み立てる攻撃センスは魅力的。

1. 1991年2月18日（27歳）
2. 196cm／86kg
3. リーズ（ENG）
4. 14試合／0得点

DF Victor LINDELOF ●ヴィクトル・リンデロフ

17年夏の移籍市場でマンチェスター・Uに移籍。前半戦は失点に絡み批判の対象となったが、本調子ならその力は申し分ない。代表でも不動。

1. 1994年7月17日（23歳）
2. 187cm／80kg
3. マンチェスター・U（ENG）
4. 19試合／1得点

DF Mikael LUSTIG ●ミカエル・ルスティグ

大柄だが小回りの効く運動能力の持ち主で、攻撃にも積極的。10年から在籍する名門セルティックでのリーグ戦出場は100試合を超えた。

1. 1986年12月13日（31歳）
2. 189cm／77kg
3. セルティック（SCO）
4. 64試合／6得点

DF Filip HELANDER ●フィリップ・ヘランデル

堅実なプレーで与えられた仕事をきっちりとこなすストッパー。詰めに甘んじるが将来性は十分。15年のU-21EUROでは優秀選手に輝いた。

1. 1993年4月22日（25歳）
2. 192cm／84kg
3. ボローニャ（ITA）
4. 4試合／0得点

 DF Emil KRAFTH ●エミル・クラフト

タッチライン際でスプリントを繰り返す攻撃志向の強いサイドバック。クロスの精度も高く、積極的なオーバーラップから攻撃を演出する。

1. 1994年8月2日（23歳）
2. 184cm／84kg
3. ボローニャ（ITA）
4. 11試合／0得点

DF Martin OLSSON ●マルティン・オルソン

定位置をアウグスティンソンに脅かれつつあるものの、経験豊富なサイドバックとして指揮官の信頼は厚い。守備を安定させる際の勢となる。

1. 1988年5月17日（30歳）
2. 178cm／81kg
3. スウォンジー（ENG）
4. 42試合／5得点

MF Viktor CLAESSON ●ヴィクトル・クラーソン

攻守のバランス感覚に優れたサイドアタッカーで、チームプレーに徹する姿勢で高評価を得る。ルスティグと組む右サイドの連携も向上中。

1. 1992年1月2日（26歳）
2. 183cm／79kg
3. クラスノダール（RUS）
4. 21試合／3得点

MF Jimmy DURMAZ ●ジミー・ドゥルマズ

中央にカットインしてからの左足シュートが最大の武器。予選盤以降出場機会を失ったが、攻撃に変化を加える貴重な戦力として期待は大きい。

1. 1989年3月22日（29歳）
2. 180cm／69kg
3. トゥールーズ（FRA）
4. 44試合／3得点

MF Albin EKDAL ●アルビン・エクダル

08年に17歳でユヴェントスに青田買いされた元ポテンシャルの持ち主。守備への献身的な姿勢とピッチの広域をカバーする運動量が魅力。

1. 1989年7月28日（28歳）
2. 186cm／75kg
3. ハンブルガーSV（GER）
4. 32試合／0得点

MF Emil FORSBERG ●エミル・フォルスベリ

イブラヒモヴィッチ代表引退後の攻撃の絶対的司令塔。司令塔としてビッグチャンスを演出するだけでなく、ゴール前での勝負強さも併せ持つ。

1. 1991年10月23日（26歳）
2. 179cm／78kg
3. RBライプツィヒ（GER）
4. 34試合／5得点

MF Sebastian LARSSON ●セバスティアン・ラーション

パワフルで粘り強い守備と、弱点を消すポジショニングが持ち味。攻撃時のMFと黒子に徹してチームを支え、ベテランの力を発揮し続ける。

1. 1985年6月6日（33歳）
2. 178cm／70kg
3. ハル（ENG）
4. 98試合／6得点

MF Gustav SVENSSON ●グスタフ・スヴェンソン

カバーリングと対人能力の強さを持ち味とする中盤のバランサー。国際経験は浅いが安定感が高く、Se・ラーション欠場ならスタメン候補。

1. 1987年2月7日（31歳）
2. 184cm／83kg
3. シアトル・サウンダーズ（MLS）
4. 11試合／0得点

 MF Oscar HILJEMARK ●オスカル・ヒリエマルク

精度の高いパスで攻撃を組み立てる司令塔。予選終盤にメンバー外となり微妙な立場となったが、故障離脱者が出たことで最終登録メンバーに。

1. 1992年6月28日（25歳）
2. 184cm／77kg
3. ジェノア（ITA）
4. 20試合／2得点

 MF Marcus ROHDEN ●マルクス・ローデン

ミスの少ない安定したプレーと、落ちないスタミナが武器。中盤ならどこでもこなす器用な選手で、指揮官としては計算できる貴重な戦力だ。

1. 1991年5月11日（27歳）
2. 182cm／76kg
3. クロトーネ（ITA）
4. 10試合／0得点

 FW Marcus BERG ●マルクス・ベリ

「イブラヒモヴィッチ2世」と称された10代の頃の浮ずさはないが、攻撃にゴールを狙う才能は一級品。チームの得点源として信頼は厚い。

1. 1986年8月17日（31歳）
2. 184cm／79kg
3. アル・アイン（UAE）
4. 55試合／18得点

 FW John GUIDETTI ●ヨン・グイデッティ

オランダリーグ得点王の実績を持つストライカー。裏への飛び出しを武器に、起点を作るポストプレーもうまい。幼少期はアフリカでプレー。

1. 1992年4月15日（26歳）
2. 185cm／79kg
3. アラベス（ESP）
4. 20試合／6得点

 FW Isaac KIESE THELIN ●イサアク・キーセ・テリン

スピードと高さを武器とするストライカーだが、気の利いたポジショニングでチームメイトを活かすプレーも。所属クラブでは今季絶好調だ。

1. 1992年6月24日（25歳）
2. 189cm／83kg
3. ワースラント・ベーレン（BEL）
4. 18試合／2得点

FW Ola TOIVONEN ●オラ・トイヴォネン

持ち前のシュートセンスに加えて、スペースを作る動きやサポートの動きで攻撃陣を活性化。予選を通じてベリとのコンビに高い評価を得る。

1. 1986年7月3日（31歳）
2. 192cm／78kg
3. トゥールーズ（FRA）
4. 57試合／13得点

KOREA Rep.

韓国／9大会連続10回目

●正式名称：大韓民国 ●サッカー協会設立：1928年 ●FIFA加盟：1948年 ●FIFAランク：61位
●W杯出場：10回目 ●W杯最高成績：4位 ●web site：www.kfa.or.kr

PAST RESULT 【W杯過去の成績】

開催年	成績
1930	不参加
1934	不参加
1938	不参加
1950	不参加
1954	グループステージ敗退
1958	不参加
1962	予選敗退
1966	不参加
1970	予選敗退
1974	予選敗退
1978	予選敗退
1982	予選敗退
1986	グループステージ敗退
1990	グループステージ敗退
1994	グループステージ敗退
1998	グループステージ敗退
2002	4位
2006	グループステージ敗退
2010	ベスト16
2014	グループステージ敗退

勢いを手に入れれば突破の可能性も

　9大会連続出場を決めたアジアの雄だが、最終予選は苦しい戦いの連続だった。序盤こそ白星が先行したものの、イラン、中国、カタールに敗れて3敗。ラスト2試合の段階でシュティーリケ前監督を解任し、コーチを務めていたシン・テヨンが指揮。それでも2戦連続ドローと勝点を伸ばすことができず、2位に滑り込むのがやっとだった。

　メンバーの顔ぶれを見れば、世界でも十分に戦える可能性を感じさせる。最前線にはプレミアリーグで結果を残し始めたソン・フンミンとザルツブルクでレギュラーをはるファン・ヒチャンがいて、中盤には海外経験の長いキ・ソンヨンがいる。その他のポジションにも有能なタレントが揃うが、問題は、それらの個性を、いかに組織として機能させるかにある。

　システムを4-4-2に変更したシン・テヨン監督の第一手は、ポジティブなきっかけとなりそうだ。役割を明確にしたことで安定感が生まれ、昨年11月の親善試合ではソン・フンミンの2ゴールでコロンビアに勝ち、セルビアとドローを演じた。ドイツ、メキシコ、スウェーデンと居並ぶ厳しいグループに入ってしまったが、突破できる可能性は十分にある。初戦にさえ勝てば、勢いに乗った韓国は強い。

FORMATION 【基本布陣】

ソン・フンミン（キム・シンウク）／ファン・ヒチャン（イ・グノ）
イ・ジェソン（イ・スング）／キ・ソンヨン（チョン・ウヨン）／ク・ジャチョル（コ・ヨハン）／クォン・チャンフン（イ・チョンヨン）
キム・ミヌ（リ・ク・テヒ）／キム・ヨングォン（クォン・キョンウォン）／チャン・ヒョンス（チョン・スンヒョン）／ホン・チョル（イ・ヨン）
キム・スンギュ（キム・ジンヒョン）

4-4-2

シン・テヨン監督は3バックを採用することも多かったが、親善試合のコロンビア戦で4-4-2を採用。アジア予選で不安定だった守備が改善し、これを基本形とする。

COACH 【監督】

Tae-Yong SHIN ●シン・テヨン

現役時代はMFとして主に城南一和で活躍し、数々のタイトル獲得に貢献。引退後はオーストラリアのブリスベン・ロアーでコーチを務め、城南一和監督としてACLも制覇した。

❶1969年4月11日（49歳）
❷韓国
❸2017年7月

GOAL RANKING 【予選得点ランキング】

順位	選手名	得点
❶	ソン・フンミン	7
❷	キ・ソンヨン	4
❸	ク・ジャチョル	4
❹	イ・ジェソン	3
❹	クォン・チャンフン	3

圧倒的な存在感を誇るソン・フンミンが要所で決定力を示して7得点。キャプテンのキ・ソンヨンもセントラルMFながら得点力があり攻撃を助ける。

QUALIFIERS RESULT 【予選結果】

アジア最終予選 グループA／2位（4勝3分3敗）

日付	対戦相手	H&A	スコア
●アジア2次予選	グループG		
2015年 6月16日	ミャンマー	A	○2-0
2015年 9月 3日	ラオス	H	○8-0
2015年 9月 8日	レバノン	A	○3-0
2015年10月 8日	クウェート	A	○1-0
2015年11月12日	ミャンマー	H	○4-0
2015年11月17日	ラオス	A	○5-0
2016年 3月24日	レバノン	H	○1-0
2016年 3月29日	クウェート	H	○3-0※
●アジア最終予選	グループA		
2016年 9月 1日	中国	H	○3-2
2016年 9月 6日	シリア	A	△0-0
2016年10月 6日	カタール	H	○3-2
2016年10月11日	イラン	A	●0-1
2016年11月15日	ウズベキスタン	H	○2-1
2017年 3月23日	中国	A	●0-1
2017年 3月28日	シリア	H	○1-0
2017年 6月13日	カタール	A	●2-3
2017年 8月31日	イラン	H	△0-0
2017年 9月 5日	ウズベキスタン	A	△0-0

※没収試合により3-0で勝利

GK Seung-Gyu KIM ●キム・スンギュ

ビッグセーブを連発する集中力と反射神経に加え近年は安定感もアップ。17年末にケガを負ったが、順調に復帰し自身2度目の大舞台に立つ。

❶1990年9月30日（27歳）
❷187cm／84kg
❸ヴィッセル神戸（JPN）
❹31試合／0得点

MF Ja-Cheol KOO ●ク・ジャチョル

長くブンデスリーガでプレーし、持ち前の攻撃センスに守備の安定感も加わった。ソン・フンミンとの連係が機能すれば攻撃力は高まるはず。

❶1989年2月27日（29歳）
❷183cm／79kg
❸アウクスブルク（GER）
❹65試合／19得点

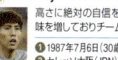

GK Jin-Hyeon KIM ●キム・ジンヒョン

高さに絶対の自信を持つ。30歳を迎えて円熟味を増しておりチームメイトの信頼も厚い。

❶1987年7月6日（30歳）
❷192cm／82kg
❸セレッソ大阪（JPN）
❹14試合／0得点

GK Hyun-Woo CHO ●チョ・ヒョヌ

U-20代表、U-23代表を経験し、昨年A代表デビュー。第3GKとして自身初のW杯に臨む。

❶1991年9月25日（26歳）
❷189cm／75kg
❸大邱FC
❹1試合／0得点

DF Hyun-Soo JANG ●チャン・ヒョンス

圧倒的な存在感で最終ラインに君臨する守備の要。リーダーシップや協調性に優れ、所属するFC東京では今シーズンのキャプテンを務める。

❶1991年9月28日（26歳）
❷187cm／77kg
❸FC東京（JPN）
❹49試合／3得点

MF Chang-Hoon KWON ●クォン・チャンフン

15年から2年連続でKリーグのベストイレブンに選出されたサイドアタッカー。サイドを起点として攻撃を組み立て、正確なパスで好機を演出する。

❶1994年6月30日（23歳）
❷174cm／70kg
❸ディジョン（FRA）
❹16試合／4得点

DF Yo-Han GO ●コ・ヨハン

FCソウルの「エンジン」と称されるサイドの職人。粘り強くタイトな守備で相手を封じる。

❶1988年3月10日（30歳）
❷170cm／65kg
❸FCソウル
❹18試合／0得点

DF Min-Woo KIM ●キム・ミヌ

7年間プレーしたサガン鳥栖時代にはキャプテンも務めたレフティー。複数のポジションをこなすユーティリティー性と攻撃センスが持ち味。

❶1990年2月25日（28歳）
❷172cm／69kg
❸尚州尚武
❹16試合／1得点

MF Chung-Yong LEE ●イ・チョンヨン

爆発的な加速力で縦に突破を仕掛けるドリブラー。近年は所属クラブで結果を残せていないが、代表における存在感は絶大。完全復活を期す。

❶1988年7月2日（29歳）
❷180cm／75kg
❸クリスタル・パレス（ENG）
❹78試合／8得点

DF Jin-Su KIM ●キム・ジンス

攻守のバランス感覚に優れ、思い切りのいいプレーで左サイドを活性化するアタッカー。

❶1992年6月13日（26歳）
❷177cm／67kg
❸全北現代
❹34試合／0得点

DF Young-Gwon KIM ●キム・ヨングォン

左足から繰り出す正確なフィードを武器とするCB。チャン・ヒョンスとともに最終ラインを構成し、的確なカバーリングでピンチを回避する。

❶1990年2月27日（28歳）
❷184cm／74kg
❸広州恒大（CHN）
❹50試合／2得点

MF Jae-Sung LEE ●イ・ジェソン

17年のKリーグMVP。テンポのいいパスワークで味方をうまく使いながらボックスに飛び込む。決定力も高くフィニッシャーとしても期待大。

❶1992年8月10日（25歳）
❷180cm／70kg
❸全北現代
❹32試合／5得点

DF Seung-Hyun JUNG ●チョン・スンヒョン

リオ五輪代表の中心選手。17年に初招集され、最終メンバー入りも有力視される存在に。

❶1994年4月3日（24歳）
❷188cm／89kg
❸サガン鳥栖（JPN）
❹4試合／0得点

DF Ju-ho PARK ●パク・チュホ

09年に加入した鹿島での評価を高めて海外挑戦。今年から韓国に戻り、猛アピールに成功。

❶1987年1月9日（31歳）
❷174cm／71kg
❸蔚山現代
❹34試合／0得点

MF Kyung-Won KWON ●クォン・ギョンウォン

予選での出場機会はほぼなかったが、所属する天津権健で急成長中。高さと強さをハイレベルで兼備しており、定位置奪いを激化させる逸材だ。

❶1992年1月31日（26歳）
❷188cm／83kg
❸天津権健（CHN）
❹4試合／1得点

MF Seung-woo LEE ●イ・スンウ

バルセロナユースで育ったが、クラブのFIFA条項違反などによりベローナに移籍。今年5月のミラン戦で初得点を記録し、脚光を浴びた代表No.

❶1998年1月31日（20歳）
❷170cm／60kg
❸ベローナ（ITA）
❹0試合／0得点

DF Yong LEE ●イ・ヨン

4年前のブラジルW杯は3試合にフル出場。現代表ではバックアッパーだが、経験は豊富。

❶1986年12月24日（31歳）
❷180cm／74kg
❸全北現代
❹24試合／0得点

DF Ban-Suk OH ●オ・バンソク

故障したキム・ミンジェの回復のメドが立たず、代役として招集された。

❶1988年5月20日（30歳）
❷189cm／79kg
❸済州ユナイテッド
❹0試合／0得点

DF Chul HONG ●ホン・チョル

若い頃から注目され、各年代別代表にも選出されてきた右SB。11年にA代表デビューを果たすも、その後はやや伸び悩んだが再び代表入り。

❶1990年9月17日（27歳）
❷176cm／67kg
❸尚州尚武
❹13試合／0得点

FW Hee-Chan HWANG ●ファン・ヒチャン

強気の姿勢で相手の守備網に飛び込むストライカー。所属するザルツブルクでは昨季のチーム内得点王となり、1段階レベルアップした印象。

❶1996年1月26日（22歳）
❷177cm／77kg
❸レッドブル・ザルツブルク（AUT）
❹11試合／2得点

DF Young-Sun YUN ●ユン・ヨンソン

豊富な経験に裏打ちされた駆け引きの巧さが特長。選手層の薄いCB補強のため招集された。

❶1988年10月4日（29歳）
❷185cm／78kg
❸城南FC
❹4試合／0得点

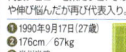

MF Woo-Young JUNG ●チョン・ウヨン

堅実な守備と正確なフィードを持ち味とするセントラルMF。プレースキックも武器とする。今季は15年まで在籍したヴィッセル神戸に復帰。

❶1989年12月14日（28歳）
❷186cm／78kg
❸ヴィッセル神戸（JPN）
❹98試合／10得点

FW Keun-Ho LEE ●イ・グノ

17年5月に2年ぶりの代表復帰を果たすと、与えられた仕事をきっちりこなして最終メンバー候補に。豊富な経験をチームに持ち込みたい。

❶1985年4月11日（33歳）
❷177cm／70kg
❸江原FC
❹84試合／19得点

MF Se-Jong JU ●ユ・セジョン

釜山アイパークと、FCソウルを経て水山ラグンフアへ。U-23代表への招集経験もある技巧派。

❶1990年10月30日（27歳）
❷176cm／70kg
❸水山ラグンフア
❹8試合／0得点

MF Seon-Min MOON ●ムン・ソンミン

NIKE社が手がけるアカデミーに出身するという異色の経歴の持ち主。キレのあるドリブルが魅力。

❶1992年6月8日（26歳）
❷172cm／68kg
❸仁川ユナイテッド
❹22試合／0得点

MF Sung-Yeung KI ●キ・ソンヨン

ポジショニングと決定力に表れる抜群の攻撃センスの持ち主で、タイトな守備も魅力とする万能型MF。現代表における絶対的なリーダーだ。

❶1989年1月24日（29歳）
❷187cm／79kg
❸スウォンジー（ENG）
❹99試合／10得点

FW Heung-Min SON ●ソン・フンミン

プレミアリーグでも異彩を放つ絶対的なエース。サイドから強引に仕掛け、シュートまで持ち込むプレーは迫力十分。浮沈のカギを握る存在。

❶1992年7月8日（25歳）
❷183cm／77kg
❸トッテナム（ENG）
❹63試合／20得点

FW Shin-Wook KIM ●キム・シンウク

196cmの高さは絶対的な武器。ポストプレーはもちろんセットプレーでも得点源となる。

❶1988年4月14日（30歳）
❷196cm／93kg
❸全北現代
❹46試合／0得点

BELGIUM
ベルギー ●2大会連続13回目

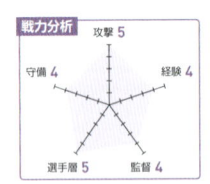

戦力分析

- 攻撃 5
- 守備 4
- 経験 4
- 選手層 5
- 監督 4

KEY PLAYER　【注目選手】

攻 **MF** Eden HAZARD
● エデン・アザール

超絶技巧を武器とする世界屈指の超高速ドリブルマスター。すでに実力はプレミアで証明済みだが、この大会をメッシやC・ロナウドの域に達する契機にできるか。

MF Kevin DE BRUYNE **攻**
● ケヴィン・デ・ブライネ

七色のキックを操り、長短間わず的天才的なパスや正確無比なシュートを連発するベルギー不動の司令塔。アザールとの二枚看板でベルギーの豪華攻撃陣をリード。

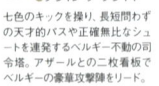

主要ブックメーカー優勝オッズ

ウィリアムヒル	bwin	bet365
13.00倍	13.00倍	13.00倍

VOICE 出場国関係者の声

ロベルト・マルティネス／監督

イングランドを引き当てることは、ある程度予想していた。うちの娘はイングランドの生まれだから、これは難しい問題だよ。娘には、イングランドではなくベルギーを応援してくれるよう説得しないとね！

第 **2** 章　ワールドカップ出場32カ国分析

GROUP グループ **G**
WORLD CUP RUSSIA 2018

「プレミア選抜」の2強が中心
未知の小国は悲願の1勝を狙う

イングランド・プレミアリーグのファンなら絶対に見逃せないグループになった。優勝候補の一角にも挙げられるスター軍団ベルギーは、アザール、デ・ブライネ、ルカク、クルトワら、スタメンの半分以上がプレミアのビッグクラブで主力を張るプレーヤーだ。対するイングランドは、フレッシュな若手中心ながら、ケインやアリ、スターリングにラッシュフォードなど、やはりリーグでお馴染みの実力者がズラリと並ぶ。2つのビッグチームによる争いは、さしずめ所属チームをシャッフルしたプレミアリーグのオールスター戦のようである。

そんな両国と比べると、チュニジア、パナマの2カ国は、残念ながらタレント力や選手層、経験

TUNISIA
チュニジア ●3大会ぶり5回目

戦力分析

- 攻撃 3
- 守備 3
- 経験 2
- 選手層 3
- 監督 3

KEY PLAYER　【注目選手】

攻 **MF** Naim SLITI
● ナイム・スリティ

トップ下を担い攻撃を彩る司令塔。両ワイドを務めるハズリ、スラルフィと絶妙なコンビネーションで相手のゴールをこじ開ける。巧みなポジションチェンジも秀逸だ。

MF Wahbi KHAZRI **攻**
● ワフビ・ハズリ

リーグ・アンでプレミアで活躍しており、国内組が多いチームでは珍しく欧州でも名が知れた存在。局面を打開するアイデアと高い決定力を持った経験豊富なMF。

主要ブックメーカー優勝オッズ

ウィリアムヒル	bwin	bet365
501.00倍	501.00倍	751.00倍

VOICE 出場国関係者の声

ナビル・マールール／監督

ベルギーとイングランドがいるのだから、もちろん難しいグループだ。我々は自分たちのゲームにトライしたい。我々にもチャンスはある。本命はベルギーだが、2位はチュニジアとイングランドの争いになるはずだ。

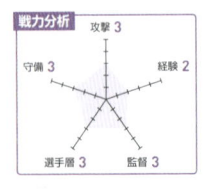

PANAMA
パナマ ● 初出場

GROUP A
RUS
KSA
EGY
URU

GROUP B
POR
ESP
MAR
IRN

GROUP C
FRA
AUS
PER
DEN

GROUP D
ARG
ISL
CRO
NGA

GROUP E
BRA
SUI
CRC
SRB

GROUP F
GER
MEX
SWE
KOR

GROUP G
BEL
PAN
TUN
ENG

GROUP H
POL
SEN
COL
JPN

KEY PLAYER 【注目選手】

(MF) Alberto QUINTERO
攻 ●アルベルト・キンテーロ

4次予選&最終予選でチーム最多の通算15試合に出場したサイドアタックの要。過去にはスペイン2部でプレー歴があり、チーム内では数少ない欧州を知る選手だ。

(DF) Roman TORRES
●ロマン・トーレス 守

闘争心あふれる最終ラインの砦。パワーと高さに自信を持ち、予選では最終節コスタリカ戦で終了間際に劇的なヘッドを叩き込み、母国に初のW杯出場をもたらした。

主要ブックメーカー優勝オッズ

ウィリアムヒル	bwin	bet365
1001.00倍	1001.00倍	1001.00倍

戦力分析

攻撃 2 / 守備 2 / 経験 1 / 選手層 2 / 監督 3

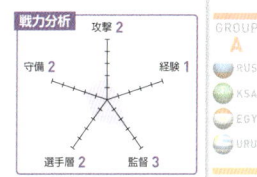

VOICE 出場国関係者の声

エルナン・ダリオ・ゴメス／監督

ビッグチーム、ビッグネームと戦えるグループに、とても満足している。パナマは成長過程のチームであり、ハイレベルに挑戦しさらに成長しなければいけないが、決して結果を出せないなんて考える必要はない。

値などあらゆる面で大きく劣る。順当にいけば、このグループは明確な2強2弱の構図になるはずで、番狂わせの公算は低い。イングランド対ベルギーの黄金カードが第3節に組まれていることからも、2戦目までに決着する可能性も十分にある。それでも、12年ぶりの出場となるチュニジア、初出場のパナマと、いずれも「悲願の1勝」を目指す両チームが予想外の奮闘を見せれば、グループの行方は混沌としてくる。両国が第1戦、第2戦で勝ち点を取るようなことがあれば、その先の未来は誰にもわからない。逆に言えば、未知の小国を勢いに乗せたくないベルギーとイングランドは、開幕2連勝がマスト。その重圧を跳ね返せるか。

MATCH SCHEDULE 【試合日程】

日程	現地時間(日本)	会場(開催地)	放送局
6月18日(月)	18:00(24:00)	フィシュト・スタジアム(ソチ)	NHK フジ
	ベルギー ○ × ■ パナマ		
6月18日(月)	21:00(27:00)	ヴォルゴグラード・アレーナ(ヴォルゴグラード)	NHK
	チュニジア ○ × ✚ イングランド		
6月23日(土)	15:00(21:00)	スパルタク・スタジアム(モスクワ)	NHK フジ
	ベルギー ○ × ○ チュニジア		
6月24日(日)	15:00(21:00)	ニジニ・ノヴゴロド・スタジアム(ニジニ・ノヴゴロド)	NHK
	イングランド ✚ × ■ パナマ		
6月28日(木)	20:00(27:00)	カリーニングラード・スタジアム(カリーニングラード)	NHK
	イングランド ✚ × ○ ベルギー		
6月28日(木)	21:00(27:00)	モルドヴィア・アレーナ(サランスク)	NHK 日テレ
	パナマ ■ × ○ チュニジア		

ENGLAND
イングランド ● 6大会連続15回目

KEY PLAYER 【注目選手】

(FW) Harry KANE
攻 ●ハリー・ケイン

2年連続プレミア得点王の肩書きを引っさげてロシアに乗り込む新エース。今季も絶好調で、シアラーやアンリと並ぶ4季連続プレミア20試合超えを達成している。

(MF) Dele ALLI
●デレ・アリ 攻

質実剛健のチームに創造力をトッピングする天才。決定力も確かだが、真の魅力はアシスト。特にトッテナムでもコンビを組むケインとのホットラインは以心伝心だ。

主要ブックメーカー優勝オッズ

ウィリアムヒル	bwin	bet365
17.00倍	18.00倍	17.00倍

戦力分析

攻撃 4 / 守備 4 / 経験 4 / 選手層 4 / 監督 4

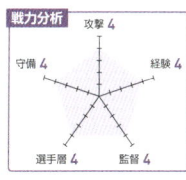

VOICE 出場国関係者の声

ギャレス・サウスゲイト／監督

2試合は確実に結果を出せるし、そうすべきだ。エキサイティングな抽選だよ。ポット1のベルギーはそれに相応しいクオリティをここ2〜3年で証明している歴代最強チーム。彼らとの戦いはとてもいいチャレンジだ。

BELGIUM

ベルギー／2大会連続13回目

●正式名称：ベルギー王国　●サッカー協会設立：1895年　●FIFA加盟：1904年　●FIFAランク：3位
●W杯出場：13回目　●W杯最高成績：4位　●web site：www.belgianfootball.be

PAST RESULT 【W杯過去の成績】

開催年	成績
1930	グループステージ敗退
1934	1回戦敗退
1938	グループステージ敗退
1950	不参加
1954	グループステージ敗退
1958	予選敗退
1962	予選敗退
1966	予選敗退
1970	グループステージ敗退
1974	予選敗退
1978	予選敗退
1982	ベスト8
1986	4位
1990	ベスト16
1994	ベスト16
1998	グループステージ敗退
2002	ベスト16
2006	予選敗退
2010	予選敗退
2014	ベスト8

豪華絢爛タレント軍団だが課題も

欧州予選でドイツと並ぶ最多タイの43得点を挙げ、一番乗りでロシア行きを決めてみせた。E・アザール、デ・ブライネという世界最高峰のファンタジスタがそろい、主砲R・ルカク、守護神クルトワなど随所にプレミアリーグのビッグクラブで主軸を張る選手が居並ぶ。今大会屈指のタレント軍団であり優勝候補の一角にも推されているベルギーだが、4年前のW杯、2年前のEUROといずれも8強止まり。いまひとつ殻を破れない要因は、個への依存度が高すぎて戦術的柔軟性に乏しいこと、それに主力選手のコンディション次第で守備に一抹の不安が生じることだ。

昨年11月、3-3という大味な撃ち合いを演じた親善試合メキシコ戦が彼らの課題を象徴していた。

予選では4バックから3バックへのシフトを成功させたマルティネス監督だが、その後の手腕に対しては国内でも意見が分かれているところ。本番までに、守備陣のブラッシュアップという課題を修正し、さらに選手たちの個性を最大限に活かせる組織や戦術を確立し、浸透させることができるか。こうした"宿題"をやり遂げて初めて、ベルギーはロシアの地で世界一に挑戦することができる。年齢的にも最盛期に差しかかった黄金世代の動向に注目だ。

FORMATION 【基本布陣】

（基本布陣図）
R・ルカク（バチュアイ）
E・アザール（T・アザール）　デ・ブライネ（メルテンス）
フェレイラ・カラスコ（J・ルカク）　　ムニエ（シャドリ）
ヴィツェル（ナインゴラン）　テンベレ（フェライニ）
ヴェルトンゲン（カバセレ）　コンパニ（ヴェルマーレン）　アルデルワイレルト（デンスウケル）
クルトワ（ミノレ）
3-4-2-1

予選途中から3バックを採用し、これがハマった。ただ、チームのアキレス腱であるコンパニやヴェルマーレンのコンディション次第では4-2-3-1に回帰の可能性も。

COACH 【監督】

Roberto MARTINEZ ●ロベルト・マルティネス

3バックを4バックと巧みに使い分けながらテクニカルにつなぐサッカーを掲げ、プレミアで弱小ウィガンを躍進させた辣腕で知られる。EURO16後にヴィルモッツ前監督の後釜に。

❶1973年7月13日（44歳）
❷スペイン
❸2016年8月

GOAL RANKING 【予選得点ランキング】

順位	選手名	得点
❶	ロメル・ルカク	11
❷	エデン・アザール	6
❸	ドリエス・メルテンス	5
❸	トマ・ムニエ	5
❺	クリスティアン・ベンテケ	他1名 3

R・ルカクが"9番"の仕事を全うし、10番でエースのE・アザールがこれに続いた。また、右サイドの仕掛け人、ムニエの得点力も特筆すべき数字だ。

QUALIFIERS RESULT 【予選結果】

欧州予選グループH／1位（9勝1分0敗）

日付	対戦相手	H&A	スコア
2016年 9月 6日	キプロス	A	○3-0
2016年10月 7日	ボスニア・ヘルツェゴビナ	H	○4-0
2016年10月10日	ジブラルタル	A	○6-1
2016年11月13日	エストニア	H	○8-1
2017年 3月25日	ギリシャ	H	△1-1
2017年 6月 9日	エストニア	A	○2-0
2017年 8月31日	ジブラルタル	H	○9-0
2017年 9月 3日	ギリシャ	A	○2-1
2017年10月 7日	ボスニア・ヘルツェゴビナ	A	○4-3
2017年10月10日	キプロス	H	○4-0

GK Thibaut COURTOIS ●ティボー・クルトワ

スペイン代表のデ・ヘアとプレミア最高のGKを争う名うての実力者。長い手足を生かしたセービング能力は一品だが、長身ながら反応も鋭い。
- ①1992年5月11日(26歳)
- ②199cm／94kg
- ③チェルシー(ENG)
- ④55試合／0得点

DF Toby ALDERWEIRELD ●トビー・アルデルヴァイレルト

正確無比なロングフィードで後方から攻撃の起点に。スピードや機動力にも優れ、クラブでもコンビを組むヴェルトンゲンとの相性は抜群だ。
- ①1989年3月2日(29歳)
- ②187cm／91kg
- ③トッテナム(ENG)
- ④74試合／3得点

DF Vincent KOMPANY ●ヴァンサン・コンパニ

威圧的な守備や力強いリーダーシップで全幅の信頼を得るチームのボスだが、故障癖が唯一にして最大の弱点で、本番での活躍は未知数。
- ①1986年4月10日(32歳)
- ②193cm／85kg
- ③マンチェスター・C(ENG)
- ④76試合／4得点

DF Thomas MEUNIER ●トマ・ムニエ

元FWで右SBになった選手だが、3バック採用によるウイングバック起用で攻撃力が最大限化。予選では5ゴールを挙げるなど大活躍した。
- ①1991年9月12日(26歳)
- ②190cm／72kg
- ③パリSG(FRA)
- ④22試合／5得点

DF Jan VERTONGHEN ●ヤン・ヴェルトンゲン

アグレッシブな守備や機を見た攻め上がりで存在感を発揮する攻撃的DF。得意の左足から放たれる強烈なシュートやロングパスも印象的だ。
- ①1987年4月24日(31歳)
- ②189cm／87kg
- ③トッテナム(ENG)
- ④99試合／8得点

MF Kevin DE BRUYNE ●ケヴィン・デ・ブライネ

世界最高峰のキック精度を武器にゲームメーク、アシスト、フィニッシュの全てに絡む。2列目でも3列目でも機能する絶対的攻撃の核だ。
- ①1991年6月28日(26歳)
- ②181cm／93kg
- ③マンチェスター・C(ENG)
- ④59試合／14得点

MF Mousa DEMBELE ●ムサ・デンベレ

対面した選手が誰しも手こずる力強いキープが最大の武器。強靱なボディは粘り強い対人守備にも活かされ、攻守両面でチームに貢献できる。
- ①1987年7月16日(30歳)
- ②185cm／87kg
- ③トッテナム(ENG)
- ④74試合／5得点

MF Marouane FELLAINI ●マルワン・フェライニ

ヘディングとパワーに絶対的な自信を持ち、分かりやすいターゲットマンとして重宝する。やや荒っぽい性格でファウルが多いのが玉にキズ。
- ①1987年11月22日(30歳)
- ②194cm／85kg
- ③マンチェスター・U(ENG)
- ④80試合／16得点

MF Yannick FERREIRA CARRASCO ●ヤニック・フェレイラ・カラスコ

元R・マドリードのトリッキーな高速ドリブラー。3バック採用に伴ってアタッカーからウイングバックにコンバートされ、新境地を開拓した。
- ①1993年9月4日(24歳)
- ②181cm／72kg
- ③大連一方(CHN)
- ④23試合／5得点

MF Eden HAZARD ●エデン・アザール

変幻自在の高速ドリブルで敵陣に風穴を空けるベルギーの絶対的エース。反則まがいのタックルを受けても、決して折れない心の強さも魅力だ。
- ①1991年1月7日(27歳)
- ②173cm／74kg
- ③チェルシー(ENG)
- ④83試合／21得点

MF Radja NAINGGOLAN ●ラジャ・ナインラン

アグレッシブに前線へ飛び出し、豪快なシュートを突き刺す中盤の大砲。マルティネス監督との不和が噂されるも、実力はレギュラークラス。
- ①1988年5月4日(30歳)
- ②176cm／77kg
- ③ローマ(ITA)
- ④30試合／6得点

MF Axel WITSEL ●アクセル・ヴィツェル

ボランチの位置で適切にバランスを調整するチームの舵取り役。昨年1月、プレミアやユヴェントスへの移籍を断って中国へと渡って話題に。
- ①1989年1月12日(29歳)
- ②186cm／73kg
- ③天津権健(CHN)
- ④88試合／9得点

FW Michy BATSHUAYI ●ミヒー・バチュアイ

瞬発力と高い嗅覚に優れた点取り屋。出場機会が少なかったチェルシーを今年1月に離れ、新天地ドルトムントでエースの座に就き調子は上向き。
- ①1993年10月2日(24歳)
- ②185cm／78kg
- ③ドルトムント(GER)
- ④14試合／6得点

FW Romelu LUKAKU ●ロメル・ルカク

EURO16後の2年間でエースの地位を確立し、今予選はチーム得点王に。巨体を活かしたパワフルなプレーで敵を圧倒する重戦車だ。
- ①1993年5月13日(25歳)
- ②190cm／93kg
- ③マンチェスター・U(ENG)
- ④66試合／33得点

FW Dries MERTENS ●ドリエス・メルテンス

機敏な動きで相手の裏を突いて、左右両足の正確なシュートでゴールを射抜く小兵。本職はウイングだが、クラブでは"偽9番"として活躍する。
- ①1987年5月6日(31歳)
- ②169cm／61kg
- ③ナポリ(ITA)
- ④66試合／13得点

FW Divock ORIGI ●ディヴォック・オリジ

中央のポストプレーからもタッチライン際での突破まで、汎用性の高いスーパーサブ。今季はヴォルフスブルクからレンタル移籍で試合勘を維持。
- ①1995年4月18日(23歳)
- ②185cm／75kg
- ③ヴォルフスブルク(GER)
- ④25試合／3得点

GK Simon MIGNOLET ●シモン・ミノレ

PKストップや近距離シュートに滅法強いが、それ以外は凡庸で今季はクラブでも控えに。
- ①1988年3月6日(30歳)
- ②193cm／87kg
- ③リヴァプール(ENG)
- ④21試合／0得点

GK Koen CASTEELS ●クーン・カステールス

クルトワ、ミノレの牙城は崩せないが、常に招集される若手GK。クラブでは守護神を担う。
- ①1992年6月25日(25歳)
- ②197cm／83kg
- ③ヴォルフスブルク(GER)
- ④0試合／0得点

DF Christian KABASELE ●クリスティアン・カバセレ

抜群の身体能力を持ち、コンパニら「黄金世代」の後を継ぐ次期主力候補と期待される。
- ①1991年2月24日(27歳)
- ②188cm／86kg
- ③ワトフォード(ENG)
- ④2試合／0得点

DF Jordan LUKAKU ●ジョルダン・ルカク

卓越したアスリート能力を振るって攻守に奮闘。実兄のロメルとの兄弟愛で活躍を誓う。
- ①1994年7月25日(23歳)
- ②177cm／86kg
- ③ラツィオ(ITA)
- ④8試合／0得点

DF Thomas VERMAELEN ●トーマス・ヴェルマーレン

小柄ながらインテリジェンスに優れたスキルが目を見張る。コンパニと同様に故障がち。
- ①1985年11月14日(32歳)
- ②183cm／80kg
- ③バルセロナ(ESP)
- ④66試合／1得点

MF Nacer CHADLI ●ナセル・シャドリ

体幹の強さと繊細なテクニックが同居。左右両サイドを過色なくこなせる貴重な戦力だ。
- ①1989年8月2日(28歳)
- ②187cm／80kg
- ③ウェストブロムウィッチ(ENG)
- ④42試合／5得点

MF Leander DENDONCKER ●レアンドル・デンドンケル

チーム内で希少な国内組の星にして、次代の主役候補。ボランチだけでCBでも機能する。
- ①1995年4月15日(23歳)
- ②188cm／83kg
- ③アンデルレヒト
- ④4試合／0得点

MF Adnan JANUZAJ ●アドナン・ヤヌザイ

センスあふれる天才肌のドリブラー。かつてマン・Uの下部組織では「神童」と騒がれた。
- ①1995年2月5日(23歳)
- ②186cm／76kg
- ③R・ソシエダ(ESP)
- ④6試合／0得点

MF Kevin MIRALLAS ●ケヴィン・ミララス

スピード、技術いずれも水準以上でFKも得意だが、現チームでの序列はやや下降気味。
- ①1987年10月5日(30歳)
- ②182cm／68kg
- ③オリンピアコス(GRE)
- ④60試合／10得点

MF Youri TIELEMANS ●ユーリ・ティーレマンス

近い将来のブレークが予想される若手有望株。左右両足から多彩なパスを供給するMFだ。
- ①1997年5月7日(21歳)
- ②176cm／72kg
- ③モナコ(FRA)
- ④8試合／0得点

FW Christian BENTEKE ●クリスティアン・ベンテケ

空中戦に絶大な自信を持つビッグマン。一芸を活かして最前線の3番手に食い込めるか。
- ①1990年12月3日(27歳)
- ②190cm／83kg
- ③クリスタル・パレス(ENG)
- ④33試合／12得点

FW Thorgan HAZARD ●トルガン・アザール

エデンの後を追うアザール兄弟の次男。兄と違って周囲との連携で輝くプレーの方が得意。
- ①1993年3月29日(25歳)
- ②174cm／69kg
- ③ボルシアMG(GER)
- ④8試合／1得点

GROUP A
- RUS
- KSA
- EGY
- URU

GROUP B
- POR
- ESP
- MAR
- IRN

GROUP C
- FRA
- AUS
- PER
- DEN

GROUP D
- ARG
- ISL
- CRO
- NGA

GROUP E
- BRA
- SUI
- CRC
- SRB

GROUP F
- GER
- MEX
- SWE
- KOR

GROUP G
- BEL
- PAN
- TUN
- ENG

GROUP H
- POL
- SEN
- COL
- JPN

PANAMA

パナマ／初出場

●正式名称：パナマ共和国　●サッカー協会設立：1937年　●FIFA加盟：1938年　●FIFAランク：55位
●W杯出場：1回目　●W杯最高成績：――　●web site：www.fepafut.com

PAST RESULT 【W杯過去の成績】

開催年	成績
1930	不参加
1934	不参加
1938	不参加
1950	不参加
1954	不参加
1958	不参加
1962	不参加
1966	不参加
1970	不参加
1974	不参加
1978	予選敗退
1982	予選敗退
1986	予選敗退
1990	予選敗退
1994	予選敗退
1998	予選敗退
2002	予選敗退
2006	予選敗退
2010	予選敗退
2014	予選敗退

意気揚々と初出場。歴史的な1勝を

W杯常連の大国アメリカを抑えてロシア行きの切符をつかんだ実力は、決して侮れない。しかし、本大会のダークホースと呼ぶには過大評価が過ぎる。メンバーの質と経験不足を考えれば、現実的な目標は歴史的な「1勝」を挙げることだろう。それでも、初出場を決めた記念日を国民の祝日とし、大統領自ら選手たちを労うなど、サッカーより野球のお国柄で人口わずか400万人の小国ながら、国内は異様な盛り上がりを見せている。その期待を背に、国民のためにとチームが"火事場の馬鹿力"を発揮できるか見ものである。

チームを支えるのはベテランの力だ。GKペネド、DFのバロイとR・トーレス、中盤の重鎮ゴメスに、代表最多得点記録を争うFWのペレス＆テハダと、各ラインの手綱を30歳オーバーの選手たちが締めている。彼らのリードで持ち前の団結力と組織力を存分に発揮した上でカウンターを仕掛け、キンテーロ、G・トーレスなど脂が乗った前線のメンバーがゴールを仕留める。これがジャイアントキリングへの青写真だ。

初出場とはいえ、ベテラン揃いで必要以上に舞い上がることはなさそうだし、やるべきことも明確だ。何より、恐れるものは何もない。案外、健闘を見せるかもしれない。

COACH 【監督】

Hernan Dario GOMEZ ●エルナン・ダリオ・ゴメス

98年に母国コロンビアを、02年にエクアドルをW杯に連れていった経歴がある経験豊富な指揮官で、3度目の今回は下馬評が低かった弱小パナマを奇跡の北中米・カリブ海予選突破に導いた。

❶ 1956年2月3日（62歳）
❷ コロンビア
❸ 2014年2月

FORMATION 【基本布陣】

```
              ペレス        G・トーレス
            （ディアス）      （テハダ）

  キンテーロ                          クーベル
 （バルセナ）    ゴディ      ゴメス   （ヒメネス）
            （ブイトラゴ）  （アビラ）

  オバージェ                          マチャド
  （ダビス）  R・トーレス    バロイ   （ムリージョ）
           （エスコバル）  （カミングス）

                    ベネド
                  （カルデロン）

  4-4-2
```

ゴメス監督が丁寧に育ててきたシンプルなカウンター志向の4-4-2が基本だ。サイドや前線にはスピードある選手が揃う。また長身のCBが多くセットプレーも強烈だ。

GOAL RANKING 【予選得点ランキング】

順位	選手名	得点
❶	ガブリエル・トーレス	2
❶	ルイス・テハダ	2
❶	ブラス・ペレス	2
❶	アブディエル・アロヨ	2
❶	ロマン・トーレス	2

予選では粒揃いのFW陣がバランスよくゴールを重ねた。また、最終節でヘッドを決めたDFのR・トーレスらが上がってくるセットプレーも武器に。

QUALIFIERS RESULT 【予選結果】

北中米・カリブ海最終予選／3位（3勝4分3敗）

日付	対戦相手	H&A	スコア
●北中米・カリブ海4次予選　グループB			
2015年11月13日	ジャマイカ	A	○2-0
2015年11月17日	コスタリカ	H	●1-2
2016年 3月25日	ハイチ	A	△0-0
2016年 3月29日	ハイチ	H	○1-0
2016年 9月 2日	ジャマイカ	H	○2-0
2016年 9月 6日	コスタリカ	A	●1-3
●北中米・カリブ海最終予選			
2016年11月11日	ホンジュラス	A	○1-0
2016年11月15日	メキシコ	H	△0-0
2017年 3月24日	トリニダード・トバゴ	A	△0-0
2017年 3月28日	アメリカ	H	△1-1
2017年 6月 8日	コスタリカ	A	△0-0
2017年 6月13日	ホンジュラス	H	△2-2
2017年 9月 1日	メキシコ	A	●0-1
2017年 9月 5日	トリニダード・トバゴ	A	○3-0
2017年10月 6日	アメリカ	A	●0-4
2017年10月10日	コスタリカ	H	○2-1

GK Jaime PENEDO ■ハイメ・ペネド

04年からゴールマウスに君臨し続け、経験に裏打ちされた高いGKスキルを披露。仕事が増えるであろう本大会で36歳にしてブレークなるか。
- 1981年9月26日 (36歳)
- 183cm／73kg
- ディナモ・ブカレスト (ROU)
- 127試合／0得点

DF Felipe BALOY ■フェリペ・バロイ

代表歴ът長いだけあって、同胞の誰もが尊敬する大キャプテン。エアバトルとタックルの強烈さはチームで右に出る者がいないレベルだ。
- 1981年2月24日 (37歳)
- 185cm／90kg
- ムニシパル (GUA)
- 94試合／3得点

DF Fidel ESCOBAR ■フィデル・エスコバル

ベテラン揃いの守備陣の中で将来を嘱望されている若手の雄。足元もしっかなな器用さでキックもパワー、精度ともに高く、ボランチもこなせる。
- 1995年1月9日 (23歳)
- 181cm／74kg
- NYレッドブルズ (MLS)
- 21試合／1得点

DF Adolfo MACHADO ■アドルフォ・マチャド

クラブではCBでプレーするが、代表では右サイドで抜群のフィジカルを活かして相手の突破を食い止める。ロングスローという飛び道具も。
- 1985年2月14日 (33歳)
- 181cm／72kg
- ヒューストン・ダイナモ (MLS)
- 70試合／1得点

DF Michael MURILLO ■ミゲル・ムリージョ

エスコバルとともに代表の未来を担うと言われる守備職人。右サイドをメインに、CBや中盤のMFなどのポジションをカバーできる多才な男。
- 1996年2月11日 (22歳)
- 183cm／76kg
- NYレッドブルズ (MLS)
- 21試合／2得点

DF Luis OVALLE ■ルイス・オバージェ

U-20から代表で活躍し、2010年のフル代表デビュー以来、右サイドを支え続ける。機を見たオーバーラップとの絡みで攻撃に色を添える。
- 1988年9月7日 (29歳)
- 177cm／75kg
- オリンピア (HON)
- 24試合／0得点

DF Roman TORRES ■ロマン・トーレス

筋骨隆々の身体を存分に使ってハードな当たりをぶちかます守備の要。空中戦にも滅法強く、守っては壁に、攻めては得点源になる豪傑だ。
- 1986年3月20日 (32歳)
- 188cm／83kg
- シアトル・サウンダーズ (MLS)
- 107試合／10得点

MF Edgar BARCENAS ■エドガル・バルセナス

国内では「魔術師」の異名を持つテクニシャンで、鮮やかなドリブルが最大の武器。左サイドを主戦場にして、2列目を絡めてカバーする仕掛け人。
- 1993年10月23日 (24歳)
- 175cm／75kg
- タパチュラ (MEX)
- 27試合／0得点

MF Ricardo BUITRAGO ■リカルド・ブイトラゴ

的確な判断と泥臭いプレーで攻撃のアクセントになる歴戦のMF。これまでに多くのクラブを渡り歩き、スペインでのプレー経験もあるベテランだ。
- 1985年5月10日 (33歳)
- 179cm／74kg
- デポルティーボ・ムニシパル (PER)
- 27試合／3得点

MF Armando COOPER ■アルマンド・クーペル

繊細かつダイナミックな足技で敵を翻弄するドリブラー。中盤ならどこでもこなせるが、得点力の高さを生かせる前線右サイドが主戦場に。
- 1987年11月26日 (30歳)
- 182cm／71kg
- ウニベルシダ・チリ (CHI)
- 98試合／74得点

MF Anibal GODOY ■アニバル・ゴドイ

重鎮ゴメスのよきパートナーとして不動の地位を築く左利きのセントラルMF。相棒に守備を任せ、思い切った攻撃参加を見せることも多々。
- 1990年2月10日 (28歳)
- 182cm／79kg
- サンノゼ・アースクエイクス (MLS)
- 87試合／1得点

MF Gabriel GOMEZ ■ガブリエル・ゴメス

代表歴15年を誇り、同国歴代最多の142キャップを誇るボス。中盤の底に構えて仲間を統べる男は、精神的にも戦術的にもチームの柱だ。
- 1984年5月29日 (34歳)
- 183cm／81kg
- アトレティコ・ブカラマンガ (COL)
- 142試合／1得点

MF Valentin PIMENTEL ■バレンティン・ピメンテル

前線ではチャンスメイクで、中盤ではゲームメイクで攻撃に貢献する万能型のOMF。一方ではパナマ大学卒業のインテリという一面も持つ。
- 1991年5月30日 (27歳)
- 185cm／77kg
- プラサ・アマドル
- 20試合／1得点

MF Alberto QUINTERO ■アルベルト・キンテーロ

高速カウンターとサイド攻撃のキーマン。小柄ながら華麗なドリブルで仲間をリードする。過去にスペインの下部クラブでもプレー経験がある。
- 1987年12月18日 (30歳)
- 167cm／60kg
- ウニベルシタリオ (PER)
- 91試合／2得点

FW Ismael DIAZ ■イスマエル・ディアス

左サイドからナナメにゴールへと迫るウイング。15歳でプロデビューを飾り、国内のクラブも才能に注目する逸材。今大会でブレークなるか。
- 1997年5月12日 (21歳)
- 181cm／72kg
- デポルティーボ (ESP)
- 10試合／2得点

FW Blas PEREZ ■ブラス・ペレス

長らく代表のエースを担ってきた大事なゴール＆点を決めてきた国民的英雄。テハダと代表歴代得点ランキングでデッドヒートを繰り広げる。
- 1981年3月13日 (37歳)
- 187cm／80kg
- ムニシパル (GUA)
- 109試合／40得点

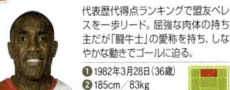

FW Luis TEJADA ■ルイス・テハダ

代表歴得点ランキングで盟友ペレスを一歩リード。屈強な肉体の持ち主だが「闘牛士」の愛称を持ち、しなやかな動きでゴールに迫る。
- 1982年3月28日 (36歳)
- 185cm／83kg
- スポルト・ボーイズ (PER)
- 104試合／42得点

FW Gabriel TORRES ■ガブリエル・トーレス

ゴールへの嗅覚に優れたトリックスター。予選の2得点はともに大事な決勝点で、ひとつは快足を飛ばして70メートルを独走した衝撃弾だ。
- 1988年10月31日 (29歳)
- 180cm／78kg
- ウアチパト (CHI)
- 70試合／15得点

GK Jose CALDERON ■ホセ・カルデロン

長らくレジェンドであるペネドの控えに甘んじるが、ピッチに立てば安定した出来栄え。
- 1985年8月14日 (32歳)
- 187cm／79kg
- チョリージョ
- 30試合／0得点

GK Alex RODRIGUEZ ■アレックス・ロドリゲス

所属クラブでは背番号1を付け、守備神としてプレーするGK。197cmの長身は他よりも魅力。
- 1987年8月5日 (27歳)
- 197cm／75kg
- サン・フランシスコ
- 6試合／0得点

DF Harold CUMMINGS ■ハロルド・カミングス

骨折で17年を丸々棒に振ったが、今年に入って復活し、3月に代表復帰。経験豊富なCBだ。
- 1992年3月1日 (26歳)
- 180cm／84kg
- サンノゼ・アースクエイクス (MLS)
- 47試合／0得点

DF Erick DAVIS ■エリック・ダビス

ウインガー顔負けの攻撃性を持ち、敵陣深くまで攻め込むアタッキングレフトバック。
- 1991年3月31日 (27歳)
- 179cm／77kg
- ドナイスカ・ストレダ (SVK)
- 37試合／0得点

MF Ricardo AVILA ■リカルド・アビラ

U-20代表で名を挙げてベルギーに渡った俊英。短いながらも非凡な未来のセントラルMF。
- 1997年2月4日 (21歳)
- 184cm／74kg
- ヘント (BEL)
- 4試合／0得点

MF Miguel CAMARGO ■ミゲル・カマルゴ

左右のウイングにも対応できる攻撃的MF。予選出場は1試合だったが、4試合でベンチ入り。
- 1993年9月5日 (24歳)
- 179cm／74kg
- ウニベルシダ・スティリング (PER)
- 52試合／2得点

FW Jose GONZALEZ ■ホセ・ゴンサレス

ペルーのクラブでプレーする海外組の1人。適正ポジションは左サイドでスピードが持ち味。
- 1991年5月5日 (27歳)
- 176cm／69kg
- ウニオン・コメルシオ (PER)
- 40試合／0得点

FW Roberto NURSE ■ロベルト・ヌルセ

メキシコリーグのクラブを渡り歩き、2部で得点王に輝いたこともあるベテランの点取り屋。
- 1983年12月16日 (34歳)
- 188cm／92kg
- サカテカス (MEX)
- 15試合／3得点

FW Abdiel ARROYO ■アブディエル・アロヨ

ダイナミックな動きで敵を翻弄する若手ストライカー。ベテランたちの牙城を崩せるか。
- 1993年12月13日 (24歳)
- 187cm／80kg
- アラフエレンセ (CRC)
- 33試合／5得点

TUNISIA

チュニジア／3大会ぶり5回目

●正式名称：チュニジア共和国　●サッカー協会設立：1957年　●FIFA加盟：1960年　●FIFAランク：14位
●W杯出場：5回目　●W杯最高成績：グループステージ敗退　●web site：www.ftf.org.tn

第2章　ワールドカップ出場32カ国分析

ＰAST RESULT 【W杯過去の成績】

開催年	成績
1930	不参加
1934	不参加
1938	不参加
1950	不参加
1954	不参加
1958	不参加
1962	予選敗退
1966	不参加
1970	予選敗退
1974	予選敗退
1978	グループステージ敗退
1982	予選敗退
1986	予選敗退
1990	予選敗退
1994	予選敗退
1998	グループステージ敗退
2002	グループステージ敗退
2006	グループステージ敗退
2010	予選敗退
2014	予選敗退

スター不在も戦術レベルは高水準

アフリカ予選を無敗で勝ち抜き、「カルタゴの鷲」が12年ぶりにW杯の舞台へ帰ってきた。98、02、06年と3回連続で出場した最近の戦績はいずれも0勝1分け2敗でグループリーグ敗退を強いられており、今大会ではまず悲願の1勝を挙げることがノルマ。それが初の決勝トーナメント進出への特急券にもなる。

スターと呼べる選手は不在だし、身体能力も他のアフリカ諸国に劣るが、予選ではホームゲームでは攻撃的な4-2-3-1でパスサッカーを、アウェイゲームではより守備的な4-3-2-1や5-3-2で手堅い試合運びを、といった具合に、状況に応じて複数のシステムや戦い方を使い分ける北アフリカ勢特有の戦術的な柔軟性が見て取れた。その上で、強豪国との対戦こそなかったものの、重圧がかかる試合でしっかり戦術を遂行して結果を出す勝負強さも垣間見えた。本大会でも、格上のベルギーやイングランド相手には守備的に粘り強く、勝ち点が見込めるパナマ相手には攻撃的に思い切りよくと柔軟に戦う姿勢を変えながら試合巧者ぶりを発揮できれば、グループ突破の目が見えてくるかもしれない。

予選を通じて一枚岩の集団に育った北アフリカのイーグルたちは、果たしてどこまで羽ばたけるか。

Ｆ ORMATION 【基本布陣】

4-2-3-1

（1列目）ラルビ（スラルフィ）、アカイシ（ハリファ）、ハズリ（F・ベン・ユセフ）
（2列目）マールール（ハディ）、サッシ（スキリ）、ベン・アモル（シャラリ）、ナゲズ（ベゴウイ）
S・ベン・ユセフ（ベナルアン）、メリアフ（モーズニ）
マルルティ（ベン・ムスタファ）

2列目のひらめきや創造力に頼る上記のシステムが基本型。2列目を1枚削ってシャーラリを入れる4-3-2-1や、DFを増やす5バックが格上と戦う際のオプション。

Ｑ UALIFIERS RESULT 【予選結果】

アフリカ最終予選グループA／1位（4勝2分0敗）

	日付	対戦相手	H&A	スコア
●アフリカ2次予選				
	2015年11月13日	モーリタニア	A	○2-1
	2015年11月17日	モーリタニア	H	○2-1
●アフリカ最終予選 グループA				
	2016年10月 9日	ギニア	H	○2-0
	2016年11月17日	リビア	H	○1-0
	2017年 9月 1日	DRコンゴ	H	○2-1
	2017年 9月 5日	DRコンゴ	A	△2-2
	2017年10月 7日	ギニア	A	○4-1
	2017年11月11日	リビア	H	△0-0

Ｃ OACH 【監督】

Nabil MAALOUL ●ナビル・マールール

国際的には無名だが代表74キャップのOBであり、母国のクラブレベルでは数々のタイトルを獲得している実力派。代表監督就任は2度目で、過去には助監督を務めた経歴も。

❶1962年7月25日（55歳）
❷チュニジア
❸2017年4月

Ｇ OAL RANKING 【予選得点ランキング】

順位	選手名	得点
1	ユセフ・ムサクニ	3
2	ワフビ・ハズリ	2
3	アニス・バドリ	1
3	モハメド・アミン・ベン・アモル	1
3	ガイレズ・シャーラリ　他6名	1

最終予選のギニア戦でハットトリックを決めたムサクニがチーム得点王だが、個人に頼るというよりは総じてスタメン級がまんべんなく得点した。

GK Aymen MATHLOUTHI ●アイメン・マスルティ

現チームで最多キャップを持つ頼れるキャプテン。予選でも全試合に先発して鋭い反射神経を披露し、手堅い守備陣を最後尾で支え続けた。

- ❶ 1984年9月14日(33歳)
- ❷ 183cm／89kg
- ❸ アル・バティン(KSA)
- ❹ 65試合／0失点

GK Farouk BEN MUSTAPHA ●ファルク・ベン・ムスタファ

恵まれた体格を活かして、ダイナミックなセービングを見せる豪快さが売りの攻撃的GK。マスルティと熾烈なポジション争いを繰り広げている。

- ❶ 1989年7月1日(28歳)
- ❷ 194cm／83kg
- ❸ アル・シャバブ(KSA)
- ❹ 12試合／0失点

DF Bilel MOHSNI ●ビレル・モースニ

長身を活かして制空権を掌握するCBだが、魅力の最大は足元の技術。的確なパスを前線に供給でき、柔軟性の高いチーム戦術を最後尾から体現。

- ❶ 1987年7月21日(30歳)
- ❷ 191cm／75kg
- ❸ ダンディー(SCO)
- ❹ 9試合／0得点

DF Rami BEDOUI ●ラミ・ベドゥイ

クラブでは主に中央でプレーするが、ハードな守備を買われて現指揮官からは両サイドを含めた最終ライン全般のバックアップを任されている。

- ❶ 1990年4月19日(28歳)
- ❷ 187cm／77kg
- ❸ エトワール・サヘル
- ❹ 40試合／0得点

DF Siam BEN YOUSSEF ●シアム・ベン・ユセフ

最終ラインを統率する屈強なディフェンスリーダー。トルコに渡る前はイングランド、ルーマニア、フランスなど欧州各国でプレー経験がある。

- ❶ 1989年3月31日(29歳)
- ❷ 189cm／82kg
- ❸ カスムパシャ(TUR)
- ❹ 41試合／1得点

DF Oussama HADDADI ●ウサマ・ハダディ

左サイドからの積極的な攻め上がりが定評があるSB。マールールという絶対的な存在が同ポジションにいるため、予選では5試合でベンチを温めた。

- ❶ 1992年1月28日(26歳)
- ❷ 184cm／85kg
- ❸ ディジョン(FRA)
- ❹ 6試合／0得点

DF Ali MAALOUL ●アリ・マールール

フィールドプレーヤーで唯一、予選全試合に先発した左サイドのキーマン。積極果敢なオーバーラップから次々とチャンスを創出する重要人物だ。

- ❶ 1990年1月1日(28歳)
- ❷ 175cm／72kg
- ❸ アル・アハリ(EGY)
- ❹ 37試合／0得点

DF Yassine MERIAH ●ヤシヌ・メリアフ

マールール監督就任後にCBのレギュラーに抜擢された有望株。海外クラブでの経験はないが、国内屈指のDFとして腕を磨いている俊英だ。

- ❶ 1993年7月2日(24歳)
- ❷ 180cm／75kg
- ❸ CSスファクシャン
- ❹ 10試合／1得点

DF Hamdi NAGGUEZ ●ハムディ・ナゲズ

CBもこなす守備力をベースに、堅実なプレーで右サイドに安定をもたらす。今年1月、国内の名門Eトワール・サヘルからエジプトへと渡った。

- ❶ 1992年10月28日(25歳)
- ❷ 195cm／89kg
- ❸ ザマレク(EGY)
- ❹ 13試合／0得点

MF Mohamed Amine BEN AMOR ●モハメド・アミン・ベン・アモル

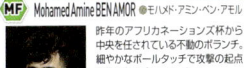

昨年のアフリカネーションズ杯から中央を任されている不動のボランチ。細やかなボールタッチで攻撃の起点を作り出すプレーメーカー。

- ❶ 1992年5月3日(26歳)
- ❷ 180cm／76kg
- ❸ アル・アハリ(KSA)
- ❹ 18試合／1得点

MF Ghailene CHAALALI ●ガイレヌ・シャーラリ

中盤で守備に奔走する国内きっての成長株。マールール監督就任後の予選R4戦全連続でスタメンに選ばれ、一気に評価を高めた。

- ❶ 1994年2月28日(24歳)
- ❷ 179cm／72kg
- ❸ エスペランス
- ❹ 5試合／1得点

MF Wahbi KHAZRI ●ワフビ・ハズリ

華麗なテクニックと創造力を活かし、2列目からの確実なアシストを供給する攻撃のキーマン。リーグ・アンとプレミアで活躍した経験のある実力者。

- ❶ 1991年2月8日(27歳)
- ❷ 176cm／82kg
- ❸ レンヌ(FRA)
- ❹ 16試合／0得点

MF Ferjani SASSI ●フェルジャニ・サッシ

ベン・アモルと補完性抜群のコンビを形成する。攻守に隙がない万能型のMFで、ボールハントにも組み立てにも参加して試合のスパイスに。

- ❶ 1992年3月6日(26歳)
- ❷ 185cm／80kg
- ❸ アル・ナスル(KSA)
- ❹ 36試合／2得点

MF Naim SLITI ●ナイム・スリティ

機動な動きで2列目を動き回り、周囲とのコンビネーションプレーでゴールをこじ開ける。戦術理解度も高く、司令塔として君臨する。

- ❶ 1992年7月27日(25歳)
- ❷ 173cm／76kg
- ❸ ディジョン(FRA)
- ❹ 28試合／2得点

MF Mohamed LARBI ●モハメド・ラルビ

技巧派の選手を2列目に揃えるチュニジアにおいて、ラルビの特徴もまたテクニックにある。巧みなドリブルとパスで攻撃のリズムを奏でる選手。

- ❶ 1987年9月2日(30歳)
- ❷ 186cm／76kg
- ❸ トゥール(KSA)
- ❹ 4試合／0得点

MF Bassem SRARFI ●バセム・スラルフィ

チュニジアの次代を担う若きレフティー。非凡なタッチと中距離砲にも可能性を感じさせる。今年3月のイラン戦で代表デビューを飾った。

- ❶ 1997年6月25日(20歳)
- ❷ 180cm／71kg
- ❸ ニース(FRA)
- ❹ 2試合／0得点

FW Anice BADRI ●アニス・バドリ

今予選のターニングポイントとなった敵地でのDRコンゴ戦で途中出場から値千金の同点弾を挙げた。スーパーサブの地位を確立した。

- ❶ 1990年9月18日(27歳)
- ❷ 178cm／70kg
- ❸ エスペランス
- ❹ 6試合／1得点

FW Ahmed AKAICHI ●アーメド・アカイチ

重戦車のような体躯を武器にゴール前でフィニッシュという決定的な仕事を完遂するストライカー。浮き球をボレーで合わせる技術もピカイチ。

- ❶ 1989年2月23日(29歳)
- ❷ 185cm／80kg
- ❸ アル・イティハド(KSA)
- ❹ 29試合／9得点

FW Fakhreddine BEN YOUSSEF ●ファハルディン・ベン・ユセフ

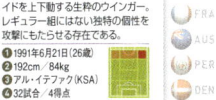

持ち味であるスピードを活かし、右サイドを上下動する生粋のウインガー。レギュラー組にはない独特の個性を攻撃にもたらせる存在である。

- ❶ 1991年6月21日(26歳)
- ❷ 192cm／84kg
- ❸ アル・イティハド(KSA)
- ❹ 32試合／4得点

FW Saber KHALIFA ●サベル・ハリファ

マルセイユでプレーした経験があり、代表での実績も十分。国内での人気も高い頼れるストライカー。コンディションが良ければ先発の可能性も。

- ❶ 1986年10月14日(31歳)
- ❷ 183cm／73kg
- ❸ クラブ・アフリカン
- ❹ 29試合／10得点

GK Mouez HASSEN ●ムエズ・ハセン

U-21まではフランス代表に名を連ねていたが、今年に入りチュニジア代表入りを決意した。

- ❶ 1995年3月5日(23歳)
- ❷ 186cm／80kg
- ❸ シャトールー(FRA)
- ❹ 1試合／0失点

DF Khalil CHEMMAM ●ハリル・シェンマム

左足のキックに自信を持つ左サイドのバックアッパー。現体制下で主力の座に返り咲いた。

- ❶ 1987年7月24日(30歳)
- ❷ 180cm／73kg
- ❸ エスペランス
- ❹ 24試合／0得点

DF Yohan BENALOUANE ●ヨアン・ベナルアン

レスターでは不遇だが、セリエAで長く経験を積んできた万能型の元U-21フランス代表DF。

- ❶ 1987年3月28日(31歳)
- ❷ 185cm／86kg
- ❸ レスター(ENG)
- ❹ 0試合／0得点

DF Dylan BRONN ●ディラン・ブロン

フランス育ちの若き新鋭CB。今季ベルギーでの活躍を買われ、3月に1年ぶりの代表復帰。

- ❶ 1995年6月19日(22歳)
- ❷ 186cm／77kg
- ❸ ヘント(BEL)
- ❹ 3試合／0得点

MF Saif Eddine KHAOUI ●サイフ・エディン・ハウイ

パリ生まれでマルセイユに籍を置く攻撃的MF。U-21から昇格し、今年3月にA代表デビュー。

- ❶ 1995年4月27日(23歳)
- ❷ 182cm／68kg
- ❸ トロワ(FRA)
- ❹ 2試合／0得点

MF Ellyes SKHIRI ●エリス・スキリ

中盤をメインに守備的な位置ならどこでもOKのマルチ。フランス出身だが今年3月に初招集。

- ❶ 1995年5月10日(23歳)
- ❷ 185cm／73kg
- ❸ モンペリエ(FRA)
- ❹ 2試合／0得点

GROUP A
RUS
KSA
EGY
URU

GROUP B
POR
ESP
MAR
IRN

GROUP C
FRA
AUS
PER
DEN

GROUP D
ARG
ISL
CRO
NGA

GROUP E
BRA
SUI
CRC
SRB

GROUP F
GER
MEX
SWE
KOR

GROUP G
BEL
PAN
TUN
ENG

GROUP H
POL
SEN
COL
JPN

ENGLAND

イングランド／6大会連続15回目

●正式名称：イングランド　●サッカー協会設立：1863年　●FIFA加盟：1905年　●FIFAランク：13位
●W杯出場：15回目　●W杯最高成績：優勝　●web site：www.thefa.com

第2章　ワールドカップ出場32カ国分析

PAST RESULT 【W杯過去の成績】

開催年	成績
1930	不参加
1934	不参加
1938	不参加
1950	グループステージ敗退
1954	ベスト8
1958	グループステージ敗退
1962	ベスト8
1966	優勝
1970	ベスト8
1974	予選敗退
1978	予選敗退
1982	2次リーグ敗退
1986	ベスト8
1990	4位
1994	予選敗退
1998	ベスト16
2002	ベスト8
2006	ベスト8
2010	ベスト16
2014	グループステージ敗退

壁を乗り越えろ。ベスト4への挑戦

　自国開催でベスト4入りした96年のEUROを最後にベスト8の壁が越えられず、近年の国際大会でもことごとく期待を裏切ってきたチームだけに、ファンの期待値はそれほど高くない。主将でエースだったルーニーの代表引退もあり、若手主体の陣容もいささか小粒に見える。だが、旬のタレントが並ぶチームは決してレベルが低いというわけではない。プレミアリーグの大舞台で日々揉まれる若手選手たちは実力十分。フレッシュなメンバーが過去のトラウマに縛られることなく、思い切りよくプレーできれば、悲願の4強進出も不可能ではないはずだ。

　主に4バックで戦った欧州予選は、無敗だったとはいえ内容に乏しく、盤石の戦いとは言えなかった。だが、そこで青年監督サウスゲイトはプレミアのトレンドに倣った新機軸の3バックを導入し、11月の親善試合ではこれがハマってドイツ、ブラジルといずれもスコアレスドローながら好勝負を演じた。本大会でも、守備の安定が望めるこの戦術をメインに据えるはずだ。その上で、ここ4年間でプレミア最強の点取り屋に成長した新エースのケインがきっちり仕事をこなし、アリやスターリングといった至宝たちもポテンシャルを存分に発揮できれば面白い。

FORMATION 【基本布陣】

```
              ケイン
             （ヴァーディ）
        アリ              スターリング
      （ウェルベック）      （ラッシュフォード）
ローズ                            ウォーカー
（ヤング）      ダイアー  ヘンダーソン    （トリッピアー）
              （デルフ） （ロフタス・チーク）
    ジョーンズ    ストーンズ    ケイヒル
             （マグワイア）
            ハートランド
           （ピックフォード）

          3-4-2-1
```

予選は主に4-2-3-1で戦ったが安定感を欠き、元代表DFの指揮官は3バック採用を決断。昨年11月の親善試合では、これでドイツとブラジルを無失点に抑えた。

COACH 【監督】

Gareth SOUTHGATE ●ギャレス・サウスゲイト

スキャンダルで失脚したアラダイス前監督に代わって緊急登板。経験不足を危惧する声もあるが、3バック採用や積極的な新戦力の登用など、大胆な手腕は若手主体のチームにピッタリだ。

❶1970年9月3日（47歳）
❷イングランド
❸2016年9月

GOAL RANKING 【予選得点ランキング】

順位	選手名	得点
❶	ハリー・ケイン	5
❷	ダニエル・スタリッジ	2
❷	アダム・ララーナ	2
❹	マーカス・ラッシュフォード	1
❹	ジェイミー・ヴァーディ　他7名	1

予選は無敗だったが、格下相手に攻めあぐねる試合も多く、得点数は伸び悩んだ。3試合で決勝点を挙げたエースのケインが1人気を吐く格好に。

QUALIFIERS RESULT 【予選結果】

欧州予選グループF／1位（8勝2分0敗）

日付	対戦相手	H&A	スコア
2016年9月4日	スロバキア	A	○1-0
2016年10月8日	マルタ	H	○2-0
2016年10月11日	スロベニア	A	△0-0
2016年11月11日	スコットランド	H	○3-0
2017年3月26日	リトアニア	H	○2-0
2017年6月10日	スコットランド	A	△2-2
2017年9月1日	マルタ	A	○4-0
2017年9月4日	スロバキア	H	○2-1
2017年10月5日	スロベニア	H	○1-0
2017年10月8日	リトアニア	A	○1-0

GK Jack BUTLAND ●ジャック・バトランド

長くゴールを守ってきたハートの落選を受け、今大会の守護神として期待されるビッグセーバー。五輪経験はあるも、A代表では初の大舞台。

- ①1993年3月10日（25歳）
- ②196cm／95kg
- ③ストーク
- ④7試合／0得点

GK Jordan PICKFORD ●ジョーダン・ピックフォード

U-21代表から昇格した次代を担う成長株。機敏な反応と正確なフィードを持ち味とする。今季移籍したエヴァートンで大きく成長。

- ①1994年3月7日（24歳）
- ②185cm／71kg
- ③エヴァートン
- ④1試合／0得点

GK Nick POPE ●ニック・ポープ

かつては8部に相当するクラブでプレーした経験のある苦労人。16-17にバーンリーに加入するも出場機会はなく、今季式GKとして台頭。

- ①1992年4月19日（26歳）
- ②191cm／76kg
- ③バーンリー
- ④0試合／0得点

DF Harry MAGUIRE ●ハリー・マグワイア

100kgの体重どおり、力強い守備でゴール前にカギを掛けるCB。一方、好機には自らドリブルで持ち上がる積極的なスタイルで知られている。

- ①1993年3月5日（25歳）
- ②194cm／100kg
- ③レスター
- ④4試合／0得点

DF Trent ALEXANDER-ARNOLD ●トレント・アレクサンダー・アーノルド

19歳と若く、代表未経験ながらサプライズ選出された右SB。6歳からリヴァプールの下部組織で育ち、今季、クロップ監督によって見出された。

- ①1998年10月7日（19歳）
- ②175cm／69kg
- ③リヴァプール
- ④0試合／0得点

DF Fabian DELPH ●ファビアン・デルフ

本職は守備的なMFだが、サイドでもプレーできるとあって、3バックを採用する代表には適任。左足から供給されるクロスとロングパスに定評あり。

- ①1989年11月21日（28歳）
- ②174cm／60kg
- ③マンチェスター・C
- ④9試合／0得点

DF Kieran TRIPPIER ●キーラン・トリッピアー

タッチライン際を疾走し、鋭いキックで好機を作り出すプレミアきってのクロスマシン。クロスの球種、球質が多彩で、その精度は世界屈指。

- ①1990年9月19日（27歳）
- ②178cm／71kg
- ③トッテナム
- ④5試合／0得点

DF Ashley YOUNG ●アシュリー・ヤング

モウリーニョによりSBとして起用されたことで息を吹き返して再評価。昨年11月に4年ぶりの代表復帰を果たすと、最終メンバーに滑り込んだ。

- ①1985年7月9日（32歳）
- ②175cm／65kg
- ③マンチェスター・U
- ④33試合／7得点

DF Gary CAHILL ●ギャリー・ケイヒル

守備陣最年長のリーダー格。攻守にわたり総じて能力は高いが、クラブではレギュラーを確保できておらず、今や精彩を欠くのが気がかり。

- ①1985年12月19日（32歳）
- ②193cm／86kg
- ③チェルシー
- ④58試合／4得点

DF Phil JONES ●フィル・ジョーンズ

闘争心旺盛な熱血DFで、激しい守備と思い切りのいい持ち上がりが魅力。往年の名DFテリーの後継者とも言われてきたが、ミスが玉にキズ。

- ①1992年2月21日（26歳）
- ②180cm／71kg
- ③マンチェスター・U
- ④24試合／0得点

DF Danny ROSE ●ダニー・ローズ

ダイナミックに左サイドを上下動する小さなダイナモ。ウインガー出身で抜群の攻撃力を持ち、機を見たり切り込みやロングシュートも強烈だ。

- ①1990年7月2日（27歳）
- ②174cm／76kg
- ③トッテナム
- ④16試合／0得点

DF John STONES ●ジョン・ストーンズ

ビルドアップの要として、後方から勝負の縦パスを供給できるセンス溢れるCB。ペップの下で課題だった対人守備も向上し、完成度を高めた。

- ①1994年5月28日（24歳）
- ②188cm／70kg
- ③マンチェスター・C
- ④24試合／0得点

MF Kyle WALKER ●カイル・ウォーカー

SBとしての完成度はプレミア最高レベル。攻撃性能が高くスピードに乗ったオーバーラップから、仲間と連動したインナーラップでお得意のもの。

- ①1990年5月28日（28歳）
- ②178cm／70kg
- ③マンチェスター・C
- ④34試合／0得点

MF Dele ALLI ●デレ・アリ

母国が誇る天才「ガスコインの再来」と賞賛高く、抜群のスキルと創造性で攻撃に色を加える。決定力にも定評があり、昨季はプレミアで18得点。

- ①1996年4月11日（22歳）
- ②188cm／79kg
- ③トッテナム
- ④23試合／2得点

MF Eric DIER ●エリック・ダイアー

守りのオールラウンダーだが、最も得意とするのはアンカー。守備力の高さに加え、抜群のスキルと剛性でEURO16で決めた直接FKやロングスローの飛び道具も。

- ①1994年1月15日（24歳）
- ②188cm／90kg
- ③トッテナム
- ④25試合／3得点

MF Jordan HENDERSON ●ジョーダン・ヘンダーソン

正確なボールさばきとプレッシングの嗅覚を兼備するセントラルMF。リヴァプールで主将を任されるほどのリーダーシップと魅力の持ち主。

- ①1990年6月17日（27歳）
- ②182cm／67kg
- ③リヴァプール
- ④38試合／0得点

MF Jesse LINGARD ●ジェシー・リンガード

モウリーニョで開眼したアタッカーは、キレのあるドリブルからパンチのあるミドルを放つ。ハードワーク精神も持ち合わせ、攻守に活躍する。

- ①1992年12月15日（25歳）
- ②175cm／62kg
- ③マンチェスター・U
- ④9試合／9得点

MF Raheem STERLING ●ラヒーム・スターリング

鋭いドリブル突破やナナメのランニングからゴールを狙う。今季は絶好調を維持しており、貴重なゴールを決める頼れる存在に。

- ①1994年12月8日（23歳）
- ②170cm／69kg
- ③マンチェスター・C
- ④37試合／2得点

MF Ruben LOFTUS-CHEEK ●ルーベン・ロフタス・チーク

チェルシーの下部組織から輩出され15-16にブレイク。今季はクリスタル・パレスにレンタル移籍して成長。長身ながら足下の技術に長ける。

- ①1996年1月23日（22歳）
- ②191cm／88kg
- ③クリスタル・パレス
- ④2試合／0得点

FW Harry KANE ●ハリー・ケイン

ここ4年間でC・ロナウドやメッシにも遜色ないペースでゴールを量産。ルーニーに代わる新エースとして、全イングランド中の期待を背負う。

- ①1993年7月28日（24歳）
- ②188cm／76kg
- ③トッテナム
- ④23試合／12得点

FW Marcus RASHFORD ●マーカス・ラッシュフォード

2年前のEUROでサプライズ招集を受けたワンダーボーイも、今や押しも押されぬ主力に。若さにそぐわぬ冷静さでゴールを襲う点取り屋。

- ①1997年10月31日（20歳）
- ②180cm／70kg
- ③マンチェスター・U
- ④17試合／2得点

FW Jamie VARDY ●ジェイミー・ヴァーディ

ハイプレッシングや快速の突破、豪快な両足からのシュートで前線を暴れ回る。2年前の「レスターの奇跡」後もコンスタントにゴールを重ねる。

- ①1987年1月11日（31歳）
- ②179cm／74kg
- ③レスター
- ④21試合／7得点

FW Danny WELBECK ●ダニー・ウェルベック

抜群の身体能力を持つFW。献身的なランニングによる前線からの守備も評価が高く、中央でもサイドでも機能する。

- ①1990年11月26日（27歳）
- ②185cm／73kg
- ③アーセナル
- ④37試合／15得点

GROUP A
RUS
KSA
EGY
URU

GROUP B
POR
ESP
MAR
IRN

GROUP C
FRA
AUS
PER
DEN

GROUP D
ARG
ISL
CRO
NGA

GROUP E
BRA
SUI
CRC
SRB

GROUP F
GER
MEX
SWE
KOR

GROUP G
BEL
PAN
TUN
ENG

GROUP H
POL
SEN
COL
JPN

POLAND KEY PLAYER section

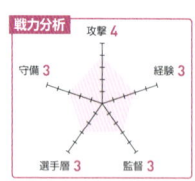

戦力分析

攻撃 4
守備 3 / 経験 3
選手層 3 / 監督 3

KEY PLAYER 【注目選手】

攻 **FW** Robert LEWANDOWSKI
●ロベルト・レヴァンドフスキ

今予選で10試合に出場し、欧州予選の歴代最多記録となる16ゴールを積み重ねた驚異のゴールマシーン。代表の歴代最多スコアラーでもある絶対的なエース。

MF Grzegorz KRYCHOWIAK
●グジェゴジュ・クリホヴィアク

高い足下の技術とパスセンスを活かして、レヴァンドフスキが持ち構える前線にボールを供給する名ブランチ。ハードな当たりで守備にも貢献できる仕事人だ。

VOICE 出場国関係者の声
アダム・ナヴァウカ／監督

いい抽選結果だと思う。スペインやイングランドのような強豪と対戦する可能性もあった。(対戦する)3カ国とも好チームだが、世界のトップではない。自分たちのことに集中し、いい準備ができれば問題ない。

主要ブックメーカー優勝オッズ

ウィリアムヒル	bwin	bet365
41.00倍	51.00倍	41.00倍

POLAND
ポーランド ● 3大会ぶり8回目

GROUP グループ H

WORLD CUP RUSSIA 2018

今大会屈指の実力伯仲グループ
各国の強烈なエースを止めろ

決勝トーナメント進出を目指す日本にとって、いわゆる優勝候補との対戦は避けることができたと言えるだろう。ただ、ベスト16進出の可能性を議論すれば、非常に読みにくい。ポット4だった日本は、グループ内では最も格下に当たり、ポーランド、セネガル、コロンビアは、それぞれの大陸で中堅クラスの強敵だ。日本が勝利できる可能性はゼロでないが、それは4カ国すべてに言えること。それだけこの組は、実力伯仲のグループなのである。

対戦する3カ国には、それぞれ強烈なエースがいる。ポーランドには欧州屈指の点取り屋レヴァンドフスキが前線を担い、セネガルにはマネというアフリカ最速クラスのスピードスター

COLOMBIA KEY PLAYER section

戦力分析

攻撃 4
守備 3 / 経験 4
選手層 4 / 監督 4

KEY PLAYER 【注目選手】

攻 **MF** James RODRIGUEZ
●ハメス・ロドリゲス

前回大会で日本戦の華麗なループシュートをはじめ6得点をマークし、得点王獲得＆大会ベスト11選出と大ブレーク。今大会も引き続き10番を背負うチームの顔。

FW Radamel FALCAO
●ラダメル・ファルカオ 攻

「ティグレ(虎)」の愛称の通り、鋭い感性でゴールを襲う生粋の点取り屋。前回大会は直前に膝を負傷して出場を逃したが、今大会には万全の状態で臨んでくるはず。

VOICE 出場国関係者の声
ホセ・ペケルマン／監督

非常にハングリーなチームがそろった。セネガルはアフリカ最高のチームのひとつ。ポーランドはレヴァンドフスキなど実力者がそろう強敵だ。日本は4年前とは違うチームで、彼らをマイナーチームと考えるつもりはない。

主要ブックメーカー優勝オッズ

ウィリアムヒル	bwin	bet365
34.00倍	34.00倍	33.00倍

COLOMBIA
コロンビア ● 2大会連続6回目

SENEGAL
セネガル ●4大会ぶり2回目

GROUP A
RUS
KSA
EGY
URU

GROUP B
POR
ESP
MAR
IRN

GROUP C
FRA
AUS
PER
DEN

GROUP D
ARG
ISL
CRO
NGA

GROUP E
BRA
SUI
CRC
SRB

GROUP F
GER
MEX
SWE
KOR

GROUP G
BEL
PAN
TUN
ENG

GROUP H
POL
SEN
COL
JPN

KEY PLAYER
[注目選手]

攻 FW Sadio MANE
● サディオ・マネ

チームの絶対的エースにして、まさに「電光石火」という言葉がピッタリな快足アタッカー。俊足を飛ばして相手の裏を突き、左右両足から強烈なシュートを放つ。

MF Idrissa GUEYE
● イドリッサ・ゲイェ

鋭い寄せと激しいタックルが持ち味で、チェルシーのカンテと並び立つプレミアリーグ屈指のボールハンターとして知られる。圧倒的な運動量と機動力は要注意だ。

戦力分析
- 攻撃 3
- 守備 3
- 経験 2
- 選手層 3
- 監督 2

主要ブックメーカー優勝オッズ

ウィリアムヒル	bwin	bet365
126.00倍	151.00倍	151.00倍

VOICE 出場国関係者の声
アリウ・シセ／監督

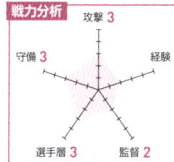

難しいグループだと考えている。どんなことも起こりうる。優位なのはコロンビアで、2番手がポーランドになるだろう。ただ、W杯は世界のベスト32チームが出場する大会。セネガルも、日本だっていいチームだ。

がいる。何よりコロンビアは、前回大会で苦汁を嘗めさせられたハメス・ロドリゲスという司令塔を擁している。日本は、組織力で、そうした中心選手をいかに封じるかがカギとなる。

本大会まで2カ月という時期に監督交代を決断した日本の戦い方は未知数である。チームとしての完成度は、成熟したコロンビアや組織力のあるポーランド、さらには個の力に長けたセネガルよりも急造感は否めない。ただ、我々にとっても戦術がベールに包まれているように、対戦相手にとってはさらに謎のはず。短期間で持ち前の結束力を活かして方向性を固められるか。期待するのはやはり、ベスト16に進出した8年前の再現である。

MATCH SCHEDULE
[試合日程]

日程	現地時間（日本）	会場（開催地）	放送局
6月19日（火）	15:00（21:00）	モルドヴィア・アレーナ（サランスク）	NHK
		コロンビア × セネガル	
6月19日（火）	18:00（24:00）	スパルタク・スタジアム（モスクワ）	NHK
		ポーランド × セネガル	
6月24日（日）	20:00（24:00）	エカテリンブルク・アレーナ（エカテリンブルク）	NHK 日テレ
		日本 × セネガル	
6月24日（日）	21:00（27:00）	カザン・アレーナ（カザン）	NHK TBS
		ポーランド × コロンビア	
6月28日（木）	17:00（23:00）	ヴォルゴグラード・アレーナ（ヴォルゴグラード）	フジ
		日本 × ポーランド	
6月28日（木）	18:00（23:00）	サマーラ・アレーナ（サマーラ）	NHK
		セネガル × コロンビア	

JAPAN
日本 ●6大会連続6回目

KEY PLAYER
[注目選手]

攻 FW Genki HARAGUCHI
● 原口元気

アジア最終予選では、4戦連続弾を含めて重要なゴールを連発した。本大会でも、その名の通り元気印のランニングと鋭い仕掛けで攻撃陣をリードできるか。

DF Maya YOSHIDA
● 吉田麻也

各国の一線級エースを抑えるという大仕事を請け負うキーマン。プレミアリーグで磨いた対人守備と経験値、さらに持ち前のパス能力をもって日本守備陣を統率する。

戦力分析
- 攻撃 3
- 守備 3
- 経験 3
- 選手層 2
- 監督 3

主要ブックメーカー優勝オッズ

ウィリアムヒル	bwin	bet365
251.00倍	301.00倍	251.00倍

VOICE 出場国関係者の声
長友佑都／DF

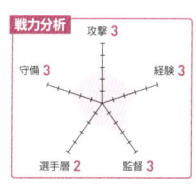

どこに入っても相手は格上だから厳しいのは変わらない。初戦で決まるのがW杯。そこでもう一度コロンビアとやれることに運命を感じる。ブラジルW杯でズタズタに打ちのめされたから、リベンジできるのは嬉しい。

POLAND

ポーランド／3大会ぶり8回目

- ●正式名称：ポーランド共和国 ●サッカー協会設立：1919年 ●FIFA加盟：1923年 ●FIFAランク：10位
- ●W杯出場：8回目 ●W杯最高成績：3位 ●web site：www.pzpn.pl

PAST RESULT【W杯過去の成績】

開催年	成績
1930	不参加
1934	不参加
1938	グループステージ敗退
1950	不参加
1954	不参加
1958	予選敗退
1962	予選敗退
1966	予選敗退
1970	予選敗退
1974	3位
1978	ベスト8
1982	3位
1986	ベスト16
1990	予選敗退
1994	予選敗退
1998	予選敗退
2002	グループステージ敗退
2006	グループステージ敗退
2010	予選敗退
2014	予選敗退

エースのワンマンと侮るなかれ

ベスト8まで勝ち進んだ2016年のEUROに続いて国際舞台に立つポーランドは、間違いなくレヴァンドフスキのチームだ。得点はもちろんのこと、ポストワークから仲間を引き立てる囮の動きまで、なんでもござれのオールラウンダーがすべての中心を担う。彼を止めずして、対戦相手が勝利をつかむことは難しい。

ただし、彼のワンマンチームというひと言で片付けるのは乱暴だ。エースの他にも、ジエリンスキ＆ミリクのナポリ・コンビは侮れないアタッカーだし、強烈なサイドアタックを誇るグロシツキ、要所を締めるクリホヴィアクなど実力者は多くいる。守

備を見ても、優勝したポルトガルにPK戦で敗れたものの健闘した先のEUROでは、グリクを中心とした組織的な堅守が光った。確かに今予選ではやや失点がかさみ、GKシュチェスニが所属するユヴェントスで控えに甘んじるなど不安要素もなくはない。だがそれでも、「守備に難あり」というわけでは決してないし、知将ナヴァウカは本番までにきっちり修正をかけてくるに違いない。

このように、タレントの質、バランス、組織力はいずれも平均水準以上とみていい。あとはレヴァンドフスキさえ万全なら、16強はもちろん、その先も狙えるチームである。

FORMATION 【基本布陣】

グロシツキ（ペシュコ）　レヴァンドフスキ（テオドルチェク）　ブラシチコフスキ（マクシェフスキ）

ジエリンスキ（ミリク）

リネス（イェンジェイチク）　マチンスキ（リネッティ）　クリホヴィアク（ゴラウカ）　ピシュチェク（ベレシンスキ）

パスタン（ダヴィドヴィッチ）　グリク（チオネク）

シュチェスニ（ファビアンスキ）

4-2-3-1

平均年齢こそ高いが各位置に手練れが揃う。レヴァンドフスキ囮に両サイドが飛び出したり、クリホヴィアクを下げて3バックにしたりと、システムは有機的に可変。

QUALIFIERS RESULT 【予選結果】

欧州予選グループE／1位（8勝1分1敗）

日付	対戦相手	H&A	スコア
2016年 9月 4日	カザフスタン	A	△2-2
2016年10月 8日	デンマーク	H	○3-2
2016年10月11日	アルメニア	H	○2-1
2016年11月11日	ルーマニア	A	○3-0
2017年 3月26日	モンテネグロ	A	○2-1
2017年 6月10日	ルーマニア	H	○3-1
2017年 9月 1日	デンマーク	A	●0-4
2017年 9月 4日	カザフスタン	H	○3-0
2017年10月 5日	アルメニア	A	○6-1
2017年10月 8日	モンテネグロ	H	○4-2

COACH 【監督】

Adam NAWALKA ●アダム・ナヴァウカ

伝統的にカウンターチームだったポーランド代表にモダンな戦術のエッセンスを注入。元代表MFで、国内有力クラブを複数率いた後に代表へ。EURO16に続いて予選突破に導いた。

- ❶1957年10月23日（60歳）
- ❷ポーランド
- ❸2013年10月

GOAL RANKING 【予選得点ランキング】

順位	選手名	得点
❶	ロベルト・レヴァンドフスキ	16
❷	カミル・グロシツキ	3
❸	アルカディウシュ・ミリク	1
❸	バルトシュ・カプストカ	1
❸	ヤクブ・ブラシチコフスキ 他4名	1

主砲レヴァンドフスキがゴールを大量生産し、欧州予選得点に。突出した彼の得点数が、基本的にエースへとボールを運ぶチーム戦術を象徴する。

GK Wojciech SZCZESNY ●ヴォイチェフ・シュチェスニ

アーセナルからローマに移りダイナミックなセービングに磨きをかけているも、現在はユーヴェに控えている。父も元代表GKというサラブレッド。

- ❶1990年4月18日(28歳)
- ❷196cm／85kg
- ❸ユヴェントス(ITA)
- ❹33試合／0得点

GK Lukasz FABIANSKI ●ウカシュ・ファビアンスキ

プレミアの小クラブをビッグセーブで救い続けている守護神。同じアーセナル出身のシュチェスニと激しい定位置争いを繰り広げている。

- ❶1985年4月18日(33歳)
- ❷190cm／83kg
- ❸スウォンジー(ENG)
- ❹43試合／0得点

DF Bartosz BERESZYNSKI ●バルトシュ・ベレシンスキ

元々はアタッカー出身で攻撃力には定評があったが、昨季から移籍したセリエAで守備面も大きく向上した。左右両サイドをソツなくこなす。

- ❶1992年7月12日(25歳)
- ❷183cm／77kg
- ❸サンプドリア(ITA)
- ❹6試合／0得点

DF Thiago CIONEK ●チアゴ・チョネク

ブラジルで育ち、王国でマリーシアや駆け引きを学んできた実力派。欧州予選を通じてグリク、パズダンに次ぐ第3のCBとして地位を確立した。

- ❶1986年4月21日(32歳)
- ❷183cm／77kg
- ❸SPAL(ITA)
- ❹17試合／0得点

DF Kamil GLIK ●カミル・グリク

エアバトルに絶対の自信を持つ守備の要にして不動のリーダー。トリノ時代は主将を務め、モナコでは16-17にCLベスト4進出に貢献した。

- ❶1988年2月3日(30歳)
- ❷190cm／0kg
- ❸モナコ(FRA)
- ❹58試合／4得点

DF Artur JEDRZEJCZYK ●アルトゥール・イェンジェイチク

守備的なポジションならどこでもこなすマルチプレーヤー。安定した対人守備を武器に、攻撃的なリブスと熾烈なレギュラー争いを繰り広げる。

- ❶1987年11月4日(30歳)
- ❷189cm／78kg
- ❸レギア・ワルシャワ
- ❹35試合／3得点

DF Michal PAZDAN ●ミハル・パズダン

EURO16で活躍し、今予選でも10試合中6試合でグリクとコンビを組んだ。やや荒っぽい対応して守備能力は高く、リーダーシップも抜群だ。

- ❶1987年9月21日(30歳)
- ❷181cm／78kg
- ❸レギア・ワルシャワ
- ❹31試合／0得点

DF Lukasz PISZCZEK ●ウカシュ・ビシュチェク

ハードな上下動でブンデスリーガ屈指の右SBとして鳴らしてきた。フィールドプレーヤー最年長ながら衰えはまったく見られず、主軸を担う。

- ❶1985年6月3日(33歳)
- ❷184cm／79kg
- ❸ドルトムント(GER)
- ❹61試合／3得点

MF Jakub BLASZCZYKOWSKI ●ヤクブ・プウシュチコフスキ

力強いドリブル突破と強烈なシュートは32歳になった今も健在。かつてドルトムントで縦のラインを組んだピシュチェクとのコンビは以心伝心。

- ❶1985年12月14日(32歳)
- ❷176cm／71kg
- ❸ヴォルフスブルク(GER)
- ❹97試合／19得点

MF Kamil GROSICKI ●カミル・グロシツキ

タテへの突破力に優れ、迫力あるドリブルでボールを敵陣深くまで運ぶ持ち味のドリブラー。予選ではいずれもチーム2位の3ゴール3アシストと活躍した。

- ❶1988年6月8日(29歳)
- ❷180cm／78kg
- ❸ハル(ENG)
- ❹48試合／10得点

MF Pawel DAWIDOWICZ ●パウェル・ダヴィドヴィッツ

イタリアのパルレモでプレーする海外組の一人。対人の強さと足元の技術を備え、ボランチだけでなくCBでも高いパフォーマンスを発揮する。

- ❶1995年5月20日(23歳)
- ❷191cm／76kg
- ❸パレルモ(ITA)
- ❹0試合／0得点

MF Grzegorz KRYCHOWIAK ●グジェゴシュ・クリホヴィアク

ピッチ中央にどっしり構え、ハードなボール奪取から正確無比なパスを前線に供給する。セビージャやパリSGを渡り歩き、経験も豊富だ。

- ❶1990年1月29日(28歳)
- ❷186cm／83kg
- ❸ウェストブロム(ENG)
- ❹49試合／2得点

MF Rafal KURZAWA ●ラファウ・クルザワ

高精度の左足を操り、クラブでアシストを量産している国内リーグきってのチャンスメイカー。今大会を飛躍のきっかけにできればブレーク必至。

- ❶1993年1月29日(25歳)
- ❷182cm／73kg
- ❸グルヌク・ザブジェ
- ❹3試合／0得点

MF Karol LINETTY ●カロル・リネッティ

鉄板なレギュラー組2人に追いつき追い越せの新鋭MFで、国民の期待の星。攻撃センスが抜群で、長短の鋭いパスで好機を作り出す司令塔。

- ❶1995年2月2日(23歳)
- ❷176cm／73kg
- ❸サンプドリア(ITA)
- ❹19試合／1得点

MF Krzysztof MACZYNSKI ●クジシュトフ・マチンスキ

EURO16でもクリホヴィアクと中盤でコンビを組んだ。果敢な飛び出しなど攻撃に特徴を持ち、守備的な相棒とは抜群の相性を持っている。

- ❶1987年5月23日(31歳)
- ❷175cm／66kg
- ❸レギア・ワルシャワ
- ❹31試合／2得点

MF Maciej RYBUS ●マチェイ・リブス

ウインガー出身ならではの鋭いオーバーラップと速さが本職MFながらSBを担う。クラブレベルでもプレーする本拠地ロシアで活躍を誓う。

- ❶1989年8月19日(28歳)
- ❷173cm／75kg
- ❸ロコモティフ・モスクワ(RUS)
- ❹49試合／6得点

MF Piotr ZIELINSKI ●ピオトル・ジエリンスキ

10代からセリエAで成長し続けるオ気鋭れるMF。優れた視野と的確なラストパスを存分に振るい、予選ではチーム最多の4アシストをマーク。

- ❶1994年5月20日(24歳)
- ❷180cm／0kg
- ❸ナポリ(ITA)
- ❹31試合／4得点

FW Robert LEWANDOWSKI ●ロベルト・レヴァンドフスキ

大エースにして主将。左右両足、頭と多彩なゴールパターンを持ち、足元のスキルも高くポストプレーも軽々こなす万能型FWの理想形と言える。

- ❶1988年8月21日(29歳)
- ❷185cm／79kg
- ❸バイエルン(GER)
- ❹95試合／52得点

FW Arkadiusz MILIK ●アルカディウシュ・ミリク

得意の左足から多彩なシュートを放つFWアタッカー。レヴァンドフスキの相棒にも後継者にもなれる逸材だが、最近はややケガに苦しんでいる。

- ❶1994年2月28日(24歳)
- ❷186cm／78kg
- ❸ナポリ(ITA)
- ❹38試合／12得点

FW Lukasz TEODORCZYK ●ウカシュ・テオドルチュク

16-17にベルギーリーグで22得点を挙げ得点王に。現在は森岡亮太とホットラインを構築。代表では、スーパーサブとして重宝されている。

- ❶1991年6月3日(27歳)
- ❷185cm／0kg
- ❸アンデルレヒト(BEL)
- ❹15試合／4得点

GK Lukasz SKORUPSKI ●ウカシュ・スコルプスキ

GK大国第3の男。現状ローマに控えだが、15～17年にレンタル先のエンポリで活躍した。

- ❶1991年5月5日(27歳)
- ❷187cm／83kg
- ❸ローマ(ITA)
- ❹2試合／0得点

DF Jan BEDNAREK ●ヤン・ベドナレク

所属クラブで吉田らとポジションを争うCB。未来の代表を背負う逸材として期待される。

- ❶1996年4月12日(22歳)
- ❷189cm／77kg
- ❸サウサンプトン(ENG)
- ❹1試合／0得点

MF Jacek GORALSKI ●ヤチェク・グラルスキ

闘争心旺盛なMF。予選は7試合でベンチ入りしたが出番なしも、後の親善試合で3試合出場。

- ❶1992年9月21日(25歳)
- ❷172cm／66kg
- ❸ルドゴレツ(BUL)
- ❹3試合／0得点

MF Maciej MAKUSZEWSKI ●マチェイ・マクシェフスキ

昨年9月に代表デビュー後、サイドアタックのジョーカーとして重用されているドリブラー。

- ❶1989年9月29日(28歳)
- ❷176cm／70kg
- ❸レフ・ポズナン
- ❹5試合／0得点

MF Slawomir PESZKO ●スワヴォミール・ペシュコ

左を中心に両翼でプレーできるサイドアタッカー。欧州各国でのプレー経験豊富ないぶし銀。

- ❶1985年2月19日(33歳)
- ❷173cm／74kg
- ❸レヒア・グダニスク
- ❹43試合／2得点

FW Dawid KOWNACKI ●ダヴィド・コワナツキ

元U-21代表エースで「新たなレヴァンドフスキ」と評される逸材。満を持して3月に代表デビュー。

- ❶1997年3月14日(21歳)
- ❷187cm／75kg
- ❸サンプドリア(ITA)
- ❹1試合／0得点

SENEGAL

セネガル／4大会ぶり2回目

●正式名称：セネガル共和国　●サッカー協会設立：1960年　●FIFA加盟：1964年　●FIFAランク：28位
●W杯出場：2回目　●W杯最高成績：ベスト8　●web site：www.fsf.sn

PAST RESULT 【W杯過去の成績】

開催年	成績
1930	不参加
1934	不参加
1938	不参加
1950	不参加
1954	不参加
1958	不参加
1962	不参加
1966	予選敗退
1970	予選敗退
1974	予選敗退
1978	予選敗退
1982	予選敗退
1986	予選敗退
1990	予選敗退
1994	予選敗退
1998	予選敗退
2002	ベスト8
2006	予選敗退
2010	予選敗退
2014	予選敗退

フィジカルとスピードに自信あり

開幕戦で前回王者フランスを破り、勢いそのままに8強まで勝ち進んだ02年日韓大会以来のW杯出場だ。その時の主将だったシセが監督を務める今回のチームも、当時に引けを取らない潜在能力を秘めている。

最大の武器は、日本代表のハリルホジッチ前監督も常々口にしていた"デュエル"の強さ。フランスやイングランドなどフィジカル重視のリーグでプレーする選手が多く、特に最終予選6試合中4試合を無失点で乗り切った守備のメンツには、セリエA有数のDFと評されるクリバリ、プレミアで戦うクヤテにゲイェなど、体格や身体能力に恵まれた選手が多い。彼らが奪い、跳ね返すボールをフィニッシュにつなげるのが、リヴァプールの韋駄天マネである。今大会出場選手の中でも屈指のスピードを誇るエースのプレーには、ぜひ注目してほしいものだ。

得点能力も高いマネを中心としたカウンター戦術は、悪く言えば荒削りだが、よく言えばシンプルで、ハマった時の破壊力は抜群である。元々の勤勉な国民性もあってか、アフリカ勢にありがちな気まぐれさや組織の大崩れなどはあまり見られず、むしろ規律正しいハードワークは得意とするところ。今大会の台風の目になる素地は十分にある。

COACH 【監督】

Aliou CISSE ●アリウ・シセ

セネガルが初出場で8強進出と旋風を巻き起こした02年日韓W杯では、ブルーノ・メツ監督の下で信頼の置けるキャプテンだった。12年から5年間はコーチも務めており、代表を知り尽くす。

❶1976年3月24日（42歳）
❷セネガル
❸2015年3月

FORMATION 【基本布陣】

ケイタ（ニアン）　ソウ（サコ）　マネ（ディウフ）

ゲイェ（セウ）　B・エンディアエ（エンドイエ）

クヤテ（サネ）

サバリ（ワゲ）　クリバリ（ディアニュ）　カラ　ガサマ（シス）

4-3-3

K・エンディアエ（ゴミス）

マネを走らせるカウンターが攻撃の生命線。後方にはクリバリ、カラ、クヤテにサブのサネも含め190cm超の巨躯がズラリ。彼らを活かすセットプレーも強烈だ。

GOAL RANKING 【予選得点ランキング】

順位	選手名	得点
❶	サディオ・マネ	2
❶	ディアフラ・サコ	2
❶	ムサ・コナテ	2
❹	ケイタ・バルデ・ディアオ	1
❹	ムサ・ソウ	他7名 1

堅守速攻が機能した最終予選は6試合で10得点3失点と手堅く突破。その中で、エースのマネを筆頭にアタッカー陣はバランスよくゴールを決めた。

QUALIFIERS RESULT 【予選結果】

アフリカ最終予選グループD／1位（4勝2分0敗）

日付	対戦相手	H＆A	スコア
●アフリカ2次予選			
2015年11月13日	マダガスカル	A	△2-2
2015年11月17日	マダガスカル	H	○3-0
●アフリカ最終予選　グループD			
2016年10月 8日	カーボヴェルデ	H	○2-0
2017年 9月 2日	ブルキナファソ	H	△0-0
2017年 9月 5日	ブルキナファソ	A	△2-2
2017年10月 7日	カーボヴェルデ	A	○2-0
2017年11月10日	南アフリカ	A	○2-0
2017年11月14日	南アフリカ	H	○2-1

GK Khadim NDIAYE ●カディム・エンディアイェ
国際的にはまったく無名の存在だが、17年に入って指揮官の評価が急上昇し、最終予選2戦目から4試合連続で先発出場を果たした先発候補筆頭株。
- ❶1984年11月30日(33歳)
- ❷191cm／78kg
- ❸ホロヤ(GUI)
- ❹24試合／0得点

GK Alfred GOMIS ●アルフレッド・ゴミス
10代からイタリアで経験を積み、今季50年ぶりにセリエA昇格を果たしたクラブで驚嘆している守護神。全員がGKという4兄弟の次男。
- ❶1993年9月5日(24歳)
- ❷196cm／83kg
- ❸SPAL(ITA)
- ❹9試合／0得点

DF Lamine GASSAMA ●ラミーヌ・ガサマ
マルセイユ生まれ、リヨンの下部組織出身で元U-21フランス代表というキャリアを持つ。タフな上下動を繰り返し攻守に戦えるSBである。
- ❶1989年10月20日(28歳)
- ❷181cm／74kg
- ❸アランヤスポル(TUR)
- ❹39試合／0得点

DF Mbodji KARA ●エムボジ・カラ
日本代表の森岡亮太の同僚でクラブではキングの異名を取る。クリバリと鉄壁のコンビを築く守備の要で、長い足を生かしたタックルは強烈。
- ❶1989年11月11日(28歳)
- ❷192cm／85kg
- ❸アンデルレヒト(BEL)
- ❹51試合／5得点

DF Kalidou KOULIBALY ●カリドゥ・クリバリ
巨軀を活かした対人プレーは守備大国イタリアでも指折り。体格からは想像できない丁寧なフィードも魅力で、名実ともにチームの大黒柱だ。
- ❶1991年6月20日(26歳)
- ❷195cm／89kg
- ❸ナポリ(ITA)
- ❹27試合／0得点

DF Youssouf SABALY ●ユスフ・サバリ
名門パリSGのユースで育ち、U-20までフランス代表で活躍した。スピード豊かなSBで、クラブでは右も担当するが代表では左でプレー。
- ❶1993年3月5日(25歳)
- ❷173cm／67kg
- ❸ボルドー(FRA)
- ❹3試合／0得点

DF Salif SANE ●サリフ・サネ
ブンデスリーガ屈指の高さを持つ空中戦の鬼。卓越したフィジカルを武器に、CBとアンカーを兼任しながらチームを下支えするパワフルな男。
- ❶1990年8月25日(27歳)
- ❷196cm／84kg
- ❸ハノーヴァー(GER)
- ❹19試合／0得点

MF Idrissa GUEYE ●イドリッサ・ゲイエ
タックル&インターセプト数で常にプレミア上位に顔を出す超優秀なボールハンター。中盤のバランサーとしてチームに不可欠な存在だ。
- ❶1989年9月26日(28歳)
- ❷174cm／66kg
- ❸エヴァートン(ENG)
- ❹58試合／1得点

MF Cheikhou KOUYATE ●シェイク・クヤテ
チームの頼れる主将。圧倒的なフィジカルにモノを言わせる守備はもちろん、パワーと高さを活かした豪快な攻撃参加やシュートも迫力満点だ。
- ❶1989年12月21日(28歳)
- ❷189cm／83kg
- ❸ウェストハム(ENG)
- ❹46試合／2得点

MF Alfred NDIAYE ●アルフレッド・エンディアイェ
出生地のフランスをはじめ、スペインやイングランドでもプレーしてきた実力者。パワーも十分だがテクニックを駆使して攻撃参加するタイプ。
- ❶1990年3月1日(28歳)
- ❷187cm／90kg
- ❸ウォルヴァーハンプトン(ENG)
- ❹18試合／0得点

MF Badou NDIAYE ●バドゥ・エンディアイェ
攻守にハードな働きができるボックス・トゥ・ボックス型のMF。1月にガラタサライからプレミアに挑戦し、早くも真価を発揮しつつある。
- ❶1990年10月27日(27歳)
- ❷179cm／74kg
- ❸ストーク(ENG)
- ❹16試合／1得点

MF Cheikh N'DOYE ●シェイク・エンドイェ
フランス4部リーグから這い上がり、現在は英2部で活躍。やや力任せにカードを貰いがちだが、パワーと高さはチーム内でも有数だ。
- ❶1986年3月29日(32歳)
- ❷185cm／76kg
- ❸バーミンガム(ENG)
- ❹22試合／3得点

FW Mame Birame DIOUF ●マメ・ビラム・ディウフ
数多で敵を突き放す豪快な飛び出しが最大の持ち味。代表ではCFだがクラブではウイングを起用されており、どっちつかずに苦しんでいる。
- ❶1987年12月16日(30歳)
- ❷185cm／76kg
- ❸ストーク(ENG)
- ❹46試合／10得点

FW KEITA Balde Diao ●ケイタ・バルデ・ディオ
16~17ラツィオでゴール量産し、昨年移籍したモナコでもますます活躍。スペイン生まれイタリア育ちというチームでも異色の存在だ。
- ❶1995年3月8日(23歳)
- ❷181cm／80kg
- ❸モナコ(FRA)
- ❹15試合／0得点

FW Moussa KONATE ●ムサ・コナテ
U-20代表時代から大きな期待を集めてきたFW。フランス育ちが多い中、母国からイスラエルやロシア、イタリア、スイスを渡り歩いた変わり種。
- ❶1993年4月3日(25歳)
- ❷183cm／78kg
- ❸アミアン(FRA)
- ❹27試合／9得点

FW Sadio MANE ●サディオ・マネ
高速のドリブルや爆発的な飛び出しで敵を置き去りにし、懐深く包み込む強力なショットを左右両足から放つ。動態されるボディバランスも強烈。
- ❶1992年4月10日(26歳)
- ❷175cm／69kg
- ❸リヴァプール(ENG)
- ❹51試合／14得点

FW M'Baye NIANG ●エムバイェ・ニアン
バネを自分に活かしてサイドを攻略。フランス期待の星と言われながら覚醒のきっかけをつかめず、昨年9月にセネガル代表を選択した経緯の。
- ❶1994年12月19日(23歳)
- ❷184cm／78kg
- ❸トリノ(ITA)
- ❹4試合／0得点

FW Diafra SAKHO ●ディアフラ・サコ
クロスにピンポイントで合わせるセンスを持ったボックス内の狐。ケガ体質が原因で定位置を失ったウェストハムから1月に移籍した。
- ❶1989年12月24日(28歳)
- ❷184cm／79kg
- ❸レンヌ(FRA)
- ❹9試合／3得点

FW Ismaila SARR ●イスマイラ・サール
優れた加速性能と打開力を持ったスピードスター。昨年夏にメスからレンヌに引き抜かれた有望株で、ブレークの機会を狙っている。
- ❶1998年2月25日(20歳)
- ❷175cm／68kg
- ❸レンヌ(FRA)
- ❹13試合／2得点

FW Moussa SOW ●ムサ・ソウ
リール時代の10~11にリーグ・アン得点王に輝いた点取り屋。フィールドプレーヤー最年長の選手で、周囲からの信頼が厚いリーダーでもある。
- ❶1986年1月19日(32歳)
- ❷180cm／76kg
- ❸ブルサスポル(TUR)
- ❹50試合／18得点

GK Abdoulaye DIALLO ●アブドゥライェ・ディアロ
15年から代表に名を連ねるが、レンヌでも控えに甘んじており、正GKの牙城は崩せずにいる。
- ❶1992年3月30日(26歳)
- ❷191cm／82kg
- ❸レンヌ(FRA)
- ❹16試合／0得点

DF Fallou DIAGNE ●ファル・ディアニェ
当たりの強さとアグレッシブな守備が身上だ。クラブでは(国外最小)とともに守備を支える。
- ❶1989年8月14日(28歳)
- ❷185cm／78kg
- ❸メス(FRA)
- ❹4試合／0得点

DF Saliou CISS ●サリウ・シス
右SBを中心に1列前でもプレー可能。クラブで主力をつかみきれず、代表でも控えが濃厚か。
- ❶1989年9月15日(28歳)
- ❷175cm／70kg
- ❸ヴァランシエンヌ(FRA)
- ❹15試合／0得点

DF Moussa WAGUE ●ムサ・ワゲ
U-20代表での活躍が認められ昨年3月にデビュー。母国の未来を担うであろう期待の新星だ。
- ❶1998年10月4日(19歳)
- ❷177cm／70kg
- ❸オイペン(BEL)
- ❹8試合／0得点

MF Henri SAIVET ●アンリ・セヴェ
予備登録メンバー。ニューカッスルから今冬、トルコのクラブにレンタル移籍。主にトップ下。
- ❶1990年10月26日(27歳)
- ❷177cm／73kg
- ❸スィヴァススポル(TUR)
- ❹19試合／1得点

FW Famara DIEDHIOU ●ファマラ・ディエディウ
予備登録メンバー。17~18にイングランド2部に当たるブリストルに加入して二桁得点を記録。
- ❶1992年12月15日(25歳)
- ❷189cm／80kg
- ❸ブリストル(ENG)
- ❹4試合／1得点

COLOMBIA

コロンビア／2大会連続6回目

- ●正式名称：コロンビア共和国 ●サッカー協会設立：1924年 ●FIFA加盟：1936年 ●FIFAランク：16位
- ●W杯出場：6回目 ●W杯最高成績：ベスト8 ●web site：fcf.com.co

PAST RESULT【W杯過去の成績】

開催年	成績
1930	不参加
1934	不参加
1938	不参加
1950	不参加
1954	不参加
1958	予選敗退
1962	グループステージ敗退
1966	予選敗退
1970	予選敗退
1974	予選敗退
1978	予選敗退
1982	予選敗退
1986	予選敗退
1990	ベスト16
1994	グループステージ敗退
1998	グループステージ敗退
2002	予選敗退
2006	予選敗退
2010	予選敗退
2014	ベスト8

戦力十分、だが個への依存が懸念

　4位で突破した南米予選では予想以上に苦しい戦いを強いられ、W杯出場はペルーとの最終節までお預けになった。原因は18試合で19失点と安定しなかった守備だ。ハメス・ロドリゲスをはじめ、基本的に主力メンバーはベスト8に進んだ前回大会と変わらないが、最終ラインだけは大きく若返っている。個々の能力は高いが連携はまだイマイチで、それが思わぬ苦戦につながった。

　同じく攻撃陣も、タレント性は十分だがチームとしての連動性はそう高くない。4年前の大会は負傷欠場に泣いたファルカオの復活はチームにとって朗報だが、彼は所属するモ

ナコでこそ復調しているものの、代表ではまだゴールを量産するほどフィットしきれていない。かといって2トップで戦うにもFW陣が決め手を欠く現状で、エースであるハメスの個人技頼みという印象が強い。

　こうした戦術的な引き出しの少なさに加え、オスピナ、C・サパタ、C・サンチェスにハメスと、センターラインを担う選手たちがいずれも今季は所属クラブで主力になりきれていないのも気がかり。個の力で勝負せざるをえないチームだけに、彼ら中心選手の試合勘が鈍っているようだと、ブラジル大会の快進撃を再現するのは難しいかもしれない。

FORMATION【基本布陣】

ハメス、クアドラード、カルドナの強烈な2列目は大きな武器だが、懸念はFW陣。絶対的な9番が定まらなければ2トップ採用も。守備も粒揃いだが連携には課題あり。

COACH【監督】

Jose PEKERMAN ●ホセ・ペケルマン

母国アルゼンチンを率いた06年、コロンビアを8強に導いた14年に続いて3度目のW杯挑戦。元々は育成年代で一線級の評価を得ていた人物で、母国のユース代表から名選手を数々輩出。

- ❶1949年9月3日（68歳）
- ❷アルゼンチン
- ❸2012年1月

GOAL RANKING【予選得点ランキング】

順位	選手名	得点
❶	ハメス・ロドリゲス	6
❷	カルロス・バッカ	3
❷	エドウィン・カルドナ	3
❹	ラダメル・ファルカオ	2
❺	テオフィロ・グティエレス 他5名	1

不動の10番でトップ下、ハメスへの依存症が浮き彫りに。予選ではFW陣がほぼ不発。個人技頼みで有効なパターン攻撃も乏しく、苦戦の原因に。

QUALIFIERS RESULT【予選結果】

南米予選／4位（7勝6分5敗）

日付	対戦相手	H&A	スコア
2015年10月 8日	ペルー	H	○2-0
2015年10月13日	ウルグアイ	A	●0-3
2015年11月12日	チリ	A	△1-1
2015年11月17日	アルゼンチン	H	●0-1
2016年 3月24日	ボリビア	A	○3-2
2016年 3月29日	エクアドル	H	○3-2
2016年 9月 1日	ベネズエラ	H	○2-0
2016年 9月 6日	ブラジル	A	●1-2
2016年10月 6日	パラグアイ	A	△1-1
2016年10月11日	ウルグアイ	H	△2-2
2016年11月10日	チリ	H	△0-0
2016年11月15日	アルゼンチン	A	●0-3
2017年 3月23日	ボリビア	H	○1-0
2017年 3月28日	エクアドル	A	○2-0
2017年 8月31日	ベネズエラ	A	△0-0
2017年 9月 5日	ブラジル	H	△1-1
2017年10月 5日	パラグアイ	H	●1-2
2017年10月10日	ペルー	A	△1-1

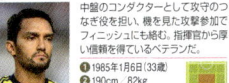

GK David OSPINA ●ダビド・オスピナ

予選全試合にフル出場し、何度も窮地を救った絶対的守護神。アーセナルでは名手チェフの控えに甘んじており、試合ішには安が不安がある。

- ❶1988年8月31日（29歳）
- ❷183cm／84kg
- ❸アーセナル（ENG）
- ❹85試合／0得点

DF Santiago ARIAS ●サンティアゴ・アリアス

安定感に優れ、堅実なプレーを持ち味に予選でレギュラーに定着した右SB。攻撃の迫力には少々欠けるが、大崩れしない計算できる戦力だ。

- ❶1992年1月13日（26歳）
- ❷177cm／71kg
- ❸PSV（NED）
- ❹40試合／0得点

DF Farid DIAZ ●ファリド・ディアス

勝負どころをわきまえたベテランで、予選は8試合に先発。だが現在はファブラの急成長もあって押され気味で、レギュラーの座が危うい。

- ❶1983年7月20日（34歳）
- ❷170cm／74kg
- ❸オリンピア（PAR）
- ❹12試合／0得点

DF Frank FABRA ●フランク・ファブラ

近年、クラブと代表で確固たる地位を確立した成長株。予選左SBで活躍したアルメロを思い起こさせる果敢なオーバーラップが期待される。

- ❶1991年2月22日（27歳）
- ❷174cm／81kg
- ❸ボカ（ARG）
- ❹18試合／1得点

DF Yerry MINA ●ジェリー・ミナ

高さ、強さ、速さの三拍子が揃った新鋭で、予選を通じて主力の仲間入り。今年1月に、バルメイラスからバルセロナに引き抜かれてステップアップ。

- ❶1994年9月23日（23歳）
- ❷189cm／72kg
- ❸バルセロナ（ESP）
- ❹11試合／3得点

DF Oscar MURILLO ●オスカル・ムリージョ

本田圭佑のチームメートとしてプレーするCB。予選では貴重なバックアッパーとしてまずまずの働きを見せ、指揮官の信頼を勝ち取る。

- ❶1988年4月18日（30歳）
- ❷183cm／79kg
- ❸パチューカ（MEX）
- ❹12試合／0得点

DF Davinson SANCHEZ ●ダビンソン・サンチェス

今季、アヤックスからスパーズに加入して即スタメン入り。勢いそのまま代表でも先発確保。スピードと対人守備に絶対の自信を持つ豪快なCBだ。

- ❶1996年6月12日（22歳）
- ❷187cm／81kg
- ❸トッテナム（ENG）
- ❹7試合／0得点

DF Cristian ZAPATA ●クリスティアン・サパタ

前回大会で評価を高め、以降はディフェンスリーダーに君臨している。守備の国イタリアで研鑽を積んだ冷静沈着なラインコントロールが光る。

- ❶1986年9月30日（31歳）
- ❷187cm／84kg
- ❸ミラン（ITA）
- ❹55試合／2得点

MF Abel AGUILAR ●アベル・アギラール

中盤のコンダクターとして攻守のつなぎ役を担い、機を見た攻撃参加でフィニッシュにも絡む。指揮官から厚い信頼を得ているベテランだ。

- ❶1985年1月7日（33歳）
- ❷190cm／82kg
- ❸デポルティーヴォ・カリ
- ❹70試合／7得点

MF Edwin CARDONA ●エドウィン・カルドナ

ここ4年間で一気に成長してサイドアタックの要に。キックの質や精度はハメスに引けを取らず、プレースキッカーとしても活躍する稀代のキーマン。

- ❶1992年12月8日（25歳）
- ❷190cm／88kg
- ❸ボカ（ARG）
- ❹31試合／5得点

MF Juan Guillermo CUADRADO ●ファン・ギジェルモ・クアドラード

予選ではハメスに次ぐ3アシストを記録。爆発的なスピードを持ち、前回大会やセリエAで日本の長友佑都と名勝負を繰り広げてきた要注意人物。

- ❶1988年5月26日（30歳）
- ❷178cm／69kg
- ❸ユヴェントス（ITA）
- ❹69試合／7得点

MF James RODRIGUEZ ●ハメス・ロドリゲス

前回大会で大いに輝いた天才レフティーは、今予選でもチーム最多の6ゴール4アシストと大活躍。R・マドリー時代の不遇を晴らしたい。

- ❶1991年7月12日（26歳）
- ❷180cm／75kg
- ❸バイエルン（GER）
- ❹62試合／21得点

MF Carlos SANCHEZ ●カルロス・サンチェス

「ラ・ロカ（岩）」の愛称を持つマンマークの達人。出場機会が限られていたフィオレンティーナから1月に移籍し、調子が上向きなのは何よりも朗報だ。

- ❶1986年2月6日（32歳）
- ❷182cm／80kg
- ❸エスパニョール（ESP）
- ❹84試合／0得点

FW Carlos BACCA ●カルロス・バッカ

昨年夏にミランから古巣であるスペインへ戻り、得点感覚を取り戻す。ファルカオのバックアップとして、または2トップの相棒として期待。

- ❶1986年9月8日（31歳）
- ❷181cm／77kg
- ❸ビジャレアル（ESP）
- ❹44試合／14得点

FW Radamel FALCAO ●ラダメル・ファルカオ

前回大会の負傷欠場はプレミアで涙するも、最近はフランスで華麗なる復活。昨季はリーグ戦29試合21得点と爆発し、モナコ優勝に貢献した。

- ❶1986年2月10日（32歳）
- ❷177cm／72kg
- ❸モナコ（FRA）
- ❹72試合／29得点

FW Teofilo GUTIERREZ ●テオフィロ・グティエレス

アルゼンチンリーグ得点王に輝いたこともある現役最古参。ヘディングの強さに加え、サイドや中盤への巧みな動きからのチャンスメークにも長けた万能型ストライカー。

- ❶1985年5月17日（33歳）
- ❷180cm／77kg
- ❸フニオル
- ❹51試合／15得点

FW Luis MURIEL ●ルイス・ムリエル

クラブでは主にストライカーとしてプレーするが、代表では左サイドでの起用が

メイン。スピーディーで力強い突破を武器に、ゴールに襲い掛かる。

- ❶1991年4月16日（27歳）
- ❷179cm／75kg
- ❸セビージャ（ESP）
- ❹18試合／2得点

FW Duvan ZAPATA ●ドゥバン・サパタ

ファルカオやバッカの影に隠れているが、今季はセリエAで二桁得点をマーク。シュートを放つまでの動作が速く、わずかな時間で仕事ができる。

- ❶1991年4月1日（27歳）
- ❷189cm／88kg
- ❸サンプドリア（ITA）
- ❹4試合／0得点

GK Jose Fernando CUADRADO ●ホセ・フェルナンド・クアドラード

オンセ・カルダスでは6年間、正GKを務めるなど、国内での実績は十分。オスピナの控え。

- ❶1985年8月7日（33歳）
- ❷181cm／80kg
- ❸オンセ・カルダス
- ❹0試合／0得点

GK Camilo VARGAS ●カミーロ・バルガス

4年前の控え選手として参加。今季はケガによる長期離脱があり、復帰できるか微妙だった。

- ❶1989年3月9日（29歳）
- ❷185cm／80kg
- ❸デポルティーヴォ・カリ
- ❹5試合／0得点

DF Stefan MEDINA ●ステファン・メディーナ

U-17からも活躍するエリート。前回大会前も先発候補だったが、ケガで出場を逃した。

- ❶1992年6月14日（26歳）
- ❷179cm／71kg
- ❸モンテレイ（MEX）
- ❹11試合／0得点

MF Wilmar BARRIOS ●ウィルマル・バリオス

スタミナ、走力、さらにボール奪取力が光る中盤の汗かき役。スタメン争いに食い込みたい。

- ❶1993年10月16日（24歳）
- ❷179cm／70kg
- ❸ボカ（ARG）
- ❹4試合／0得点

MF Jefferson LERMA ●ジェフェルソン・レルマ

リオ五輪世代の出世株。スタミナ豊富で攻守に幅広く活躍する貴重なセントラルMFだ。

- ❶1994年10月25日（23歳）
- ❷179cm／70kg
- ❸レバンテ（ESP）
- ❹4試合／0得点

MF Sebastian PEREZ ●セバスティアン・ペレス

アトレチコ・ナシオナルでの経験し、16年にボカへ。運動量を活かしてボールを回収する中盤の底。

- ❶1993年3月29日（25歳）
- ❷175cm／72kg
- ❸ボカ（ARG）
- ❹8試合／1得点

MF Juan Fernando QUINTERO ●ファン・フェルナンド・キンテーロ

U-20W杯で3得点と、若くから才能を期待されてきたMF。現在はポルトからレンタル中。

- ❶1993年1月18日（25歳）
- ❷168cm／66kg
- ❸リーベル（ARG）
- ❹13試合／4得点

MF Gustavo CUELLAR ●グスタボ・クエジャール

パスを散らしてゲームを組み立てる配球力に長けるボランチ。加速力のあるボール奪取も抜群だ。

- ❶1992年10月14日（25歳）
- ❷176cm／76kg
- ❸フラメンゴ（BRA）
- ❹3試合／0得点

FW Miguel BORJA ●ミゲル・ボルハ

予選終盤で2試合に先発し、昨年11月の中国戦で2ゴールをマークした好調ストライカー。

- ❶1993年1月26日（25歳）
- ❷183cm／74kg
- ❸パルメイラス（BRA）
- ❹5試合／2得点

GROUP A
RUS
KSA
EGY
URU

GROUP B
POR
ESP
MAR
IRN

GROUP C
FRA
AUS
PER
DEN

GROUP D
ARG
ISL
CRO
NGA

GROUP E
BRA
SUI
CRC
SRB

GROUP F
GER
MEX
SWE
KOR

GROUP G
BEL
PAN
TUN
ENG

GROUP H
POL
SEN
COL
JPN

JAPAN

日本／6大会連続6回目

- 正式名称：日本国
- サッカー協会設立：1921年
- FIFA加盟：1929年
- FIFAランク：60位
- W杯出場：6回目
- W杯最高成績：ベスト16
- web site：www.jfa.jp

PAST RESULT 【W杯過去の成績】

開催年	成績
1930	不参加
1934	不参加
1938	不参加
1950	不参加
1954	予選敗退
1958	不参加
1962	予選敗退
1966	予選敗退
1970	予選敗退
1974	予選敗退
1978	予選敗退
1982	予選敗退
1986	予選敗退
1990	予選敗退
1994	予選敗退
1998	グループステージ敗退
2002	ベスト16
2006	グループステージ敗退
2010	ベスト16
2014	グループステージ敗退

短期間でチームを強化できるか

　3月の親善試合でマリに1-1と引き分け、ウクライナに1-2と敗戦した結果を受け、日本サッカー協会はW杯本番まで約2カ月と迫った4月9日、ハリルホジッチ監督の解任を発表した。後任には、技術委員長を務めていた西野朗を抜擢。コーチには手倉森誠と、東京五輪を目指す育成年代の日本代表を指揮する森保一を登用するオール・ジャパン体制でW杯に臨むことになった。

　西野監督就任から、壮行試合となる5月30日のガーナ戦まで、1試合も戦っていない状況のため、システムや戦術、さらには戦い方は未知数である。時間がないだけに、4-2-3-1がベースになるとの見解もあるが、最終ラインを3バックにした3-5-2を採用するとの情報もある。ただ、いずれにしてもガーナ戦、さらにはロシアに乗り込んでから行われる6月9日のスイス戦、12日のパラグアイ戦でテストを重ねながら、チームを高めていくことになるだろう。

　ガーナ戦に向けたメンバー発表では本田、香川、岡崎の「ビッグ3」も順当に選出された。経験ある彼らを中心に、コンビネーションを活かした日本らしいサッカーを構築できるか。短期間でいかにチームとしての方向性を固められるかが、グループステージ突破へのポイントとなる。

COACH 【監督】

Akira NISHINO ●西野 朗

指導者としては、ガンバ大阪を率いて05年にJ1優勝、08年にACL優勝の実績がある。16年から代表の技術委員長を務めていたが、ハリルホジッチ前監督の解任に伴い監督へと就任した。

- ①1955年4月7日（63歳）
- ②日本
- ③2018年4月

FORMATION 【基本布陣】

縦一辺倒だったハリル時代とは異なり、ボールを保持しつつ幅を使った攻撃も視野にいれている。4-2-3-1だけでなく3-5-2にもトライするとの声もある。

GOAL RANKING 【予選得点ランキング】

順位	選手名	得点
①	本田圭佑	7
②	香川真司	6
③	岡崎慎司	5
③	原口元気	5
⑤	吉田麻也	4

上位に並ぶ通称「ビッグ3」は2次予選で大量得点を稼いでおり、最終予選に限ると各々わずか1得点ずつで、最多は4試合連発弾を決めた原口になる。

QUALIFIERS RESULT 【予選結果】

アジア最終予選グループB／1位（6勝2分2敗）

日付	対戦相手	H&A	スコア
●アジア2次予選	グループE		
2015年 6月16日	シンガポール	H	△0-0
2015年 9月 3日	カンボジア	A	○3-0
2015年 9月 8日	アフガニスタン	A	○6-0
2015年10月 8日	シリア	H	○3-0
2015年11月12日	シンガポール	A	○3-0
2015年11月17日	カンボジア	H	○2-0
2016年 3月24日	アフガニスタン	H	○5-0
2016年 3月29日	シリア	A	○5-0
●アジア最終予選	グループB		
2016年 9月 1日	UAE	H	●1-2
2016年 9月 6日	タイ	A	○2-0
2016年10月 6日	イラク	H	○2-1
2016年10月11日	オーストラリア	A	△1-1
2016年11月15日	サウジアラビア	H	○2-1
2017年 3月23日	UAE	A	○2-0
2017年 3月28日	タイ	H	○4-0
2017年 6月13日	イラク	A	△1-1
2017年 8月31日	オーストラリア	H	○2-0
2017年 9月 5日	サウジアラビア	A	●0-1

GK Eiji KAWASHIMA ●川島 永嗣

メスで3番手から正守護神まで上り詰めた精神力は折り紙つき。過去の大会でも話題になった好セーブのドヤ顔を今回も見られるか。

❶ 1983年3月20日（35歳）
❷ 185cm／74kg
❸ メス（FRA）
❹ 82試合／0失点

DF Yuto NAGATOMO ●長友 佑都

日本が世界に誇る一流サイドバック。1月に慣れ親しんだインテルを離れたが、新天地トルコでも調子は上々で粘り強い守備を披露する。

❶ 1986年9月12日（31歳）
❷ 170cm／68kg
❸ ガラタサライ（TUR）
❹ 103試合／4得点

DF Tomoaki MAKINO ●槙野 智章

日本人離れした対人の強さでCBの主力候補へと台頭した。また、チームのスポークスマン兼ムードメーカーとしても重要な存在を担う。

❶ 1987年5月11日（31歳）
❷ 182cm／77kg
❸ 浦和レッズ
❹ 30試合／4得点

DF Maya YOSHIDA ●吉田 麻也

プレミアで名だたるFWとがっぷりよつに組んできた頼れる男。ここ一番のセットプレーで叩き込む打点の高いヘディングにも期待したい。

❶ 1988年8月24日（29歳）
❷ 189cm／78kg
❸ サウサンプトン（ENG）
❹ 80試合／10得点

DF Hiroki SAKAI ●酒井 宏樹

豪快なオーバーラップから鋭いクロスを送り込む大型SB。フランスでアフリカ系FWとも互角に渡り合う身体能力や守備力は頼もしい。

❶ 1990年4月12日（28歳）
❷ 183cm／70kg
❸ マルセイユ（FRA）
❹ 41試合／0得点

DF Gen SHOJI ●昌子 源

2年連続J1ベスト11に輝いた国内屈指のCB。対人の強さはもちろん、守備範囲の広さと的確なラインコントロールにも定評がある。

❶ 1992年12月11日（25歳）
❷ 182cm／74kg
❸ 鹿島アントラーズ
❹ 11試合／1得点

MF Makoto HASEBE ●長谷部 誠

誰よりも腐った心を持つ不動の主将。冷静かつ堅実なプレーぶりを買われ、ドイツでは近年リベロも任されるなどプレーの幅を広げている。

❶ 1984年1月18日（34歳）
❷ 180cm／72kg
❸ フランクフルト（GER）
❹ 108試合／2得点

MF Keisuke HONDA ●本田 圭佑

抜群のキープに悪魔の左足、溢れるカリスマ性は誰もが認めるところ。男前監督時代には冷遇されていたが、復活してロシアの地で輝けるか。

❶ 1986年6月13日（32歳）
❷ 182cm／74kg
❸ パチューカ（MEX）
❹ 93試合／36得点

MF Takashi INUI ●乾 貴士

スペインの小さな街を毎週沸かせるファンタジスタ。トリッキーなドリブルからのシュートには目が肥えたスペイン人ファンも舌を巻く。

❶ 1988年6月2日（30歳）
❷ 169cm／59kg
❸ エイバル（ESP）
❹ 25試合／2得点

MF Shinji KAGAWA ●香川 真司

ポゼッションワークに絡みつつフィニッシュに持ち込むスキルはドイツで証明済み。ケガにより実戦から遠ざかっており試合勘が懸念される。

❶ 1989年3月17日（29歳）
❷ 175cm／68kg
❸ ドルトムント（GER）
❹ 79試合／29得点

MF Hotaru YAMAGUCHI ●山口 蛍

ハードなマークを武器に中盤の守備をリードする献大。一方で最終予選のイラク戦で土壇場に決勝点を決めるなどここぞのミドルにも注目。

❶ 1990年10月6日（27歳）
❷ 173cm／72kg
❸ セレッソ大阪
❹ 40試合／2得点

MF Genki HARAGUCHI ●原口 元気

鋭いドリブルと高い決定力で予選突破の立役者に。今季前半はヘルタで出番を減らしたが、冬の移籍で心機一転、大の愛犬家という顔も。

❶ 1991年5月9日（27歳）
❷ 177cm／68kg
❸ デュッセルドルフ（GER）
❹ 38試合／0得点

MF Takashi USAMI ●宇佐美 貴史

テクニックを活かしたドリブルでゴール前に切り込み、得点を奪うことのできるアタッカー。その突破力は攻撃のアクセントにもなる。

❶ 1992年5月6日（26歳）
❷ 180cm／72kg
❸ デュッセルドルフ（GER）
❹ 21試合／3得点

MF Gaku SHIBASAKI ●柴崎 岳

正確なパスと、好機を見極める「戦術眼」を持つ。かつてはうまい選手という印象だったが、スペインでもまれて強さも増してきた。

❶ 1992年5月28日（26歳）
❷ 175cm／62kg
❸ ヘタフェ（ESP）
❹ 15試合／3得点

MF Ryota OSHIMA ●大島 僚太

テンポの良いショートパスと決定機を演出する鋭い縦パスを使い分け、攻撃を彩る。ピッチで違いを見出すことのできる同位相。

❶ 1993年1月23日（25歳）
❷ 168cm／64kg
❸ 川崎フロンターレ
❹ 3試合／0得点

MF Yosuke IDEGUCHI ●井手口 陽介

昨年はG大阪でJリーグのベストヤングプレーヤー賞に輝き、代表でも定位置奪取と大躍進。球際の強さと精度・強度抜群のキックが持ち味。

❶ 1996年8月23日（21歳）
❷ 171cm／69kg
❸ レオネサ（ESP）
❹ 11試合／2得点

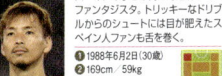

FW Shinji OKAZAKI ●岡崎 慎司

プレミアを経験して心身ともに逞しさを増す。ポストプレーや優先の前線離では出番がなかったが決定力と走力は唯一無二。

❶ 1986年4月16日（32歳）
❷ 174cm／70kg
❸ レスター（ENG）
❹ 111試合／50得点

FW Yuya OSAKO ●大迫 勇也

痩身からは想像できない強くしなやかな「ハンパない」ポストプレーで前線の基準点に。ゴールも左右高定、頭とどころも狙える万能型FW。

❶ 1990年5月18日（28歳）
❷ 182cm／71kg
❸ ブレーメン（GER）
❹ 26試合／7得点

GK Masaaki HIGASHIGUCHI ●東口 順昭

4月末のリーグ戦で顔面を骨折するアクシデントに見舞われたが、早期復帰する代表入り。

❶ 1986年5月12日（32歳）
❷ 184cm／78kg
❸ ガンバ大阪
❹ 4試合／0失点

GK Kosuke NAKAMURA ●中村 航輔

昨季J1で驚異のスーパーセーブを連発し、一躍時の人に。次世代の日本を背負っていくGK。

❶ 1995年2月27日（23歳）
❷ 185cm／82kg
❸ 柏レイソル
❹ 3試合／0失点

DF Gotoku SAKAI ●酒井 高徳

左右両サイドの貴重なバックアップ。ドイツの名手でほ主将を務め、ボランチもこなす。

❶ 1991年3月14日（27歳）
❷ 176cm／74kg
❸ ハンブルガーSV（GER）
❹ 43試合／0得点

DF Wataru ENDO ●遠藤 航

CBに加えて、サイド、ボランチと複数ポジションでプレーできる、まさにポリバレントな選手。

❶ 1993年2月9日（25歳）
❷ 178cm／75kg
❸ 浦和レッズ
❹ 11試合／0得点

DF Naomichi UEDA ●植田 直通

抜群の身体能力を武器に一対一に強さを見せるCB。フィードの正確さも持ち味のひとつ。

❶ 1994年10月24日（23歳）
❷ 186cm／79kg
❸ 鹿島アントラーズ
❹ 3試合／0得点

MF Toshihiro AOYAMA ●青山 敏弘

約3年ぶりに代表招集。今季のJ1で首位を独走する広島を牽引するパフォーマンスが評価。

❶ 1986年2月22日（32歳）
❷ 174cm／75kg
❸ サンフレッチェ広島
❹ 8試合／1得点

MF Kento MISAO ●三竿 健斗

22歳と若いが鹿島の主軸ボランチとして成長。ボール奪取力に加え、パスセンスも秀逸。

❶ 1996年4月16日（22歳）
❷ 181cm／73kg
❸ 鹿島アントラーズ
❹ 0試合／0得点

FW Yoshinori MUTO ●武藤 嘉紀

DFの裏へ抜け出す加速力と身の強さは海外でも証明。今季はマインツで首位争いを演出。

❶ 1992年7月15日（25歳）
❷ 178cm／78kg
❸ マインツ（GER）
❹ 21試合／2得点

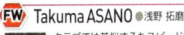

FW Takuma ASANO ●浅野 拓磨

クラブでは苦悩するもスピードは折り紙付き。得意の「ジャガーポーズ」は見られるか。

❶ 1994年11月10日（23歳）
❷ 173cm／71kg
❸ シュツットガルト（GER）
❹ 17試合／3得点

「VAR」って何？
試合が止まったらビデオ判定中！

3月3日、サッカーのルールが大きく変わる決議が承認された。
これまで何度もテストされてきたビデオ判定がいよいよ導入される。

VIDEO REFEREE
ВИ@ЕОАССИСТЕНТ

サッカーのルールが大きく変わる。

3月3日、スイスにて競技規則を定めるIFAB（国際サッカー評議会）の年次総会が行われ、ビデオ判定の使用について全会一致で承認された。FIFA（国際サッカー連盟）の承認も受けた後に、ロシアW杯ではビデオ判定と言われるVAR（ビデオ・アシスタント・レフェリー）制度が採用されることとなった。

「VAR」とは、試合中にレフェリーが判定を下すのが難しいとされるプレー、いわゆる「得点シーン」「PKに値するプレー」「一発退場」「警告や退場となる対象者の誤認」など、誤審を招きかねないプレーに関して映像で確認することを認めるものだ。レフェリーは上記に値するプレーをジャッジしかねた際に、試合を一旦中断させて、映像で確認し、判断することが許される。

「VAR」の導入に関しては、これまでも度々議論されてきた。2016年からテストが開始され、同年9月1日に行われたイタリア対フランスの親善試合で、トップレベルとしては初めて実施。その後も各国の下部リーグなどでテストが重ねられ、大々的には日本で行われた2016年のクラブW杯で導入された。実際、準決勝のアトレティコ・ナシオナルと鹿島アントラーズの一戦では、前半30分にレフェリーが試合を中断させると、その直前のFKの場面で、アトレティコ・ナシオナルの選手にファウルがあったとして、鹿島にPKを与えた。これにより土居聖真がゴールを決め、初めてビデオ判定により与えられたPKを決めた選手となった。その後も、FIFAは、各国のリーグ戦などで積極

的にテストを実施していくと、W杯の前哨戦となるコンフェデレーションズカップでも「VAR」を導入した。試合中に「VAR」を使って判定を確認する際には、観客に配慮して、スタジアムの大型スクリーンに「VAR判定中」といった文字が流された。

「VAR」の導入の目的は、誤審を防止することにある。これまでのW杯では、1986年大会のディエゴ・マラドーナの神の手にはじまり、近年では2006年大会決勝のジネディーヌ・ジダンの頭突きが判明するのに時間がかかったり、2010年のドイツ対イングランド戦ではランパードの同点ゴールが見逃されるなど、結果が覆るような誤審が度々起こってきた。

そうしたミスジャッジをなくすことが「VAR導入の目的だが、一方でデメリットもある。

サッカーは流れのあるスポーツだけに、「VAR」により度々試合が中断されれば、一方がつかんでいたリズムを失いかねないし、押されていたもう一方のチームが取り戻すことも可能となる。また、観客もたびたび試合が止まるようなことがあれば、困惑しかねない。何より、「誤審も含めてサッカー」とはよく言ったもので、それがあるからこそ後世まで語り継がれる伝説が作られてきたのも事実である。

ドイツ代表のヨアヒム・レーヴ監督やマンチェスター・ユナイテッドのジョゼ・モウリーニョ監督が「VAR」の導入を支持。あのマラドーナも「VARがあれば、神の手によるゴールは生まれなかっただろう」と賛同している。その一方で、選手たちの中には、やはり流れが途切れるとして反対の声もある。ただし、今回のIFABの決議により、W杯では「VAR」が導入されることになった。これにより誤審は防がれ、より公正なジャッジが下されることになるが、見る側には慣れる必要があるだろう。これまでにもバニシング・スプレーの導入やキックオフ時のルール改正など、小さな変化（進化？）を試みてきたサッカーだが、今回の「VAR」は、プレーする選手にとっても、観客にとっても、かなり大きな変更となりそうだ。

第3章

グループステージ展望／全48試合プレビュー
GROUP STAGE 48 MATCH PREVIEW

出場32カ国が全8グループに分かれて総当たりで行われるグループステージ。

開催国ロシアとサウジアラビアが開幕戦で激突するのを皮切りに

2日目にはEURO2016王者のポルトガルと前々回世界王者のスペインが対戦。

各グループに用意された決勝トーナメントへの切符は2枚。

15日間の激闘を勝ち抜き、勝ち進んでくるのはどこになるのか。

見逃せないグループステージ全48試合をプレビューするとともに

福西崇史が特徴の異なる各グループを徹底解剖する。

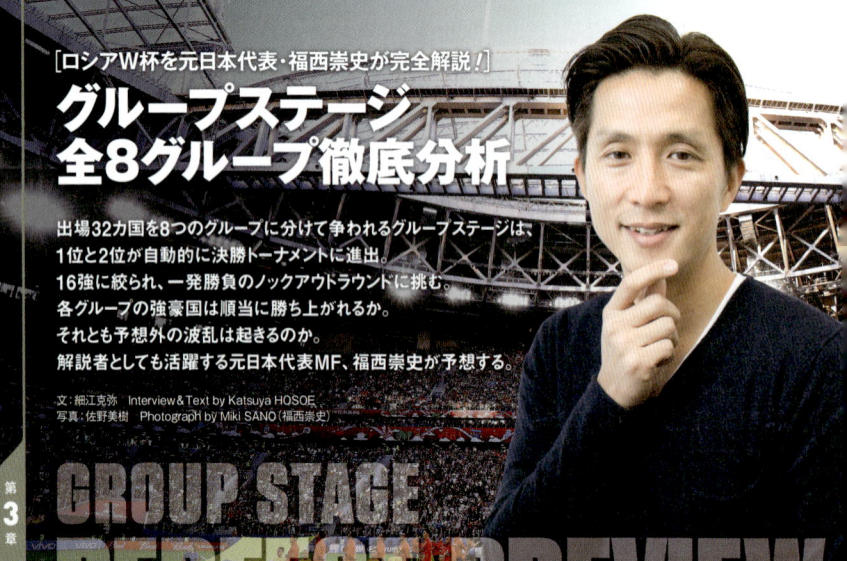

[ロシアW杯を元日本代表・福西崇史が完全解説！]

グループステージ 全8グループ徹底分析

出場32カ国を8つのグループに分けて争われるグループステージは、
1位と2位が自動的に決勝トーナメントに進出。
16強に絞られ、一発勝負のノックアウトラウンドに挑む。
各グループの強豪国は順当に勝ち上がれるか。
それとも予想外の波乱は起きるのか。
解説者としても活躍する元日本代表MF、福西崇史が予想する。

文：細江克弥　Interview＆Text by Katsuya HOSOE
写真：佐野美樹　Photograph by Miki SANO（福西崇史）

GROUP STAGE
PERFECT PREVIEW

PICK UP MATCH 01

GROUP A

KICK OFF 6月14日(木)／18:00(24:00)

RUSSIA × SAUDI ARABIA
🔵ロシア vs 🟢サウジアラビア

0勝0分1敗2得点 対戦成績 1勝0分0敗4得点

開催国の意地を見せるか

　大会が成功するかどうかはホスト国の躍進にかかっている。コンフェデ杯ではまさかのグループステージ敗退を喫し、国民を落胆させたロシア代表にとって、開幕戦の相手がサウジアラビアというのは幸運だろう。ロシアとしては圧倒的に分のある制空権を掌握してクロスから得点を決めたいところ。ウルグアイとの第3戦までに2勝はマスト。すなわち第1戦での快勝が大会成功のカギを握っている。

強豪ウルグアイとは第3戦で対戦するだけに、ロシアとしては第2戦までに勝点6がほしい。

PICK UP MATCH 02

GROUP A

KICK OFF 6月15日(金)／17:00(21:00)

EGYPT × URUGUAY
🔴エジプト vs 🔵ウルグアイ

0勝0分1敗0得点 対戦成績 1勝0分0敗2得点

策士は強豪にどう挑む？

　カバーニ、スアレスといった世界屈指の2トップを擁して成熟を遂げたウルグアイが登場する。ただし、対するエジプトの指揮官は策士クーペルである。2トップを抑える手立てとして、パスの出どころとなるバルベルデやベシーノの自由を奪ってくるはずだ。また、エジプトにはサラーという切り札もある。ウルグアイとしても攻めに転じた直後にボールを失い速攻を仕掛けられる形だけは避けたい。

エジプトは速攻からスピードのあるサラーにボールを預けられれば、波乱を起こす可能性も。

PICK UP MATCH 03

GROUP B

KICK OFF 6月15日(金)／21:00(27:00)

PORTUGAL × SPAIN
🔴ポルトガル vs 🟡スペイン

6勝13分16敗41得点 対戦成績 16勝13分6敗72得点

注目のビッグマッチ！

　間違いなくグループステージ最大の注目カードだろう。欧州王者として臨むポルトガルと、10年W杯王者のスペインがいきなり初戦で激突する。ポルトガルのエース、C・ロナウドは自らが得点源であり、スペインのキーマン、イニエスタは司令塔という構図も興味深い。主導権を握るスペインに対して、ポルトガルは凄い速度を狙えるか。大会2日目にしてスペクタクルな90分が保証されている。

円熟味を増し、より精度が上がっているイニエスタの好不調がスペインの行方を左右する。

波乱の少ない"順当"な
勝ち上がりを予想する

いきなりですが、僕の予想を発表します。優勝はブラジル。決勝の相手はドイツ。ベスト4はスペインとフランスが勝ち進み、ベスト8にはアルゼンチン、イングランド、ポルトガル、ベルギーが進出。日本はベスト16で敗退してしまうという予想ですが、グループステージ突破については前向きに見ています。いずれにしても楽しみですよね。皆さんはどのように予想しますか？

今大会は、過去のワールドカップに必ずと言っていいほどあった"波乱"がない大会になるのではないかと考えています。かつては大陸ごと、あるいは国ごとに特徴的なスタイルがあり、その個性の噛み合わせによって波乱が引き起こされていました。しかし、近年はサッカーの組織化が世界的に進んだことで、際立った個性を持つチームが減っています。その場合はやはり、チームとしての完成度こそが組織対組織の勝敗を左右する。だからこそ、選手の個の能力が高く、組織化がより進行している強国が"順当"に勝ち上がる可能性は高いと思うのです。

ただ、そうは言いつつも、そう簡単に予想どおりにならないのがW杯という大会の難しさであり、魅力ですよね。僕自身もピッチに立った経験がありますが、やはりW杯は特別。だからこそ驚くようなドラマも起こるし、見る人の記憶に残るのでしょう。ただ、ここだけの話、解説者としてはトーナメントが"順当"に進んでくれたほうが気持ちは盛り上がります（笑）。

さて、ここから先は8つのグループを順に展望します。皆さんの予想と重ね合わせながら、一緒に"プレW杯"を楽しみましょう。

ウルグアイは別格
開催国ロシアの意地に期待

グループAは、やっぱりロシアが突破しないと。開催国が決勝トーナメントに進出するかどうかで、大会全体の盛り上がりが変わりますから。ただ、なかなかキツい。組合わせを見ると決して簡単じゃないですね。

KICK OFF 6月15日(金)／18:00(24:00)

MOROCCO × IR IRAN
● モロッコ vs ● イラン

| 0勝1分0敗0得点 | 対戦成績 | 0勝1分0敗0得点 |

実力伯仲のゲームに期待

ケイロス監督のもと、イランは若手とベテランが融合し、アジア屈指と言われる堅守と組織を作り上げてきた。一方のモロッコも予選ではコートジボワールを倒して5大会ぶりの本大会出場を叶えた。ともに機運は高まっており、勝てばベスト16進出も見えてくるだけに、見応えのあるゲームになりそうだ。注目はモロッコの守備の要を務めるベナティアがアジア屈指のFWアズムンを抑えられるかにある。

20年ぶりに登場するモロッコの実力は未知数。ただ欧州で活躍する選手を多数補ってもいる。

KICK OFF 6月16日(土)／13:00(19:00)

FRANCE × AUSTRALIA
● フランス vs ● オーストラリア

| 2勝1分1敗8得点 | 対戦成績 | 1勝1分2敗2得点 |

フランスの猛攻を凌げるか

ワールドクラスのタレントを数多く抱えるフランスがポゼッションを高めて押し込む展開が予想される。だが、リーグ戦やCLで優勝争いを最後まで演じた選手が多いフランスにとってコンディションは懸案事項。ジルー、グリーズマン、エムバペなどの攻撃陣が早い時間帯にゴールを奪って逃げ切りたいが、オーストラリアも前半を無失点で折り返せれば、勝点を手にするチャンスは見えてくる。

「エムバペのための大会」と言われる活躍を見せられれば、栄冠はフランスに近づく。

KICK OFF 6月16日(土)／19:00(25:00)

PERU × DENMARK
● ペルー vs ● デンマーク

| 初対戦 | 対戦成績 | 初対戦 |

高さvs速さが勝利の分岐点

組織力と結束力を持ち味にする両国の初激突は、身長差で上回るデンマークが有利か。190cmのヨルゲンセンや、司令塔で182cmのエリクセンにボールを集めながら主導権を握るだろう。ペルーはカウンターからクエバ、フローレス、カリージョといった攻撃的MFのスピードと技術を活かして一気に攻め上がり、デンマークDFに劣らない能力を持つファルファンの一刺しに活路を見出したい。

広い視野と高い技術を持つクエバの活躍なくして、ペルーの勝機は見出せない。

GROUP A

　開催国のメリットは、当然ながら100%に近い応援に後押ししてもらえること。これは僕自身も2002年の日韓大会で経験しましたが、本当にテンションが上がるんです。もちろんプレッシャーもあるけど、「勝たなきゃいけない」「期待に応えなきゃ」と思うのは意外と開幕前まで。始まってしまえば「勝ちたい」「この環境で活躍したい」という意欲が不安を上回り、持っている力以上のものを発揮できるでしょう。このメリットはかなり大きい。

　実は、ロシアを引っ張るスタニスラフ・チェルチェソフ監督とはちょっとした知り合いなんです。2016年、指導者S級ライセンス取得のための海外研修として、ポーランドのレギア・ワルシャワに行きました。当時、監督を務めていたのが彼で、ロシア人監督としてはすでにかなり高く評価されていたようです。

　現役時代GKだったチェルチェソフ監督が指導者になった理由は、「ずっと後ろから見ていたから、試合を横から見てみたくなった」とのこと。「お前は今は何をやっているんだ」と聞かれて「今はコメンテーターだけど監督を目指している」と答えたところ、コメンテーターに対する不満をぶちまけられました（笑）。彼は現実的かつ現代的なスタイルを志向しており、チームワークをベースとする手堅いサッカーをするはずです。ビッグネームはいないけど、戦術がハマれば勝利に近づける気がします。

　チームの中心は最前線で足元にボールを収められるFWフョードル・スモロフと、中盤の底からゲームを組み立てるMFデニス・グルシャコフ。その縦関係がしっかりしていて、そこに、運動量が豊富でテクニックもある2列目の選手が積極的に絡みます。サイドへの展開も多いから、決定機の数を左右するのは両サイドMFです

07 GROUP D

KICK OFF 6月16日(土)／16:00(22:00)

ARGENTINA × ICELAND
🔵アルゼンチン VS 🔵アイスランド

初対戦 | 対戦成績 | 初対戦

混戦になるかはメッシ次第

　世界の頂点に君臨する個の力が、卓越した結束力を誇る組織の壁を切り裂けるのか。この一戦は選手個々の能力で上回るアルゼンチンが圧倒的にボールポゼッションを高め、優位に試合を進めるだろう。GKハルドールソンを中心としたアイスランドの堅い守備から得点を奪えるかは、やはりメッシにかかっている。混戦も予想されるD組だが、初戦でエースが本調子に乗れば、16強への見通しが明るくなる。

サンパオリ監督のもとメッシが躍動できるシステムで挑む今大会。結果はすべてメッシ次第。

08 GROUP D

KICK OFF 6月16日(土)／21:00(28:00)

CROATIA × NIGERIA
🔴クロアチア VS 🟢ナイジェリア

初対戦 | 対戦成績 | 初対戦

中盤のパス力vs前線の速さ

　スペインvsポルトガルのような派手さはないが、グループステージ屈指の好カード。モドリッチ、ラキティッチなど世界屈指のタレントで中盤を構成するクロアチアは、ダイナミックでリズミカルなパスからゴールを狙う。欧州育ちの選手が多いナイジェリアの戦術理解度や規律性は高く、ストロングポイントの前線3人のスピードを活かしてくるだろう。一瞬の隙やミスが勝点3の行方を決める。

個の能力をチーム力へと昇華させられるかは、モドリッチの中盤での働きにかかっている。

09 GROUP E

KICK OFF 6月17日(日)／21:00(27:00)

BRAZIL × SWITZERLAND
🟡ブラジル VS 🔴スイス

3勝3分2敗10得点 | 対戦成績 | 2勝3分3敗8得点

優勝候補ブラジル登場！

　いよいよ、優勝候補ブラジルの登場だ。グループEはブラジル一強と言われるが、王国にとっても初戦は難しいはず。ケガを負ったネイマールのコンディションを含め、この試合である程度の手応えを得られなければ苦しむことになる。逆に、スイスにとって“エンジンがかかる前のブラジル”との対戦は大きなチャンスだ。得意の粘り強い守備でスコアレスの時間を長く維持し、勝点を奪いたい。

2月のケガで手術に踏み切ったネイマールは約2カ月の離脱。開幕戦の調子が気がかりだ。

ね。この2人が押し込まれて5バックの状態になってしまうと、攻撃のパワーが半減してしまう。そこがロシアの弱点かもしれません。

ロシアの狙いは2位突破。このグループはウルグアイが頭ひとつ抜けている。エジプトにはモハメド・サラーという今シーズン、リヴァプールで絶好調のエースがいるので、現実的にはロシアとエジプトが2位を争う格好になる。両者が直接対決する第2戦の勝敗がカギとなる気がします。

エジプトは徹底マークされることが予想されるサラーではなく、それを逆手にとって他の選手が活躍できるかがポイント。サラーへの依存度が高すぎるようでは、W杯のように"まずは失点を避けたい"と考えたくなる大舞台で勝ち上がるのは難しいでしょう。

ウルグアイはベスト8からさらに先を狙えるチーム。ただ、ディエゴ・フォルランが活躍して4強入りした2010年南アフリカ大会のような力はないと見ています。

ストロングポイントは、なんといってもルイス・スアレスとエディンソン・カバーニの2トップ。ただ、近年は2列目の運動量と飛び出しによる最前線との連係がゴールを奪うための大きなポイントとなるので、マティアス・ベシーノやクリスティアン・ロドリゲスのようなMFが実質的なキーマンとなる。それから、最終ライン。ディエゴ・ゴディンという、おなじみのメンバーですが、短期決戦だからこそ、やや高齢化している点は気になります。

サウジアラビアはちょっと厳しいかな……。個人的にはMFサルマン・アル・ファ

ラジが好きな選手ですが、チームとしてはちょっと厳しい。このグループは1位がウルグアイ、2位がエジプトの予想ですが、監督との縁もあるので密かにロシアを応援しています（笑）。

スペインとポルトガルの2強
波乱は"ほぼ"あり得ない

ここはもう、スペインとポルトガルで決まり！　両チームには世界的なビッグクラブでプレーしている選手が多いため、長いシーズンで蓄積した疲労を取りつつ、コンディションを調整しながら着実に勝点を積み上げていきたいところです。いかに余力を残した状態でグループステージを突破できるかが、大会を通じたプランニングとなるでしょう。

ただ、2位通過となれば決勝トーナメント1回戦でウルグアイと対戦する可能性が高い。これを避けようとするなら、第1戦の直接対決に、ある程度のエネルギーを注ぐはず。大会2日目に実現するいきなりのビッグカードですが、そういう意味では、ある程度の強度による熱戦が期待で

KICK OFF 6月17日(日)／16:00(21:00)

COSTA RICA × SERBIA
🔴コスタリカ vs ●セルビア

| 初対戦 | 対戦成績 | 初対戦 |

生き残りを懸けた1戦

　両者にとって、2位争いの生き残りを懸けた重要なゲームとなるだろう。コスタリカは組織的な5バックシステムによる堅守が持ち味。セルビアは攻撃陣の個性豊かなタレントを軸とする多彩な攻撃が特徴。セルビアがボールを支配し、コスタリカがカウンターを仕掛ける展開が予想されるゲームにおいては、コスタリカが誇る世界屈指のGKナバスのパフォーマンスがカギを握りそうだ。

コスタリカのGKナバスは前回大会ベスト8進出の立役者。2大会連続で奇跡を起こせるか。

KICK OFF 6月17日(日)／18:00(24:00)

GERMANY × MEXICO
●ドイツ vs ●メキシコ

| 5勝5分1敗24得点 | 対戦成績 | 1勝5分5敗10得点 |

王者の初戦は難敵メキシコ

　W杯連覇を狙うドイツにとっては、初戦から簡単ではない相手と言えるだろう。メキシコは過去6大会連続で決勝トーナメントに進出しており、グループステージの戦い方を心得ている。油断すれば足元をすくわれる可能性は十分にある。堅守速攻を武器とするメキシコに対しては、破壊力ある攻撃陣が"いつもどおり"のパフォーマンスを発揮できるかがカギ。司令塔エジルのラストパスに注目だ。

ドイツ代表では絶対的存在。司令塔エジルが初戦から本調子なら、突破口を切り開けるはず。

KICK OFF 6月18日(月)／15:00(21:00)

SWEDEN × KOREA Rep.
●スウェーデン vs ●韓国

| 2勝2分0敗17得点 | 対戦成績 | 0勝2分2敗3得点 |

スウェーデンの戦略に注目

　2位突破が有力視されるスウェーデンは、初戦で韓国と対戦。強者に対して守り勝つサッカーで予選を突破したスウェーデンは、格下と見られる韓国を相手にどんなサッカーで勝負するか。急進的な組織力強化に努めている韓国が"構える"よう なら、左サイドから攻撃を組み立てる司令塔フォルスベリのパフォーマンスがカギを握るだろう。逆に韓国は、この選手を潰してカウンターを仕掛けたい。

質実剛健なチームにおいてフォルスベリは異質な存在。持ち前の創造性で勝利に導けるか。

きると思います。

スペインは、一時期の低迷から完全に脱しましたね。ブラジルW杯終了後にMFシャビが代表から引退しましたが、彼の存在と影響力が大きすぎた分、新しいスタイルを模索する必要があった。この4年間は少し苦しんだ印象がありますが、イタリアを退けた欧州予選は見事な内容でした。圧倒的な創造性を持つ別格の存在、アンドレス・イニエスタをイスコとダビド・シルバがしっかりサポートする。中盤の底でセルヒオ・ブスケツがバランスを取り、コケとサウール・ニゲスといった汗かき役にもなれる選手もいる。FWアルバロ・モラタの成長も大きいですね。繊細で多彩だけど、力強くもある。守備はおなじみのメンバーだから、安定感もある。うーん、強い（笑）。

ポルトガルは2016年のEUROを制しましたが、うまく勢いのある追い風をつかんだなという気がしています。あのタイトルが自信になったことは間違いないけど、イケイケの勢いを消されたときにどう対処するかがこのチームの見どころ。クリスティアーノ・ロナウドを筆頭に個の能力で打開する特徴が強いので、対策するチームに対してそれでも強引に打開しようとするか、あるいは別の打開策を持っているかによって決勝トーナメント以降の成否が見えてくる気がします。ただ……相手の立場から見れば、C・ロナウドはやっぱり怖い。それだけの破壊力が、彼個人にはありますよね。

それから、EURO2016との比較で考えると、あの大会で活躍したFWアンドレ・シウバやMFジョアン・マリオは所属クラブで苦しんでいましたよね。彼らが奮起するのか、それともイマイチな出来に終わるのかも注目ポイントのひとつ。C・ロナウドが本来の力を発揮するためにも、第

GROUP B

第3章　グループステージ全48試合徹底分析

---

⑬ PICK UP MATCH — GROUP G

KICK OFF 6月18日(月)／18:00(24:00)

BELGIUM × PANAMA
🟡ベルギー VS 🔴パナマ

初対戦｜対戦成績｜初対戦

ベルギー、必勝の初陣に挑む

ブックメーカーが付けたベルギーの勝利オッズは実に「1.17倍」。よほどのことがない限り、初出場のパナマを下すことになるだろう。パナマはゴメス監督が「競争とはどういうものかを学びに行く」と公言しており、W杯で初めて戦う相手が優勝候補のベルギーというのは格好の腕試しになるだろう。おそらく、勝てるとは思っていない。ただし、無欲な集団が、思わぬ力を発揮することもある。

パナマの選手たちにとって、世界屈指のドリブラーであるアザールとの対決は未知の領域だろう。

---

⑭ PICK UP MATCH — GROUP G

KICK OFF 6月18日(月)／21:00(27:00)

TUNISIA × ENGLAND
🔴チュニジア VS 🔵イングランド

0勝1分1敗1得点｜対戦成績｜1勝1分0敗3得点

苦手の初戦を克服できるか

イングランドは主要国際大会の初戦で、EURO008から数えて5大会連続で勝利を逃している。どこか勢いに乗れないまま力尽きて、上位進出に失敗してきた負の歴史は、大会の入り方が悪いことと無関係ではないはずだ。それだけに、この試合が持つ意味は他チーム以上に大きい。勝利はもちろん、主役がきっちり仕事をするなど内容も伴った試合にできるかどうかで、イングランドの今後が決まる。

イングランドの顔となるケイン（右）とアリ（左）のスパーズ・コンビはしっかり結果を出せるか。

---

⑮ PICK UP MATCH — GROUP H

KICK OFF 6月19日(火)／18:00(24:00)

POLAND × SENEGAL
🔴ポーランド VS 🟢セネガル

初対戦｜対戦成績｜初対戦

02年の再現を狙うセネガル

初戦といえば、思い出されるのは02年日韓大会のセネガルだ。開幕戦で優勝候補フランス相手に番狂わせを起こし、勢いに乗って8強まで駆け上がった。今回も初戦でポッド1の格上を叩けば、一気に波に乗れるだろう。総合力ではポーランドに一日の長があるものの、初対戦ということもあり、試合序盤から規格外のフィジカルやスピードで敵陣営を驚かせることができれば、先手を取れるはず。

圧倒的なフィジカルを誇るセネガルの主将クヤテ（左）。ポーランドを驚かせることができるか。

y

y

y

y

y

y

y

y

y

y

y

y

y

y

y

y

y

y

y

y

y

y

2、第3の男の活躍は不可欠だと思います。

モロッコとイランは、さすがにちょっと厳しいでしょう。ノーチャンスと言ったら申し訳ないけど、相手が悪すぎる。あまり情報を持っていないので深く語ることはできませんが、スペインとポルトガルにとって、モロッコは不気味な存在かもしれ

ません。アフリカ最終予選は失点ゼロ。テクニシャンが多く、「アフリカなのにヨーロッパっぽいサッカーをする」というイメージがあるので、どこまで食い下がれるか楽しみにしています。

1位通過はスペイン。2位通過はポルトガル。スペインはブラジル大会でグルー

プステージ敗退を強いられた苦い経験があるので、グループステージから力を入れてくる気がします。もしその予想どおりに第1戦でスペインが勝ったなら、ポルトガルは第2戦が勝負の分かれ目。そういう意味では、モロッコはイヤな相手かもしれません。

フランス／オーストラリア／ペルー／デンマーク

1位通過はフランスで決まりデンマークとペルーの2位争い

このグループはもう、圧倒的にフランス。ダントツでフランスです。今回は優勝候補の一角に推しています。

中盤には個人的に好きなポール・ポグバとエヌゴロ・カンテがいて、攻撃陣にはアントワーヌ・グリーズマンとキリアン・エムバベとオリビエ・ジルーがいて……。めちゃくちゃいい選手だなあと思うパリ・サンジェルマンのアドリアン・ラビオとバイエルンのキングスレー・コマン、マンチェスター・ユナイテッドのアントニー・マルシアルが予備登録。ブレーズ・マテュイディでさえレギュラーじゃないなんて信じられない。2チーム作ってもどちらも

KICK OFF 6月19日(火)／15:00(21:00)

COLOMBIA × JAPAN
🟡コロンビア VS ●日本

2勝1分0敗5得点	対戦成績	0勝1分2敗1得点

初戦の相手は鬼門の南米勢

日本はW杯で南米勢と過去4度対戦しているが、アルゼンチン、ブラジル、パラグアイ、そしてコロンビアと、一度も勝ったことがない。特にコロンビアは、前回大会のグループステージ第3戦で1-4の完敗を喫し、実力差を見せつけられた相手。リベンジとなる今回は、大事な初戦ということもあり絶対に負けられない。4年前にビューティフルゴールを決められたハメスを、どう封じるかがカギとなる。

前回大会で日本を手玉に取ったハメス。吉田をかわし、技ありループでゴールネットを揺らした。

KICK OFF 6月19日(火)／21:00(27:00)

RUSSIA × EGYPT
🔵ロシア VS 🔴エジプト

初対戦	対戦成績	初対戦

両エースの対決が見どころ

高さのロシア、速さのエジプトという構図が勝敗を左右することになる。ロシアはサメドフやジルコフら両翼の攻撃参加から、FWのスモロフやAI・ミランチュクがクロスを押し込みたい。一方のエジプトは、長身だけに俊敏性に欠けるロシアDF陣をテクニックやパスワークで翻弄したいところ。スモロフが決定力を発揮するのか、それともサラーが突破を見せるのか。両エースの活躍にも注目が集まる。

ロシアのエースとして前線に君臨するスモロフは高さという武器を活かして得点できるか。

KICK OFF 6月20日(水)／18:00(24:00)

URUGUAY × SAUDI ARABIA
🔵ウルグアイ VS 🟢サウジアラビア

0勝1分3得点	対戦成績	1勝1分0敗4得点

強力2トップ爆発なるか

スアレスとカバーニのダブルエースの活躍で、大量得点もあり得るかもしれない。サウジアラビアは引いて守りを固めることも予想できるため、ゴール前にスペースがなく、2トップに良質なボールが供給できない状況も考えられるが、それでも2人には個で突破する能力がある。多少雑しいパスでもフィニッシュできるカバーニは、この試合で複数得点をマークすれば得点王の可能性もでてきそうだ。

高さもあり、裏に抜ける動きも秀逸なカバーニは引いた相手から得点するすべも知っている。

優勝争いに絡みそうな選手層なので、あとは、ディディエ・デシャン監督がチームとしてしっかりまとめられるかがポイントですね。

その点については、大会期間中に空中分解した南アフリカW杯の苦い記憶がありますから、やや不安なところはあります。ただ、グループステージに関しては、たとえ一枚岩になれなくても突破できるだけの圧倒的な力の差があるでしょう。豊富

なタレントを抱えるフランスがどんなサッカーを見せてくれるのか、個人的にはすごく楽しみにしています。

2位予想はデンマーク。例のごとく高さとパワーに特徴があるチームですが、中にはクリスティアン・エリクセンのようにワールドクラスのテクニシャンもいる。欧州予選は難敵アイルランドとのプレーオフを戦いましたが、ホームの第1戦を0-0で終えて迎えたアウェイの第2戦は見事でした。あの試合で5得点を奪える爆発力を見ると「勝負強くなったな」という印象を持てますね。ロングボールを放り込んで、というひと昔前のスタイルは完全になくなり、足元でしっかりつないで勝負どころで仕掛けるという現代的なサッカーにチャレンジしていると感じます。

ペルーは大混戦となった南米予選をなんとか5位で切り抜け、ニュージーランドとのプレーオフに競り勝って出場権を獲得したチームですから、十分な力があることは間違いありません。ただ、なんとなく想像できるのは、どちらかというと"対南米勢"で力を発揮するタイプで、"対ヨーロッパ"は少し厳しいのではないかと。あれ？　でも、W杯は36年ぶりなのか

……。もっと頻繁に出ている印象があったけど、となるとかなりのモチベーションで臨むかもしれませんね。予選はもちろん、コパ・アメリカなど南米を舞台とする大会で結果を残している堅守速攻スタイルが"対ヨーロッパ"にもハマれば、もちろん可能性はあると思います。そういう意味では、パオロ・ゲレーロが欠場となるとサンパウロの10番を背負うMFクリスティアン・クエバがペルーのキーマンとなるでしょう。

オーストラリアについては、個人的に予選突破後にアンジェ・ポステコグルー監督が解任されてしまったことが非常に残念です。彼は長い時間をかけてチームにポゼッションスタイルを植え付けてきて、ようやく結果もついてくるようになった。僕自身、その過程をずっと注視してきたので、個人的な感情も含めてちょっとガッカリ……。ベルト・ファン・マルヴァイク新監督のサッカーは、おそらく全くの別モノになるでしょう。わずかな時間でそれを体得し、この大舞台で発揮するのはすごく難しいと思います。日本のライバルとして思い入れのあるチームだったからこそ、つくづく残念です。

⑲ PICK UP MATCH
GROUP B

KICK OFF 6月20日(水)／15:00(21:00)

PORTUGAL × MOROCCO
● ポルトガル VS ● モロッコ

| 0勝0分1敗1得点 | 対戦成績 | 1勝0分0敗3得点 |

C・ロナウド爆発なるか

今大会の主役候補のひとりであるポルトガルのC・ロナウドを、名門ユヴェントスに所属する守備の要ペナティアが抑えられるか。ここが勝敗の分かれ道だろうか。ただ、C・ロナウドの存在が際立っていたポルトガルだが、A・シウバという決定力のあるFWも台頭している。2列目にも突破力のあるB・シウバがいるだけに、モロッコとしては防戦一方になる展開は避けたい。ブタイプのキープ力が生命線か。

C・ロナウドお決まりのゴールパフォーマンスは飛び出すか。強烈なFKも魅力のひとつ。

⑳ PICK UP MATCH
GROUP B

KICK OFF 6月20日(水)／21:00(27:00)

IR IRAN × SPAIN
● イラン VS ● スペイン

| 初対戦 | 対戦成績 | 初対戦 |

スペインが圧倒する予感

組織的な守備をベースにアジア予選を勝ち上がったイランではあるが、圧倒的なまでのパスワークに加えて、攻撃スピードをアップしてきたスペインの前には苦戦必至だろう。スペインの速くて巧みな攻撃を演出するのがサイドを担うD・シルバとイスコの2人である。彼らの突破からイニエスタやコケが絡めば、その迫力はさらに増す。イランDF陣が対応できなければ、大量得点差もあり得る。

所属先のマンチェスター・Cでも攻撃の中心として輝くD・シルバの切れ味は増すばかり。

㉑ PICK UP MATCH
GROUP C

KICK OFF 6月21日(木)／20:00(24:00)

FRANCE × PERU
● フランス VS ● ペルー

| 0勝0分1敗0得点 | 対戦成績 | 1勝0分0敗1得点 |

フランス攻撃陣の大量得点も

勝点3を確実に稼ぎたいフランスに対し、引き分けの勝点1を奪えれば成功と言えるペルーは、ゴール前に堅牢な守備ブロックを築いて中央やサイドからの崩しを粘り強く封じていくことになる。フランスはトップ下のグリーズマンや両翼のルマール、エムバペの攻撃力を活かしたり、ポグバのミドルシュートで打開したりするためにも、クサビ役となる1トップのジルーの働きがポイントになる。

ポストプレーやシュートでジルーの存在感が高まるほど、フランスの勢いはさらに増す。

波乱があるならグループD
アルゼンチンは初戦がカギ

このグループは少し予想が難しいですね。それでもやっぱりアルゼンチンとクロアチアかなあ……。

1位はもちろんアルゼンチン。依然としてリオネル・メッシのチームであることに変わりはないんだけど、ブラジルW杯からの4年間で、本当に少しずつだけど"バラバラ感"がなくなってきたように感じますね。さすがはホルヘ・サンパオリ監督というところでしょう。

南米予選は敗退の危機も懸念されるほど苦しみましたが、そのこと自体はそれほどネガティブに考える必要はない気がします。じゃあ前回大会と同じようにファイナルまで勝ち進む力があるかというと、今のチームにはそこまでの力は感じられない。

攻撃陣はメッシを中心に余るほどのタレントがいますが、やはり課題は守備ですね。お世辞にも、チーム全体として守備の安定感がありません。グループステージで対戦する相手ならば個人の能力で打開できる気がしますが、決勝トーナメントに入ってからの戦いについては、いわゆる組織的な守備が確立されていないチームが勝ち上がるのはなかなか難しいと見ています。

特に、人数をかけて守備を固めるチームに対しては苦戦するのではないでしょうか。そういう意味では、グループステージ初戦のアイスランド戦でどういうゲームを見せるかに注目しています。

「チーム力」で考えるなら、アルゼンチンよりもクロアチアのほうが完成度が高いかもしれません。レアル・マドリーでプレーするMFルカ・モドリッチはまさにキャ

22

KICK OFF 6月21日(木)／16:00(21:00)

DENMARK × AUSTRALIA
🔴デンマーク VS 🟡オーストラリア

| 2勝0分1敗5得点 | 対戦成績 | 1勝0分2敗2得点 |

激しいフィジカルの攻防

サイドの攻防で優位に立てるかが勝敗のポイントになりそうだ。デンマークは左MFのシストが切れ味鋭いドリブルからチャンスを作り、DFラインのギャップを突いて中央のヨルゲンセンの高さとパワーをゴールに繋げたい。オーストラリアは守備に追われる時間が長くなりそうだが、スピードとドリブルが持ち味のレッキーを起点にワンチャンスをモノにし、最終戦にグループ突破へ望みを繋げたい。

長身だが足元の技術やミドルシュートも持つヨルゲンセンを、オーストラリアCBがどう抑えるのか。

23

KICK OFF 6月21日(木)／21:00(27:00)

ARGENTINA × CROATIA
🔵アルゼンチン VS 🔴クロアチア

| 2勝1分1敗5得点 | 対戦成績 | 1勝1分2敗4得点 |

打倒アルゼンチンの最右翼

両国ともビッグクラブでプレーする選手が多く、互いの手の内を知る者同士がD組の覇権を懸けて争う。クロアチアはプレーオフから勝ち上がってきたが、2年前のEUROではスペインを破るなど潜在能力の高さは折り紙付き。打倒アルゼンチンのポイントになるのが、バルセロナではメッシの黒子に徹するラキティッチだ。中盤で攻守に貢献度の高いプレーをするほど、「ストップ・ザ・メッシ」は実現する。

メッシではなく、モドリッチやマンジュキッチが輝くためには活躍が欠かせないラキティッチ。

24

KICK OFF 6月22日(金)／18:00(24:00)

NIGERIA × ICELAND
🟢ナイジェリア VS 🔵アイスランド

| 0勝0分1敗0得点 | 対戦成績 | 1勝0分0敗3得点 |

堅守速攻が特色同士の激突

我慢強さが問われる試合で焦れずにやるべきことを全力でやる。この一戦はそれを完遂できたチームが勝点3に近づく展開になるはずだ。自陣に強靭な壁を作り、堅守速攻からゴールを目指す戦術を徹底するアイスランドは、G・シグルドソンが少ないチャンスで点を決め切れるかがカギになる。ナイジェリアは試合中盤までにゴールを奪えないと、アイスランドの罠にはまる危険性は高くなりそうだ。

労を惜しまずに走り、愚直にゴールを求める姿でアイスランドを牽引するG・シグルドソン。

リアのピークに達しています。加えて個で打開できるイヴァン・ペリシッチが左サイドにて、中盤の底にはイヴァン・ラキティッチもいる。ユヴェントスにおけるマリオ・マンジュキッチのサイドプレーヤーへのコンバート成功も、大きなプラスですね。守備に関してはもともとチーム全体で魂のこもったディフェンスをするので、あとはフィニッシュだけ。ミランで調子が上がらないニコラ・カリニッチがどこまでやれるか。その問題さえ解決されれば、毎度のことですが、このチームは快進撃を見せるだけの力を秘めていると思います。

ナイジェリアは、今回は厳しいかなあ。得点源のケレチ・イヘアナチョは確かにものすごい可能性を秘めた大器だけど、冬に加入したレスター・シティでも満足な出場機会をもらえていない。MFジョン・オビ・ミケルやオジェニ・オナジ、ヴィクター・モーゼスとお馴染みのタレントはいるけど、かつてのような爆発力はない気がしますね。最近のナイジェリアは少しおとなしく感じる分、こういう大舞台で新たな才能がブレークすることに期待しています。

1位はアルゼンチン。2位はクロアチアが妥当なところ。ベスト16でフランスと対戦することを避けようとするなら、特にアルゼンチンはなんとしても1位突破したいところだと思います。だからこそ、なおさら初戦のアイスランド戦で何かが起こるような気がするのは僕だけですか?

ブラジルの力は絶対的 注目は実力拮抗の2位争い

さあ、個人的な優勝候補筆頭のブラジルです。

忘れられないのは前回大会。僕はミネ

KICK OFF 6月22日(金)／15:00(21:00)

BRAZIL × COSTA RICA
🔵ブラジルvs🔴コスタリカ

| 9勝0分1敗32得点 | 対戦成績 | 1勝1分0敗9得点 |

カギを握るのは第2の男

攻撃のブラジル、守備のコスタリカという構図がはっきりしたゲームだ。5バックで構え、守備に絶対の自信を持つコスタリカは、ネイマールを封じてカウンターを狙うはず。その場合、ブラジルは"第2の男"として注目されるコウチーニョやパウリーニョのゴールに絡む活躍が重要となる。早い段階でブラジルが先制点を奪えば大差がつく可能性もあるが、0-0が続けばコスタリカにもチャンスが。

リヴァプールでブレイクしたコウチーニョはバルセロナでも活躍。"第2の男"として期待大。

KICK OFF 6月22日(金)／20:00(27:00)

SERBIA × SWITZERLAND
🔴セルビアvs🔴スイス

| 6勝5分2敗29得点 | 対戦成績 | 2勝5分6敗16得点 |

スイスの命運を分ける一戦

戦前の予想どおりの展開となるなら、初戦でブラジルに敗れたスイスにとっては後がない状態での一戦となる。「絶対に負けられない」というプレッシャーはチームの重心を下げ、得意とするカウンターを軸とする戦術を採用するはず。その守備の攻略に挑むセルビアは、MFリャイッチら2列目の飛び出しがポイントとなりそう。最終ラインと中盤の間で彼がボールを受けられる展開なら、セルビア有利か。

トリノで活躍するリャイッチはチーム随一のテクニシャン。突破口を切り開くキーマンだ。

KICK OFF 6月23日(土)／21:00(27:00)

GERMANY × SWEDEN
🔴ドイツvs🔵スウェーデン

| 15勝9分12敗70得点 | 対戦成績 | 12勝9分15敗60得点 |

スウェーデンはドロー狙い

実力ではドイツが格上だが、スウェーデンには欧州予選プレーオフで同じく格上のイタリアを破った自信がある。守り勝つスタイルで勝点1を奪えれば十分と考え、極端に守備を固めて構える可能性もあるだろう。一方、勝点3を着実に奪いたいドイツにとっては、攻撃陣の決定力が問われる一戦。ドイツは最前線中央に君臨する新鋭のストライカー、ヴェルナーに期待がかかる。

22歳にしてドイツの最前線に張るヴェルナーは今大会におけるキーマン。大ブレークなるか。

イロンで行われた準決勝ドイツ戦（●1-7）のテレビ中継で現地解説を担当させてもらっていたのですが、そのときの衝撃があまりにもすごかった。日本の中継席の近くにあったブラジルの放送ブースでは、解説者が本当に試合中に号泣していました。スタジアムの雰囲気も異様で、あの雪辱を果たすべく、今大会に懸けるブラジルの意気込みはかなりすごいのではないかと。だからこそ、決勝に勝ち進み、再びドイツと対戦してほしいと考えています。

カギを握るのは2列目。予想どおりのスタメンなら、パウリーニョとレナト・アウグストである。組み立てられるタレントは十分にいる。決定力も申し分ない。そこにプラスアルファの変化をもたらすのが2列目からの飛び出しであると考えていて、まさにそれを得意とするパウリーニョがどれだけフィニッシュに絡めるかがこのチームのバロメーターとなる気がします。

もうひとつ気になるのは、「フェルナンジーニョは本当にサブでいいの？」ということ。マンチェスター・シティでのパフォーマンスは本当に素晴らしく、今の彼を

使わないのはあまりにももったいない。でも、絶好調だった南米予選の後半ではカゼミーロをアンカーに据えて成功しているので、もしそのあたりの起用法で迷いが出てしまうと、チームのカラーが変わってしまう可能性は大いにあると思います。それだけ、ブラジルのサッカーにおけるアンカー、あるいはボランチの役割はとても重要であるということなのですが。

それにしても、2月半ばの時点でメンバー15人を発表してしまう大胆さには驚きました。レギュラー格の選手に対する信頼の表れだと思いますが、選手の気持ちとしてはどうなんでしょう（笑）。「残り8枠」に対する競争をあおるという意味では、効果があるのかな……。最終的に誰がレギュラーとしてピッチに立つのか、そこも楽しみです。

このグループは2位争いが激しくなりそうですが、僕はスイスの通過を予想しています。2006年ドイツ大会、2014年ブラジル大会で決勝トーナメントに進出しているという実績もあります。ファイトできる選手が多くて団結力があり、短期決戦に強い。スイスにとっては、初戦のブラジル戦で、たとえ勝てないとしてもある程

度の手応えをつかむことが大事。この試合でボロ負けするようなことがあれば、さすがにモチベーションをコントロールするのが難しくなりますから。

前回大会でベスト8進出の快進撃を見せたコスタリカの特徴は、やっぱり守備の強さですよね。最終ライン中央の3枚がとにかく人に強い。一貫して5バックシステムを採用しているので、得意のカウンター攻撃に勝機を見いだすなら、やはり5バックの両サイドがいかに攻撃参加するか

---

28 PICK UP MATCH

GROUP F

KICK OFF 6月23日(土)／18:00(24:00)

KOREA Rep. × MEXICO
🟡韓国 VS 🔴メキシコ

| 4勝2分6敗15得点 | 対戦成績 | 6勝2分4敗24得点 |

中盤の主導権争いがカギ

スタイルの似た両チームの対戦は、中盤の主導権争いが試合の流れを左右するポイントとなりそうだ。中でも、メキシコのキーマンであるキャプテンのグアルダードと、韓国の絶対的リーダーであるMFキ・ソンヨンのマッチアップに注目。テクニックや戦術眼ではグアルダードに分があるが、キ・ソンヨンには粘り強い守備がある。この対決を制したチームにリズムをもたらすのはどちらか!?

試合の流れを読み、常に正確な判断を下せるグアルダードの存在はメキシコにとって心強い。

---

29 PICK UP MATCH

GROUP G

KICK OFF 6月23日(土)／15:00(21:00)

BELGIUM × TUNISIA
🟡ベルギー VS 🔴チュニジア

| 1勝1分1敗3得点 | 対戦成績 | 1勝1分1敗3得点 |

サイドの攻防を制するのは

面白そうなのは、ベルギーの右サイドと、チュニジアの左サイドの攻防だ。前者はムニエ、後者はマールールと、いずれもWBやSBの位置でオーバーラップを得意とする攻撃の隠れたキーマンを配置しているからだ。対面する相手を、どちらが自陣に押し込められるか。このポイントが試合の優劣を決定付ける要因になりそうだ。特に戦力で劣るチュニジアは、武器であるこのサイドで活路を見出したい。

ベルギーの右サイドで圧倒的な攻撃力を発揮するムニエ。元々はSBながら、得点力は抜群だ。

---

30 PICK UP MATCH

GROUP G

KICK OFF 6月24日(日)／15:00(21:00)

ENGLAND × PANAMA
🟡イングランド VS 🔴パナマ

| 初対戦 | 対戦成績 | 初対戦 |

蜂のひと刺しには要注意

イングランドにとって、初出場の北中米カリブ海代表との対戦といえば、思い出されるのは2−0で勝った06年のトリニダード・トバゴ戦だ。当時と同様、今回も優位は揺らがないが、気になるのは最近2大会ではアメリカ、コスタリカと同地区の相手にドローを演じ、勝ちきれなかったこと。その意味では、懸命に耐え続けて一瞬の隙を突く戦術を全うできれば、パナマにも付け入る隙があるかもしれない。

4年前、イングランドは北中米カリブ海の刺客コスタリカを相手にスコアレスで勝利を逃した。

がポイントになるでしょう。

　セルビアについてはそれほど詳しくないんですが、"うまい選手"が多い印象は間違っていないと思います。最終ラインにはヨーロッパの最前線でプレーしている選手が多いし、前線にもアデム・リャイッチのようなテクニシャンがいる。ただ、

「コスタリカとセルビアは、どっちが強い?」と聞かれても「わかりません」と答えるしかない（笑）。両者にとってはこの初戦を落としてしまうとその時点で厳しくなるので、この試合に勝ったほうがスイスに挑むという感じでしょうか。ブラジルと最後に当たるという意味では、コスタリカよ

りセルビアのほうが戦いやすいのかな。

ドイツ／メキシコ／スウェーデン／韓国

ドイツに続くのは
2勝を狙えるメキシコ

　ドイツはいったい、誰をロシアに連れて行って、誰をピッチに立たせるんでしょう。それくらいタレントが豊富だし、若手中心で出場したコンフェデレーションズカップからもわかるとおり、誰が出ても圧倒的に強い。組織力という意味ではブラジルより上。それくらい充実したチームだと思います。

　何がすごいって、どの選手もあれほどの攻撃センスを持っていながら、チームの一員としての守備意識がものすごく高い。その象徴が、トニ・クロースですよね。連動した組織的な守備でボールを奪い、速攻でも遅攻でも絶妙のタイミングでそれぞれの選手が個性を発揮する。その完成度はものすごいレベルにあると感じています。

　前回大会を最後にDFフィリップ・ラームが引退しましたが、その影響も全く感じません。ヨシュア・キミッヒはもはやラ

KICK OFF 6月24日(日)／20:00(24:00)

JAPAN × SENEGAL

🔴日本 VS 🟢セネガル

| 0勝1分2敗2得点 | 対戦成績 | 1勝1分0敗5得点 |

韋駄天マネに気をつけろ

　日本はセネガルに勝ったことはないが、アフリカ勢とはW杯本大会で過去3戦2勝1敗と相性は悪くない。フィジカル勝負では分が悪いものの、気圧されることなく、相手の集中力が切れるまで我慢強く規律を守って戦えれば、必ず勝機はある。ただし、韋駄天マネに速攻や裏抜けを許すと一気にピンチが訪れる。クラブの元同僚で彼をよく知る吉田を中心に、日本の守備陣はしっかりと目を光らせる必要がある。

現リヴァプールのマネは元サウサンプトン。日本の守備の要、吉田とはかつてのチームメイトだ。

KICK OFF 6月24日(日)／21:00(27:00)

POLAND × COLOMBIA

🔴ポーランド VS 🟡コロンビア

| 2勝0分3敗8得点 | 対戦成績 | 3勝0分2敗7得点 |

組織と個のガチンコ勝負

　欧州の組織力か、南米の個人技か。チーム一丸となってレヴァンドフスキにボールを集めるポーランドと、ハメスを中心に各人がスキルを発揮するコロンビア。どちらが色を出せるかで勝負が決まるはず。両軍のエースはともにバイエルン所属。レヴァンドフスキは対戦決定後にジョークを交えて「前回大会の君の素晴らしいゴールを覚えているよ。ロシアでは君が僕のゴールを覚えてくれるといいね」と発言。

各々の浮沈を左右するエース、レヴァンドフスキとハメスはバイエルンのチームメイト同士だ。

KICK OFF 6月25日(月)／18:00(23:00)

URUGUAY × RUSSIA

🔵ウルグアイ VS 🔴ロシア

| 1勝2分5敗6得点 | 対戦成績 | 5勝2分1敗14得点 |

過去ではロシアが圧勝も

　理想としては、ともに勝点6を挙げた状況で、グループステージ第3戦を迎えたいところだ。ウルグアイのタバレス監督としては、カバーニとスアレスはもちろんのこと、30歳を過ぎているDFゴディンやM・ペレイラすら休ませないはずだ。ちなみに過去の対戦ではロシアに分がある。ただロシアがウルグアイを圧倒していたのは旧ソ連時代の話。今大会の戦力と近年の結果を見れば、ウルグアイが有利だ。

カバーニやスアレス以外にもストゥアニ、若手のベンタンクールとウルグアイの選手層は厚い。

ームにしか見えない（笑）。そうやって才能豊かな若い選手が次々に出てくることが、このチームの選手層の厚さにつながっています。

あえてウィークポイントを挙げるとすれば、他の優勝候補と比較してセンターバックの人材がやや物足りないこと。最後尾にGKマヌエル・ノイアーがいるので弱点とするのは大袈裟かもしれませんが、マッツ・フンメルスとジェローム・ボアテンクのパフォーマンスはピーク時か

らやや落ちている気がしますね。ただ、それも組織の力でカバーできるのがこのチームのすごいところです。

2位通過は……かなり迷った末の結論としてメキシコ。スウェーデンについてはイタリアとのプレーオフを見ましたが、確かに守備は固い。特に「守るぞ」と気持ちを入れた際の守備はとても強固で、イタリアがその壁を破れなかったことも納得できました。ただ、それがW杯のような大会で"勝ち上がる"ための手段になり得るかというと、必ずしもそうではない気がします。ドイツには有効かもしれないけど、メキシコには勝てない。もちろん、噂されていたズラタン・イブラヒモヴィッチの電撃復帰が実現したら、話は少し変わってくると思っていましたが（笑）。

つまり、2位通過の目標設定を「2勝」とすると、スウェーデンよりもメキシコに可能性を感じる。メキシコには守備の粘り強さに加えて、攻撃に対する意欲と、それをゴールに結びつけるだけのタレントがいますよね。94年アメリカ大会から6大会連続で決勝トーナメントに進出しているチームですから、そのあたりの戦い方もしっかりと心得ている気がします。

韓国は、残念ながらものすごく厳しいグループに入ってしまいました。ただし、もちろん初戦のスウェーデン戦に勝てば、一気に視界がひらける。グループEのセルビアと同様、グループ内で最も強いチームと最後に対戦することは、韓国にとってポジティブな要素だと思います。もし波乱が起きるなら、そのときの主役は韓国でしょうね。

GROUP G
ベルギー／パナマ／チュニジア／イングランド

ベルギーとイングランドの2強
焦点は決勝Tを見据えた順位

ベルギーはいよいよ、優勝を狙えると言っていい最高のタイミングでこの大会を迎えますね。

僕の手元にある「福西トーナメント」によると……ベルギーはグループステージを1位で通過して、ベスト8でブラジルに負ける。いや、簡単には負けないだけの、むしろブラジルを食ってしまうかもしれないというポテンシャルもあると思います。現実的なところでブラジルの勝ち上がりを予想したわけですが、ということは、2位になってそれを避けるという手もあり

---

34 PICK UP MATCH

GROUP A

KICK OFF 6月25日(月)／17:00(23:00)

SAUDI ARABIA × EGYPT
● サウジアラビア VS ● エジプト

| 1勝1分4敗7得点 | 対戦成績 | 4勝1分1敗19得点 |

速攻ではエジプトが有利

ともに連敗して消化試合としてこの一戦を迎えるのか、それとも波乱を起こしてベスト16進出の可能性を残して臨むのか。それまでの勢いが大きく展開を左右することだろう。速攻を身上とする両チームだが、そのクオリティーには、両翼にサラーとソブヒがいるエジプトに軍配が上がる。1トップを務めるハッサンには打点の高いヘディングという武器もある。サウジアラビアはその攻撃に耐えられるか。

エジプトには45歳を迎えたエルハダリという守護神が健在。チームとしてのまとまりもある。

35 PICK UP MATCH

GROUP B

KICK OFF 6月25日(月)／21:00(27:00)

IR IRAN × PORTUGAL
● イラン VS ● ポルトガル

| 0勝0分2敗0得点 | 対戦成績 | 2勝0分0敗5得点 |

欧州王者1位抜けなるか

欧州王者となり、W杯でのダブルを目論むポルトガルにとって、ベスト16以降の組み合わせも重要となる。第3戦はグループAの結果を受けて戦えるだけに、順当ならばウルグアイとの対戦は避けたいところ。対するイランは第1戦で勝利していれば、可能性が残っているはず。国民の信頼厚いデヤガーからのパスで、国民の期待を背負うFWアズムンが得点を挙げ、ポルトガルからの大金星を狙いたい。

アジア予選では14試合で11得点を挙げたイランのFWアズムン。世界の舞台で爆発するか。

36 PICK UP MATCH

GROUP B

KICK OFF 6月25日(月)／20:00(27:00)

SPAIN × MOROCCO
● スペイン VS ● モロッコ

| 2勝0分0敗4得点 | 対戦成績 | 0勝0分2敗2得点 |

リベンジ誓うスペイン

優勝候補と目されていた前回大会、スペインは1勝2敗と不甲斐ない結果に終わり、まさかのグループステージ敗退を余儀なくされた。当時を知るイニエスタやS・ラモスはその悪夢を忘れていないだろう。再び世界の頂点に返り咲こうとする彼らにとって重要なのはコンディションである。決勝を見据えたとき、ここで主力を温存し、出番のなかった選手たちを起用できるかもポイントとなる。

中盤の底に攻守の貢献が大きいブスケツがいるからこそ、スペインは多彩な攻撃を展開できる。

ますよね。ただ、仮に2位で勝ち上がったとしても、「福西トーナメント」によるとやはりベスト8でドイツと対戦しなければならないんです。つまり、グループGは決勝トーナメント以降が難しい。

ただ、それでも「優勝しちゃうかも」と思える力が、このチームにはありますよね。

ヴァンサン・コンパニ、ヤン・ヴェルトンゲン、トビー・アルデルヴァイレルトの3バックは世界でもトップレベル。中盤にはエデン・アザールがいて、ケヴィン・デ・ブライネがいて、マルワン・フェライニもいる。監督との確執が噂されているラジャ・ナインゴランは、出場できるかわから

ないけど、ものすごいタレントです。その他にも、ヤニック・フェレイラ・カラスコやら、ドリエス・メルテンスやらタレントだらけ。だからこそ、現時点では1トップとして出場することが濃厚なFWロメル・ルカクがどれだけ結果を残せるか。ここが最大にして唯一の課題である気がします。仕上げはルカク。本当に強いチームは、仕上げ役を担う人が仕事をしなければ始まらない。

その点、イングランドには現時点での世界最高レベルの仕上げ屋がいますよね。今シーズンのハリー・ケインは、ちょっとヤバい。あれほどの選手になるとは、正直思っていませんでした。

そういう意味では、イングランドも一時期の低迷を乗り越えて、ようやくトップレベルのタレントが力を発揮できる環境が整ってきた気がします。かつてのイングランドは縦に仕掛ける特徴を持った選手ばかりが目立つ印象でしたが、現在のチームにはデレ・アリやマーカス・ラッシュフォードなど変化をもたらせる選手がいる。4-4-2が当たり前だったチームが3バックを採用していることからも、現代サッカーにシフトしていることがわかりますよ

PICK UP MATCH

37 GROUP **C**

KICK OFF 6月26日(火)／17:00(23:00)

DENMARK × FRANCE
🔴デンマーク vs 🔵フランス

| 6勝1分8敗37得点 | 対戦成績 | 8勝1分6敗20得点 |

16強に備えて主力を温存か

フランスは02年のグループステージ最終戦でデンマークに0-2で敗れて早々に帰国の途についた苦い過去があるが、今大会はフランス、デンマークとも連勝で16強を決めている可能性がある。その場合は決勝トーナメントを見据えて主力は温存し、2戦目までベンチを温めた選手たちのモチベーションを高めることになる。フランスはウンティティやフェキルなど、出番を待ちかねた選手が躍動するはずだ。

世界屈指のDFながらも、限られた出場機会のウンティティにとっては重要な一戦になる。

PICK UP MATCH

38 GROUP **C**

KICK OFF 6月26日(火)／17:00(23:00)

AUSTRALIA × PERU
🔴オーストラリア vs 🔵ペルー

| 初対戦 | 対戦成績 | 初対戦 |

中盤の攻防が勝敗を左右

消化試合になる可能性もあるが、両国とも2戦目までに勝点を得ていれば、勝敗次第ではグループ突破のかかる緊張感の高い一戦になる。高い組織力で圧倒するペルーをオーストラリアが持ち前のフィジカルで潰す展開が見込まれる。マッチアップが予想されるペルーのゲームメイカー・クエバと、オーストラリアの守備的MFのイェディナクによる中盤の攻防が勝負を引き寄せるポイント。

オーストラリアはイェディナクの闘志溢れるインテンシティの高いプレーで勝点3を呼び込む。

PICK UP MATCH

39 GROUP **D**

KICK OFF 6月26日(火)／21:00(27:00)

NIGERIA × ARGENTINA
🔴ナイジェリア vs 🔵アルゼンチン

| 2勝1分5敗12得点 | 対戦成績 | 5勝1分2敗13得点 |

5度目のW杯対決の行方

過去5度のW杯出場のうち4回もアルゼンチンと同組になっているナイジェリア。W杯ではあとは一歩までアルゼンチンを追い込みながらも4戦4敗。昨年11月の親善試合ではメッシのいないアルゼンチンと対戦し、2点先制されたものの、イウォビの活躍で逆転勝利した。5度目の対決となる今大会でもイウォビのゴールでW杯アルゼンチン戦の初勝利を呼び込み、D組を混戦に陥れたいところだ。

高いパスセンスと運動量、冷静な状況判断が持ち味のイウォビ。トリッキーなドリブルも脅威に。

ね。その変化を、本番でしっかりと表現できるか。その点に注目しています。

残る2チームがチュニジアとパナマであることを考えれば、「2強2弱」の構図は揺るぎないと見て間違いないでしょう。ただ、初出場のパナマは北中米・カリブ海予選で最終節に"奇跡"を起こしましたし、チュニジアはほとんどの選手が国内リーグで戦っている。つまり情報がほとんどないので、「2強」も油断すると足をすくわれる可能性が……絶対にないとは言い切れません。

グループGはベルギーとイングランドのどちらが1位で決勝トーナメントに進出するか。そこが大きなポイントになってくるだけに、両者の駆け引きがあるかどうかも楽しみにしています。

日本は初戦がすべて！
2位通過は不可能じゃない

「福西トーナメント」によると、日本は2位でこのグループステージを突破します。サービス精神？　いやいや、うーん……3割くらいかな（笑）。つまり7割は本気です。

いつも言われることですが、日本にとっては、初戦の結果がすべてであると思います。負けたら終わり。「次につながるめちゃくちゃいい試合をしたけど負けた」でもダメ。「勝てたのに引き分けた」も厳しいと思っているので、なんとしてもポジティブな状態で勝点1、あるいは勝点3を手に入れたい。そういう意味では、結果も大

事だけど内容も大事。だからこそ、コロンビアとの初戦にすべてを懸けるつもりで戦ってほしいと思っています。

そのためにどうすればいいか？　難しいけど、個人的には、W杯本番になったら、選手が監督を裏切るくらいのパワーを示してほしいと思っています。もちろん、監督とケンカをするということではあ

KICK OFF 6月26日(火)／21:00(27:00)

ICELAND × CROATIA
⚽アイスランド vs ⚽クロアチア

1勝1分4敗2得点	対戦成績	4勝1分1敗11得点

欧州予選のリベンジマッチ

W杯欧州予選では同じグループで戦い1勝1敗だった両国が、決勝トーナメント進出をかけた第3戦で相まみえる。クロアチアは欧州予選ではアイスランドに敗北を喫してから調子を崩してプレーオフを戦う羽目になった。カギを握るのが欧州予選のアイスランド戦で2得点を奪ったブロゾヴィッチ。ボランチがゴール前からミドルシュートを打てるほど押し込み続けて勝機を見出したい。

中盤の底でアグレッシブに動き、前線まで駆け上がる運動量が魅力のブロゾヴィッチ。

KICK OFF 6月27日(水)／21:00(27:00)

SERBIA × BRAZIL
⚽セルビア vs ⚽ブラジル

2勝7分10敗23得点	対戦成績	10勝7分2敗37得点

ブラジルは主力温存する!?

ブラジルが仮に2勝で第3戦を迎えた場合、どんなテンションでこの試合に臨むかが見どころとなりそうだ。もちろん1位通過を狙うなら手は抜けないが、メンバーを入れ替える可能性は高い。一方のセルビアはこの試合に突破を懸ける可能性もあり、「不完全なブラジル」と戦えるメリットもある。セルビアの司令塔マティッチは、中盤での攻防を優位に進めてチャンスを作ることができるか。

攻守両面で大きな役割を担うマティッチはセルビアの心臓。中盤で攻撃の起点を作れるか。

KICK OFF 6月27日(水)／21:00(27:00)

SWITZERLAND × COSTA RICA
⚽スイス vs ⚽コスタリカ

1勝0分1敗2得点	対戦成績	1勝0分1敗1得点

最後に挑むコスタリカの壁

2位通過が予想されるスイスの戦いは、第3戦までもつれるだろう。ブラジルに負け、セルビアに勝ち、最後にコスタリカに勝つという2勝1敗の流れが理想的だが、最後に迎える2勝1敗のコスタリカの壁は厚い。攻撃のカギを握るのは、1トップ起用が予想されるセフェロヴィッチ。欧州予選プレーオフでことごとく決定機を外したエースだけに、本番での勝負強さが求められる重要な一戦となるだろう。

エンボロ、デルディヨクら有能なFWがいるが一番手はセフェロヴィッチ。真価が問われる。

りません。ピッチの中では、常に自分たちの判断を信じてプレーする。W杯という大会は、それだけ予想外のことが起きたり、本当にたったひとつのプレーで流れが変わるんです。だからこそ、最終的にはピッチに立つ選手たちの意志の強さが求められる。

最終メンバーに残れるか微妙なところですが、キーマンをひとり挙げるなら井手口陽介を推します。相手に対して臆することなく戦えるメンタリティはもちろん、日本が戦う上で重要なのは、中盤でボールを動かせる、運べる、つなげる能力。そういう意味では、香川真司はドルトムントでやっているように"つなぎ役"に徹するくらいでもいい。このエリアでいかに主導権を握れるか。重要な役割を担うのが井手口ではないかと考えています。

とはいえ厳しいグループですよね。コロンビアは4年前のチームほどの力はないとはいえ、世界トップレベルのタレントが揃っている。ポーランドにはストライカーとしては同じく世界トップレベルのロベルト・レヴァンドフスキがいる。セネガルにはとんでもない突破力を持つサディオ・マネがいます。

レギア・ワルシャワでポーランドのサッカーを間近に見た僕の意見としては、おそらく両サイドバックが高い位置を取り、中盤の選手が最終ラインに降りてきて組み立てるようなサッカーをする。そこが狙いどころ。高い位置からプレスを仕掛けてボールを奪うような展開に持ち込めれば、日本の機動力を活かしてゴールに近づけるのではないかと思っています。相手より速く仕掛ける。それを根気強く続ける。レヴァンドフスキは確かにすごいけど、チーム対チームと考えれば絶対

PICK UP MATCH

43 **GROUP F**

KICK OFF 6月27日(水)／17:00(23:00)

KOREA Rep. × GERMANY
🇰🇷韓国 VS ドイツ🇩🇪

| 1勝0分2敗5得点 | 対戦成績 | 2勝0分1敗5得点 |

韓国にもチャンスはある!

韓国にとって、第3戦でドイツと戦えるメリットは大きい。確かに力の差はあり、第2戦までの結果によって状況は大きく異なるが、メンタル的に開き直った状態で臨めるなら十分に戦えるだろう。ブンデスリーガでブレークした韓国の大エース、ソン・フンミンのモチベーションも高いはず。積極的なプレスでボールを奪い、ショートカウンターを連発して持ち味であるスピード勝負に挑みたいところ。

ソン・フンミンは今季絶好調。バイタルエリアで1対1の状況を作れれば、必ずチャンスは訪れる。

PICK UP MATCH

44 **GROUP F**

KICK OFF 6月27日(水)／19:00(23:00)

MEXICO × SWEDEN
🇲🇽メキシコ VS スウェーデン🇸🇪

| 2勝3分4敗5得点 | 対戦成績 | 4勝3分2敗8得点 |

突破を懸けた激闘に期待

実力的には大差がないと見られる両者の「2位決定戦」となる可能性は高い。予想されるのは技術に勝るメキシコが仕掛け、構えて守るスウェーデンがカウンターを狙う展開。メキシコは得意のサイド攻撃で相手を揺さぶり、エースのJ・エルナンデスに何本の決定機を供給できるか。対するスウェーデンはベリとトイヴォネンの2トップを起点とし、厚みあるカウンターを仕掛けられるかがポイントだ。

通称「チャリート」は3度目のW杯。ベスト16の壁を越えるためにはその活躍が不可欠だ。

PICK UP MATCH

45 **GROUP G**

KICK OFF 6月28日(木)／20:00(27:00)

ENGLAND × BELGIUM
🏴イングランド VS ベルギー🇧🇪

| 15勝5分1敗70得点 | 対戦成績 | 1勝5分15敗25得点 |

プレミアのスターがズラリ

グループ最終節なので、ともに2連勝で突破を決めていれば順位決定戦となり、主力の温存や駆け引きによって真の"ガチンコ勝負"にはならないかもしれない。だが、プレミアリーグのオールスター戦と言っても過言ではない豪華メンバーの競演は楽しみである。ただ、ベルギーは過去21戦でわずか1勝と、イングランドを大の苦手としている。最後に勝ったのはなんと1936年。負のジンクスを破りたいところ。

普段はマンチェスターの宿敵同士であるデ・ブライネとルカク(右)が共闘してイングランドに挑む。

に勝てない相手ではない。ちなみに、ポーランドはとても素敵な国でした（笑）。

セネガルに対しては、早く"線引き"を決めること。アフリカ人選手のパワーやスピードは、ピッチで体感しないとわからない部分が大きいんです。だからこそ、「こ

の相手はここまで引かないとやられる」とか「このタイミングなら狙える」とか、そういう線引きを個人レベルでも、チームレベルでも一刻も早くすることが大事になる。コートジボワールに対してそれができなかった前回大会の経験がまさに問われる

ことになると思います。

コロンビアとの初戦で内容のともなう勝点を手に入れて、その勢いを持ってセネガル、ポーランドと向き合う。そういう展開に持ち込めれば、日本の2位通過は現実的に見えてくるはずです。

福西崇史●ふくにし・たかし

1976年9月1日生まれ、愛媛県出身。現役時代はMFとしてジュビロ磐田、FC東京、東京ヴェルディで活躍。磐田時代には黄金時代を築き、3度のリーグ優勝など数々のタイトル獲得に貢献した。日本代表としては02年日韓W杯、06年ドイツW杯に出場。国際Aマッチ64試合に出場し、7得点を記録している。現在はサッカー中継の解説者として活躍しながら、S級ライセンスを取得し、指導者としても精力的に活動している。

---

46 **GROUP G**

KICK OFF 6月28日(木)／21:00(27:00)

PANAMA×TUNISIA
🇵🇦パナマ vs チュニジア🇹🇳

初対戦 | 対戦成績 | 初対戦

両国目指すは悲願の1勝

大きな事件がなければ、両国ともにこの最終節で"悲願の1勝"を目指すことになるだろう。両国ともに、もちろん他の試合でも勝利を狙うはずだが、現実的にここで勝利を、と照準を合わせているのは間違いない。展開としては、チュニジアがボールを保持し、パナマが速攻を狙う形になることが予想される。パナマ国同史上初の、そしてチュニジアは40年ぶりのW杯勝利を目指す、"重大一番"だ。

カウンター主体が予想されるパナマだが、R・トーレスを筆頭にセットプレーに強い人材も多い。

---

47 **GROUP H**

KICK OFF 6月28日(木)／17:00(23:00)

JAPAN×POLAND
🇯🇵日本 vs 🇵🇱ポーランド

2勝0分0敗7得点 | 対戦成績 | 0勝0分2敗0得点

相手エースへのパスを断て

日本は過去2戦2勝だが、いずれも15年以上前の親善試合なので参考にはならない。個の能力は相手が上。日本は組織で守って、レヴァンドフスキというエースへのアシストの供給源を絶っていきたいところだ。カギになりそうなのが、長友が守るであろう左サイド。ピシュチェクとブワシュチコフスキのコンビを見せるポーランドの右ラインに攻略を許すようだと、クロスが次々と上がってしまう。

ドルトムントで香川と共闘したピシュチェク(左)とブワシュチコフスキ(右)の右サイドに注意。

---

48 **GROUP H**

KICK OFF 6月28日(木)／18:00(23:00)

SENEGAL×COLOMBIA
🟡セネガル vs 🔵コロンビア

0勝1分0敗2得点 | 対戦成績 | 0勝1分0敗2得点

快足ナンバーワン決定戦？

今大会の出場選手の中で、最速の男は誰か？ この試合に出場するセネガルのマネとコロンビアのクアドラードは、エジプトのサラーらと一緒に間違いなく五指に入るスピードスター。両選手ともに右サイドを主戦場とするため、直接のマッチアップはなさそうだ。しかし、彼らが得意の俊足を気持ちよく飛ばせるかどうかは、両陣営の攻撃のバロメータになる。果たして、どちらの快足がチームを勝利に導くのか。

圧倒的なスピードでコロンビアの右サイドを牛耳るクアドラード。マネとどちらが速いのか？

死のグループが存在しないわけ。

**例年のW杯と比較すると、今大会は死の組と呼ばれるグループがない。
そこにはW杯の常連といわれる強豪国が予選で敗退した事実がある。**

ロシアワールドカップは例年に比べて、いわゆる「死の組」と呼ばれるグループがない。強いて挙げるとするならば、開催国のロシアがいるグループAがそれに当てはまるのかもしれない。ただし、それは決してプラスの意味ではない。実力的にはウルグアイが抜きん出ているが、対抗馬がどこになるのか分からないということだ。ウルグアイに続くのは、開催国のロシアと見ることもできれば、モハメド・サラーという飛び道具を擁しているエジプトにもチャンスがあるように思える。やはり、熾烈という意味で「死の組」とは言い難いところがある。8グループを通じて、そうした状況が生まれた背景には、常連国の予選敗退が影響しているのだろう。特にイタリアとオランダがいないことに寂しさを覚えているサッカーファンも多いのではないだろうか。

プレミアリーグに世界的なスター選手が集まるようになり、世界最高峰との呼び名を失ったセリエAは、かつての隆盛にあぐらをかいていたツケがついに回ってきた。その間、苦しんできたスペインやドイツは、環境や体制を整備し、リーグはもちろんのこと、自国の選手を育てることにも力を注いだ。結果、世界的に名を轟かせる選手が次々に輩出され、ナショナルチームも強化された。

欧州予選で、そのスペインと同グループだったイタリアは、ホーム＆アウェイでともにスペインに勝てず、マケドニアに引き分けたことも響いて2位になった。プレーオフに望みをかけたが、第1戦で事実上の決勝弾となる失点を喫して敗戦すると、ホームで迎えた第2戦は徹底的に守られてW杯出場を絶たれた。出場していれば、実に6回目のW杯となっていたGKジャンルイジ・ブッフォンが、人目もはばからず号泣する姿に心を傷んだ人も少なくなかったはずだ。その試合後、ブッフォンはイタリア代表からの引退を宣言。「これはイタリアサッカー界にとっての失望だ」と嘆いた発言は、まさに近年のイタリアが歩んできた道のりを的確に言い表していた。

また、育成には定評のあるオランダだが、伝統の4-3-3システムに固執するあまり、時代に取り残されてしまった感がある。未だ衰えを知らないアリエン・ロッベンだが、34歳になった彼の後継者が出てこなかったところにも問題があったのだろう。オランダは、フランスはおろかブルガリアにも歯が立たず、フランス、スウェーデンに次ぐ3位で予選を終えた。

南米予選を見ても同様に。コパ・アメリカ2016で優勝を飾ったチリが、出場権を逃している。アレクシス・サンチェスを擁しながら、南米予選ではペルーに勝点で並びながら得失点差で6位に終わった。また、7大会連続でW杯に出場していたアメリカも、パナマに出場権を明け渡している。

思い起こせば、4年前の2014年W杯では、ウルグアイ、イングランド、イタリア、コスタリカが同組になり、ドイツ、ポルトガル、ガーナ、アメリカが居並ぶグループがあった。前回大会で圧倒的な優勝候補と言われていたスペインが、グループステージで早々に敗退したのも、オランダやチリと対戦しなければならない過酷な状況があったからだ。

イタリアやオランダ、さらにはアメリカやチリ……そうした常連国が世代交代であり、戦術変更に失敗したことにより、ロシアでは死の組不在という組み合わせになった。それだけに、なおさら今大会のグループステージは、順当な結果になるとも予想できるのだが……。

それにしてもイタリアやオランダのいないW杯はどこか寂しさが漂う。スペクタクルとはいえないが、徹底して守備を固めて守り切ってしまうイタリアの老獪さと、これでもかこれでもかというくらいにサイドから攻め続けるオランダの攻撃が見られないと思うと悲しさすらこみ上げてくる。

前回のW杯でブラジルがドイツに1-7の大敗を喫したことにも言えるが、前回王者のドイツやスペインですら、現状に満足すれば、あっと言う間に衰退していく。それは今回で6大会連続の出場となる日本にも言えること。世界のサッカーはそれだけ激流なのだ。

WORLD CUP RUSSIA 2018

第4章

日本代表
JAPAN NATIONAL TEAM

4年前、ブラジルの地で1勝もできずに大会から姿を消した日本代表は

ヴァイッド・ハリルホジッチ監督のもと、6回目のW杯出場を決めた。

ところが――本番まで2カ月と迫った時期にハリルホジッチ監督を解任。

サムライブルーは、西野朗新監督のもと、W杯を戦うことになった。

グループステージで激突するのはコロンビア、セネガル、ポーランド。

日本代表は短期間でチームを強化し、グループステージを突破できるのか。

元日本代表の福田正博と中田浩二が特徴の異なるライバルたちを分析し、

日本代表がロシアの地で躍動する可能性を探っていく。

西野新体制で臨む
サムライブルーの行方
～ 短 期 強 化 で グ ル ー プ ス テ ー ジ 突 破 な る か ～

ハリルホジッチ前監督のもと、アジア予選を勝ち抜き、6回目のW杯出場を手にした日本代表。
予選を戦っているときから懸念の声は挙がっていたが、その後もチーム強化は進まず、
ついに日本サッカー協会は、本大会まで約2カ月に迫った4月、監督交代を決断。
サムライブルーは、それまで技術委員長を務めてきた西野朗新監督のもと、W杯に挑むことになった。
グループステージで対戦するのはポーランド、セネガル、コロンビアと、異なるスタイルを持つ強者たち。
日本代表は、短期間でチームを構築し、結束力を持って4年に一度の大舞台を戦い抜けるだろうか。

文：飯尾篤史　Text by Atsushi IIO　写真：佐野美樹　Photograph by Miki SANO

第4章
日本代表

協会は大会2カ月前に監督交代を決断
疑問は残るも、本番は迫っている

　民放の番組で突如として流れた緊急会見実施のテロップ。その約1時間後、スポーツ紙のウェブサイトで報じられた解任のニュース──。

　その報道の通り、翌日の4月9日、日本サッカー協会が緊急会見を開き、田嶋幸三会長がヴァイッド・ハリルホジッチ監督との契約解除と、西野朗技術委員長の監督就任を発表した。

　ワールドカップ開幕が約2カ月後に迫った時点での監督交代という異常事態──。

　「選手とのコミュニケーションや信頼関係がやや薄れてきたということ。そして、今までのさまざまなことを総合的に評価して、この結論に達しました」

　解任の理由について、田嶋会長はそう明かした。

　確かに、2017年11月の欧州遠征（ブラジル戦、ベルギー戦）

と2018年3月の欧州遠征（マリ戦、ウクライナ戦）では、選手たちからW杯本大会を不安視する声が漏れていた。

　アジア予選を突破した頃には自信や期待を口にしていた長谷部誠や長友佑都さえ、「ある程度ボールを保持できないと厳しい。相手のクオリティが高いとポゼッションされて、守備で疲労する」「もう時間もないし、試合もない。今修正しないと手遅れになる」と厳しい言葉を並べた。

　ハリルホジッチは対戦相手を徹底的に分析し、キャンプ開始から本番までの3週間でチームを仕上げることが得意な監督である。親善試合をテストと割り切り、1−3と惨敗したブラジル戦でも、1−2と完敗したウクライナ戦でも、選手に関するデータや情報を収集していたに違いない。

　だが、肝心の選手たちには指揮官の描こうとする絵が見えず、W杯をこう戦う、というイメージができなかったのだろう。

　もっとも、コミュニケーションの薄れは、監督と選手間だけの話ではない。

　選手に迷いが生じているなら、それを解消するために、監督の狙いや考えを噛み砕いて伝えるのが、コーチや技術委員長の役目である。

　「問題が起きていたなら、なぜ教えてくれなかったのか」「西野さんはいつも、良かったと言うだけだった」というハリルホジッチの言葉を聞くと、むしろ、監督と協会との間にコンセンサスがなかったと言わざるを得ない。

　それにしても、なぜ、このタイミングでの解任だったのか。一部報道にあったように、主力選手が会長に解任を訴えたのか、あるいは、3月の会長選で再選を果たしたことで田嶋会長も動きやすくなったのか……。

　ハリルホジッチは大仁邦彌前会長時代に、霜田正浩元技術委員長が連れてきた監督である。ハリルホジッチを本気で理解し、サポートする気があったかどうかは疑わしい。いつクビを斬るか、そのタイミングを見計らい続けていたと思われても仕方がないだろう。

　いずれにしても、日本代表はW杯開幕の2カ月前に監督を代え、西野新監督のもとで本大会に臨もうとしている。

西野新監督のメンバー選考から見える
3バックを採用する可能性

　では、果たして新監督は、どのようなスタイルで戦おうという

のか。

「日本化した日本のフットボールというものがあります。その中には、技術力を最大限に活かしたり、規律や結束して化学反応を起こしたうえで戦っていく強さがある。そういうものをベースにしたうえで、構築していく必要がある」

4月12日に開かれた就任会見の場で、新監督はこう語り、さらに続けた。

「選手たちには自分のプレー、パフォーマンス、結果を求めたい。そういうものを素直に代表チームで出してほしい。選手がストレートにプレーできるチームを作っていきたいと思います」

つまり、前任者は足りなかったものを強化することを求めたのに対し、西野監督は今備えている良さを出すことを重視してチームを作っていくというわけだ。

5月18日に行われた、ガーナとの親善試合に向けたメンバー発表会見では、W杯に臨むメンバーより4人多い27人（最終登録メンバーは23人）が選出された。

予想されたとおり、前任者に冷遇されていた本田圭佑、香川真司、岡崎慎司が名を連ね、残りのメンバーも、おおむね前体制で招集されていた選手だった。

W杯の初戦まで約1カ月。イメージをすり合わせ、連係を構築する時間が少ないことを考えれば、新しい選手を呼ぶリスクは大きい。それゆえ、堂安律（フローニンゲン）や伊藤達哉（ハンブルガーSV）を招集しなかったことは納得がいく。

中島翔哉を選外にしたのは意外だったが、ポジションや役割が重なる宇佐美貴史や乾貴士との比較で下回ったのだろう。

その中でサプライズ選出だったのは、およそ3年2カ月ぶりの代表復帰となる青山敏弘だ。J1で首位を快走するサンフレッチェ広島のキャプテンで、前回大会の経験者である32歳の青山について西野監督は、こんな風に賞賛した。

「今のチーム事情を彼が作っていると言っても言い過ぎではないと思うくらい、現在の広島のサッカーを象徴している。キャプテンであり、中心選手であり、チームの精神的支柱であると思っています」

そして、青山の復帰で俄然、現実味を帯びてきたのが、3バッ

クの導入だ。

メンバーリストの中でボランチを本職とするのは、長谷部、青山、山口蛍、大島僚太、井手口陽介、三竿健斗、柴崎岳、遠藤航の8選手。柴崎をトップ下、遠藤をDFと考えても、6人と多い。

そこで、長谷部をフランクフルトでの起用法にならって3バックの中央でプレーさせるのではないか、という予想が立つ。前回大会の経験者であるベテランの青山を中盤に加えたのも、その考えを後押しするものだ。

GKは川島永嗣、東口順昭、中村航輔。3バックは長谷部、槙野智章、吉田麻也、昌子源、遠藤、植田直通。左ウイングバックは長友と原口元気。右ウイングバックは酒井宏樹と酒井高徳。ボランチは青山、山口、大島、井手口、三竿。トップ下は本田、香川、柴崎。2トップは大迫勇也、岡崎、武藤嘉紀、宇佐美。浅野拓磨と乾はジョーカーだ。

長谷部を中盤に上げれば、試合中に4バックへと移行できる。また、前線は大迫を頂点にした1トップ2シャドー、またはウイングを配した3トップの形も考えられる。試合状況や相手によって、柔軟に変更したい。

過去出場した5大会から考える
初戦で勝点を奪う必要性

本大会でグループHに組み込まれた日本は、コロンビア（6月19日）、セネガル（6月25日）、ポーランド（6月28日）とグループステージで対戦する。

これまで日本はW杯に5回出場し、2002年日韓大会と2010年南アフリカ大会でグループステージを突破した。その2大会に共通するのは、初戦で勝点を奪ったことだ。逆に、グループステージ敗退に終わった3大会では、すべて初戦を落としている。つまり、決勝トーナメント進出のカギは、初戦が握っていると言っていい。

その点、コロンビアは初戦の相手として、実に難しい相手であると言えるだろう。

これまで日本は南米大陸のチームとの相性が悪く、W杯に限っても0勝1分3敗（※PK戦負けは引き分けにカウント）と一

度も勝ったことがない。また、前回ブラジル大会でコロンビアに1-4と大敗した苦い記憶も脳裏に焼き付いている。

　コロンビアは相手にボールを持たれることを苦にしない。場合によってはわざとボールを持たせ、ミスを突いてカウンターを繰り出す、したたかなチームだ。そうした術中にまんまとハマり、次々とゴールを割られたのが、4年前の対戦だった。

　理想的なのは、10年南アフリカ大会初戦のカメルーン戦のような展開だろう。ブロックを築いて我慢を重ね、機を見てカウンターに打って出る。"ゲームを殺す"くらいの覚悟が必要だ。

　コロンビアはハメス・ロドリゲスをトップ下に置く4-2-3-1と、左MFに置く4-4-2を併用してくる。それに対して日本は、相手が1トップなら長谷部を中盤に上げ、ふたりのセンターバックが1トップのラダメル・ファルカオを、長谷部がハメス・ロドリゲスをマークする。2トップで来れば3バックで対応したい。繰り返すが、無理に攻めてカウンターを食らうのだけは避けねばならない。勝点1が取れれば、御の字だろう。

　2戦目の相手であるセネガルは、コロンビアやポーランドほど洗練されたチームではない。そのため、付け入る隙があるように思えるが、セオリーと異なるサッカーを敢行してくるから厄介で、想像しがたい身体能力も備えている。

　キーマンは、サディオ・マネとケイタ・バルデ・ディアオの両ウイング。驚異的なスピードを誇る彼らに対し、日本は両ウイングバックをディフェンスラインに下げて、5バック気味にして対応したい。

　一方、セネガルの守備陣は強固であるがボール回しは拙く、日本がプレッシャーを掛ければ、ミスを誘うことができる。その際、簡単にロングボールを蹴って逃げるから、こぼれ球をいかに

回収できるかがポイントとなる。この試合でなんとか勝点3を確保したい。

　ポーランドとの第3戦は、グループステージ突破を懸けた大一番だ。第1シードのポーランドは言うまでもなく、グループ内で最も実力を備えるチーム。しかし、欧州のチームらしく組織的で、正攻法のサッカーを仕掛けてくるため、スカウティングがしやすく、準備した戦略がハマりやすい。

　相手のエース、ロベルト・レヴァンドフスキにはふたりがかりのチャレンジ＆カバーで対応し、ディフェンスラインを上げることでゴールから遠ざける。さらに、ボランチが縦のルートを封鎖する。

　中盤ではマンツーマン気味にしてボールを狩りに行き、ハイプレスとミドルプレスを使い分けながら、ショートカウンターからゴールに迫る。さらに後半、ジョーカーを投入して勝負に出たい。

　決勝トーナメントに進出するには、最低でも勝点4が必要となる。コロンビアとの初戦で勝点1を奪い取れさえすれば、実現不能なミッションではないだろう。

　本番2ヵ月前の監督交代は最悪のタイミングのように思えるが、代えることによるインパクトを最大限に活かすなら、このタイミングしかなかったとも言える。指揮官が解任となり、選手たちに言い訳は許されない状況となった。これ以上ない危機感が芽生えるということは、チームがまとまるきっかけになり得るということでもある。また、前任者に冷遇されていた本田、香川、岡崎は最高のモチベーションと覚悟でチームに合流するはずだ。

　あとは、チーム全員が同じ方向を向き、一丸となって戦えるかどうか。そこに突破の可能性が懸かっている。

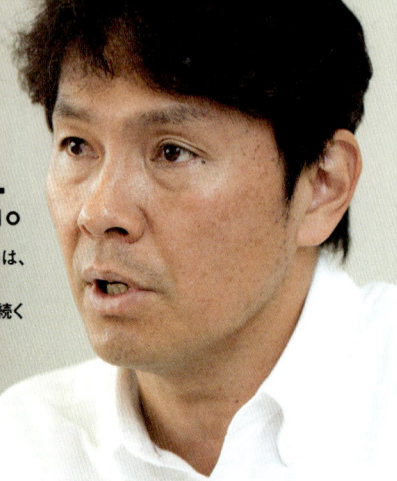

[サムライブルーよ、こう戦え！ ❶]

元日本代表FW
福田正博が語る
日本代表への提言。

日本代表が目指す2大会ぶりの決勝トーナメント進出は、グループステージの3試合をどう戦えば実現するのか。初戦のコロンビアを皮切りに、セネガル、ポーランドと続く格上との戦いで勝点を稼ぐ方策を福田正博が分析。日本代表の課題や戦い方、躍進の可能性を探る。

文：津金壱郎　Interview & Text by Ichiro TSUGANE
写真：佐野美樹　Photograph by Miki SANO

ワールドカップ開幕の2カ月前に監督交代。日本サッカー協会が下した決断の是非は、W杯ロシア大会終了後にしっかり検証する必要がある。ただ、この非常事態にあっては、まずは西野朗新監督のもとで日本代表が一致団結し、勝利の確率を1％でも高める努力をして本番に臨んでもらいたい。西野監督は就任会見で「日本化したフットボールがある。技術、組織的な部分で結束して戦う」と決意を語ったが、チームを作り直す時間がない中では、日本サッカーの良さを少しでも前面に出す必要があると理解されているので希望を感じている。

グループHでFIFAランキング最下位の日本代表が、コロンビア、セネガル、ポーランドに真っ向勝負を挑んでも、グループステージを突破できる確率は10％もないだろう。しかし、日本という国は、陸上400mリレーのバトンの受け渡しや、スピードスケートのチームパシュートでの隊列作りのように、トップレベルの国が目を向けない部分にこだわり、チームとしての結束力を

高めて世界と互角に戦うことを得意にしている。日本代表も他競技と同じように、連携などの組織力を高め、攻守で味方同士が緻密に連動しながらポジションを取り、日本代表の良さである規律正しさや俊敏性、技術力を活かせれば、グループステージ突破の確率は高められる。

西野監督は本来ならば攻撃的サッカーを志向する監督だが、それに固執する方ではない。ブラジル五輪代表を破った1996年アトランタ・オリンピックのように、必要とあれば勝利のために真逆のスタイルを取ることも厭わないし、コミュニケーションでも相手の話を聞いて柔軟に対応する姿勢を持っている。

FIFAランクは必ずしも当てにならないことに加え、サッカーは他のどのスポーツよりもジャイアントキリングが起こりやすい。勝点を奪うために自分たちの特長を活かし、その上で対戦相手を分析し、相手の長所を消す戦いをして、決勝トーナメント進出という番狂わせの道を拓いてもらいたい。

第1戦 🇨🇴 COLOMBIA vs.コロンビア

6月19日(火)15:00(日本時間21:00)KICK OFF / サランスク

グループ初戦で苦手な南米勢 したたかな彼らのペースに 持ち込まれないことが重要だ

ハメスの自由を奪うためには、中盤の守備的なMFに求められる役割は大きい。

コロンビア戦のキックオフからの20分間は、W杯という大会の入り方も兼ねているだけに、とても重要になる。日本代表が準備してきたことをグループステージ3試合で表現できる流れを、この20分間で作らなければならない。

そうした大事な初戦の相手がコロンビアというのは、ハードルが高い面もある。だが一方で、彼らは決勝トーナメントに照準を合わせているので、初戦はベストコンディションにはない。しかも、前回W杯のグループステージ3戦目で日本代表に4対1で勝利した経験者が多い。そのため、今大会は日本代表を舐めてくるはずで、序盤はゆったりしたペースで試合に入ることが予想できる。

ここにこそ日本代表が勝点を奪う可能性が潜んでいる。日本代表が試合開始からの20分間を慎重になれば相手の思うツボだが、前線から積極的にプレッシャーをかけて粘り強くボールを奪いにいけば、コロンビアはペースが握れなくなる。ラテン系の国の選手は、自由にプレーできないと目の前のマーカーが煩わしくなり、感情のコントロールが難しくなる気質が強い。"忍耐"は相手の最も苦手とする部分であり、日本が最も得意な部分である。まずは、これを利用して相手のペースに持ち込ませないようにしたい。

コロンビアの攻撃陣は、前回大会を故障で棒に振ったファルカオが最前線にいる。彼にペナルティーエリア内で仕事をされたら、センターバック陣だけで止めることは難しい。そのため、司令塔のハメス・ロドリゲス、右MFのクアドラード、左MFカルドナからファルカオを狙ったパスを断つことが重要になる。世界トップレベルのテクニックやスピードを持つコロンビアの中盤を1対1で止めることは容易ではないため、長谷部誠や山口蛍といった日本代表の守備的MF陣が、センターバックなどの周囲の味方と連動してパス供給源の彼らを潰していきたい。

そうしてコロンビアの中盤を封じ、日本代表が自分たちのペースに持ち込んでも、決して油断できないのが南米勢だ。彼らは前線からボールは追わずに、相手にボールを保持させる戦い方もできるからだ。攻撃している側がボールを持つ時間帯が増えても、なかなか得点に繋がらないと、全体が前掛かりになってしまう。そこを狙うしたたかさは持っているのだ。相手をおびき寄せてゴール前のパスをかっさらって、前掛かりになった守備陣の裏に生まれた広大なスペースを使ってのカウンター。ファルカオにしろ、ハメスにしろ、縦パス1本を一発で得点に繋げる決定力がある。それだけに日本代表は敵陣でボールを繋ぐ時はどリスクマネージメントが大切になる。

こうした戦いに徹しても日本代表がコロンビアに勝てる可能性は20%ほど。だが、この試合で重要なのは自分たちが勝点3

を奪うことよりも、相手に勝点3を与えないことにある。強豪国でさえ初戦を落とすとグループステージ突破が難しいワールドカップで、格下の日本代表が初戦で敗れれば、残り2戦で勝点を取り戻すのは容易ではないだけに、引き分けでの勝点1を手にして、望みを2戦目以降に繋げてほしい。

第2戦 🇸🇳 SENEGAL vs.セネガル

6月24日(日)20:00(日本時間24:00)KICK OFF / エカテリンブルク

サイドの攻防がポイント。 先制点、ダメ押し点を奪い 諦めの早い彼らを封じ込めろ

日本代表がH組で最も勝点3を奪える可能性が高いのが、このセネガル戦だ。とはいえ、セネガルが日本代表よりも弱いわけではなく、他2カ国に比べてというに過ぎない。

日本代表は初戦に敗れて臨む場合、気持ちの切り替えができているかが重要になるが、コロンビアはもともと苦手な相手なため、選手たちはしっかりと切り替えられるはずだ。

セネガルが初戦でポーランドに敗れていれば、序盤から前に出てくるだろう。日本代表もコロンビア戦同様に圧力をかけて押し返す手もあるが、DFラインを下げて相手に攻撃できるスペースを与え、セネガルが前掛かりになったところをカウンターで狙う手も有効だ。

セネガルは個々の能力は高いが、ゲーム運びに南米勢のようなしたたかさはない。警戒すべきはFWのケイタとマネ。バルセロナの下部組織で育ち、いまはモナコでプレーするケイタは速くて上手い。マネは身体能力が高い。彼らがゴールを向いてボールを持ったら厄介だが、酒井宏樹はケイタとフランスリーグで対戦しているし、長友佑都も海外経験が豊富でアフリカ系選手の対応には慣れている。さらに、日本代表に追い風なのは、ケイタとマネが得点力はあるが、生粋のフィニッシャーではないことだ。両選手にサイドで躍動されたとしても、ゴール前をしっかり守れば失点は防げる。

両サイドを起点に仕掛けてくるセネガルだが、そこは彼らにとってのウィークポイントでもある。ケイタやマネが攻撃に専念して自陣で守備をしなければ、日本代表のサイドバックが攻

マネと対峙する長友佑都が攻守両面でキーマンになる可能性は高い。

撃参加すれば簡単に数的優位が作り出せ、攻撃の起点になれる。ケイタやマネが日本代表のサイドバックに引っ張られて自陣に戻り、セネガル代表にボールを奪われたとしても、日本代表にとっては自陣ゴールから遠い位置になるため、攻撃をしながら守備をしているのと同じ意味合いになる。

日本代表は攻守において、ポジショニングの連携を密にし、「前線と最終ライン」、「両サイドの幅」という縦と横をコンパクトにし続け、攻撃に出る時はセネガルのサイドを縦にスピードに乗って使うことがポイントになる。ただし、気をつけないといけないのは、攻撃時にサイドバックが高いポジションを取ると、自陣にスペースが生まれることだ。敵陣で横パスを奪われると、セネガルのFW陣がサイドに流れてスピードを活かせる状況を与えてしまう。また、ボールを失うことを嫌がり、DFラインでパスを回したり、中盤を経由したりすると、ボールを奪われて失点のリスクも高まるので、細心の注意が求められる。

アフリカ勢が荒削りだったのは昔のことで、セネガルのサッカーが洗練されているのは間違いない。ほとんどの選手は子どもの頃からヨーロッパでサッカーを学び、組織的な見映えは良くなっている。ただ、代表選手が一緒にプレーする機会が少ないだけに、チームとしてのまとまりは強固になる。加えて、スペイン代表のブスケツのような中盤の頭脳になれる選手がいないことも、彼らにとってはデメリットだ。そのため、私は連動した守備や、俊敏性、技術力という日本の良さを生かせれば、5割の確率で勝てると思っている。諦めの早い彼らの気質がプレーに表れる展開に持ち込んで勝点3を奪ってもらいたい。

レヴァンドフスキは厄介だが彼へのパス供給源を潰せば勝点1の可能性は広がる

ポーランドはH組でFIFAランク最上位にいるが、日本代表にとってはグループ内で最も戦いやすい相手だ。勝てるかと言え

ば話は別だが、引き分けでの勝点1の獲得は計算できる。それは日本代表がヨーロッパ勢との対戦では相性が良い結果を残しているからだ。

過去のW杯を振り返っても、日本代表はヨーロッパ勢との対戦では、ドイツ大会でのクロアチア、ブラジル大会でのギリシャと引き分けている。この結果はサッカーに教科書があったとしたら、日本代表が読んでいるものと、ヨーロッパ勢のそれとでは大きな違いがないことが大きく影響している。ポーランドは「この状況ではクロス」、「ここはサイドに展開する」といったセオリー通りに攻撃してくるため、日本代表も対応しやすいのだ。逆に日本代表が苦手にしているコロンビアなどの南米勢は、日本サッカーの教科書には載っていない奇をてらったことをしてくるために、いつも苦戦を強いられるのだ。

ポーランド戦を引き分けに持ち込むための最大のミッションは、レヴァンドフスキという世界最高のストライカーをどう封じるか。ポーランドには初戦、2戦目と2連勝し、日本戦はレヴァンドフスキを温存してもらいたいが、こればかりは神のみぞ知ることなので期待しても仕方ない。

レヴァンドフスキはW杯欧州予選でのポーランドの総得点28点のうち、16点も決めている。両足が使えて、高さもあり、ポストプレーができ、ペナルティーエリアでのターンも上手く、シュートバリエーションも豊富。足の裏でボールを引く器用さもある。しかも、技術が高いだけではなく、ボールを受ける前のDFとの駆け引きもズバ抜けている。今大会に出場するいわゆる"9番タイプ"では、イングランドのハリー・ケインと1、2を争うレベルにあり、レヴァンドフスキにボールが渡ったら諦めるしかないと言ったほうがいいほどの実力がある。

世界トップレベルのDFでも止められないレヴァンドフスキに仕事をさせないためには、パス供給源へのプレッシャーを高めるしかない。レヴァンドフスキにボールが渡る回数を減らせれば、それだけ失点の可能性は減る。

右サイドのブワシュチコフスキやピシュチェク、中盤のクリホヴィアクといった選手たちを、前線からのチェイスでMF陣と挟み込み、サイドに追い込んで厳しいプレッシャーをかけ続けて

ポーランド守備陣を崩すには俊敏性がカギ。乾貴士のドリブルで活路を開きたい。

いくしかない。決して楽な仕事ではないが、これを遂行できれば勝点1に近づくことになる。

レヴァンドフスキを止めれば勝てるかと言えば、それが難しいのがポーランドだ。日本代表が勝利するには、得点を奪わなければならないが、ポーランドは規律に従ってポジションをしっかり守ってプレーし、戦術的にも技術的にも高い次元にある。日本ではレヴァンドフスキ以外の選手は知名度が低いが、他の選手たちもブンデスリーガやプレミアリーグでチームの中心となっているのだ。しかも、厄介な存在がサイズに恵まれたGKのファビアンスキだ。日本代表がサイドからクロスを上げても勝ち目は薄い。そのポーランド守備陣を崩すには、サイドから足下で揺さぶりをかけていくことがポイントになる。ドリブラーが相手の大柄なDFを振り回し、DFラインにズレが生まれたところを突く。DFの間でパスを受けられる機動力や俊敏性の高い選手の起用も有効な手になるはずだ。

1回戦 決勝トーナメント
7月2日(月) or 7月3日(火)

ここまでくれば勝負よりも 日本サッカーの未来に繋がる プレーを見せてもらいたい

日本代表が戦うグループHは一筋縄ではいかない相手が揃うが、他のアジア勢の入ったグループに比べれば、グループステージ突破の可能性は大きい。グループHで1勝1分1敗の勝点4を手にできれば、2大会ぶりの決勝トーナメントが待っているはずだ。

ベスト16ではG組1位か2位との対戦になる。ベルギー、イングランド、チュニジア、パナマのいずれかだが、順当に考えればイングランドかベルギーだ。日本代表がベルギーやイングランドと戦って勝てるチャンスがあるかと言えば、ほとんどないだろう。どちらも厳しい相手であるものの、針の穴ほどの勝ち目を探すならベルギーとの対戦がいい。

理由は昨年11月のベルギーとの親善試合で、敗れはしたものの0対1と善戦したからではない。彼らは親善試合では試合終盤になるとケガをしないようにパワーを落とすので参考にならない。仮に本番で同点のまま終盤を迎えれば、日本代表の苦手な高さのある選手を投入してパワープレーに出るはずだ。それでもベルギーとの対戦を推すのは、体調面と一体感でベルギーの方がイングランドよりも難しい状況にあるからだ。

ベルギーは2006年、2010年とW杯予選で敗退したが、育成システムが機能したことで、現在はルカク、アザール、デ・ブライネと世界屈指のタレントを抱えるまでになった。選手個々の力量なら日本代表の完敗だが、彼らにはチームとしての一体感はあまりない。国外でプレーする選手が多い代表国としてオランダがあるが、オランダにはアヤックスなどの国内クラブが築いてきたスタイルが伝統としてある。このため代表で集合しても選手の共通認識に戦い方のベースがしっかりある。しかし、

ベスト16に進出したならば名だたる選手を相手に一泡吹かせてもらいたい。

ベルギーにはこうした伝統やサッカー哲学がない。そのため、試合展開が当初の目論見通りに進まないと脆さを見せるのだ。

また、ほとんどの選手が国外リーグのビッグクラブで主力としてプレーしているため、ベルギーにはコンディションを揃える難しさもある。強豪クラブの選手たちは、リーグ戦、カップ戦、そしてチャンピオンズリーグやヨーロッパリーグもある。2月から週2ペースで試合をしてきた疲労度は、シーズン終了後からW杯開幕までの僅かな期間で回復し切るものではない。これで実力差がなくなるわけではないが、ビッグクラブで活躍する選手たちに一泡吹かせてもらいたいと思う。

一方で、イングランドとの対決は、どんな結果になろうとも観たい気持ちは強い。ストライカーにハリー・ケインがいて、デレ・アリ、ラッシュフォード、スターリングなど、豊富なタレントが揃う。センターラインの軸はしっかりしていて、フィジカルは強靭で守備は堅い。何よりどんな状況でも諦めない精神力の強さと代表へのアイデンティティもある。それほどのイングランドが、これまで長きにわたってW杯やEUROという大舞台で結果を残せてこなかったことを省みて、3バックを取り入れようとしている。プレミアリーグでも3バックを採用するクラブが増えているとはいえ、イングランドが伝統の4バックからの転換である。今回のワールドカップでの成功を強く意識し、本気で優勝を狙っているイングランド相手に、日本代表がどこまで通用するのかを楽しみにしたいし、ぜひ実現させてもらいたい。

福田正博●ふくだまさひろ

1966年12月27日生まれ、神奈川県出身。1989年に中央大から浦和レッズの前身である三菱自動車サッカー部に進み、1993年のJリーグ誕生から2002年の引退まで「ミスター・レッズ」として活躍した。1995年は日本人選手として初のJリーグ得点王。日本代表としては1993年W杯アジア最終予選イラク戦の「ドーハの悲劇」では、ピッチ脇をついた。引退後はサッカー解説者、指導者として活動。研究熱心で丁寧な解説に定評がある。

日本サッカー協会は、ワールドカップ本番まで2カ月という時期に監督交代へと踏み切ったわけですが、正直、このタイミングでの監督交代が適切だったかどうかについては疑問が残ります。なぜなら、これまで踏み切るタイミングはいくつもあったからです。特に3月のインターナショナルウィーク前に決断できていれば、マリ戦、ウクライナ戦では新監督のもと、メンバー選考やシステム、戦術と、さまざまなことが試せたわけですからね。

解任の理由について「コミュニケーション不足」を挙げていましたが、それはヴァイッド・ハリルホジッチ前監督と選手だけでなく、監督と日本サッカー協会にも言えたこと。ただし、短期的に見れば、これまでの試合内容やチームマネジメントを見る限り、選手たちのモチベーションが低下していたので、監督交代によって向上が期待できそうですよね。今までチャンスを与えられていなかった選手にも出場機会が巡ってくる可能性もあるだけ

に、そうした視点で見れば、プラスに作用するはず。クラブレベルでも同様ですが、監督交代した直後というのは効果が出るもの。代表においても、そうした効果は必ずあるはずです。一方、長期的に見たとき、日本サッカー界にとってこのタイミングでの監督交代が正しかったかどうかは、大会を終えた後、しっかりと検証する必要があると思います。

後任に就いた西野朗監督に期待するのは、チームマネジメントの部分。日本人監督なので、ハリルホジッチ前監督の解任理由にもなっていた「コミュニケーション」は問題ないはず。選手たちにしっかりと方向性を示し、一体感を持って戦えるチームを築き上げてもらいたいですよね。

西野監督は、Jリーグを制したガンバ大阪を率いていたときのイメージから、攻撃的なサッカーをする印象が強いですが、個人的にはバランスを見ることに長けた指揮官だと感じています。

[サムライブルーよ、こう戦え！❷]

元日本代表MF
中田浩二が語る
日本代表への提言。

グループステージではコロンビア、セネガル、ポーランドとそれぞれ特徴の異なる相手と対戦する日本代表。
自らも2002年と2006年の2度W杯を経験した
中田浩二が、日本の戦い方と対戦相手を分析する。
2大会ぶりとなる決勝トーナメント進出の可能性は？

文：原田大輔　Interview＆Text by Daisuke HARADA
写真：佐野美樹　Photograph by Miki SANO

その象徴が、ブラジルを1-0で破って大金星を挙げたアトランタ五輪。そのときはブラジルとの実力差を鑑みて、守備的な戦いを選択して勝利したように、今回のW杯でも、攻めるときは攻め、守るときは守るメリハリあるサッカーを標榜するように思います。その中で、新たな色として考えられるのは、ハリルホジッチ前監督時代は縦一辺倒だった攻撃に、横という幅を使いながら試合を進めていくのではないかということ。グループステージで対戦するコロンビア、セネガル、ポーランドを見たとき、現実的に考えれば、日本がパスワークで圧倒するのは難しい。そうしたとき、縦だけでなく、ボールを横に動かすことで相手をずらして縦びを突く。短期間ではありますが、そうした形を作り出すことができれば、得点を狙えるチャンスは増えるはずです。

第1戦 ●COLOMBIA vs.コロンビア
6月19日(火)15:00(日本時間21:00)KICK OFF／サランスク

**1トップを務める選手が
前線でボールをキープし
守備陣を休ませられるか**

日本が初戦で対戦するコロンビアは、グループHの中では一番の強豪と見られていますが、果たしてそうなのか。個人的にはポーランドの方が手強いと思いますし、セネガルも含めて対戦する3カ国の実力差はそれほどありません。

ただ、一般的に強豪と言われるコロンビアと初戦で対戦できるのは、順番的に決して悪くはない。たとえ初戦を落としたとしても、残り2試合で巻き返すことができますからね。

西野監督が就任した直後とあって、メンバー選考も分からなければ、1試合も見ていない状況で話をしていますが、コロンビア戦は簡潔に言って堅守速攻で戦うのではないかと予想できます。コロンビアには、トップ下のハメス・ロドリゲスだけでなく、スピードのあるファン・ギジェルモ・クアドラードがサイドにいます。他にも攻撃的な選手が揃っているだけに、前掛かりになることが想定できるため、うまく相手を自陣に引き寄せ、ボール

押し込まれる展開が想定されるだけに大迫勇也のキープ力が守備陣を助ける。

を奪ってから素早く攻めることが有効になるはず。トップ下のハメスを抑えようとして全体が中央にしぼりすぎれば、サイドにスペースができ、クアドラードにそこを突破されてしまう。逆にサイドを警戒すれば、中央のハメスに自由を与えてしまい、前を向いてプレーする機会を与えてしまう。その悪循環に陥らないためにも、ハメスをマークする選手が大事になってきます。その役割を担うのは長谷部誠なのか山口蛍なのか。それとも2列目の中央で起用されることが濃厚な井手口陽介が、自陣に戻って対応するのか。誰が出場するのか分かりませんが、そこは徹底しなければいけません。

押し込まれる時間帯が長くなることが想定されるだけに、キーマンとなるのは1トップを務める選手。その真意は守備陣が休む時間を作ってあげられるかどうか。候補としては大迫勇也でしょうか。彼が前線でタメを作れれば、2列目の原口元気や乾貴士、もしくは浅野拓磨らが上がる時間をも作り出せる。その時間を確保できなければ、守備陣はサンドバッグ状態になり、体力を奪われ、精神的にも追い詰められていく。とにかく守備陣が休む時間を作ること。これこそがコロンビア攻略のポイントでしょう。

第2戦 ●SENEGAL vs.セネガル
6月24日(日)20:00(日本時間24:00)KICK OFF／エカテリンブルク

**強力な相手の両翼に対して
イニシアチブを握れるか
戦い方の意思統一を図れ**

アフリカ勢ということで、セネガルはやはり個の能力が非常に高いですよね。その一方で、セネガルはアフリカの中でも戦術を含め、サッカーが整備されているチームだとも見ています。まず、個のところで言えば、両ウイングを務めるサディオ・マネ、ケイタ・バルデ・ディアオはとにかく強力です。このふたりは日本にとっても、かなり脅威でしょう。

セネガルとの一戦は、試合立ち上がりから相手がどう出てくるかも展開を大きく左右するでしょう。試合開始直後から、相手が積極的に打って出てくるようだと、日本は後手に回り、その勢いを受けてしまう可能性もありそう。

セネガルはグループステージで対戦する3カ国の中では一番、日本が与しにくい相手。昨年10月に親善試合で対戦したハイチのように、1トップに教科書どおりプレーしない選手がいると、つられるようにこちらもバタバタとしてしまう傾向がどうしてもある。そこがある意味、日本の課題でもあります。僕がプレーしていた頃と比較しても、今の選手たちの技術は非常に高い。育成年代からしっかりとした指導を受けているし、戦術理解度も含めてすべてにおいて基礎技術は高いと思います。その一方で、予期せぬ事象への対応力を学んでいないところもある。だから、そういうプレーをしてくる可能性のあるセネガルにどう対応するか。日本代表の柔軟性が問われる一戦になると思います。

少し話は逸れましたが、セネガルはケイタ、マネという強力な

マネ、ケイタといった強力な両ウイングに対して日本はイニシアチブを握れるか。

両翼がいるだけに、カギを握るのは日本の両ＳＢでしょう。候補としては長友佑都と酒井宏樹になるでしょうか。彼らふたりが、どう守るか。一対一で抑えられないのであれば、コンパクトにして二対一の状況を作る。無闇にラインを上げれば、裏のスペースを突かれる可能性が出てくるだけに、ある程度のところまで相手をおびき寄せて、組織でボールを奪う狙いも必要。チームとしてサイドに誘い込んでボールを奪えれば、カウンターも仕掛けられますからね。相手の両翼が強力だということを考えると、攻撃時に日本のＳＢのスタートポジションは低いことが想定されます。それだけにコロンビア戦と同様、彼らが攻撃参加するために上がってくる時間を前線で作る必要がある。それぞれのサイドで、どちらがイニシアチブを握るか。両サイドの攻防が、セネガル戦の見どころになるでしょう。

ただ……個の能力で優れるセネガルですが、個人的に付け入る隙はあると考えます。これもアフリカ勢の特徴としてよく言われることですが、アフリカの選手には、集中力が切れる瞬間であったり、安定したメンタリティーに欠けているところがあります。そこには個々の身体能力が高いということが関係あるかもしれません。

僕がマルセイユに在籍していたときにも、ナイジェリア代表のタイエ・タイウォというＤＦがいました。ワールドユースで準優勝し、鳴り物入りで加入してきたように、本当に身体能力の高い選手でした。ただ、クラブではレギュラーポジションを奪えない。それはなぜかというと、彼は何度言われても同じミスを繰り返していたんです。学ばないんですよね。セネガル代表のエムバイェ・ニアンやバドゥ・エンディアイェも、マルセイユ時代に対戦した経験がありますが、彼らも高い能力がありながら、ビッグクラブに移籍しても突き抜けられないのは、そこに理由がある気もします。

勢いがある一方で、悪く言えば、諦めが早い。日本が早い時間に先制点を奪えば、勝点３を得られる可能性はグッと高まると考えます。ポイントはチームとして戦い方の意思統一を図れるかどうか。例えば、開始10分間は前からボールを取りに行く、その後は相手の出方を見て、ラインをどこに設定し、ボールを奪

いに行く場所をどこに定めるのか。そうしたチームとしての戦い方を流れの中で見極めて対応していくことが問われます。残り15分の戦い方も同様です。相手の中盤にはシェイク・クヤテのようにプレミアリーグでプレーしている選手がいます。絶対にゴールをこじ開ける手段は持っているはずなので、どこにDFラインを設定して、どう入ってきたところでボールを奪うか。守備を統率するという意味では、CBを担う吉田麻也の存在が重要になってきます。

第3戦 🇵🇱 POLAND vs.ポーランド
6月28日(木) 17:00(日本時間23:00) KICK OFF／ヴォルゴグラード

レヴァンドフスキを
ゴールから遠ざけ
斜めの動きで攻撃

個人的には対戦する3カ国の中では、最もやりやすい相手なのではないかと思っています。欧州のチームということもあって、組織的かつ戦術もしっかりした現代サッカーをしてくるからです。日本としては戦い方が想定しやすいチームということになります。ただ、やりやすい相手というのと、試合に勝てる相手というのはまた違いますけどね。

選手の能力は非常に高い。特にセンターラインには優秀な選手が揃っています。1トップを担うロベルト・レヴァンドフスキは、バイエルンで主軸のストライカー。加えて、ピオトル・ジエリンスキやグジェゴジュ・クリホヴィアク、さらにアルカディウシュ・ミリクもうまさの光る選手です。

その中でもレヴァンドフスキは突出しています。彼はどんな形からでもシュートを狙ってくる。クロスに競るのもうまく、スルーパスを受ける技術も高い。加えて、こぼれ球への反応も早い。さらにはペナルティーエリアの外からでも正確にシュートを狙ってくる。フリーにしたら危険ですよね。

対応するには、いかにレヴァンドフスキをゴールから遠ざけるか。そして、いかに彼に入るパスを遮断するか。予選10試合で16得点を奪っているように、結局のところ、最後は彼なんです。そこを抑えられれば、まず相手の特徴を消すことができる。レヴァンドフスキへのパスを遮断するポイントとしてはサイド。ウカシュ・ピシュチェクとヤクブ・ブワシュチコフスキが担う右サイドは脅威ですからね。アーリークロスも含めて、右サイドからの攻撃は警戒する必要があるでしょう。他にも、ポーランドにはコンビネーションで崩してくる特徴もありますが、そこは組織で守る日本としては対応できるはず。

一方、ポーランドの守備陣は、高さや強さはありますが、DFとDFの間に入ってくる選手やボールをつかまえきれないところがある。俊敏性に欠ける分、斜めや横から入ってくる動きに対してはボールウォッチャーになってしまうところがあるのです。だから、日本はそうした動きを増やせれば、好機を作れるはず。その展開や状況を考れば、香川真司であり、乾貴士といったアジリティのある選手が、攻撃には活きてくるでしょう。ポーラ

ポーランドのDFは高さに強い一方、斜めの動きに弱いため乾らドリブラーが活きる。

ベスト16に進出できた場合、相手は強敵揃いだが、対戦しやすいのはイングランドか。

ンドと戦うのは第3戦とあって、それまでの状況や結果も影響してきます。ポーランドが先に2勝していれば、レヴァンドフスキをはじめ、主軸を温存してくる可能性もある。ポーランドとしては決勝トーナメントを見据えて、そうした状況を作り出したいはずでしょうから、例えば日本が、コロンビアに引き分けて勝点1、セネガルに勝利して勝点3を得ていれば、ポーランド戦は勝点1で突破できる可能性もあるわけです。

K N O C K O U T R O U N D

1回戦 決勝トーナメント
7月2日(月) or 7月3日(火)

いかにチームとして一体感を持って戦えるか 日本の特徴を活かせ

日本がグループステージを突破し、ベスト16で対戦する相手を考えたとき、グループGではベルギーとイングランドが抜けてくることが予想されます。前評判や実力を見ると、ベルギーが1位通過、イングランドが2位通過という声が多いので、日本が1位ならばイングランド、2位ならばベルギーと対戦することになるでしょう。

どちらも強敵であることに違いはありませんが、どちらも欧州勢だけに日本にも付け入る隙があるように思います。なぜなら、セネガルが日本にとって一番対戦しにくく、ポーランドが一番対戦しやすいと表現したように、イングランドもベルギーも、システムこそ違いますが、現代サッカーの主流どおりに、戦術に乗っ取ったサッカーをしてきてくれるからです。そうしたセオリーというか、正攻法で戦ってきてくれる相手に日本は対応しやすい。かつてイタリアやスペインなどと対戦したときに日本が善戦できたのは、そうした傾向があるからです。ベルギーもイングランドも、規律があり、戦術が明確なチーム。ただ、ここまで来ればどこも強豪ばかり。だからこそ、選手たちには思いっ切りぶつかってほしいですね。

最後に、自分自身も、選手として2002年の日韓W杯、2006

年のドイツW杯を経験して感じるのは、W杯はいかにチームとして一体感を持って臨めるか。チームとしての戦い方は監督が決めることですが、そこに向かって23人のメンバーが同じ方向を見て戦えるかどうかに大会での躍進は懸かっています。そこが合致していれば組織として強固になるし、まとまっていなければ、本当に些細だと思えるボタンの掛け違いでもチームは崩れてしまう。だからこそ選手間のコミュニケーションが重要になってくるんです。

当たり前のように聞こえるかもしれませんが、そこがなかなか難しい。自分が出場した2大会を例にすれば、2002年は中山雅史さん、秋田豊さんと、監督以外にもうまくチームをマネージメントしてくれる人がいたことで組織としてまとまることができた。一方、2006年はメンバーがそれほど変わらなかったにもかかわらず、チームとしての指針を見出せず、微細なことでズレが生じ、初戦でオーストラリアに敗れたこともあって軌道修正できなかった。

W杯は準備期間も含めれば長いように感じられますが、始まってしまえばあっと言う間。修正する時間がないだけに、それまでにいかにチームとして戦い方の基盤を築けるかが重要になってきます。今回、大会2カ月前に監督交代に踏み切った日本ですが、だからこそ選手たちには一体感を持って戦ってほしい。それこそが、日本がグループステージを突破する最大の武器であり長所となるはずだからです。

中田浩二 ●なかたこうじ

1979年7月9日生まれ、滋賀県出身。帝京高校を卒業した1998年に鹿島アントラーズへ加入すると、2000年の国内三冠を含め数々のタイトル獲得に貢献。2004年に欧州挑戦すると、マルセイユやバーゼルでプレーした。2008年に鹿島へ復帰するとリーグ連覇に再び貢献。代表では2002年日韓W杯で全試合に出場、2006年ドイツW杯でもメンバーに選ばれた。2014年に現役を引退し、現在は鹿島アントラーズのクラブ・リレーションズ・オフィサーとして活躍している。

第4章 日本代表

SAMURAI BLUE

サムライブルー選手名鑑
PLAYERS FILE

ワールドカップ開幕を2カ月後に控えた4月9日、日本サッカー界を激震が駆け抜けた。
ヴァイド・ハリルホジッチ前監督の解任と、技術委員長だった西野朗の新監督就任。
2015年からの3年間の準備期間を無に帰す選択をした日本サッカーは大舞台で輝けるのか。
アトランタ五輪での"マイアミの奇跡"、Jリーグでのリーグ王者やACL王者に導いた手腕の西野監督と
彼に選ばれし日本代表戦士たちが、一致団結して強豪国揃いのグループリーグのライバルに挑む。

[選手名鑑の見方] ❶生年月日 ❷身長・体重 ❸国際Aマッチ通算出場・得点 ❹今W杯予選出場・得点
WC10=2010年W杯メンバー、**WC14**=2014年W杯メンバー

Akira NISHINO
西野 朗

日本代表監督

❶ 1955年4月7日（63歳） ❷ 182cm／72kg
● 埼玉県浦和市（現・さいたま市）

　現役時代はMFとしてプレーし、早稲田大在学中に日本代表に選出された。90年に現役引退し、91年からはU－20代表監督を務める。94年アトランタ五輪では指揮官としてブラジルを破るマイアミの奇跡を演出。その後、Jリーグで監督を務め、02年から11年まで率いたガンバ大阪では攻撃サッカーを構築し、リーグやACLなどを制した。攻撃的なスタイルを志向するが、結果のためにはそれに固執しない柔軟さも持つ。

■スタッフ

○コーチ
手倉森 誠 Makoto TEGURAMORI
❶ 1967年11月14日 ● 青森県出身

○コーチ
森保 一 Hajime MORIYASU
❶ 1968年8月23日 ● 長崎県出身

○GKコーチ
浜野 征哉 Yukiya HAMANO
❶ 1972年9月28日 ● 神奈川県出身

○GKコーチ
下田 崇 Takashi SHIMODA
❶ 1975年11月28日 ● 広島県出身

○コンディショニングコーチ
早川 直樹 Naoki HAYAKAWA
❶ 1963年3月9日 ● 東京都出身

○コンディショニングコーチ
小粥 智浩 Tomohiro OGAI
❶ 1974年1月5日 ● 静岡県出身

WC10 WC14

GK Eiji KAWASHIMA

川島 永嗣

メス（FRA）

- ❶ 1983年3月20日（35歳）
- ❷ 185cm／74kg
- ❸ 82試合／0得点
- ❹ 6試合／0得点

日本が誇るインテリGK

　GKでは歴代2位の代表キャップ数を誇る。2010年に渡欧して8シーズン、ベルギー、スコットランド、フランスで培った経験は大きな武器。チームに安心感をもたらす貴重な存在。

WC10 WC14

GK Masaaki HIGASHIGUCHI

東口 順昭

ガンバ大阪

- ❶ 1986年5月12日（32歳）
- ❷ 184cm／78kg
- ❸ 4試合／0得点
- ❹ 1試合／0得点

抜群の安定感はJ屈指

　フィード力、クロスボールへの対応、シュートストップと、GKとして最も大事な資質に定評あるG大阪の絶対的守護神。虎視眈々と、出場機会の到来へ向け爪を研ぎ続けている。

WC10 WC14

GK Kousuke NAKAMURA

中村 航輔

柏レイソル

- ❶ 1995年2月27日（23歳）
- ❷ 185cm／82kg
- ❸ 3試合／0得点
- ❹ 0試合／0得点

次世代を担う守護神候補

　精悍な面構えからも頼もしさは伝わる。U-17W杯、リオ五輪で国際舞台を経験。A代表に招集されるもW杯予選での出場はなかったが、抜群の反射神経で好セーブを連発する次代の守護神候補。

WC10 WC14

DF Yuto NAGATOMO

長友 佑都

ガラタサライ（TUR）

- ❶ 1986年9月12日（31歳）
- ❷ 170cm／68kg
- ❸ 103試合／3得点
- ❹ 13試合／0得点

復活を遂げた鉄人SB

　歴代7位の代表歴を誇る左SBの鉄人は、ガラタサライへ移籍して輝きを取り戻している。機を見た攻撃参加からのチャンスメイクと、相手を封じる守備力の高さは代表に欠かせない。

WC10 WC14

DF Tomoaki MAKINO

槙野 智章

浦和レッズ

- ❶ 1987年5月11日（31歳）
- ❷ 182cm／77kg
- ❸ 30試合／4得点
- ❹ 0試合／0得点

生粋のエンターティナー

　昨年11月、ブラジルとの親善試合で得点を決めるなど、攻撃力にも定評あるDF。本職の守備では対人の強さが武器。プレーで、言葉で、パフォーマンスで周囲を盛り上げる元気者。

WC10 WC14

DF Maya YOSHIDA

吉田 麻也

サウサンプトン（ENG）

- ❶ 1988年8月24日（29歳）
- ❷ 189cm／78kg
- ❸ 80試合／10得点
- ❹ 18試合／2得点

必要不可欠なDFリーダー

　唯一予選全試合に先発したように指揮官からの信頼厚いDFリーダー。プレミアで鍛えた対人と空中戦の強さに加え、ビルドアップ能力も確か。経験、プレーの両面で浮沈のカギを握る。

WC10
WC14

DF Hiroki SAKAI
酒井 宏樹
マルセイユ（FRA）

❶1990年4月12日（28歳）
❷183cm／70kg
❸41試合／0得点
❹14試合／0得点

攻守にわたり貢献度抜群

　マルセイユのガルシア監督も絶大な信頼を寄せるSB。攻撃参加に加え、ドイツ、フランスリーグでのプレーで守備力もさらに向上。前回大会は出場機会がなかった夢の舞台に、今度こそ！

WC10
WC14

DF Gotoku SAKAI
酒井 高徳
ハンブルガーSV（GER）

❶1991年3月14日（27歳）
❷176cm／74kg
❸38試合／0得点
❹8試合／0得点

突破力が魅力の万能型SB

　ハンブルガーSVでは主将を務めるほど存在感を発揮しており、両SBだけでなく守備的MFも可能。代表での先発機会は少ないが、ユーティリティー性が高いだけにメンバー入りは濃厚。

WC10
WC14

DF Gen SHOJI
昌子 源
鹿島アントラーズ

❶1992年12月11日（25歳）
❷182cm／74kg
❸11試合／0得点
❹3試合／0得点

吉田のパートナー最右翼

　2016年のクラブW杯でC・ロナウドを止めて世界の注目を集め、昨年は代表CBの定着が期待されたものの課題も露呈。1対1の強さを活かすためにも、吉田麻也との連携を深めたい。

WC10
WC14

DF Wataru ENDO
遠藤 航
浦和レッズ

❶1993年2月9日（25歳）
❷178cm／75kg
❸11試合／0得点
❹3試合／0得点

守備のオールラウンダー

　ボランチ、CB、SBと守備的なポジションならマルチにこなすユーティリティー選手。身長は大きくないが、危険察知能力の高さと、高いフィード能力で初めてのW杯出場を目指す。

WC10
WC14

DF Naomichi UEDA
植田 直通
鹿島アントラーズ

❶1994年10月24日（23歳）
❷186cm／79kg
❸3試合／0得点
❹0試合／0得点

闘志漲るゴールの番人

　昨季のE-1で不慣れな右SBながら出場機会を得ると、及第点を与えられてメンバー争いに名乗り。本職はCBで、学生時にはテコンドーで世界大会に出場した経験もある。

WC10
WC14

MF Makoto HASEBE
長谷部 誠
フランクフルト（GER）

❶1984年1月18日（34歳）
❷180cm／72kg
❸108試合／2得点
❹13試合／0得点

ゲームを支配する精神的支柱

　ケガを抱えている右膝の状態が懸念されるが、プレーにおいても精神的支柱としても必要不可欠。クラブではリベロを務めるように、守備能力に加え、戦術眼や配球力にも長けている。

MF Toshihiro AOYAMA

青山 敏弘

サンフレッチェ広島

- ❶1986年2月22日(32歳)
- ❷174cm／75kg
- ❸8試合／1得点
- ❹0試合／0得点

超絶パスのベテラン司令塔

　今季のリーグ戦で首位を走る広島でのパフォーマンスが認められて3年ぶりに代表復帰。優れた戦術眼と高いパス精度での展開力は屈指。相手の急所を突くロングパスも持ち味。

MF Keisuke HONDA

本田 圭佑

パチューカ(MEX)

- ❶1986年6月13日(32歳)
- ❷182cm／74kg
- ❸93試合／36得点
- ❹16試合／7得点

復活を果たした絶対エース

　W杯最終予選の低調なパフォーマンスから代表の絶対エースの座を失うも、昨季移籍したパチューカではゴールを量産して復活を印象づけた。抜群の存在感を誇るエースが代表返り咲きを狙う。

MF Takashi INUI

乾 貴士

エイバル(ESP)

- ❶1988年6月2日(30歳)
- ❷169cm／59kg
- ❸25試合／2得点
- ❹1試合／0得点

変幻自在なドリブラー

　エイバルでは攻撃の中心を担っており、他クラブも熱視線を送るドリブラー。華麗なステップでDFを翻弄する突破力は日本の攻撃に欠かせない。ケガを負っていて出場が危ぶまれている。

MF Shinji KAGAWA

香川 真司

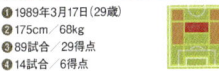
ドルトムント(GER)

- ❶1989年3月17日(29歳)
- ❷175cm／68kg
- ❸89試合／29得点
- ❹14試合／6得点

前回大会の雪辱に燃える

　ケガもあり所属クラブ、代表とも出場数は減少したが、築き上げた国際経験値は屈指。推進力あるドリブル、鋭い得点感覚は変わらぬ魅力だ。リベンジを果たすべく2大会連続出場を目指す。

MF Hotaru YAMAGUCHI

山口 蛍

セレッソ大阪

- ❶1990年10月6日(27歳)
- ❷173cm／72kg
- ❸40試合／2得点
- ❹13試合／1得点

強烈ミドルが武器のダイナモ

　16年10月、最終予選の対イラク戦で、試合終了間際に決勝弾を決めたように、強烈なミドルが武器。加えて守備力も高く、中盤で攻撃の芽を摘むと、豊富な運動量でゴール前にも顔を出す。

MF Genki HARAGUCHI

原口 元気

デュッセルドルフ(GER)

- ❶1991年5月9日(27歳)
- ❷177cm／68kg
- ❸30試合／6得点
- ❹18試合／5得点

攻守を活性させる"元気印"

　DFラインから最前線まで走り回る運動量とドリブルでの縦への推進力で、日本代表の攻守を躍動させるダイナモ。積極的な仕掛けからのチャンスメイクを武器に初のW杯に挑む。

MF Takashi USAMI

宇佐美 貴史

デュッセルドルフ（GER）

- ❶ 1992年5月6日（26歳）
- ❷ 180cm／72kg
- ❸ 21試合／3得点
- ❹ 10試合／1得点

恩師の期待に応えられるか

ハリルホジッチ前監督時代は就任時から寵愛を受けながらも、W杯最終予選の勝負所では蚊帳の外。折り紙つきの高いポテンシャルで、ガンバ時代の恩師・西野監督の期待に応えられるか。

MF Gaku SHIBASAKI

柴崎 岳

ヘタフェ（ESP）

- ❶ 1992年5月28日（26歳）
- ❷ 175cm／62kg
- ❸ 15試合／3得点
- ❹ 2試合／0得点

創造性の高い司令塔

高い戦術眼と創造性、広い視野を持つプレーメーカー。インサイドMFとして課題の守備も成長の跡を見せる。決定的なラストパス、高い精度のキックでのミドルシュートに定評がある。

MF Ryota OSHIMA

大島 僚太

川崎フロンターレ

- ❶ 1993年1月23日（25歳）
- ❷ 168cm／64kg
- ❸ 3試合／0得点
- ❹ 1試合／0得点

J王者川崎Fの背番号10

緩急使い分けるパスによるゲームメイクセンスに長けるだけでなく、決定的チャンスを生む縦パス、ドリブルにも定評がある。守備面の成長も顕著で、今後の活躍にますます期待がかかる。

MF Kento MISAO

三竿 健斗

鹿島アントラーズ

- ❶ 1996年4月16日（22歳）
- ❷ 181cm／73kg
- ❸ 3試合／0得点
- ❹ 1試合／0得点

球際に強い守備的MF

昨年12月に初めて代表に招集され、韓国戦で代表デビューを果たした新鋭。恵まれた体格を活かした高いボール奪取能力と正確なショートパスが持ち味。状況判断などでも成長の跡を見せる。

MF Yosuke IDEGUCHI

井手口 陽介

レオネサ（ESP）

- ❶ 1996年8月23日（21歳）
- ❷ 171cm／69kg
- ❸ 11試合／2得点
- ❹ 1試合／1得点

積極性で攻守に存在感

積極的な守備と攻撃意識の高さで堅守速攻を具現化するMF。18年から海外移籍したが、出番を得られずに苦戦中。代表に不可欠な1対1の強さと読みに磨きをかけて夢舞台に臨みたい。

FW Shinji OKAZAKI

岡崎 慎司

レスター（ENG）

- ❶ 1986年4月16日（32歳）
- ❷ 174cm／70kg
- ❸ 111試合／50得点
- ❹ 14試合／0得点

実績誇る日本の大エース

レスターではプレミアリーグ優勝を経験しているように日本屈指のFW。DFの背後を突く動き出しとこぼれ球への反応の速さは健在。代表からは遠ざかっているが、実績、実力はNo.1ストライカー。

WC10 WC14

FW Yuya OSAKO

大迫 勇也

ブレーメン（GER）

- ❶1990年5月18日（28歳）
- ❷182cm／71kg
- ❸26試合／7得点
- ❺5試合／1得点

三拍子揃った日本FWの軸

　止める、蹴るの基本技術が極めて正確。視野が広く、相手との駆け引きも上手い。抜け出し、ポストプレーも日本人最高レベルと称賛が浴びる万能型ストライカー。指揮官も全幅の信頼を置く。

WC10 WC14

FW Yoshinori MUTO

武藤 嘉紀

マインツ（GER）

- ❶1992年7月15日（26歳）
- ❷178cm／72kg
- ❸21試合／7得点
- ❹6試合／0得点

決定力の高さを誇るFW

　スピードのあるドリブル、ダイナミックな動き出しからゴールを狙うFW。故障により長く代表から離れたが、復帰してからはクラブで存在感を高めている。虎視眈々と逆転での代表入りを目指す。

WC10 WC14

FW Takuma ASANO

浅野 拓磨

シュトゥットガルト（GER）

- ❶1994年11月10日（23歳）
- ❷173cm／71kg
- ❸17試合／3得点
- ❹6試合／2得点

俊足自慢の得点ハンター

　裏に抜け出すスピードはピカイチ。フィジカルの強さ、ゴールセンスにも優れ、途中出場でも決定的なゴールを決める勝負強さが武器。ドイツでの成長をW杯の大舞台で存分に披露したい。

WC10 WC14

MF Yasuyuki KONNO

今野 泰幸

ガンバ大阪

- ❶1983年1月25日（35歳）
- ❷178cm／73kg
- ❸93試合／4得点
- ❹2試合／1得点

攻守の起点になるタフマン

　5月14日のメンバー発表直前まで名を連ねていたが、負傷箇所の手術を受けることが判明したためにガーナ戦のメンバーからは外れた。2度のW杯経験を持つ守備職人の不在が影響するか。

WC10 WC14

FW Yu KOBAYASHI

小林 悠

川崎フロンターレ

- ❶1987年9月23日（30歳）
- ❷177cm／73kg
- ❸13試合／2得点
- ❹4試合／2得点

得点生むスペースの使い手

　17年JリーグリーグMVP、得点王に輝いた川崎Fのエース。動き出しの速さ、スペースの使い方、決定力、すべてにおいて卓越した能力を持つが、代表発表直前に負傷し、ガーナ戦はメンバー外に。

WC10 WC14

FW Yuya KUBO

久保 裕也

ヘント（BEL）

- ❶1993年12月24日（24歳）
- ❷178cm／72kg
- ❸13試合／2得点
- ❹4試合／1得点

得点嗅覚に優れたハンター

　ゴール前で積極的に仕掛け、常にシュートを意識した強気な選択が魅力のFW。欧州でも実力は証明済み。リーグでのプレーオフ次第で追加招集の可能性を残している。

監督交代の余波や故障に泣いた代表候補

選手なら誰もが夢見る大舞台を射程にとらえながらも、
急な体制変更や負傷などで代表入りが絶たれた選手たち。不運を吹き飛ばして未来を切り拓け!

5月30日のガーナ戦に向けた代表候補が発表されると、3年に渡って代表落選が続いた青山敏弘がサプライズのメンバー入りを果たした。

一方で、W杯アジア予選や出場権獲得後のテストマッチでアピールを続けながらも、悲哀を味わった選手たちがいる。

中島翔哉は今季ポルトガル1部ポルティモネンセで10得点12アシスト。3月のテストマッチでも存在感を発揮しながらも、スカッドに名はなかった。

堂安律も海外移籍1年目にオランダのフローニンゲンで9得点と成長を見せながらも選外。19歳の若武者は「来季はもっとたくさんのゴールを奪いたい」と来季に目を向けている。

小林悠や今野泰幸は故障に泣いてガーナ戦は選外となったが、清武弘嗣と杉本健勇のセレッソ大阪コンビもケガによって大舞台を棒に振った。

Shoya NAKAJIMA
中島 翔哉
ポルティモネンセ(POR)
❶ 1994年8月23日(23歳)
❷ 164cm／64kg　❸ 2試合　1得点

リオ五輪代表の背番号10は、昨夏にFC東京からポルティモネンセ移籍。切れ味鋭いドリブル、高い決定力でリーグ・ベストイレブンに選出される活躍を見せた。

MF **Ritsu DOAN**
堂安 律
フローニンゲン(NED)
❶ 1998年6月16日(19歳)
❷ 172cm／70kg　❸ 0試合　0得点

G大阪の下部組織で育った東京五輪世代のエース。昨夏にオランダリーグに挑戦したレフティは、29試合9得点。その活躍でサポーターが選ぶMVPに輝いた。

MF **Hiroshi KIYOTAKE**
清武 弘嗣
セレッソ大阪
❶ 1989年11月12日(28歳)
❷ 172cm／66kg　❸ 43試合　5得点

縦への推進力やパス交換でリズムを生み出す攻撃センスで、最終予選序盤戦の立役者になった。だが、度重なる故障に苦しみ自身2度目のW杯出場を逃がすことになった。

MF **Shu KURATA**
倉田 秋
ガンバ大阪
❶ 1988年11月26日(29歳)
❷ 172cm／70kg　❸ 9試合　2得点

力強いドリブルや豊富な運動量、前線からの守備能力が買われ、ハリル体制下ではマルチロールとして重宝された。だが、その後は風向きが変わり、初のW杯出場は幻に終わった。

FW **Kenyu SUGIMOTO**
杉本 健勇
セレッソ大阪
❶ 1992年11月18日(25歳)
❷ 187cm／79kg　❸ 5試合　1得点

才能を開花させて代表FW争いに加わるも落選。体格と足元の技術を活かしたポストプレー、スペースへの動き出し、シュート意識の高さに磨きをかけて4年後を目指す。

第5章

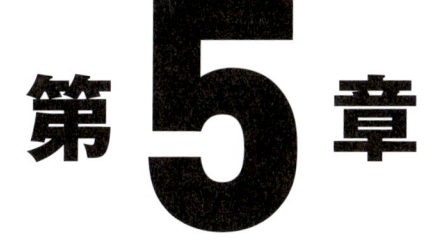

ワールドカップを楽しむ

HOW TO ENJOY WORLD CUP

世界でのワールドカップ視聴者数はオリンピックをもしのぐという。
出場国のサポーターはもちろん、世界中ではそれだけ多くの人々が熱狂する。
国の威信を背負いワールドカップのピッチに立つ選手たちも
日頃は同じクラブでプレーしているケースも多い。
そうした人間関係や因縁を知れば、またワールドカップの楽しみは増すはず。
注目が集まる得点王争いから、いぶし銀のベテラン選手、
熱戦が繰り広げられる会場まで、知りたい情報を完全網羅。

インテリジェンスの高い選手に惹かれる

——ロシアワールドカップには世界の一流選手たちが集います。特に注目している選手はいますか？

「個人的に好きな選手を挙げていいのであれば、スペイン代表のMFセルヒオ・ブスケツです。おそらく、スター選手が特集されるようなコーナーには登場しない選手だと思いますが、個人的に世界で一番良い選手だと思っています。スペイン代表では4-1-4-1、もしくは4-3-3のアンカーでプレーする選手ですが、現代サッカーにおいてアンカーは本当に大変なポジション。ここにスーパーな選手がいなければ、採用するシステムも戦術も成立しない。中盤の底は基本的にダブルボランチ、2人で担うのが一般的ですが、アンカーはそれを1人で務めなければならない。特徴が攻撃か守備のどちらかに偏っている選手が多いことから、ダブルボランチにして補完するのがセオリーですが、ブスケツは1人で両方ができてしまうので、スペインはその分、攻撃に人数を割ける。その説明だけでも、いかにブスケツがスーパーな選手かは分かってもらえると思います。彼は一見、線が細く見えますが、身体は強いし、足も長い。近年、バルセロナが好調を維持しているのも彼に波がなく、安定したプレーをしているからこそ。技術はもちろん、戦術眼も含めてすべてを兼ね備えている。加えて彼が優れているのは、ボールに対して常に顔を出せるということ。味方が苦しい状況になると、必ず近くに寄ってパスの受け手になったり、パスコースを作り出す。常に彼が動くことで相手も動くため、周りのチームメイトがフリーになれる。それだけブスケツは

戦況を見ながら、自分のベストポジションを探し、どうすればチームがうまく機能するかを考えている。ひとことで言えば、交通整理がとてもうまいんです」

——交通整理。それもまた、うまい表現ですね。

「そうですか（笑）。いきなり渋い選手のチョイスで、すみません」

——思い切り主観で語ってもらいたいので、個人的趣向で話してください。ブスケツが話題に出たのでスペインで他に注目する選手はいますか？

「アンドレス・イニエスタも好きな選手の1人ですね。彼はバルサの頭脳であり、スペインの頭脳でもある。彼を経由して、スペインは多くのゴールが生まれるわけですから。そして、その得点を決める仕事を担うのがダビド・シルバやイスコといった選手たち。イニエスタにしても、D・シルバにしても世界有数の選手。もはや、多くを語らずともその実力は知られていますよね。むしろ、個人的に気になるのはイスコ。レアル・マドリーでは（出場機会に恵まれず）不遇を味わっていますが、代表ではアルゼンチンとの親善試合でハットトリックするなど大活躍している。そのイスコをどのポジションでプレーさせるのか。スペインがW杯で優勝できるかどうかのカギになるように思います。個人的には、イスコはサイドより、中央でプレーさせたほうが嫌な仕事をする印象がある。ボールも持てるし、パスも出せるし、テクニックもずば抜けている。狭いスペースに顔を出して攻撃の潤滑油にもなれますからね。組織より個人で打開するイメージの強いレアルでは、クリスティアーノ・ロナウドやカリム・ベンゼマの陰に隠れていますが、間違いなく代表では主役の1人。彼が

［日本屈指の司令塔がW杯の注目選手・注目チームを語る］

中村憲剛 KENGO NAKAMURA
川崎フロンターレ MF14

「フィジカル全盛の時代に　知性で勝負する選手に期待したい」

日本屈指のテクニシャンとして知られる川崎フロンターレの中村憲剛が
ロシア・ワールドカップで活躍を期待する注目選手について語り尽くす。
自身も日本代表として2010年南アフリカ大会に出場した司令塔は、
フィジカルの強い選手が起用される現代サッカーに何を感じ、何を思うのか。

文：原田大輔　Interview & Text by Daisuke HARADA　撮影：花井智子　Photograph by Tomoko HANAI

本領を発揮できる土壌が代表にはあるので、ロシアの地で輝いてほしいですね」

——中村選手の話を聞いて、改めてスペインの強さが分かった気がします。他に好きな選手はいますか？

「レアルの話題に触れたので、名前を挙げれば、クロアチア代表のルカ・モドリッチも好きな選手です。彼もまた、

テクニックがあって戦術眼がある。イスコやイニエスタと同タイプですが、もう少しゲームメイカー寄りとでも言えばいいですかね。またまた渋い選手でしたね（笑）。結局のところ、自分がプレーする中盤の選手に目がいってしまうんですよね。ドイツ代表のトニ・クロース、ブラジル代表のカゼミーロやフェルナンジーニョ。どうしても、そういった選手たちに惹かれてしまうんです」

——カゼミーロとフェルナンジーニョは、ブラジル代表でアンカーを任されている選手ですよね。

「ブラジルはどちらをスタメンで起用するんでしょうね。フェルナンジーニョは、1列前でもプレーできる。ブラジルはパウリーニョも含めた中盤の3人にハードワークを求めているので、試合やコンディションによって入れ替わりそうですよね。カゼミーロはとにかく守備が抜群に強い。1人

で広範囲を守れるうえにパスを捌くこともできるところが魅力ですよね」

——それで言うと、カゼミーロとフェルナンジーニョのプレーに違いはありますか？

「難しいですね。似ていると思いますけど、フェルナンジーニョは体格が大きくはないので、カゼミーロよりも機動力がまさっている印象があります。速さを活かしてDFの間をするすると突破していけるんですよね。一方、カゼミーロはプレーに迫力があってパワーが強い。フェルナンジーニョを筆頭に、あの爆発的な瞬発力というのは、ブラジル人選手特有のものだとも思うんです。パウリーニョは推進力の"塊"みたいな選手。彼が広州恒大でプレーしていたとき、AFCチャンピオンズリーグで対戦しましたけど、ペナルティーエリアに侵入してくる推進力を目の当たりにしました。2列目ではなく3列目から飛び込んでくるあの迫力。ああいうプレーができる選手は世界的にも多くない」

——ブラジルもかなり完成度が高いですね。

「今大会に臨むブラジルは強そうですね。守備的な選手を中盤にただ3人並べているわけではないですから。

NAKAMURA KENGO's CHOICE

SERGIO BUSQUETS
セルヒオ・ブスケツ

スペイン MF　　GROUP B

交通整理がうまいと表現したアンカー。常にボールに顔を出す絶妙なポジショニングが魅力。

ISCO
イスコ

スペイン MF　　GROUP B

パスセンスも備えたアタッカー。得点力があるだけに中央でプレーしたほうが脅威になると話す。

Luka MODRIC
ルカ・モドリッチ

クロアチア MF　　GROUP D

今や数少ないタイプになったと語る稀代のゲームメイカー。知性溢れるプレーで攻撃を彩る。

レナト・アウグストも含め、中盤全員がアタッキングサードに入って行くことができる。その分、チャンスメイクするのは、ウイングやサイドバックの選手になりますが、中盤の選手たちのシュートが弾かれても、エースのガブリエウ・ジェズスがこぼれ球に詰めることができる。彼はまた面白いストライカーで、必ず最後、フィニッシュのところにいますからね。かつてイタリア代表で活躍したフィリッポ・インザーギのようなタイプ。ジェズスは所属するマンチェスター・シティでも必ずクロスに顔を出しますし、あの嗅覚はすごいですよね」

——なかなかネイマールの名前が出てこないので（笑）、あえて聞きますが、彼のすごさとは？

「世界最高峰の選手たちが対戦するハイレベルな試合でも、確実にドリブルで相手を抜いてしまうところですね。そうした選手は超貴重なんです。言ってしまえば、それだけでひとつの戦術になる。一対一ならば確実にネイマールが勝つので、相手はそれを計算にいれて余計に人を割かなければならない。そこでズレが生じるし、プランが崩れる。それだけでも彼がピッチにいる価値は高まるし、相手からしてみたら、いるだけで、まさに恐怖（笑）。ネイマールが左サイドで受けて、右にボールを持ち替えた瞬間、オープンな状況になる。アルゼンチン代表のリオネル・メッシならば逆。彼が右サイドで左を向いた瞬間の絵が浮かびますよね。『これはやばいぞ！』という（笑）」

トニ・クロースのインサイドキックは美しい

——前回王者のドイツで注目している選手はいますか？

「ドイツは若手が育ってきているとは言われていますけど、先発を予想してみると、新しい選手があまり出てきていないですよね。ここもW杯を見るうえでは興味深いポイントかもしれません。一度、（優勝という）結果を残したチームの主力は、勝ったという背景があるだけに息が長い。一発勝負の大会では、経験値も重要になってくるので、大きく若手にシフトチェンジすることが難しかったりする。それでもドイツは、随所、随所でうまく若手を起用しているとは思いますが……。個人的に注目しているのはトニ・クロース。彼はミスター・パーフェクト。あのインサイドキックは完璧。彼が蹴るインサイドキックだけで、お金が取れると思うくらい。それくらいフォームが綺麗です」

——それ以外の国で注目している選手は？

「ベルギーでは、チェルシーでプレーするエデン・アザールとマンチェスター・シティに所属するケヴィン・デ・ブ

Toni KROOS
トニ・クロース

■ ドイツ MF　　　　GROUP ■

インサイドキックの美しさに見惚れると話すドイツの司令塔。28歳と脂も乗りチームの中心に。

CASEMIRO
カゼミーロ

● ブラジル MF　　　GROUP ■

機動力もあるが、特筆すべきは守備力の高さ。相手からボールを奪い切る能力は世界屈指。

FERNANDINHO
フェルナンジーニョ

● ブラジル MF　　　GROUP ■

機動力があり、ゴール前に顔を出せるスピードが魅力。中盤の底を担う守備力も備えている。

ライネですね。アザールはとにかくドリブルの技術が突出している。あの切れ味は本当にすごい（笑）。でも、アザールは大舞台になると消えてしまうイメージがあるので、今大会こそその殻を破ってほしい。デ・ブライネも同様ですよね。前回大会は22歳と若かったので、26歳で迎える今大会は飛躍してもらいたい。他には、リヴァプールで活躍するエジプトのモハメド・サラーとセネガルのサディオ・マネ。あの2人は気持ちがいいほど足が速い。足が速いというのはうらやましいですよね。それだけで戦術になりますから。特にサラーは、プレミアリーグで今季32得点。エジプトもセネガルも面白い存在になりそうですよね」

——タレント揃いのフランスはどうですか？

「本当にこの国はタレントの宝庫。中盤の底を担うエヌゴロ・カンテは、チームに1人いたら助かる選手だと思います。他にもポール・ポグバやキリアン・エムバペと、能力の高い選手たちがたくさんいますが、チームとして見たとき、どこか芯がないように思えてしまう。そこにフランスが優勝候補に推されながらタイトルをつかみ取れない理由でもあるように感じています。1998年W杯で優勝したときには、ジネディーヌ・ジダンという軸がいて、ティエリ・アンリというストライカーがいた。そのうえでパトリック・ヴィエラやディディエ・デシャン、リリアン・テュラムといった選手たちがチームを支えていた。あのときは、組織としてもバランスが取れていて、まとまっていたように見えましたよね。今のチームはというと、能力の高い選手はたくさんいるけど、やはりチームとしての芯がないような気がしてしまう。ずっとレ・ブルー（フランス代表の愛称）を引っ張ってきた絶対的な存在がいないというか、精神的支柱がいない。それを選手時代に優勝経験のあるデシャン監督に託しているのでしょうが、チームをまとめる存在は、ピッチの中にいなければならないとも思うんです。キャプテンはGKのユーゴ・ロリスが務めていますが、最後尾の選手がまとめるのは難しい。ピッチ内で誰がリーダーシップを取っていくのか。EURO2016では決勝まで進みましたが、それも自国開催というプラス要素があったから。シャンパンサッカーと称されるように、華麗なサッカーを好む国民性もある

ので、全員がハードワークしてがんばるチームに負けてしまう印象もある。ベルギーも優勝候補に推せない理由がそこにあります。タレントが豊富すぎて、どこかまとまりに欠ける一面がある」

W杯ではその国の歴史とスタイルが見える

——W杯で勝ち進むには、組織が機能するために23人をどう構成していくかも重要になると？

「かなり大事だと思いますよ。また、そこにはそれぞれの国が歩んできたサッカーの歴史も密接に関係してくるように思います。だから、それぞれの国民性やその国が刻んできたサッカーの歴史を知ったうえでW杯を見ると、また視点が変わったり、面白さが増える。これまでW杯は20回開催されながら8カ国しか優勝したことがない事実が、それを物語ってもいますよね。イングランドとフランスは過去に優勝経験がありますが、その勝ったという歴史を伝統として残しつつ、突き抜けるのはさらに難しい。一度、つかんだ結果にあぐらを掻いてしまえば、その後のEUROやW杯で惨敗してしまう。ドイツがそこから再建して、また力をつけてきたように、試行錯誤の繰り返しだとも思うんです。だから、今回W杯出場を逃したイタリアやオランダもその過渡期にあって苦しんでいる」

——その国ごとの国民性を捉えつつ、チームを作っていかなければ、W杯では優勝できないと？

「そう思います。その国に確固たるスタイルがあるかどうか。育成もそのひとつですよね。将来を見据えて、どういった選手

第5章　ワールドカップを楽しむ

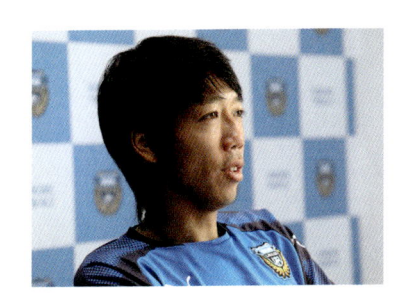

を育成していくか。もしかしたら、意図的にリーダーシップが取れる選手を育てていくことも必要かもしれません。これはもう、国家プロジェクトに近いですね（笑）。例えばブラジル。国内リーグも賑わっていますけど、セレソン（ブラジル代表）の多くは国外リーグでプレーしていますね。それも、それぞれが違った国、違うクラブでプレーしている。それでも、各々が各クラブのエースや主力級の選手だし、その選手たちが代表になると団結する伝統がある。そこにはブラジル人がセレソンに対して尊厳を抱く文化が根付いているからだと思うんです。スペインは逆に、ほとんどの選手が自国リーグでプレーしていて、その多くがクラブで主役を担っています。普段からそれぞれが責任を背負ってプレーしているからこそ、代表でもそれぞれが責任あるプレーをする。それがチームとしての強さにつながっているような気がします」

——期待されながら結果を残せずにいるイングランドは、成功の方程式を見つけられずにいる。

「ただ、今大会に臨むイングランドは興味深いですよね。これまで伝統としてきた4-4-2、その軸となる4バックをやめて3バックを試みている。伝統を捨ててまで革新を選んだイングランドがどこまで大会で躍進するのか。こ

れは楽しみのひとつです。限られた活動時間で戦術を落とし込むのは簡単ではないだけに、ギャレス・サウスゲイト監督の指導力が問われそうですよね。W杯では、監督力もひとつのキーワードになると思うんです。W杯でベスト4以上に進むチームの多くは、自国の監督が率いているというデータがあるそうですが、これはあながち軽視できない。やっぱり細かい言葉のニュアンスが伝わるか、伝わらないかで違いが出てくるのかなとも思うんですよね」

——W杯とは、その国のサッカーに対するアイデンティティやフィロソフィーを感じることができると？

「まさに！　加えて、今大会だけでなく、前回大会がどういう結果だったかも大きく左右しますよね。結果を残したチームは継続してチームを強化していますし、惨敗したチームは大きく方向転換してくる場合もある。スペインですら、2010年に初優勝するまではW杯で結果を残せなかったわけですからね。不変なのはブラジル代表くらいじゃないかと思います」

——最後に今回のW杯で個人的に期待しているところはありますか？

「今、世界的にもサッカーは、フィジカル全盛の時代になってきていますよね。特に中盤は、知性よりも身体能力が重視されているように感じています。だからこそ、スペインのイニエスタやクロアチアのモドリッチに僕は惹かれるんですよね。彼らはフィジカル全盛の時代に知性と技術で勝負している。もはや、そうした選手は、絶滅危惧種に近いかもしれないですけど（笑）、必ずやまたインテリジェンスのある選手たちが復権すると思うんです。全員が全員、フィジカル勝負になれば、そこで違いを見せられる選手がまた重宝されるはず。そのためにもイニエスタやモドリッチには、W杯という注目の集まる舞台で魅せてほしいんですよね」

中村憲剛
●なかむらけんご

1980年10月31日生まれ、東京都出身。川崎フロンターレ。MF／背番号14。2003年に川崎フロンターレに加入。現在までクラブ一筋でプレーし、在籍16年目を迎える。秀でたパスセンスを武器に司令塔としてピッチに君臨し続けるバンディエラ。16年にはJリーグ最優秀選手に選ばれ、17年にはJ1初優勝を達成した。日本代表としては06年に初出場を飾ると、10年南アフリカW杯に出場。国際Aマッチ68試合6得点を誇る。

ヴェルナーとケインのブレイクに期待

——自他共に認める"海外サッカー通"の林選手ですが、4年に一度のワールドカップは特に楽しみにしているのではないかと思います。今大会では、どの選手に注目していますか？

「王道ですが、まずはリオネル・メッシ（アルゼンチン）、クリスティアーノ・ロナウド（ポルトガル）、ネイマール（ブラジル）は外せないですよね。大舞台では、やはりそうしたクラック（名手）が活躍すると思います。おそらく、メッシとC・ロナウドは、今回が最後のW杯だと思うので、間違いなく優勝したいはず。ネイマールにしてもケガをしていましたが、この大会で完全復帰してくると思うので、そこでブラジルを優勝まで導けるかに注目ですよね。この3人は、サッカーを知らない人から通の人まで、誰もが押さえておきたい選手。ただ、僕個人としては、ズラタン・イブラヒモヴィッチ（スウェーデン）が大好きなので、結果的にW杯のメンバーには選ばれなかったですけど、直前には代表復帰の噂もあっただけに、招集されてほしかったという思いはあります。ただ、スウェーデンの予選の戦い方を見ると、イブラヒモヴィッチがいない方がうまくいくんじゃないかな、という気もしています。そもそも、イブラヒモヴィッチは予選を戦っていないですし、存在自体があまりにも大きすぎるので、周りの選手が気を遣ったり、遠慮してしまうのではないかなと。でも、出たら出たでイブラヒモヴィッチは絶対に活躍したと思いますけどね（笑）。大事なところで点を取りますから。そう考えると、僕は、ベンチに置いておいてもよかったんじゃないかなって思うんですよね」

——選ばれず、残念ですよね。昔からイブラヒモヴィッチが大好きな選手の一人だと話していましたが、彼の何に、そこまで惹きつけられるのでしょうか？

「スピードに関しては、さすがに若い頃よりは落ちてはきましたが、元々速かったですし、テクニックや身体能力など、すべてにおいてレベルが高いところですよね。でも、何といっても一番は、あの強烈なパーソナリティ！　自信があるからこそ、自分で大きなことを言って、実際にその言動にプレーが付いてくる。有言実行してしまう規模の大きさもすごいし、パーソナリティは誰よりも突出していて魅了されますよね」

——確かに、口だけではなくプレーや結果で実力を示す魅力的な選手ですよね。他に同じFWとして注目している選手はいますか？

「ドイツのティモ・ヴェルナーですね。ドイツはずっと1トップを務められる選手がいない状態で、そこに台頭してきたのがヴェルナー。基本的にはオールラウンダーですが、スピードに定評があって、特に裏に抜け出すスピードは抜群に速い。なので、ドイツがスタイルとするショートカウンターとポゼッションのどちらにも対応できる。控えにマリオ・ゴメスもいますが、彼はベテランなので、若いヴェルナーがスタメンを張って波に乗れれば、元々堅いチームですし、優勝も十分あり得ると思います。そうなれば、ヴェルナー自身としても、より名前が知られてブレイクする可能性も大。その意味でも注目しています。

ただ、実はちょっと心配があって……ヴェルナーは、今季のチャンピオンズリーグの予選（ライプツィヒ対ベシ

 ［海外サッカーに精通するストライカーがW杯の注目選手・注目チームを語る］

林　陵平　RYOHEI HAYASHI
東京ヴェルディ FW11

「決定的な仕事でチームを 勝たせられるのが良い選手の基準」

試合で得点を決めると、海外サッカーの選手が見せたゴールパフォーマンスを
自ら真似して話題を振りまくほど海外サッカーに詳しい林陵平。
その情報収集力とマニアックさはJリーグ屈指と言われるほど。
そんな林陵平がFW視点でW杯の注目選手について語ってくれた。

取材・文：上岡真里江　Interview & Text by Marie KAMIOKA　撮影：佐野美樹　Photograph by Miki SANO

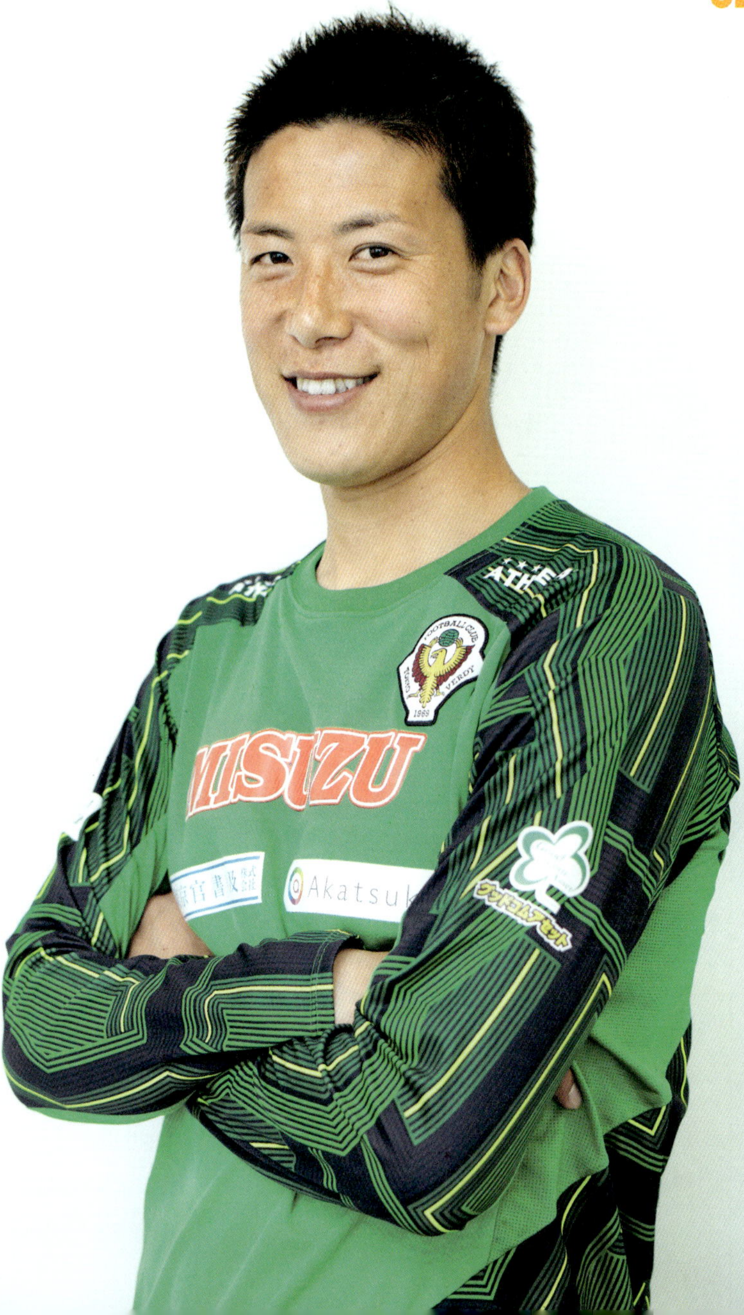
MISUZU
Akatsuk

クタシュ）で、対戦相手のベシクタシュのサポーターの声援がうるさすぎて、『集中できない』という理由から、前半32分に自ら途中交代を志願する出来事があったんですよね。これは、後にライプツィヒの監督も明かしています。なので、W杯のような大舞台になったとき、はたして戦えるのか。メンタルがやや心配です。大歓声の中でもプレないでやれるかが、今後ヴェルナーがスターダムにのし上がるためにも、非常に大事な課題なのかなと思います。

　もう一人、イングランドのハリー・ケインにも期待しています。イングランドは、大舞台で結果を残せていませんが、今回、新しく3バックを採用しています。その3バックがうまくはまっていて、強豪国との親善試合でも良い戦いができている。その中でケインは、プレミアリーグでも得点ランキング2位とコンスタントに点を取っているんですよ。ポストプレーもシュートもうまい、すごく良い選手なので、ケインが活躍できれば、イングランドも良い

ところまで行けると思います。世界的に見ても、ケインはベスト5に入るストライカー。ぜひ、みなさんにも見てほしいですね」

——個に加えてコンビネーションとしても楽しみな組み合わせはありますか？

「エディンソン・カバーニとルイス・スアレスのウルグアイ2トップですね。それぞれパリ・サンジェルマン、バルセロナというビッグクラブでプレーする選手。他のどの国を見ても、これだけの2大エースが揃っている国はないと思います。両方とも、ゴールに対して貪欲ですし、南米特有のゴール嗅覚もある。しかも万能タイプと、トータルレベルが2人とも高すぎます。今のサッカーは、システム的に4-1-4-1や3-4-2-1など、1トップが主流になっていて、それを後ろで支えるチームが多いので、なかなか4-4-2で2トップを組んでいるチーム自体が少ない。その視点からも、逆にこの2トップがはまれば、かなり面白いのではないかと思います。ウルグアイの2トップは、間違いなく今大会の中で一番強いでしょう」

クロスを上げるトリッピアーの足首に注目

——他のポジションでもオススメの選手を教えてください。FWとしては、一緒にプレーしたい中盤のパサーなどもいるのでは？

「パサーで言えば、こちらも王道ですがメスト・エジル（ドイツ）。チームにいたら、すごいスルーパスを出してくれそうな選手ですよね。ただ、すごく気まぐれで、試合に乗れていないときは、『今日はやる気ないなぁ』って、明らか

HAYASHI RYOHEI's CHOICE

Timo WERNER
ティモ・ヴェルナー

ドイツ FW　　GROUP F

CF不足のドイツに台頭した万能のストライカー。唯一の不安は大舞台の環境に物怖じしないか。

Harry KANE
ハリー・ケイン

イングランド FW　　GROUP G

世界でも5本の指に入るストライカーだと語るケイン。実力は所属するトッテナムで実証済み。

Mesut OZIL
メスト・エジル

ドイツ MF　　GROUP F

後ろにも目がついているのかと思わせるプレーをするエジルだが、波があるのが懸念だと語る。

があるということでしょうか？

「そうですね。だから、気持ちが乗っていないときは、『あ、今日は全然ダメだな』と、明らかに分かる感じもある。チームが押し込まれてしまったりすると、消えてしまうタイプなので、ビッグクラブとの対戦ではあまり活躍できていない印象があります。ただ、ドイツ代表はある程度ボールが持てると思うので、エジルにつないで、エジルからのスルーパスでゴールというイメージは、チーム的にもでき上がっているはず。

ケヴィン・デ・ブライネ（ベルギー）も、今よりブレイクするというか、スターダムにのし上がれる選手だと思っています。ボールを運べるし、クロスもうまいし、スルーパスもうまい。何でもできる選手です。

あともう一人は、デンマークでトップ下などを担っているクリスティアン・エリクセン。世界的にはまだあまり知られていない選手ですが、パスもできて、ドリブルもできて、さらに決定的なプレーができる。予選ではFWを抜いてチームトップの得点数を挙げていますし、完全にデンマークの軸ですよね。僕の予想では、このW杯で活躍して、トッテナム以上のビッグクラブでプレーするんじゃないかなと。

エリクセンだけに限らず、今挙げた中盤の3選手は、決定的な仕事ができて、チームを勝たせることができる。それこそが「良い選手」と評価される大きな基準になっていると思います」

──「決定的な仕事」という意味では、現代サッカーにおいてはサイドバックも大きな役割を担っています。

に分かる（笑）。でも、集中しているときは、トップクラスの中でも目線が違うというか、見ているところがはるか上にある。簡単に言えば、後ろに目があるという感じでスルーパスを出すんです。針の穴に糸を通すようなパスも出せますし、相手の逆を取るようなパスもうまい。ドイツの核であることは間違いないですね」

──「気まぐれ」ということは、試合によってプレーに波

Christian ERIKSEN
クリスティアン・エリクセン

デンマーク **MF**　　GROUP **C**

パス、ドリブルに加えてゴールという決定的な仕事もできるトップ下は、今大会のブレイク候補。

Kieran TRIPPIER
キーラン・トリッピアー

イングランド **DF**　　GROUP **G**

世界一クロスがうまいと称する選手。中の状況を見て、直前で球種を変える技術は秀逸だと言う。

Aleksandar KOLAROV
アレクサンダル・コラロフ

セルビア **DF**　　GROUP **E**

強烈な左足のキックを武器に、鋭く速いクロスをゴール前に供給。ローマの大躍進を支えた選手だ。

「それは間違いないですね。ヨシュア・キミッヒ（ドイツ）は、バイエルンでボランチやセンターバックなど、いろいろなポジションをやりますが、ドイツでは主に右サイドバックで定着していて、とにかく良いクロスを上げる。ただ、クロスにフォーカスすれば、僕が世界一うまいと思っているのが、イングランドで右ウイングやワイドで起用されているキーラン・トリッピアーです。この選手もおそらく、あまり知られていない選手だと思います。彼が「うまい」のは、普通に良いボールを上げてピンポイントクロス、という意味だけではないんです。グラウンダーもあれば、マイナスもあるといった感じで、空いているところに的確にキックを蹴り分けられる。タイミングやゴール前に走り込む選手の入り方によって、インステップで速いボールを蹴ったり、インフロントで巻いて蹴ったり、アーリークロスをGKとDFの間に入れたりと、とにかくクロスの種類が多彩なんです。クロスを蹴る最後の瞬間に足首で球種を変える、みたいな。それはもう超一流にしかできないですからね」

──それはすごいですね！　トリッピアーがクロスを上げる瞬間、思わず足首に目がいってしまいそうです。

「実際、テレビで見ていても、クロスを上げる瞬間に足首の角度を変えているのが分かりますよ。他には、セルビ

アの左サイドバック、アレクサンダル・コラロフの左足にも注目してほしいですね。ローマで大活躍している32歳の選手ですが、強烈な左足を持っています。まさにGKとDFの間にすごく速い球を入れるのが得意で、FKでもものすごいキックを見せます」

──FWという目線から見て、守備で注目している選手はいますか？

「僕が今、世界で一番だと思うセンターバックは、セルヒオ・ラモス（スペイン）ですね。W杯で優勝も経験していますし、EUROでも優勝している。その上、所属するレアル・マドリーではキャプテンと、培ってきた経験値はとんでもないでしょう。プレー自体も、すごく落ち着いていて、相手も潰せるし、ボールポゼッションもうまい。大事な場面では、絶対と言っていいほどセットプレーで点を取りますし。自分のチームにいたら、めちゃくちゃ助かりますよね」

──FWとしては、セルヒオ・ラモスとマッチアップするのはかなり嫌なのでは？

「絶対嫌でしょうね！　アスリートとしての能力も高く、スピードもあるし、その上、かっこいい（笑）。センターバックとしてすべての才能を持ち合わせていると思います。他には、日本が対戦するセネガルのカリドゥ・クリバリも、世界で5本の指に入るセンターバックでしょうね。ナポリでプレーしているのですが、そのナポリはかなりのハイライン。だから、裏にボールを出されると、センターバックはスピードがないと追いつけない。そのため絶対的にポゼッションの能力も求められるんです。それを体現しているクリバリは、つまり足元もあるし、スピードもある。トータル能力に優れたDFだということ。しかも現在26歳なので、これからまだまだ伸びると思います。

　個人的には、ケガをしてしまいましたが、フランスのローラン・コシエルニーも頭脳的に好きですね。体がめちゃめちゃごついとかではないですけど、相手のボールを取りに行くタイミングや体の当て方などがすごくうまい。フランスは他にもラファエル・ヴァランヌ、サミュエル・ウンティティなど、センターバックに良い選手が多い。あと、プレスネル・キンペンベも、身体能力が高くて面白い選手。彼は私服のセンスもめちゃくちゃ変わっていて、赤いハチマキを巻いたりするんですよ」

ベルギーに注目もタレントだけでは勝てない

──さすが海外通！　プチ情報にも詳しいですね（笑）。今、フランスの話題が出ましたが、今大会で特に躍進を期待している国はありますか？

「個人的には、ベルギーがイチオシです。タレントだけを見れば、ドイツやブラジルにも引けを取らないぐらい。サ

プのメンバーを見ても、すごい選手たちが揃っています。ほぼ全員が各リーグのビッグクラブでスタメンを張っている選手たちですからね。ただ、タレントはすごいけど、チームとしては隙があるというのが正直なところ。決勝トーナメントに進んだとしても、どこかでブラジル、ドイツ、スペインのいずれかと当たってしまうので、そこを勝ち抜くためには、さすがにタレント力だけでは厳しいでしょう。そこで期待しているのが、コーチングスタッフ。監督のロベルト・マルティネスは、エヴァートンなどで指揮していた経験があって戦術の引き出しが多い。そして、コーチには元フランス代表FWのティエリ・アンリがいる。ロメル・ルカクが、アンリから『すごい良いアドバイスをしてもらってる』みたいなことも言っていましたし、楽しみですよね。だって前線に、ルカク、エデン・アザール、デ・ブライネですよ。これだけでも、めちゃくちゃ強い！ それなのに中盤にはムサ・デンベレという、トッテナムのマウリシオ・ポチェッティーノ監督に『ディエゴ・マラドーナ（元アルゼンチン）に匹敵するレベルの選手』と言わしめるほどの存在がいる。その彼と組むのが守備力のあるアクセル・ヴィツェル。DFラインの3枚もヤン・ヴェルトンゲン、ヴァンサン・コンパニ、トビー・アルデルヴァイレルトと全員が強固で、最後にGKティボー・クルトワが構えている。これは間違いなく強いでしょう！」

——こうして改めてメンバーを挙げると、本当に華やかなチームですね。

「個の技術は全員高い一方で、それが"チーム"となったときに、果たしてうまくいくかというのも、サッカー的には面白いところ。どんなに個の能力が高い選手が揃っていても勝てないのがサッカー。大事なのは、チームとしてどれだけやれるか。特にW杯では、組織としてどう戦うかが一番大事なところだとも思います」

——では、"組織"という視点から見て、興味深い国はありますか？

「ブラジルですね。チッチ監督に代わってから、すごく組織化された印象があります。システムは4−3−3で、1ボランチにカゼミーロがいて、その前のインサイドハーフ2人は、テクニックというよりも上下動できるタイプの選手を置いている。それでワイドにネイマールなどのドリブラーを起用して、すごく速いショートカウンターとポゼッションのどちらもできるチームに仕上げている。それは、ブラジルだけに限らず、このロシア大会の一番の注目点でしょう。少し前まではポゼッションが主流でしたが、今は、それだけではなく、ショートカウンターやカウンターからの得点が一番確率が高いですからね。ポゼッションとカウンター、その両方を持ち合わせていて、試合によってそれを使い分けられるチームが間違いなく上位にいくと思います」

——最後に優勝予想を聞かせてください。

「僕はスペインを推しますね。センターフォワードを誰にするかという問題が唯一あるのですが、この国は、いざとなればゼロトップという戦い方もできる。何と言っても、後ろから中盤にかけての選手があまりにもすごいので、スペインかなと」

——ちなみに林選手といえば、自身が得点したときには、海外の選手のゴールパフォーマンスを真似するなど、こだわりをお持ちですよね。W杯では、そのゴールパフォーマンスにも興味があるのでは？

「僕もそれは楽しみにしてますね。今思いつくのは、アントワーヌ・グリーズマン（フランス）とかガブリエウ・ジェズス（ブラジル）ぐらい。あとは、そのときの気分によってパフォーマンスを変える選手が多いので要チェックですね。僕個人としては、点を決めたら、ぜひ新しいパフォーマンスをやってほしい。そうすれば、僕のストックになりますから（笑）。そういう点も楽しみに、僕もW杯を堪能したいと思います」

林 陵平
●はやしりょうへい

1986年9月8日生まれ、東京都出身。東京ヴェルディ。FW／背番号11。明治大学を経て、2009年にユースまで在籍した東京ヴェルディでプロに。10年に柏レイソルへ移籍すると、その年はJ2で二桁得点を記録。その後、モンテディオ山形、水戸ホーリーホックを経て、今季より東京ヴェルディに復帰した。Jリーグ屈指の海外サッカー好きで、得点後、海外のサッカー選手のゴールパフォーマンスを真似することでも知られている。

メッシ！　メッシ！　メッシ！（ロドリゲス）

——エベルト選手はブラジル、ロドリゲス選手はアルゼンチン出身ということで、それはもう、チームメイトとはいえバチバチの関係にあると思うのですが（笑）。

ロドリゲス　グラウンドの外での関係は問題ないけど、やっぱり、サッカーにおけるライバル心はめちゃくちゃ強いね。まあ、いつも勝つのは俺たちアルゼンチンだけど。

エベルト　いやいや、それはあくまで"そっち側"の意見だけどね。勝つのはいつもブラジル。それに、ブラジル人はグラウンドの外でも中でもバチバチだと思っているけど？

ロド　ほら、始まった（笑）。ブラジル人はすぐに張り合ってくるからイヤだよ。それに比べて、俺たちアルゼンチン人は冷静だからね。

——そういったライバル心は、やはり子どもの頃から植えつけられるのですか？「ブラジルだけには負けるな！」「アルゼンチンだけには負けるな！」と。

エベ　いや、誰かに直接的な言葉を言われるわけじゃないよ。たぶん、お母さんのお腹の中にいるときから、勝手にそういう意識を刷り込まれるんじゃないかと思うけどね……。

ロド　うん、そんな感じだね。ブラジルに対するライバル心は、自分でも知らないうちに心の中にあったから。

——ロシアW杯に出場する2チーム、ずばりどっちが強いでしょう？

ロド　そりゃあ、アルゼンチンに決まってるだろ！（リオネル・）メッシ！　メッシ！　メッシがいるのはどっちだと思ってるんだ？

エベ　メッシだけじゃん（笑）。ブラジルにはすごい選手がゴロゴロいて、その上でネイマールがいるんだから。ネイマール！

ロド　ネイマール？　すぐに「腰が痛い」とか言い出すくせに（笑）。どうせ、ブラジルだって彼がいなきゃ話にならないでしょ？　だからアルゼンチン！　絶対にアルゼンチンのほうが強い！

エベ　よく言うよ。アルゼンチンが得意なのはバーベキューだけだろ。

ロド　おい！（笑）

あれは史上最悪の悲劇だった（エベルト）

——ロドリゲス選手にお聞きします。今大会に臨むアルゼンチンについて、もう少し詳しく教えてください。

ロド　チーム全体として考えても、優勝候補に挙げられ

［南米強豪出身の2人がW杯の魅力を語る］

エベルト
HEBERT
ジェフユナイテッド
市原・千葉 DF 4

×

ロドリゲス
RODRIGUEZ
ジェフユナイテッド
市原・千葉 GK 1

「大変なことになるから、ブラジル対アルゼンチンは観たくない（笑）」

永遠のライバル、ブラジルとアルゼンチン——
ともに優勝候補の一角に挙げられる両者は、果たしてどちらが強いのか。
ジェフユナイテッド市原・千葉でチームメイトとして活躍する外国籍選手の2人、
ブラジル人のDFエベルトとアルゼンチン人のGKロドリゲスが、
その"本音"をぶつけ合い、ロシアW杯の注目選手について熱く語った。

文：細江克弥　Interview & Text by Katsuya HOSOE　撮影：野口岳彦　Photograph by Takehiko NOGUCHI

るだけの力は間違いなくあると思う。ただ、本当に優勝できるかどうかは、やっぱり「メッシ次第」と言うしかないね。メッシのコンディションが万全で、彼の力が100％発揮されれば、間違いなく決勝まで勝ち進める。アルゼンチン国民は、メッシがいるからこそタイトル獲得を本気で願っているんだ。

——でも、南米予選はかなり苦戦しましたよね？

ロド ノーノー。予選なんて、本番とは全くの別モノ。はっきり言って、全く関係ないと思う。南米予選はものすごい高地で戦わなければならないこともあるから、むしろ苦戦するのが当たり前。僕はそう思っているけどね。

——ただ、最終節まで出場が決まらなかったことを考えると、さすがに少しはドキドキしたのでは？

ロド いや、全然。W杯にアルゼンチンやブラジルが出ないなんてあり得ないし、常にサプライズが起きるのがW杯だけど、アルゼンチンとブラジルだけは例外だよ。"ズル"をしてでも、W杯には必ず出場する（笑）。

——メッシへの依存度が高すぎることについては、世界中から指摘されています。

エベ （うんうんとうなずく）

ロド もし、ここにいる誰かがメッシの悪口をひとことでも言ったら、俺は今すぐここから立ち去るよ！ あんなにすごい選手がいれば、頼らざるを得ないのは仕方のないこと。でも、もちろんすごい選手は他にもいて、全体としてのレベルはかなり高い。ただ、メッシがすごすぎるんだ。

——弱点を挙げるなら？

ロド サポーターかな（笑）。熱狂的すぎて、圧力が強すぎる。

——エベルト選手は、ブラジル代表をどう見ていますか？

エベ ここ数年では最高の状態にあると思う。前回のW杯はあまりにも悲劇的な終わり方をしてしまったけれど、この4年で選手個々のレベルもチームとしてのレベルも確実に上がった。アルゼンチンには申し訳ないけど、や

HEBERT's CHOICE

SERGIO RAMOS
セルヒオ・ラモス

🇪🇸 スペイン DF　　GROUP B

対人の強さはもちろん、駆け引きのうまさを活かして"前"で勝負できる。攻撃参加もセンス抜群。

Gerard PIQUE
ジェラール・ピケ

🇪🇸 スペイン DF　　GROUP B

ラモスと比較すれば"構えて守る"タイプだが、カバーリング能力とフィードのうまさは世界屈指。

MIRANDA
ミランダ

🇧🇷 ブラジル DF　　GROUP E

自分に与えられた仕事を黙々とこなす「クラシカルなセンターバック」。セレソンの中核を担う。

対戦しても、さすがに1-7で負けるなんてあり得ないから。いいなあ、ドイツ。ブラジルに7-1で勝ったら、楽しいだろうなあ（笑）。

エベ それこそあり得ない（笑）。とにかく、今回のチームは強いよ。すごい選手がそろっているだけじゃなく、結束力がある。何しろブラジルは、4年前のあの日から4年後のリベンジに向けてコツコツと準備をしてきたんだから。今回のチームは、間違いなく強い。あの敗戦で、それだけ大きなショックを受けたということなんだけどね。

ブラジル人は、攻撃が好き（エベルト）

――ところで、対戦したことがある、または一緒にプレーしたことがある選手もいるのでは？

エベ フィリペ・コウチーニョと対戦したことがあるよ。17歳くらいだったかな。当時から別次元だったね。とんでもなくすごい選手だった。

ロド U-20アルゼンチン代表だった頃に、A代表のチームとよく一緒に練習したり、試合をすることがあった。メッシ、ハビエル・マスチェラーノ、ゴンサロ・イグアイン……すごい選手ばかりだった。彼らも若かったけど、当時から存在感はすごかったね。他の選手とは全く違うものだった。今だって、文句のつけようがないよ。それぞれがすごいキャリアを積んで、いまの地位を確立したんだ。もし彼らに対して文句を言う人がいたら、それはアルゼンチン人だろうね。さっきも言ったとおり、アルゼンチンのサポーターはとにかくケチをつけたがるから。

――ちなみに、今回のW杯で、ロドリゲス選手が注目し

っぱりブラジルのほうがいいよね。

――4年前のブラジル大会準決勝は、ドイツに1-7という歴史的大敗を喫しました。

エベ はあ……。あれはもう、史上最悪の悲劇だった。誰もが悲しみ、涙を流して……。でもまあ、アルゼンチンにさえ負けなければいいんだけどね（笑）。

ロド あのさあ、あのとき、もしアルゼンチンがドイツと

RODRIGUEZ's CHOICE

Marc Andre TER STEGEN
マルク・アンドレ・テア・シュテーゲン
ドイツ GK　GROUP
フィールドプレーヤーのようなキックのコントロールで組み立てにも参加する。すべてがハイレベル。

Manuel NEUER
マヌエル・ノイアー
ドイツ GK　GROUP
今季はケガで苦しんだが、GKなら誰もが手本とする。テア・シュテーゲンとの定位置争いも注目。

Sergio ROMERO
セルヒオ・ロメロ
アルゼンチン GK　GROUP
抜群の反射神経と正確なセービングで長くアルゼンチンの守護神を務めてきた。足元の技術も正確。

ているGKはいますか？

ロド　日頃から世界のサッカーを見てヒントを探しているんだけど、個人的にはバルセロナでプレーするドイツ代表GKマルク・アンドレ・テア・シュテーゲンのプレーが好きなんだ。それから、W杯には出場しないけど、マンチェスター・シティにいるチリ代表GKクラウディオ・ブラーボ。足を駆使して攻撃の起点となる彼らのスタイルは、僕自身も好きなスタイルだ。判断が速くて、プレーの読みも鋭い。本当にすごいGKだと思うよ。

——ドイツにはシュテーゲンだけではなくマヌエル・ノイアーがいます。

ロド　とんでもないGKが2人もいるんだから、1人くらいアルゼンチンに貸してくれないかな？（笑）もちろんセルヒオ・ロメロもすごい選手だよ。ケガもあったけど、とにかく反応が速くてセービングがうまい。コンディションさえ整えば、世界有数のGKだと思う。スイスのヤン・ゾマーもいい選手だね。ノイアーやシュテーゲンと比べるのは、少し早い気がするけど。とにかくW杯に出場するGKはすごい選手ばかりだよ。

——エベルト選手が注目しているDFは？

エベ　たくさんいるけど、例えば、スペインのセルヒオ・ラモスやジェラール・ピケは素晴らしいDFだね。ともに対人に強く、とても賢くプレーすることができる。駆け引きの上手なセンターバックだと思う。ブラジルならミラン

ダかな。最近は前に前に出ていって目立つセンターバックの選手も少なくないけど、彼はクラシカルなセンターバックで、最終ラインにどっしり構えて与えられた仕事をこなす。その精度が高いから、チーム全体が落ち着くんだ。それから、アルゼンチンのニコラス・オタメンディも……。

ロド　ほら、やっぱり好きなんじゃん。アルゼンチンのこと（笑）。

エベ　ハハ（笑）。注目するDFかあ……。そもそも、俺たちブラジル人って、サッカーを見るときに守備の選手には注目しないんだよね。センターバックがプレーしてい

第**5**章　ワールドカップを楽しむ

るところを見て、面白いと思う？　やっぱり、ネイマールやメッシがプレーしているところを見るほうがずっと楽しいでしょ？

もちろん日本も応援するよ（ロドリゲス）

——自分がアルゼンチン人、ブラジル人であることを忘れて、優勝候補を挙げるとすると？

ロド　ブラジルもスペインも確かに強いんだけど、やっぱりドイツかなあ。ドイツってW杯になると"何か"を発揮するよね。そういう意味で、本当の優勝候補はドイツ。

エベ　俺はフランスかなあ。すごくいいチームだと思うし、素晴らしい選手がそろっている。本当はブラジルと言いたいところだけど、絶対的かと言われればそこまでじゃないかもしれない。やっぱり、アルゼンチンも強いよね。メッシはすごいし、何といっても一人ですべてを打開できる。国民からのプレッシャーもすごい。「何かを手にしなければいけない」というプレッシャーと戦っているから、それがいい方向に向かえば力を発揮するかもしれない。

ロド　もちろん、日本のことも応援するよ。自分が日本にいるときにW杯で日本が活躍したら、なんかすごくうれしいよね。それに、W杯のような大会を迎えたとき、日本人がどういう盛り上がり方をするのかにも興味があるんだ。

——渋谷のスクランブル交差点に行ったことはありますか？

ロド　あるある。

——あそこだけ、すごい盛り上がりになります。

ロド　じゃあ、日本戦がある日はぜひ渋谷に行きたいね（笑）。

エベ　でも、ロシアとの時差があるから、なかなかリアルタイムでは試合を観られないだろうなあ。

ロド　もしアルゼンチン戦を夜中に見ちゃったら、次の日の練習なんてできないよ。勝っても負けても、次の日の午前中は最悪のコンディションだと思う（笑）。

——もし決勝がブラジル対アルゼンチンになったら？

エベ　試合が終わるまで絶対に口を開かない。

ロド　殴り合いのケンカになるかもしれないね。

エベ　俺のほうが毎日ハードワークしているし、身体も大きいから強い。彼（通訳）もブラジル人みたいなものだし、2対1だ。

ロド　何言ってんの？　ウチにアルゼンチン人が何人いると思ってるんだよ。監督（フアン エスナイデル）もいるし、ホアキン（ラリベイ）もいるし、人数ならこっちのほうが多いんだぜ。

エベ　まあ、どっちかと言うと、アルゼンチンとはやりたくないかな。本当に大変なことになるから（笑）。

エベルト

1991年5月23日生まれ、ブラジル出身。ジェフユナイテッド市原・千葉。DF／背番号4。ブラジルの名門、バスコ・ダ・ガマのアカデミーで育ち、ポルトガルのトロフェンセやブラガ、ポーランドのピアスト・グリヴィツェを経て2018シーズンからジェフ千葉に加入。最大の特長は191cmの長身を活かした空中戦の強さ。セットプレーでは得点源のひとつとなる。最終ラインから攻撃を組み立てる左足からの正確なフィードも持ち味だ。

ロドリゲス

1989年6月25日生まれ、アルゼンチン出身。ジェフユナイテッド市原・千葉。GK／背番号1。アルゼンチンの名門インデペンディエンテのアカデミーで育ち、ロサリオ・セントラルでプレー。2018シーズンからジェフ千葉に加入。足下の技術に絶対的な自信を持ち、フィールドプレーヤーさながらのコントロールで最終ラインからの攻撃の組み立てに参加する。シュートへの反応も鋭く、ビッグセーブを連発するハイレベルなGK。

Top Scorer
得点王を狙う男たち

チームを勝利へと導くのはやはりゴール。ゴールでチームを引っ張るのがエースである。
4年に一度の祭典を彩る列強国の名ストライカーたちを一挙紹介。得点王の座は誰の手に？

第5章 ワールドカップを楽しむ

● ブックメーカー得点王オッズ（ウィリアムヒル）

順位	名前（国籍）	倍率
1	リオネル・メッシ（ARG）	10倍
2	クリスティアーノ・ロナウド（POR）	11倍
2	ネイマール（BRA）	11倍
4	アントワーヌ・グリーズマン（FRA）	15倍
4	ガブリエウ・ジェズス（BRA）	15倍
6	アルバロ・モラタ（ESP）	17倍
6	ハリー・ケイン（ENG）	17倍
6	ロメル・ルカク（BEL）	17倍
6	セルヒオ・アグエロ（ARG）	17倍
6	トーマス・ミュラー（GER）	17倍
6	ティモ・ヴェルナー（GER）	17倍
12	ジエゴ・コスタ（ESP）	21倍
12	ゴンサロ・イグアイン（ARG）	21倍
12	ルイス・スアレス（URU）	21倍
15	アレクサンドル・ラカゼット（FRA）	26倍
15	キリアン・エムバペ（FRA）	26倍
15	ラース・シュティンドル（GER）	26倍
15	オリビエ・ジルー（FRA）	26倍
15	フィルミーノ（BRA）	26倍
20	ロベルト・レヴァンドフスキ（POL）他7名	34倍

※オッズは2018年3月19日現在

● 過去10大会の得点王

順位	名前（国籍）	倍率
2014	ハメス・ロドリゲス（COL）	6得点
2010	トーマス・ミュラー（GER） ダビド・ビジャ（ESP） ウェズレイ・スナイデル（NED） ディエゴ・フォルラン（URU）	5得点
2006	ミロスラフ・クローゼ（GER）	5得点
2002	ロナウド（BRA）	8得点
1998	ダヴォル・スーケル（CRO）	6得点
1994	オレグ・サレンコ（RUS） フリスト・ストイチコフ（BUL）	6得点
1990	サルヴァトーレ・スキラッチ（ITA）	6得点
1986	ギャリー・リネカー（ENG）	6得点
1982	パオロ・ロッシ（ITA）	6得点
1978	マリオ・ケンペス（ARG）	6得点

やっぱり本命は世界の「ビッグ3」

CRISTIANO RONALDO
↑クリスティアーノ・ロナウド

Lionel MESSI
↑リオネル・メッシ

NEYMAR
↑ネイマール

今大会の得点王予想オッズのトップ3は、やはり現代フットボール界の頂点に君臨する「ビッグ3」である。それぞれワールドクラスの個人能力を持っているのは言わずもがな、ベスト4以上を現実的な目標とできるチームに属し、仲間たちからも絶大な信頼を寄せられ、パスが集まってくる絶対的エースであることが大きい。

トリコロールのエース

Antoine GRIEZMANN
↑アントワーヌ・グリーズマン

EURO2016で6ゴールを挙げて得点王に輝き、フランスの決勝進出に貢献。長身FWジルーの背後から飛び出すプレーは絶品。

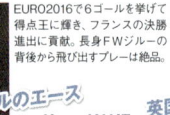

英国屈指のスコアラー

Harry KANE
→ハリー・ケイン

サッカーの母国を牽引する新エース。どんな位置、角度からでも左右両足から正確なシュートを放つプレミア屈指のスコアラー。

Alvaro MORATA
↓アルバロ・モラタ

ダイナミックな動き出し、クロスに点で合わせる技術を兼備する。母国自慢のパスサッカーのフィニッシュ役として期待が集まる。

獰猛なゴールハンター

Luis SUAREZ
↑ルイス・スアレス

4年前の大会では「噛みつき」事件で世を騒がせたが、実力はたしか。猛然とゴールを襲う迫力と、得点への執念は誰にも負けない。

ザ・ワンタッチゴーラー

W杯に強いお祭り男

Thomas MULLER
↑トーマス・ミュラー

神出鬼没な動きでチャンスの場面に現れ、ネットを揺らす。過去2大会で次々とゴールを荒稼ぎした"W杯男"の面目躍如なるか。

Mini Column vol.1

W杯の通算得点王って誰？

歴代のW杯で最もゴールを決めた男は、元ドイツ代表のクローゼだ。02年、06年に5得点ずつ、10年に4点を挙げ、最後の出場となった前回大会の2得点でブラジルの英雄ロナウドを抜き、新記録を樹立した。今も現役の選手で最多は、同じくドイツのトーマス・ミュラー（10得点）。28歳で今大会に出場する予定の彼が、クローゼや同郷の先輩ゲルトの記録にどこまで迫ることができるのか、注目したい。

Miroslav KLOSE
↑ミロスラフ・クローゼ

得点数	名前（国籍）	出場大会
16	ミロスラフ・クローゼ（GER）	2002、2006、2010、2014
15	ロナウド（BRA）	1998、2002、2006
14	ゲルト・ミュラー（GER）	1970、1974
13	ジュスト・フォンテーヌ（FRA）	1958
12	ペレ（BRA）	1958、1962、1966、1970
11	サンドール・コチシュ（HUN）	1954
11	ユルゲン・クリンスマン（GER）	1990、1994、1998

Young Gun
ブレーク必至の新星

2010年はドイツのミュラーが、2014年はフランスのポグバが最優秀若手選手賞に輝いた。
彼らに続いて、今回のW杯が飛躍のきっかけとなりそうなニューカマーは彼らだ。

19歳、規格外の神童

Kylian MBAPPE
↑ キリアン・エムバペ

豪快かつスピーディーなランニングで敵陣を切り裂く。98年や06年大会で活躍した伝説の元エース、アンリの再来と言われるフランスの神童だ。

Timo WERNER
↓ ティモ・ヴェルナー

新興クラブのライプツィヒで昨季ブンデスリーガ21得点を挙げ、鮮やかにブレーク。代表でも一躍エース候補となった22歳の快足ストライカー。

快足の若きエース

Marcus RASHFORD
↑ マーカス・ラッシュフォード

新たなワンダーボーイ

98年大会で18歳ながら鮮烈ゴールを挙げたオーウェンに続く「ワンダーボーイ」。冷静沈着なフィニッシュワークは20歳の若さを感じさせない。

GABRIEL JESUS
↓ ガブリエウ・ジェズス

現セレソンの中で最年少ながら最前線を任される大事な得点源。王国の新たな宝石と言われる才能は、先輩ネイマールも大いに認めるところ。

ネイマールの若き相棒

Golden Oldies
百戦錬磨のベテラン

大舞台だからこそ、長きにわたって培ってきた経験値を活かせる場面が必ず訪れる。
熟練の職人技とチームを助ける"ベテランの妙"は、若手には真似できない特別な技能だ。

出場すればギネス!?

Essam EL HADARI
↑ エサム・エルハダリ

現在45歳。出場すれば、コロンビアのモンドラゴンを抜いてW杯の最年長出場記録を更新するエジプトの絶対的守護神。国民の間でも英雄的存在だ。

Tim CAHILL
↓ ティム・ケイヒル

W杯出場は実に4度目となる大ベテランながら、いまだ代表のエースを張る。絶妙なポジショニングから放つヘディングシュートは職人芸だ。

38歳のゴール職人

Andres INIESTA
↑ アンドレス・イニエスタ

熟練の技巧派MF

5月で34歳になるが、その卓越したテクニックと巧みなゲームメイクは衰え知らず。今もスペイン流パスサッカーにおいて不動の中心となっている。

Javier MASCHERANO
↓ ハビエル・マスチェラーノ

34歳で開幕を迎える南米きっての闘将は、小柄ながら激しいマークとタックルで敵を封殺。元々はMFだが、今大会は最終ラインの要を担う。

アルゼンチンの闘将

W杯と年齢のあれこれ。

3度のW杯優勝を誇るサッカーの王様ペレが初めて大会に出場したのは58年大会。17歳にして10番を与えられ、準々決勝ウェールズ戦で初ゴールを決めていき現在も破られていない最年少得点記録を打ち立てた。一方で、前回大会で更新されたのが最年長出場記録。コロンビアのGKモンドラゴンはグループステージ日本戦に出場し、ロジェ・ミラが得点記録とともに保持していた最年長出場記録を塗り替えた。

PELE
↑ ペレ

最年少出場記録	ノーマン・ホワイトサイド(NIR) 17歳1カ月10日(1982年6月17日/対ユーゴスラビア戦)
最年少ゴール記録	ペレ(BRA) 17歳7カ月27日(1958年6月19日/対ウェールズ戦)
最年長出場記録	ファリド・モンドラゴン(COL) 43歳0カ月3日(2014年6月24日/対日本戦)
最年長ゴール記録	ロジェ・ミラ(CMR) 42歳1カ月8日(1994年6月28日/対ロシア戦)

Special Talent
見逃せない「一芸」マスター

サッカーは、ゴールを決めるだけが華ではない。その過程で見られる美技を堪能するのもまた一興。
テクニック、スピード、パワー、さまざまな面で唯一無二の"一芸"を持った選手も見逃せない。

ISCO
↑イスコ

COUTINHO
↑コウチーニョ

N'Golo KANTE
↓エヌゴロ・カンテ

激しく、それでいてスムーズなボール
奪取にかけては右に出る者がいない。
豊富な運動量で広域をカバーしつつ
ボールを拾いまくる職人だ。

ボールハントの達人

Paul POGBA 唸る豪快ミドル
↑ポール・ポグバ

たとえ身体が小さくても、技術とインテリジェンスがあれば大男たちが
ひしめく中でも違いを生み出せる。イスコとコウチーニョは、それを体現
しているテクニシャン。彼らが見せる華麗な超絶技巧は必見だ。

フランスが誇る中盤のキング。技術も高いが特
筆すべきは運動能力の高さで、コンパクトな振
りから放つ豪快なミドルシュートは威力満点。

クラブレベルではリ
ヴァプールで左右の
快足コンビを組むマ
ネとサラーだが、W
杯にはアフリカを代
表するスピードスタ
ーとしてそれぞれの
代表で参加。自慢の
俊足を世界にアピー
ルするのはどっち?

スピードNo.1はどっち?

Sadio MANE
↑サディオ・マネ

Mohamed SALAH
↑モハメド・サラー

稀代のロングパサー

Kevin DE BRUYNE
←ケヴィン・デ・ブライネ

キックの精度とコントロールに
かけては世界でも有数で、右足
から放つ前線へのロングパスや
サイドチェンジは美しい軌道を
描いて仲間のもとへと届く。

ダークホースが大国
を破るには、セットプ
レーのチャンスを活
かす術が必要だ。欧
州の小国をリードす
るエリクセンとシグ
ルドソンは、ともにプ
レミアで正確無比な
プレースキックを武
器とする技巧派だ。

一撃必殺のFKマスター

Christian ERIKSEN
↑クリスティアン・エリクセン

Gylfi SIGURDSSON
↑ギルフィ・シグルドソン

リズムを作るパスマスター

Toni KROOS
↑トニ・クロース

Luka MODRIC
↑ルカ・モドリッチ

普段はR・マドリードで中盤のリズムを作るMFコンビは、ドイツとクロアチ
アでもパスワークの絶対的中心を担う。正確にパスを散らすクロース、パス
&ゴーが秀逸なモドリッチ、ともに世界レベルの司令塔である。

Mini Column vol.3

最もW杯に出た男は?

過去16大会連続でベスト8以上に進出という他の
追随を許さない記録を持ったドイツ(旧西ドイツ)の
選手たちが、トップ10のうち5人を占めて出場試合
数のランキングを席巻している。1位は歴代最多タ
イの5大会に出場した闘将マテウス。W杯歴代得点
王で、前回大会後に代表を退いたクローゼが2位で、
過去3大会で彼のチームメイトだったラームとシュ
ヴァインシュタイガーも7位タイにつけている。他に
も、イタリアの鉄人マルディーニ、天才マラドーナや、
ブラジルの仕事人カフーなど懐かしい名前が。

Lothar MATTHAUS
↑ローター・マテウス

試合数	名前(国籍)	大会
25	ローター・マテウス(GER)	1982.86.90.94.98
24	ミロスラフ・クローゼ(GER)	2002.06.10.14
23	パオロ・マルディーニ(ITA)	1990.94.98.2002
21	ウーヴェ・ゼーラー(GER)	1958.62.66.70
	ディエゴ・マラドーナ(ARG)	1982.86.90.94
	ヴワディスワフ・ジュムダ(POL)	1974.78.82.86
20	カフー(BRA)	1994.98.2002.06
	バスティアン・シュヴァインシュタイガー(GER)	2006.10.14
	フィリップ・ラーム(GER)	2006.10.14
	グジェゴシュ・ラトー(POL)	1974.78.82

Defensive Craftsman いぶし銀の守備職人

サッカーの醍醐味は攻撃かもしれない。だが、彼らを陰で支えているのはディフェンス陣だ。
一見して凄みは分かりづらいかもしれないが、職人技と言える守備が光る猛者たちにも注目だ。

中盤の「掃除屋」

CASEMIRO
↑ カゼミーロ

R・マドリードでも中盤の底を預かるディフェンス職人。力強い対人守備や巧みなカバーリングで、ピンチの芽を摘み取っていく姿は秀逸だ。

万能型のスパーズ・デュオ

Jan VERTONGHEN
↑ ヤン・ヴェルトンゲン

Toby ALDERWEIRELD
↑ トビー・アルデルヴァイレルト

トッテナムでも一緒にプレーしてるベルギーが誇る以心伝心のCBコンビ。いずれも守備だけでなく、ヴェルトンゲンはオーバーラップで、アルデルヴァイレルトはロングパスで攻撃にも貢献できる。

PEPE
↓ ペペ

R・マドリードの一員として、持ち前の執拗なマンマークで、あのメッシを苦しめたポルトガルの"エースキラー"。今大会でもその真価を発揮したい。

エースキラーは健在

絶対的キャプテン

SERGIO RAMOS
← セルヒオ・ラモス

スペイン守備陣を統率する不動のリーダー。自陣ゴール前はもちろん、敵陣ゴール前でも無類の勝負強さを発揮してゴールを決めることも。

Kalidou KOULIBALY
↓ カリドゥ・クリバリ

守備の国イタリアのセリエAでも屈指のDFと言われる筋骨隆々のセンターバック。日本代表の前に立ちはだかるアフリカ最強の砦だ。

これぞビッグセーバー

David DE GEA
↓ ダビド・デ・ヘア

信じられないビッグセーブで度々チームを救う真の守護神。俊敏な反応、キャッチ技術、適切なポジショニング、どれをとってもGKの理想形と言える。

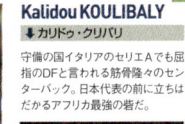

アフリカ最強DF

小国のPKストッパー

Keylor NAVAS
↓ ケイラー・ナバス

前回大会で小国コスタリカを8強に導き、無名の存在からR・マドリードの正守護神に。PKストップに絶対の自信を持つトーナメント向きのGKだ。

Manuel NEUER
→ マヌエル・ノイアー

セービング技術に加え、好判断の飛び出しや、GKの常識をはるかに超える足元のスキルが光る。現代サッカーにおける最先端をいく男。

世界最先端の守護神

Mini Column vol.4

PK最強国＆最弱国はどこ？

ノックアウトトーナメントの風物詩であり、GKの見せ場といえば、PK戦である。W杯には1982年大会で初めて導入されて以降、これまで計26回にわたって行われ、数々のドラマが生み出されてきた。前回大会には歴代最多タイの4試合がPK戦にもつれこみ、準決勝ではアルゼンチンが、通算最多5度目のPK戦でオランダを撃破している。運命を分ける「11メートルの戦い」に、減法強いのがドイツである。過去4戦4勝。PK戦を複数回経験している国で、唯一の勝率100％を誇っている。逆に3戦全敗、キック成功率もわずか50％と、苦手意識をこじらせて、もはやトラウマになっている感がある。PKなら負ける気がしないドイツ、できれば避けたいイングランドと、決勝トーナメントに入って以降は、右の「今大会出場国のPK成績」データをもとに各国の思惑を想像しながら観戦してみると、より熱戦を楽しめるはずだ。

なぜかPKに弱いイングランド。あのベッカムも泣かされた。

我らが日本代表も10年大会でパラグアイにPKで敗れた。

国名	PK回数	勝	負	勝率	キック本数	成功	成功率
アルゼンチン	5	4	1	80%	22	17	77.3%
ドイツ	4	4	0	100%	18	17	94.4%
ブラジル	4	3	1	67%	18	13	72.2%
フランス	4	2	2	50%	20	17	85%
スペイン	3	1	2	33%	14	10	71.4%
イングランド	3	0	3	0%	14	7	50%
コスタリカ	2	1	1	50%	10	8	80%
メキシコ	2	0	2	0%	7	2	28.6%
ポルトガル	1	1	0	100%	5	3	60%
ベルギー	1	1	0	100%	5	5	100%
ウルグアイ	1	1	0	100%	5	4	80%
スウェーデン	1	1	0	100%	6	5	83.3%
韓国	1	1	0	100%	5	5	100%
日本	1	0	1	0%	4	3	75%
スイス	1	0	1	0%	3	0	0%

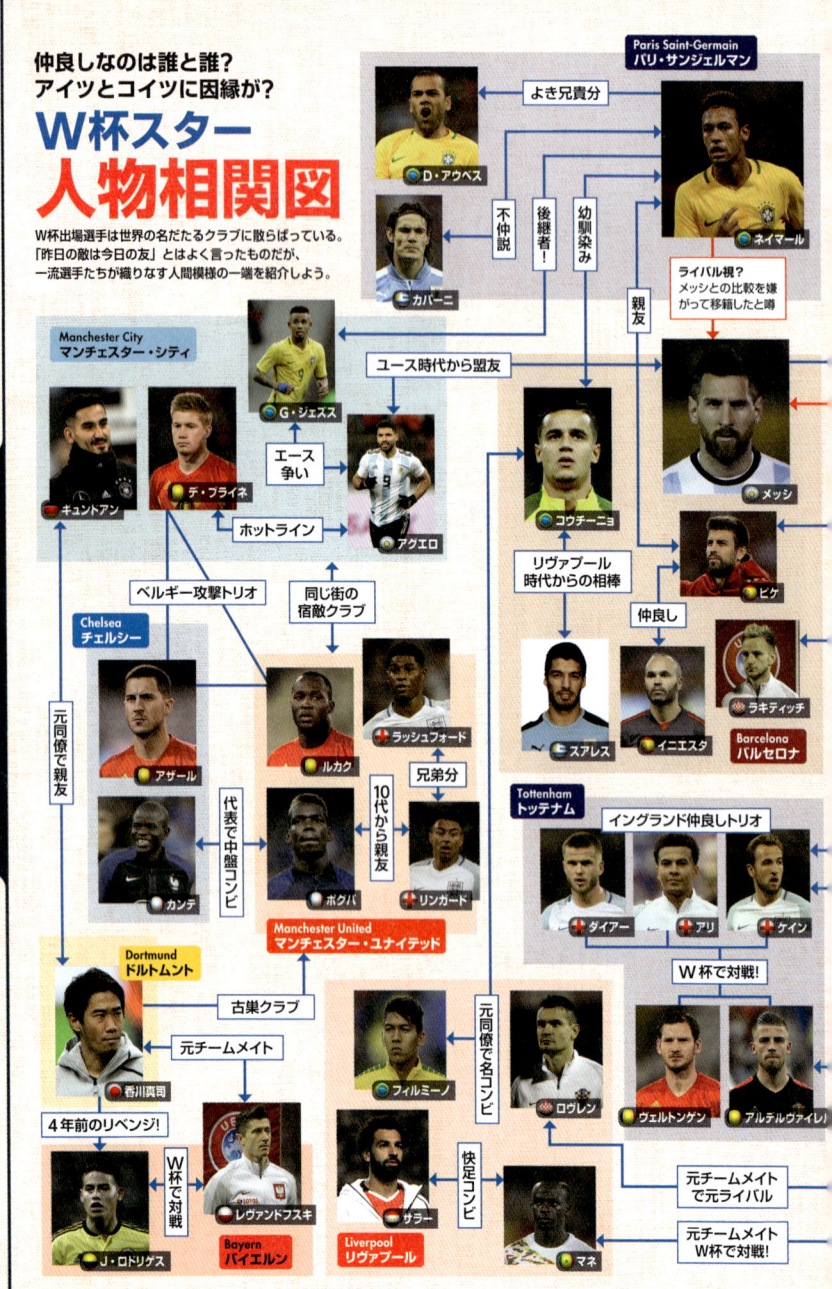

1 まずはロシア基礎情報

1991年の旧ソビエト連邦崩壊により成立したロシア連邦。旧ソ連解体によりウクライナやベラルーシ、ウズベキスタン、カザフスタンなど複数の国家が独立したものの、それでもロシアの国土面積は世界最大を誇る。地球上の居住地域の約8分の1を占めると言えば、その広さがわかりやすいだろうか。ユーラシア大陸北部の大半を占め、国内で東西最大10時間もの時差がある。そのため、基本的には寒いが気候の幅は広く、暮らしている民族も100を超えるなど多種多様である。

正式名称	ロシア連邦
公用語	ロシア語
首都	モスクワ
国土面積	約1710万km²（日本の約45倍）
人口	約1億4680万人（世界9位）
通貨	ロシア・ルーブル

2 国中に散らばる世界遺産

広大なロシアの土地には、ユネスコの世界遺産に「28」もの場所が登録されている。うち17か所が文化遺産で、モスクワのクレムリン（宮殿）と赤の広場（写真左）、血の上の救世主教会や、世界三大美術館のひとつであるエルミタージュ美術館（写真右）があるサンクトペテルブルク歴史地区などは、人々が集まる観光地。11か所が登録されている自然遺産では、シベリアにある世界最古にして最深のバイカル湖や、カムチャツカの火山群が有名だ。

3 実はロシア語由来

日本では見慣れない独特のキリル文字を用い、どこか難しいイメージがあるロシア語。だが、我々が普段から使っている言葉の中に、ロシア語由来の外来語がいくつもあることをご存知だろうか？　たとえば、お寿司屋さんでお馴染みの「イクラ」はロシア語の「魚卵」が語源だ。他にも、知識人を表す「インテリ」や、隠れ家を指す「アジト」、お金を集める際に使う「カンパ」なども元はロシア語である。

ロシアってどんな国？
知っておきたい
10のコト

4 ウォッカは「命の水」!?

ピロシキにボルシチ、ビーフストロガノフなどロシアの郷土料理も良いが、やはり飲食で真っ先に思い浮かぶのはウォッカだろう。40度という高いアルコール度数の蒸留酒は、とりわけ寒いロシアで身体を温めるために古くから愛飲されてきた。「酒は百薬の長」ではないが、風邪を引いたらウォッカを飲め、という教えがあるほど親しまれており、「ロシア人にとってウォッカは命の水である」と言った研究家もいたそうだ。

5 お土産の定番マトリョーシカ

ロシア土産といえばマトリョーシカ人形。開けても開けても人形が出てくる、なんともいえないワクワク感を秘めたあの構造は、実は日本の入れ子人形がルーツになったという説もあるらしい。2014年のソチ五輪ではスキー＆スノボの競技コース上に巨大なマトリョーシカのオブジェが登場するなど、今やロシアのれっきとしたシンボルである。W杯でも、スタジアム内外のいろんな場所にお目見えするかも！？

6 世界に誇るバレエの聖地

文学ならドストエフスキー、音楽ならチャイコフスキーにラフマニノフと代表的な名前がすぐに思い浮かぶように、芸術を慈しむお国柄は旧ソ連時代から一貫している。特に世界有数のレベルと歴史を持つのが、バレエやオペラといった舞台芸術。モスクワのボリショイ劇場、サンクトペテルブルクのマリインスキー劇場という伝統ある劇場では「白鳥の湖」「くるみ割り人形」など、誰もが一度は聞いたことのあるロシア発祥の演目が上演されている。

7 最先端の宇宙開発

「地球は青かった」のセリフでお馴染みのガガーリンが、人類で初めて宇宙へと飛び立ったのが1961年。その旧ソ連時代からロシアの宇宙開発技術は、熾烈な開発競争を繰り広げたアメリカとともに、世界の最先端をいく。現在も欧米諸国と共同で様々な実験やロケットの打ち上げを行っており、近い将来にも有人宇宙船を惑星へと送るべく、日夜研究が続けられている。

W杯が開催されるロシアって、どんな国なの？
なかなか改めて見聞きすることがない
基本的な情報から、
実はあまり知られていないちょこっとマメ知識まで、
大国ロシアの魅力を2ページにギュッと凝縮！

構成＝寺沢 薫

8 美女アスリートの宝庫

美女大国ロシアには、可憐な女性アスリートがズラリ。先の平昌冬季五輪では、フィギュアスケート女子シングルで15歳のアリーナ・ザギトワ（右）が金メダル、18歳のエフゲニア・メドベージェワ（左）が銀メダルを獲得。他競技でもスノーボードのアリョーナ・ザワルジナや、女子カーリングチームの美貌も話題になった。もちろんウィンタースポーツ以外でも、テニスのマリア・シャラポワのように世界的人気を誇る美女も。

9 知る人ぞ知る「猫大国」

プーチン大統領が溺愛し、フィギュアスケートのザギトワ選手も欲しがった日本の秋田犬がにわかに人気を集めるロシアだが、元々はロシアンブルーやサイベリアンの原産地である猫大国であることはあまり知られていない。そして中でも、「ククラチョフの世界でたったひとつの猫劇場」という世界で唯一と言われる“猫サーカス”は、旧ソ連時代から続いている知る人ぞ知るイベント。過去には日本公演も行われており、今後もどこかで見られるかも！？

10 謎多き権力者プーチン

ロシアの最重要人物といえば、プーチン大統領をおいて他にいない。一代にしてロシア“帝国”を作り上げた辣腕の政治家にして、ロシアの絶対権力者。元KGBの諜報員でもあり、その過去には謎が多く、様々な都市伝説が囁かれる人物だ。65歳の現在も身体は筋骨隆々で、柔道や空手、テコンドーの有段者という異色の経歴は日本でも度々話題に上る。今回のW杯でも、開会式やロシア戦の会場で姿を見せるはず。

1 Ekaterinburg エカテリンブルク
エカテリンブルク・アレーナ
【収容人数】35,000人　【創立】1957年
【日本との時差】-4時間　【都市の人口】約140万人

国内最古のクラブのひとつ、FCウラルの本拠地。アジアと国境を接する街の競技場はW杯に向けて大幅な増築を行ったが、旧ソ連時代からの歴史を感じさせる外観はそのまま残っている。

MATCH SCHEDULE
6月15日　○エジプト × ○ウルグアイ (17時～)
6月21日　○フランス × ○ペルー (20時～)
6月24日　○日本 × ○セネガル (20時～)
6月27日　○メキシコ × ○スウェーデン (19時～)

2 Kaliningrad カリーニングラード
カリーニングラード・スタジアム
【収容人数】35,000人　【創立】2018年
【日本との時差】-7時間　【都市の人口】約46万人

ロシア最西端、ポーランドとリトアニアに囲まれた飛び地に位置し、バルト海に接する港湾都市に、W杯のために新設された。設計のコンセプトはドイツのアリアンツ・アレーナを模している。

MATCH SCHEDULE
6月16日　○クロアチア × ○ナイジェリア (21時～)
6月22日　○セルビア × ○スイス (20時～)
6月25日　○スペイン × ○モロッコ (20時～)
6月28日　○イングランド × ○ベルギー (20時～)

3 Kazan カザン
カザン・アレーナ
【収容人数】45,000人　【創立】2013年
【日本との時差】-6時間　【都市の人口】約120万人

ロシアの「スポーツ首都」と呼ばれる街に13年夏季ユニバーシアード用競技場として作られ、その後はルビン・カザンの本拠地に。デザインはロンドンのウェンブリー、エミレーツと同じ建築家。

MATCH SCHEDULE
6月16日　○フランス × ○オーストラリア (13時～)
6月20日　○イラン × ○スペイン (21時～)
6月24日　○ポーランド × ○コロンビア (21時～)
6月27日　○韓国 × ○ドイツ (17時～)
6月30日　グループC1位 × グループD2位 (17時～)
7月 6日　準々決勝 (21時～)

WORLD CUP RUSSIA 2018
STADIUM GUIDE [スタジアムガイド]

W杯開催に向けて、ロシアでは新競技場の建設や既存スタジアムの改修が相次いだ。
世界最大の国の西側、いわゆるヨーロッパロシアに並ぶ11都市12会場を一挙紹介!

※（ ）内のキックオフタイムは現地時間。

4 Moscow モスクワ
ルジニキ・スタジアム
【収容人数】80,000人　【創立】1956年
【日本との時差】-6時間　【都市の人口】約1230万人

ロシア最大の収容人数を誇り、代表チームも本拠地としているナショナル・スタジアム。古くは五輪や世界陸上も開催されたがW杯に向けて13～17年に改修し、陸上トラックを廃して球技専用に。

MATCH SCHEDULE
6月14日　○ロシア × ○サウジアラビア (18時～)
6月17日　○ドイツ × ○メキシコ (18時～)
6月20日　○ポルトガル × ○モロッコ (15時～)
6月26日　○デンマーク × ○フランス (17時～)
7月 1日　グループB1位 × グループA2位 (17時～)
7月11日　準決勝 (21時～)
7月15日　決勝 (18時～)

5 Moscow モスクワ
スパルタク・スタジアム
【収容人数】45,000人　【創立】2014年
【日本との時差】-6時間　【都市の人口】約1230万人

長らくホームがなかったスパルタク・モスクワの本拠地として14年にオープンした。スタンドとピッチの近さが魅力で、その迫力から17年のコンフェデでも大いに盛り上がったスタジアムの1つ。

MATCH SCHEDULE
6月16日　○アルゼンチン × ○アイスランド (16時～)
6月19日　○ポーランド × ○セネガル (18時～)
6月23日　○ベルギー × ○チュニジア (18時～)
6月27日　○セルビア × ○ブラジル (21時～)
7月 3日　グループH1位 × グループG2位 (21時～)

6 Nizhny Novgorod ニジニ・ノヴゴロド
ニジニ・ノヴゴロド・スタジアム
【収容人数】45,000人　【創立】2018年
【日本との時差】-6時間　【都市の人口】約120万人

ヴォルガ川とオカ川の合流地点にそびえ立ち、近隣の景観の美しさは今大会の会場でも随一と言われる。特徴的な外観は、自然豊かな同地域のシンボルである「水と風」がテーマになっている。

MATCH SCHEDULE
6月18日　○スウェーデン × ○韓国 (15時～)
6月21日　○アルゼンチン × ○クロアチア (21時～)
6月24日　○イングランド × ○パナマ (15時～)
6月27日　○スイス × ○コスタリカ (21時～)
7月 1日　グループD1位 × グループC2位 (21時～)
7月 6日　準々決勝 (17時～)

7
Rostov-On-Don／ロストフ・ナ・ドヌ
ロストフ・アレーナ
【収容人数】45,000人 【創立】2018年
【日本との時差】−6時間 【都市の人口】約110万人

ロシア南部の大都市に流れるドン川のほとりに、W杯に向けて新築された競技場。美しい景色に調和するデザインで、とりわけ個性的なアリーナの屋根は、ドン川の流れをモチーフにしている。

MATCH SCHEDULE
6月17日	🔵ブラジル × 🔴スイス	(21時〜)
6月20日	🔵ウルグアイ × 🟢サウジアラビア	(18時〜)
6月23日	🔴韓国 × 🟢メキシコ	(18時〜)
6月26日	🔵アイスランド × 🔴クロアチア	(21時〜)
7月 2日	グループG1位 × グループH2位	(21時〜)

8
Saint Petersburg／サンクトペテルブルク
サンクトペテルブルク・スタジアム
【収容人数】67,000人 【創立】2017年
【日本との時差】−6時間 【都市の人口】約520万人

ゼニトの本拠地で別名クレストフスキー・スタジアム。1600億円とも言われる総工費は国内の競技場で最高値。故黒川紀章氏がデザインを手がけ、外観は同氏が設計した豊田スタジアムと類似。

MATCH SCHEDULE
6月15日	🔴モロッコ × 🔴イラン	(18時〜)
6月19日	🔴ロシア × 🟢エジプト	(21時〜)
6月22日	🔵ブラジル × 🔴コスタリカ	(15時〜)
6月26日	🟢ナイジェリア × 🔵アルゼンチン	(21時〜)
7月 3日	グループF1位 × グループE2位	(17時〜)
7月10日	準決勝	(21時〜)
7月14日	3位決定戦	(17時〜)

9
Samara／サマーラ
サマーラ・アレーナ
【収容人数】45,000人 【創立】2018年
【日本との時差】−5時間 【都市の人口】約110万人

航空宇宙産業が盛んなサマーラの土地柄にちなみ、デザインのテーマは「宇宙」で、コスモス・アレーナという別称もある。夜になるとライトアップされる高さ65メートルのガラスドームが壮観だ。

MATCH SCHEDULE
6月17日	🔴コスタリカ × 🔴セルビア	(16時〜)
6月21日	🔴デンマーク × 🟡オーストラリア	(16時〜)
6月25日	🔵ウルグアイ × 🔴ロシア	(18時〜)
6月28日	🟡セネガル × 🟡コロンビア	(18時〜)
7月 2日	グループE1位 × グループF2位	(18時〜)
7月 7日	準々決勝	(18時〜)

RUSSIA 🔵ロシア

【正式名称】ロシア連邦
【公用語】ロシア語
【首都】モスクワ
【国土面積】約1710万km²（世界最大）
【人口】約1億4680万人（世界9位）
【通貨】ロシア・ルーブル

10

Saransk／サランスク
モルドヴィア・アレーナ
【収容人数】44,000人 【創立】2018年
【日本との時差】−6時間 【都市の人口】約30万人

ヨーロッパロシア中央部、モルドヴィア共和国の首都であるサランスクは、今大会開催都市で最も小さい。こじんまりとした街の中心地に立つ競技場は、鉄道駅や空港からのアクセスが抜群だ。

MATCH SCHEDULE
6月16日	🔴ペルー × 🔴デンマーク	(19時〜)
6月19日	🟡コロンビア × 🔴日本	(15時〜)
6月25日	🔴イラン × 🔴ポルトガル	(21時〜)
6月28日	🔴パナマ × 🔴チュニジア	(21時〜)

11

Sochi／ソチ
フィシュト・スタジアム
【収容人数】48,000人 【創立】2013年
【日本との時差】−6時間 【都市の人口】約40万人

14年ソチ冬季五輪の主会場として建設され、17年にW杯仕様へと改装された。独特の形をした白い屋根は近隣にそびえるコーカサス山脈フィシュト山の雪をかぶった山頂をイメージしている。

MATCH SCHEDULE
6月15日	🔴ポルトガル × 🔴スペイン	(3時〜)
6月18日	🔴ベルギー × 🔴パナマ	(18時〜)
6月23日	🔴ドイツ × 🟡スウェーデン	(3時〜)
6月26日	🟡オーストラリア × 🔴ペルー	(17時〜)
6月30日	グループA1位 × グループB2位	(21時〜)
7月 7日	準々決勝	(21時〜)

12

Volgograd／ヴォルゴグラード
ヴォルゴグラード・アレーナ
【収容人数】45,000人 【創立】2018年
【日本との時差】−6時間 【都市の人口】約100万人

ロシア西部、ヴォルガ川西岸に広がる街の同じ場所に立っていたスタジアムを取り壊し、W杯に向けて新たに建設した。美しい円形の屋根は戦勝記念日に上がる花火をイメージして作られた。

MATCH SCHEDULE
6月18日	🔴チュニジア × 🔴イングランド	(21時〜)
6月22日	🟢ナイジェリア × 🔵アイスランド	(18時〜)
6月25日	🟢サウジアラビア × 🟢エジプト	(17時〜)
6月28日	🔴日本 × 🔴ポーランド	(17時〜)

THE HISTORY OF THE WORLD CUP

ワールドカップ 全20大会の激闘録

1930-2014

84年間、全20大会におよぶ長い歴史を誇るワールドカップ。世界最高峰のフットボーラーたちが一堂に会して繰り広げる数々の激闘は、世界中のファンを熱狂させ、観る者に感動を与えてきた。その激闘録は未来のフットボールの礎であり、貴重な記録でもある。

1930 URUGUAY【ウルグアイ】
本大会出場国 13

すべての歴史はここから始まった！

記念すべき第1回大会は、建国100周年を記念して造られた近代的なスタジアムを持つウルグアイで開催された。当時のウルグアイは直近の五輪で2大会連続の優勝を果たした世界王者だった。決勝では地元のウルグアイと、隣国のアルゼンチンが対戦。一時はアルゼンチンにリードを許したものの4-2でウルグアイが勝利し、大観衆が見守る中で初の栄冠を手にした。

RANKING & AWARDS	
【優 勝】ウルグアイ	【準優勝】アルゼンチン
【3 位】アメリカ	【4 位】ユーゴスラビア
【ゴールデンボール賞】―	
【ゴールデンブーツ賞】ギジェルモ・スタビレ（アルゼンチン／8得点）	

1934 ITALY【イタリア】
本大会出場国 16

政治情勢が色濃く出た戦時下での大会

ムッソリーニ率いるファシスト党が統治するイタリアで開催。イタリア代表は前回大会で準優勝のアルゼンチンから帰化した選手が大半を占めた。また、イタリア戦では審判や相手選手に圧力が加わられるなど、政治色が影を落とした大会でもあった。決勝にはイタリアとチェコスロバキアが進出。70分までリードされていたイタリアは終盤に2点を奪い、初優勝を飾った。

RANKING & AWARDS	
【優 勝】イタリア	【準優勝】チェコスロバキア
【3 位】ドイツ	【4 位】オーストリア
【ゴールデンボール賞】―	
【ゴールデンブーツ賞】オルドリッヒ・ネイエドリ（チェコスロバキア／5得点）	

1938 FRANCE【フランス】
本大会出場国 15

イタリア連覇の陰でブラジルが躍進

初代FIFA会長ジュール・リメの母国フランスで開催された。欧州と南米で交互に開催されるべきだと考えていたウルグアイとアルゼンチンは出場を辞退している。ハンガリーとイタリアによる決勝では、シーソーゲームを制したイタリアが連覇を果たした。そんな中、ブラジルが3位に入る大躍進を遂げ、得点王も輩出。その存在を世界にアピールした大会でもあった。

RANKING & AWARDS	
【優 勝】イタリア	【準優勝】ハンガリー
【3 位】ブラジル	【4 位】スウェーデン
【ゴールデンボール賞】―	
【ゴールデンブーツ賞】レオニダス（ブラジル／7得点）	

1950 BRAZIL【ブラジル】
本大会出場国 13

史上最大の番狂わせもあった戦後初の大会

第二次世界大戦による中断を経て行われた、戦後初の大会。W杯史上で唯一、決勝ラウンドも4チームによる総当たりで行われた。大会は決勝で地元ブラジルを破ったウルグアイが2度目の優勝に輝いた。また、全員がプロ選手のイングランドが、全員アマチュア選手のアメリカに敗れるという、後世に「史上最大の番狂わせ」と言われた波乱も起きた大会でもあった。

RANKING & AWARDS	
【優 勝】ウルグアイ	【準優勝】ブラジル
【3 位】スウェーデン	【4 位】スペイン
【ゴールデンボール賞】―	
【ゴールデンブーツ賞】アデミール（ブラジル／9得点）	

1954 SWITZERLAND【スイス】
本大会出場国 16

ハンガリーの国際大会4年無敗がストップ

FIFA創立50周年を記念し、本部のあるスイスで大会が開催された。この大会では、ウルグアイがW杯で初の敗北をハンガリーに喫し、3位決定戦でもオーストリアに敗れている。また、4年間にわたり国際試合で無敗を続けてきたハンガリーは決勝まで進出したが、ゲルマン魂を発揮した西ドイツに逆転を許して敗戦。連続無敗記録のストップとともに、初優勝の栄冠も逃した。

RANKING & AWARDS	
【優 勝】西ドイツ	【準優勝】ハンガリー
【3 位】オーストリア	【4 位】ウルグアイ
【ゴールデンボール賞】―	
【ゴールデンブーツ賞】サンドール・コチシュ（ハンガリー／11得点）	

1958 | SWEDEN [スウェーデン]
本大会出場国 16

ペレを擁するカナリア軍団が初の頂点へ

ソ連と北アイルランドがW杯初出場を果たし、スウェーデンで開催された。今大会では17歳のペレがブラジル代表として出場。グループステージでは活躍が見られなかったが、決勝トーナメントでは存在感を発揮し、スウェーデンとの決勝でも躍動。ブラジルに初の優勝をもたらした。なお、得点王になったフランスのフォンティーヌが記録した13得点は今も破られていない。

RANKING & AWARDS			
[優 勝] ブラジル		[準優勝] スウェーデン	
[3 位] フランス		[4 位] 西ドイツ	
[ゴールデンボール賞]			
[ゴールデンブーツ賞] ジュス・フォンティーヌ(フランス/13得点)			

1962 | CHILE [チリ]
本大会出場国 16

大地震を乗り越えて復興したチリで開催

大会の2年前に発生した大地震から復興を遂げたチリで開催。チリは、3位決定戦でユーゴスラビアを下して3位の座を獲得している。決勝にはブラジルとチェコスロバキアが進出。チェコスロバキアは幸先良く先制点を奪ったが、ペレを負傷欠場で欠くブラジルが逆転に成功し、3-1で勝利した。ブラジルは第3回大会のイタリア以来となる2カ国目の2連覇を達成している。

RANKING & AWARDS			
[優 勝] ブラジル		[準優勝] チェコスロバキア	
[3 位] チリ		[4 位] ユーゴスラビア	
[ゴールデンボール賞]			
[ゴールデンブーツ賞] ガリンシャ(ブラジル/4得点)ほか5名			

1966 | ENGLAND [イングランド]
本大会出場国 16

サッカー発祥の地でイングランドが初優勝

この大会ではディフェンス戦術の進化により、守備を意識した試合が多く見られた。イングランドと西ドイツの決勝は聖地ウェンブリーで開催。イングランドはハーストのシュートがバーに当たり垂直に落下してゴールが認められるという疑惑のゴールはあったものの、史上5カ国目の優勝を達成。なお、ハーストはこの試合でW杯史上初のハットトリックを記録している。

RANKING & AWARDS			
[優 勝] イングランド		[準優勝] 西ドイツ	
[3 位] ポルトガル		[4 位] ソ連	
[ゴールデンボール賞]			
[ゴールデンブーツ賞] エウゼビオ(ポルトガル/9得点)			

1970 | MEXICO [メキシコ]
本大会出場国 16

欧州と南米以外では初めての開催

欧州と南米以外では初の開催地となったメキシコ大会。高地での開催を考慮し、試合中の水分補給や毎試合2名までの選手交代が認められた。また、レッドカードとイエローカードも今大会から導入されている。大会はペレの独壇場となり、決勝でもブラジルはイタリアを4-1のスコアで下した。また、"西ドイツの爆撃機"ゲルト・ミュラーが10得点で得点王に輝いている。

RANKING & AWARDS			
[優 勝] ブラジル		[準優勝] イタリア	
[3 位] 西ドイツ		[4 位] ウルグアイ	
[ゴールデンボール賞]			
[ゴールデンブーツ賞] ゲルト・ミュラー(西ドイツ/10得点)			

1974 | GERMANY [西ドイツ]
本大会出場国 16

トータルフットボールのオランダが躍進

10回目の記念大会となった西ドイツ大会では、ペレらが引退したブラジルが苦戦。その一方で、ミュンヘン五輪優勝のポーランドや、"トータルフットボール"を掲げたオランダが躍進を遂げた。クライフ擁するオランダを決勝で破った西ドイツは、ミュラーらスター選手の活躍に加え、ベッケンバウアーを中心とする"リベロ・システム"を駆使。2度目の栄冠を手にした。

RANKING & AWARDS			
[優 勝] 西ドイツ		[準優勝] オランダ	
[3 位] ポーランド		[4 位] ブラジル	
[ゴールデンボール賞]			
[ゴールデンブーツ賞] グジェゴシュ・ラト(ポーランド/7得点)			

1978 | ARGENTINA [アルゼンチン]
本大会出場国 16

アルゼンチンが悲願の初戴冠

第1回大会から出場しながら優勝に縁のなかったアルゼンチン。開催国として大きな重圧がかかる中、ブレークしたのはFWマリオ・ケンペスだった。2次リーグから調子を上げたケンペスは、オランダとの決勝でも2得点を挙げて得点王を獲得。母国に待望の初優勝をもたらした。なお、今大会でジーコやミシェル・プラティニ、パオロ・ロッシらが本大会デビューを果たしている。

RANKING & AWARDS			
[優 勝] アルゼンチン		[準優勝] オランダ	
[3 位] ブラジル		[4 位] イタリア	
[ゴールデンボール賞]			
[ゴールデンブーツ賞] マリオ・ケンペス(アルゼンチン/6得点)			

1982 | SPAIN【スペイン】
本大会出場国数 24

イタリアが"黄金の中盤"ブラジルを撃破

　本大会の出場国が24チームに増加したスペイン大会は、イタリアが第3回大会以来となる3度目の優勝を果たした。ジーコら"黄金の中盤"を擁するブラジルは優勝候補の筆頭に挙げられたが、2次リーグでイタリアのカウンターに屈して敗退。前回王者のアルゼンチンも2次リーグで姿を消した。一方で、アルジェリア＆カメルーンのアフリカ勢が健闘した大会でもあった。

RANKING & AWARDS	
【優 勝】イタリア	【準優勝】西ドイツ
【3 位】ポーランド	【4 位】フランス
【ゴールデンボール賞】パオロ・ロッシ（イタリア）	
【ゴールデンブーツ賞】パオロ・ロッシ（イタリア／6得点）	

1986 | MEXICO【メキシコ】
本大会出場国数 24

ディエゴ・マラドーナのための大会

　経済状態の悪化により、開催地がコロンビアからメキシコに変更された。今大会はプラティニ擁するフランスと、ジーコやカレカを擁するブラジルの準々決勝など、数々の名勝負が繰り広げられた。しかし、話題の中心は"天才"ディエゴ・マラドーナだった。絶頂期にあったマラドーナは「神の手」や「5人抜き」など後世に伝説を残し、アルゼンチンを2度目の優勝に導いた。

RANKING & AWARDS	
【優 勝】アルゼンチン	【準優勝】西ドイツ
【3 位】フランス	【4 位】ベルギー
【ゴールデンボール賞】ディエゴ・マラドーナ（アルゼンチン）	
【ゴールデンブーツ賞】ギャリー・リネカー（イングランド／6得点）	

1990 | ITALY【イタリア】
本大会出場国数 24

皇帝率いる西ドイツが3度目の栄冠

　皇帝フランツ・ベッケンバウアー率いる西ドイツがブラジルに並ぶ3度目の優勝。ベッケンバウアーは選手と監督の両方でW杯優勝を成し遂げた。一方、アルゼンチンはカメルーンに敗れ、フリット、ファン・バステン、ライカールトを擁するオランダがベスト16で姿を消す波乱もあった。バルデラマ、ガスコイン、ストイコビッチらが、今大会でW杯デビューを飾っている。

RANKING & AWARDS	
【優 勝】西ドイツ	【準優勝】アルゼンチン
【3 位】イタリア	【4 位】イングランド
【ゴールデンボール賞】サルヴァトーレ・スキラッチ（イタリア）	
【ゴールデンブーツ賞】サルヴァトーレ・スキラッチ（イタリア／6得点）	

1994 | USA【アメリカ】
本大会出場国数 24

炎天下で行われたタフな大会

　炎天下のアメリカで開催され、スタミナ面でのタフさが勝敗の行方を左右した。マラドーナがドーピング違反で追放されたアルゼンチンはベスト16で敗退。決勝はアメリカをベスト16で下したブラジルと、R・バッジョ擁するイタリアが対戦した。試合は0−0のまま決着がつかず、PK戦に突入。史上初となる決勝のPK戦を制したブラジルが4度目の優勝を果たしている。

RANKING & AWARDS	
【優 勝】ブラジル	【準優勝】イタリア
【3 位】スウェーデン	【4 位】ブルガリア
【ゴールデンボール賞】ロマーリオ（ブラジル）	
【ゴールデンブーツ賞】フリスト・ストイチコフ（ブルガリア／6得点ほか4名）	

1998 | FRANCE【フランス】
本大会出場国数 32

20世紀最後の王者はフランス！

　出場国が32カ国となったフランス大会。20世紀最後のW杯となった今大会には、日本代表も初めて本大会出場を果たしている。決勝にはロナウドを擁するブラジルと、開催国のフランスが進出。ロナウドは今大会、最優秀選手に選ばれるほどの活躍を見せたが、フランスはジダンを中心に組織的なサッカーで観衆を魅了した。結果、3−0で快勝したフランスが初優勝を飾った。

RANKING & AWARDS	
【優 勝】フランス	【準優勝】ブラジル
【3 位】クロアチア	【4 位】オランダ
【ゴールデンボール賞】ロナウド（ブラジル）	
【ゴールデンブーツ賞】ダヴォル・スーケル（クロアチア／6得点）	

2002 | JAPAN / KOREA REP【日本／韓国】
本大会出場国数 32

アジアで初の共催大会が実現

　アジア初の開催は、史上初めて日本と韓国による共同開催となった。有力国がグループステージで次々と姿を消す中、韓国がベスト4進出と大躍進。決勝は攻撃陣にタレントを揃えるブラジルと、絶対的守護神カーンを擁するドイツによる対戦となった。ドイツはブラジルの猛攻に耐え続けて健闘したものの、ロナウドの2得点の前に沈み、ブラジルが5度目の優勝を成し遂げた。

RANKING & AWARDS	
【優 勝】ブラジル	【準優勝】ドイツ
【3 位】トルコ	【4 位】韓国
【ゴールデンボール賞】オリヴァー・カーン（ドイツ）	
【ゴールデンブーツ賞】ロナウド（ブラジル／8得点）	

2006 | GERMANY[ドイツ]
本大会出場国：32

イタリア優勝の陰でジダン、中田英寿らが引退

伝統の堅守をベースに、組織的なサッカーを展開したイタリアが4度目の優勝を果たしたドイツ大会。伏兵ポルトガルや、前評判の低かった地元ドイツ、フランスがベスト4に駒を進めた一方、前回王者のブラジルは準々決勝で姿を消した。今大会は決勝でジダンが頭突きにより退場したことでも有名である。ジダン、フィーゴ、中田英寿らが今大会で代表から引退した。

RANKING & AWARDS	
[優 勝] イタリア	[準優勝] フランス
[3 位] ドイツ	[4 位] ポルトガル
[ゴールデンボール賞] ジネディーヌ・ジダン（フランス）	
[ゴールデンブーツ賞] ミロスラフ・クローゼ（ドイツ／5得点）	

2010 | SOUTH AFRICA[南アフリカ]
本大会出場国：32

ジンクスを破ったスペインが初優勝

初めてアフリカ大陸で開催され、全体的に強豪国が苦戦を強いられた波乱の大会だった。また、これまで「欧州以外で開催される大会では、欧州勢は優勝できない」というジンクスがあったが、決勝にはスペインとオランダが進出。試合は華麗なパスサッカーを披露したスペインが接戦を制し、初優勝を手にした。また、古豪ウルグアイがベスト4に進出し、復活を遂げている。

RANKING & AWARDS	
[優 勝] スペイン	[準優勝] オランダ
[3 位] ドイツ	[4 位] ウルグアイ
[ゴールデンボール賞] ディエゴ・フォルラン（ウルグアイ）	
[ゴールデンブーツ賞] トーマス・ミュラー（ドイツ／5得点）	

2014 | BRAZIL[ブラジル]
本大会出場国：32

完成度の高さを見せつけたドイツ、悲嘆に暮れた南米の2強

サッカー王国で開催された20回目の大会で、強さを見せつけたのはドイツだった。バイエルン勢を中心に最先端の戦術を掲げ、開幕から安定した戦いぶりで勝ち進む。そして準決勝では、ホスト国ブラジルを7−1の大差で下す圧巻の大勝を見せた。続く決勝はアルゼンチンとの"我慢比べ"となるも、延長戦に突入した113分にゲッツェが決勝点を挙げ、1−0で勝利。6大会ぶり4度目、東西ドイツ統一以降では初となる優勝を完璧な形で飾った。個人技のメッカ、南米で行われた大会だったが、勝ったのは組織のドイツ。一方でブラジルはネイマールが準々決勝で負傷し、準決勝で歴史的大敗。準優勝したアルゼンチンもメッシがMVPに輝いたものの、敗北に笑顔はなかった。

RANKING & AWARDS	
[優 勝] ドイツ	[準優勝] アルゼンチン
[3 位] オランダ	[4 位] ブラジル
[ゴールデンボール賞] リオネル・メッシ（アルゼンチン）	
[ゴールデンブーツ賞] ハメス・ロドリゲス（コロンビア／6得点）	

WORLD CUP RANKING DATA

●ワールドカップ歴代優勝国

大会 開催国	優勝国	大会 開催国	優勝国
1930年 ウルグアイ	ウルグアイ	1978年 アルゼンチン	アルゼンチン
1934年 イタリア	イタリア	1982年 スペイン	イタリア
1938年 フランス	イタリア	1986年 メキシコ	アルゼンチン
1950年 ブラジル	ウルグアイ	1990年 イタリア	西ドイツ
1954年 スイス	西ドイツ	1994年 アメリカ	ブラジル
1958年 スウェーデン	ブラジル	1998年 フランス	フランス
1962年 チリ	ブラジル	2002年 日本／韓国	ブラジル
1966年 イングランド	イングランド	2006年 ドイツ	イタリア
1970年 メキシコ	ブラジル	2010年 南アフリカ	スペイン
1974年 西ドイツ	西ドイツ	2014年 ブラジル	ドイツ

●優勝回数

回数	国名	大会
5回	ブラジル	1958年、1962年、1970年、1994年、2002年
4回	イタリア	1934年、1938年、1982年、2006年
	ドイツ（西ドイツ時代を含む）	1954年、1974年、1990年、2014年
2回	ウルグアイ	1930年、1950年
	アルゼンチン	1978年、1986年
	イングランド	1966年
1回	フランス	1998年
	スペイン	2010年

●準優勝回数

回数	国名	大会
4回	ドイツ（西ドイツ時代を含む）	1966年、1982年、1986年、2002年
3回	オランダ	1974年、1978年、2010年
	アルゼンチン	1930年、1990年、2014年
	チェコスロバキア	1934年、1962年
2回	ハンガリー	1938年、1954年
	ブラジル	1950年、1998年
	イタリア	1970年、1994年
1回	スウェーデン	1958年
	フランス	2006年

Director & Editor in Chief

原田大輔　　Daisuke HARADA (S.C.Editorial)

Editor

細江克弥　　Katsuya HOSOE
寺沢　薫　　Kaoru TERASAWA
津金壱郎　　Ichiro TSUGANE
山本憲俊　　Noritoshi YAMAMOTO (TAC Publishing)
浅井啓介　　Keisuke ASAI (TAC Publishing)
杉本愛日　　Manabi SUGIMOTO (TAC Publishing)
鈴木貴将　　Takamasa SUZUKI (TAC Publishing)

Design

パブロ・グラフィックス　PABLO graphics

Cover Design

小林敏明　　Toshiaki KOBAYASHI

Writer

原田大輔　　Daisuke HARADA
細江克弥　　Katsuya HOSOE
寺沢　薫　　Kaoru TERASAWA
津金壱郎　　Ichiro TSUGANE
飯尾篤史　　Atsushi IIO
上岡真里江　Marie KAMIOKA

Photograph

ゲッティイメージズ　Getty Images
佐野美樹　　Miki SANO
花井智子　　Tomko HANAI
野口岳彦　　Takehiko NOGUCHI

Special Thanks

有我　賢　　Ken ARIGA
松田好孝　　Yoshitaka MATSUDA
小池　怜　　Satoru KOIKE

ロシアワールドカップ観戦ガイド 直前版
WORLD CUP RUSSIA 2018 HANDY GUIDE

2018年6月7日　初版第1刷発行

編著者：TAC出版ワールドカップPJ
発行者：斎藤博明
発行所：TAC株式会社　出版事業部(TAC出版)
　　　　〒101-8383　東京都千代田区神田三崎町3-2-18
　　　　TEL　03(5276)9492(営業)
　　　　FAX　03(5276)9674
　　　　https://shuppan.tac-school.co.jp

印　刷：　株式会社光邦
製　本：　東京美術紙工協業組合